Fahrzeugtechnik

Karosseriebautechnik, Fahrzeugbautechnik, Karosserie-Instandhaltungstechnik

Lernfelder 1 bis 4

Gerd Lausen
Manfred Erhardt
Thomas Moosbauer
Helmut Raschke
Bernd Winkler

Handwerk und Technik · Hamburg

Die technischen Zeichnungen wurden nach Vorlagen ausgeführt durch Grafische Produktionen Neumann, 97222 Rimpar.
Umschlaggestaltung: Harro Wolter, Hamburg

Die Normblattangaben werden wiedergegeben mit Erlaubnis des DIN Deutsches Institut für Normung e.V. Maßgebend für das Anwenden der Norm ist deren Fassung mit dem neuesten Ausgabedatum.

DIN-Normen sind erhältlich beim Beuth Verlag GmbH, Burggrafenstraße 6, 10787 Berlin

ISBN 3-582-0**3100**-4
ISBN 978-3-582-0**3100**-6

Verlag Handwerk und Technik G.m.b.H., Lademannbogen 135, 22339 Hamburg; Postfach 63 05 00, 22331 Hamburg – 2006
E-Mail: info@handwerk-technik.de – Internet: www.handwerk-technik.de

Satz und Layout: Grafische Produktionen Neumann, 97222 Rimpar
Druck: Stürtz GmbH, 97080 Würzburg

Geleitwort

Im Jahr 2003 ist der neue Ausbildungsberuf „Karosserie- und Fahrzeugbaumechaniker/in" in Kraft getreten. Er löste den bisherigen Ausbildungsberuf des Karosserie- und Fahrzeugbauers ab. Die Überarbeitung und Neuordnung war notwendig, denn die Weiterentwicklung der Technik, die inhaltliche Neuorientierung und die Schwerpunkte des Ausbildungsberufes machten neue Inhalte erforderlich. Der Ausbildungsberuf des Karosserie- und Fahrzeugbaumechanikers hat drei Fachrichtungen erhalten, die Fachrichtung Karosserie-Instandhaltungstechnik, die Fachrichtung Karosseriebautechnik und die Fachrichtung Fahrzeugbautechnik. Diese Trennung war sinnvoll, denn sie spiegelt die Struktur der Betriebe des herstellenden und reparierenden Karosserie- und Fahrzeugbaus wieder. Die größte Zahl der Auszubildenden (ca. 60 %) bewegt sich im Bereich der Karosserie-Instandhaltung. Rund 30 % der Auszubildenden sind im herstellenden Karosseriebau tätig, das sind Aufbauhersteller, aber auch die Automobilindustrie bildet den Karosserie- und Fahrzeugbaumechaniker in seiner Fachrichtung Karosseriebautechnik aus.

Die dritte Fachrichtung „Fahrzeugbautechnik" wendet sich an die Auszubildenden in den Betrieben des Fahrzeugbaus, insbesondere des Anhängerbaus. Die konstruktive Beschaffenheit von Fahrzeugen spielt die entscheidende Rolle.

Das vorliegende Buch von Gerd Lausen und Mitautoren wendet sich an die Auszubildenden dieser drei Fachrichtungen. Es ist dabei der Verdienst der Autoren, die Themen lernfeldorientiert darzustellen, denn mit dieser Vorgehensweise wird den Zielen der Prüfungsordnung Rechnung getragen. Diese sieht vor, kundenorientiert und handlungsorientierte Prüfungen durchzuführen.

Das Lehrbuch von Lausen war angesichts der neuen Ausbildungsverordnung überfällig und dient den Auszubildenden, aber auch den Ausbildern, als wesentliche Lern- und Prüfungsunterlage. Zu einer qualifizierten Ausbildung gehören gute Lernunterlagen. Damit wird das Fundament für den zukünftigen beruflichen Erfolg gelegt.

Der Zentralverband Karosserie- und Fahrzeugtechnik als der zuständige Berufsverband begrüßt die Herausgabe dieses Buches und wünscht diesem eine große Verbreitung im deutschsprachigen Raum.

Motivierten und engagierten Auszubildenden steht nach wie vor die Zukunft offen.

Friedrich Nagel

Präsident des Zentralverbands Karosserie-
und Fahrzeugtechnik

Vorwort

Nach der Neuordnung der kraftfahrzeugtechnischen Berufe sind für alle Lehrlinge die Ausbildungsinhalte des 1. Ausbildungsjahres gleich. Somit eignet sich das vorliegende Buch für die Lehrlinge aller kraftfahrzeugtechnischen Berufe des 1. Ausbildungsjahres.

Besonders empfohlen wird es jedoch für den Unterricht in den Klassen:
- **Karosseriebau- und Fahrzeugbaumechaniker** mit den Fachrichtungen:
  - Karosseriebautechnik
  - Fahrzeugbautechnik
  - Karosserie-Instandhaltungstechnik
- **Mechaniker für Karosserie-Instandhaltungstechnik**

Vorangestellt ist das Kapitel 0 „Lernfeldübergreifende Themen" mit:
- Der Kunde – ein Thema, das immer wieder im Unterricht behandelt werden sollte
- Einteilung der Kraftwagen
- Arbeitsaufträge bearbeiten
- PLM als Unternehmensstrategie – ein Beispiel, wie sich neue Methoden im Automobilbau durchsetzen

Dann folgen die Lernfelder 1 bis 4. Für jedes Lernfeld sind drei überschaubare Teillernfelder ausgewählt, die den oben genannten Fachrichtungen zuzuordnen sind. Die Lehrlinge zum Mechaniker für Karosserie-Instandhaltungstechnik haben den gleichen Lehrplan wie die Karosseriebau- und Fahrzeugbaumechaniker, Fachrichtung Karosserie-Instandhaltungstechnik.

Jedes Teillernfeld entspricht einer Lernsituation; in diesem Buch sind also zwölf Lernsituationen vorgestellt. Jede Lernsituation wird an einem Kundenauftrag als vollständige Handlung beschrieben. Mit den ausgewählten Kundenaufträgen werden die Lernziele und Lerninhalte an einfachen Beispielen vermittelt. Ziel ist, die Erfahrungen aus der praktischen Arbeit in den Lernprozess zu integrieren, dann fühlen sich die Schüler besser in das Unterrichtsgeschehen einbezogen.

Folgende Systematik ist angewendet:
- Lernsituation und Vorgehensweise
- Fahrzeugannahme und Schaden begutachten
- Informationsbeschaffung
- Arbeitsplanung und Arbeitsauftrag durchführen
- Qualitätssicherung
- Fahrzeug an den Kunden übergeben

Zu jedem Unterricht ist weiteres Material notwendig wie Prospekte, Zeitschriften, Grundlagenbücher, Firmenunterlagen – das entspricht der Forderung des Lehrplans zur selbstständigen Informationsbeschaffung.

In diesem Buch wird eine Möglichkeit vorgestellt, den Unterricht der Lernfelder 1 bis 4 durchzuführen. Der Lehrer hat die Möglichkeit, seinen Unterricht nach diesem Buch durchzuführen oder z. B. mit einer anderen Lernsituation nach regionaler Gegebenheit ähnlich zu gestalten.

Jevenstedt, März 2006 — Gerd Lausen, Herausgeber

Zur Arbeit mit dem Buch

Um die Fülle an Wissen besser vermitteln zu können, ist das **Erscheinungsbild** aufbereitet:

- Die **Texte sind leserfreundlich** aufbereitet, z.B. große Schrift, kurze Sätze, stichpunktartige Zusammenfassungen, farbliche Hervorhebung.
- In allen Kapiteln sind die wesentlichen Textabschnitte in sich geschlossene, detaillierte **Gliederungen** vorangestellt. Diese erleichtern die Lernstofferarbeitung, sind hilfreich bei der Stoffwiederholung und fördern das Selbststudium.
- Alle **Abbildungen** sind modern gestaltet.

So werden Inhalte einprägsam auf neue Art vermittelt.

Folgende Markierungen dienen der besseren Übersicht:

Aufzählungen/Zusammenfassungen
- Die Aufzählungspunkte im Gelbraster dienen gleichzeitig als Untergliederung, Zusammenfassung und als Stütze bei Wiederholung des Lernstoffes.
- In den nachfolgenden Erläuterungen sind die aufgezählten Elemente halbfett hervorgehoben.

Allgemeine Merksätze
Grundlegende Sachverhalte wie Naturgesetze, gesetzliche und normative Vorschriften, allgemeine Schlussfolgerungen.

Merksätze für den Fahrzeugtechniker
Wichtige Sachverhalte mit Aufforderung an den Lehrling, danach zu handeln.

Beispiele:
Beispiele zum Text, Formeln, Anmerkungen des Autors.

Übungen:
Übungen zum vorangegangenen Lernfeld.

Der Pfeil ➔ im Text weist auf Illustrationen jeder Art wie Bild, Tabelle, Diagramm hin. Er fällt im Text auf und lässt vom Bild aus auch schnell die zugehörige Textstelle finden. Es bedeuten:
➔ 2: Bild 2 auf der jeweiligen Buchseite,
➔ 123.1. Bild 1 auf der Buchseite 123

Das umfangreiche **Sachwortverzeichnis** hilft Sachzusammenhänge herzustellen. Es ersetzt im laufenden Text Hinweise auf andere Kapitel, die den Lesefluss unterbrächen.

Inhaltsübersicht

Inhaltsverzeichnis

Lernfeld 3: Prüfen und Instandsetzen elektrischer und elektronischer Systeme

0 Lernfeldübergreifende Themen

0.1 Der Kunde

0.1.1 Bedeutung des Kunden für den betrieblichen Erfolg

„Der Kunde ist König!"

Das ist nicht nur eine Weisheit seit alters her, sondern auch heute hochaktuell. Der Kunde ist der wichtigste Partner für den Karosserie- und Fahrzeugbaubetrieb und Karosserie-Instandhaltungsbetrieb. Der Kunde sichert die Einnahmen des Betriebes und damit die Arbeitsplätze der Mitarbeiter und somit auch die Ausbildungsplätze.

Kunde des Karosserie- und Fahrzeugbaubetriebes oder Karosserie-Instandhaltungsbetriebes ist in der Regel der Fahrzeughalter. Immer mehr wird das Fahrzeug unverzichtbar.

Das gilt für Nutzer von:
- Privatfahrzeugen
- Firmenfahrzeugen

Privatfahrzeuge werden für die Fahrt zur Arbeit und in der Freizeit eingesetzt. Die Abhängigkeit vom Auto wird größer durch die stetige Forderung nach Mobilität bei der Arbeitsplatzwahl und damit der Überwindung von längeren Fahrstrecken. Aber auch im privaten Bereich spielt das Auto eine wichtige Rolle. Freizeit ohne Auto ist für viele Menschen schwer vorstellbar. Mit dem Privatfahrzeug gelangt man zu Freizeitveranstaltungen und in Urlaubsorte. Letztlich ist das Auto für viele Kunden auch ein Statussymbol, ➔ **1**.

Für **Firmen** ist die Abhängigkeit von Fahrzeugen noch bedeutender: Wird eine Ware auf Grund einer Autopanne zu spät ausgeliefert oder kann der Handwerker einen Termin nicht einhalten, kann es zu Schadenersatzansprüchen kommen oder es leiden die Geschäftsbeziehungen.

Aus dieser Abhängigkeit vom Fahrzeug und den vielen gefahrenen Kilometer ergibt sich ein großer Bedarf an Wartung, Pflege und Instandsetzung. Aber das Fahrzeug ist auch ein bedeutender Kostenfaktor. Steigende Auto- und Kraftstoffpreise und weitere erforderliche Unterhaltungskosten zwingen den Kunden dazu, die Werkstattkosten für Wartung und Reparatur so niedrig wie möglich zu halten.

Deshalb muss der Karosserie- und Fahrzeugbaubetrieb bzw. der Karosserie-Instandhaltungsbetrieb sich darum bemühen, die Fahrzeughalter als Kunden zu gewinnen; er muss um sie kämpfen, ➔ **2**.

Der Karosserie- und Fahrzeugbau- und Karosserie-Instandhaltungsbetrieb muss daher folgende Forderungen erfüllen, wenn er Kunden begeistern und an sich binden will:
- freundlich, höflich, hilfsbereit, ➔ **3**
- rund um die Uhr zur Verfügung stehen, ➔ **2.1**

„Die Meiers von nebenan werden vor Neid erblassen"

1 Statussymbol Auto

2 Kampf um jeden Kunden

„Falls Sie es noch nicht gemerkt haben, wir haben vorn keine Scheibe!"

3 Immer freundlich, höflich, hilfsbereit

- fachliche Kompetenz und Fachwissen der Mitarbeiter, ➔ 2
- gut beraten und informieren
- schnelle Wartung und Reparatur
- Termine einhalten
- Arbeiten gut und fachgerecht ausführen
- absolute Zuverlässigkeit und längere Wartungsintervalle des Fahrzeuges
- glaubwürdige und richtige Aussagen, ➔ 2
- Sauberkeit des Wagens bei der Abholung, ➔ 3

0.1.2 Erscheinungsbild des Betriebes

Bevor sich der Kunde entscheidet, einen Auftrag an eine Firma zu vergeben, verschafft er sich einen Eindruck über den Betrieb.

Die äußere Erscheinung des Unternehmens wird geprägt von dessen:
- Firmenspitze (Inhaber, Geschäftsführer)
- Firmengebäude (Ausstellungsraum, Büros, Werkstatt)
- Mitarbeitern (Meister, Gesellen, Lehrlingen)
- Arbeitsmitteln wie Fahrzeuge, Werkzeuge

Inhaber und Mitarbeiter verschaffen sich mit ihrer äußeren Erscheinung und ihrem Auftreten einen guten oder schlechten Start zum Kunden.

Beispiel:
Jemand, der in der Werkstatt mit Turnschuhen, staubigem Pullover und verschmierten Jeans das Fahrzeug des Kunden zur Instandsetzung entgegennimmt, hat viel mehr Mühe, den Kunden von seiner Kompetenz zu überzeugen als der Kollege im sauberen Arbeitsanzug.

Deshalb gilt:
- Arbeitsschuhe und sauberes Arbeitszeug bei der Arbeit in der Werkstatt
- einheitliches Erscheinungsbild aller gewerblichen Mitarbeiter
- Name des Unternehmens und Name des Mitarbeiters gehören gut lesbar auf die Kleidung
- gepflegtes persönliches Erscheinungsbild (Haarschnitt, Rasur etc.)

Bei der Arbeit am Fahrzeug gibt es schmutzige Arbeiten, ➔ 3. Hierfür sollten den Mitarbeitern Einmal-Overalls zur Verfügung stehen. Und, wenn nötig, dann wird auch schon mal zur Wochenmitte ein neuer Arbeitsanzug fällig, ➔ 3.1.

Arbeitsmittel und Werkzeug müssen dem Kunden vermitteln, dass fachlich einwandfreie Arbeiten verrichtet werden können.

Deshalb gilt für die Werkstatt:
- helle Wand- und Deckenfarben
- gute Beleuchtung und Energieversorgung (z. B. Energieampeln)
- klare und übersichtliche Gliederung und evtl. Trennung von Arbeitsplätzen
- saubere Werkzeugmaschinen wie Hebebühnen, Richtbänke, Trennmaschinen

1 Stets zur Verfügung stehen

2 Fachliche Kompetenz und Fachwissen der Mitarbeiter

3 Schmutzige Arbeiten am Pkw

- es sollen keine Materialreste und Abfälle am Boden liegen
- Hinweise für die Bereitstellung und Entsorgung von Betriebsmitteln

Die **Firmenfahrzeuge** müssen
- mit einer klaren Werbeaussage beschriftet sein
- innen und außen sauber sein
- ordentlich geparkt werden
- rücksichtsvoll gefahren werden
- ohne Roststellen und Dellen sein

Eine klare **Werbeaussage** beinhaltet, ➔ **2**:
- Firmenlogo
- Arbeitsbereiche
- Telefonnummer
- Internetadresse

Das Fahrzeug sollte aus diesem Grund auch äußerlich **sauber** sein. Es sollte wenigstens einmal wöchentlich gewaschen werden. Im Innenraum dürfen keine Brotzeitreste auf dem Armaturenbrett und keine Zigarettenkippen am Boden liegen.

Mit dem Firmenwagen soll **rücksichtsvoll gefahren** werden. Das schont nicht nur die Betriebs- und Instandhaltungskosten, es stärkt auch das Ansehen des Betriebes.

Beispiele:
- Was denken die Anwohner, wenn ein Fahrzeug mit überhöhter Geschwindigkeit durch eine Zone-30 fährt?
- Welche Gedanken hat wohl ein Kunde, dem die Vorfahrt genommen wird?

Es steht ja groß auf dem Wagen drauf, über wen man sich ärgern muss. Ein Fahrer, der rücksichtslos mit den Mitmenschen und dem Firmeneigentum umgeht, wird dies auch mit dem Fahrzeug des Kunden tun.

Roststellen und Beulen am Fahrzeug zeigen, dass der Fahrzeughalter die eigene Instandhaltung des Fahrzeugs vernachlässigt. Einer Firma mit solchen Fahrzeugen überträgt man ungern Instandhaltungsaufgaben.

1 Saubere Arbeitskleidung

2 Firmenfahrzeug mit Werbung

0.1.3 Verhalten der Mitarbeiter zum Kunden

0.1.3.1 Kunden – unterschiedlich in ihrem Verhalten

Kunden-Grundtypen

Menschen sind sehr verschieden. Die Schwierigkeit für den Mitarbeiter liegt darin zu erkennen, wie sein Kunde behandelt werden möchte.

Um den Umgang mit Kunden zu vereinfachen, kann man sie in vier Grundtypen einteilen.

Kunden-Grundtypen sind:
- Manager
- Planer
- Visionär
- Harmoniesuchender

Manager-Typ

Der Manager-Typ sagt, was und wie er es haben möchte. Er will die Oberhand haben und sich durchsetzen. Für ihn gilt der Grundsatz: „Ich, der Kunde, bin König; der Handwerker hat sich danach zu richten.", ➔ **3**.

3 Manager-Typ

Erkennungsmerkmale des Manager-Typs:
- liebt Statussymbole, z. B. teure Autos, Villa, großer Schreibtisch, Designeranzug, und „kalte" Materialien wie Glas, Beton, Granit, Marmor, Stahl
- verträgt keinen Widerspruch, glaubt, immer Recht zu haben, ➔ **1**
- trifft Entscheidungen sehr schnell
- wird schnell ungeduldig

Umgang mit dem Manager-Typ:
- Nur das Beste anbieten („Natürlich habe ich Ihnen nur die Originalersatzteile angeboten.").
- Vorteile immer klar herausstellen („Die Vorteile sind: ...").
- Schnell auf den Punkt kommen („Die Arbeit kann in zwei Wochen ausgeführt werden und kostet Sie 5000 €, inklusive der Zulieferteile.").
- Nur dann „nein" sagen, wenn etwas wirklich unmöglich ist.

Planer-Typ

Der Planer-Typ möchte immer alles genau wissen. Er ist der Typ, der jede Montageanleitung bis ins Detail hinterfragt. Er muss das Gefühl haben, alles genau zu verstehen und zu kontrollieren, ➔ **2**.

Erkennungsmerkmale des Planer-Typs:
- unflexibler Mensch, ➔ **1**
- ausgeprägter Hang zum Kleingedruckten
- liebt Fakten und Informationen
- verachtet unprofessionelle Verhaltensweisen

Umgang mit dem Planer-Typ:
- Im Gespräch nur Fakten anführen („Die Vorteile liegen hier klar auf der Hand, nämlich ...").
- Fachkompetenz zeigen („Auf diesem Gebiet haben wir große Erfahrung.").
- Ungenauigkeiten vermeiden (klare Aussagen, exakte und pünktliche Arbeitsausführung).
- Arbeitsabläufe durchsprechen, damit nichts für den Kunden Unerwartetes passiert.

Visionär-Typ

Der Visionär-Typ gibt sich mit Herkömmlichem nicht zufrieden. Er will immer experimentieren, Neues ausprobieren, ➔ **5.1**.

Erkennungsmerkmale des Visionär-Typs:
- befasst sich am liebsten mit Möglichkeiten statt mit Gewissheiten
- ist ein nachdenklicher Typ
- kann sich nicht klar entscheiden
- sehr fantasievoll und flexibel

Umgang mit dem Visionär-Typ:
- Nur das Neueste anbieten (Messe-Neuheit, zukunftsweisende Entwicklung).
- Besonders die Sachen vorstellen, die ausgefallener sind (z. B. Navigationssystem).
- Entscheidungshilfen geben („Also dieses Navigationssystem ist sehr einfach zu bedienen und hat eine automatische Staumeldung.")
- Im Gespräch gezielt nachfragen, wenn etwas unklar ist.

„Bleib hier und pass auf, wie sie es machen. Du kannst es dann das nächste Mal selbst reparieren."

1 Managerin und Planer

2 Planer-Typ

1 Visionär-Typ

2 Typ des Harmoniesuchenden

Typ des Harmoniesuchenden

Der Typ des Harmoniesuchenden möchte immer und überall dabei sein. Er sucht Zuneigung und Lob und möchte den Handwerker als seinen Freund verstehen, ➔ **2**.

Erkennungsmerkmale des Typs des Harmoniesuchenden:
- legt großen Wert auf Moral und Ethik
- liebt Antiquitäten
- geht jedem Streit aus dem Weg oder versucht sofort zu schlichten
- zieht ein nettes Gespräch jeder fachlichen Beratung vor, ist sehr geduldig
- und verzeiht Fehler

Umgang mit dem Typ des Harmoniesuchenden:
- Kunden in die Planung der Arbeiten mit einbeziehen („Welche Sonderwünsche haben Sie für den Innenausbau des Koffers?").
- Ideen oder Wünsche des Kunden loben („Dass Sie eine Klimaautomatik gewählt haben, ist eine gute Idee.").
- Zeit nehmen auch für Gespräche, die nicht unmittelbar mit dem Auftrag zu tun haben („Wir machen dieses Jahr mit den Kindern Urlaub auf Mallorca.").
- Wenn Pannen passieren, den menschlichen Faktor voranstellen („Ich kann mir nicht erklären, wie unserem Herrn Meier das passieren konnte.")

0.1.3.2 Zuordnung der Kunden

Die meisten Kunden sind Mischtypen.

Wer seinen Kunden richtig einschätzt, kann ihn so behandeln, wie dieser es vorzieht. Der Kunde will anerkannt bzw. verstanden sein.

Natürlich müssen alle Aussagen des Handwerkers der Wahrheit entsprechen. Nichts soll erfunden werden, nur um dem Kunden zu gefallen. Man kann aber immer die Argumente in den Vordergrund stellen, die der Kunde für wichtig erachtet, ➔ **3**.

3 Glaubwürdige und richtige Aussagen

Beispiele:
- Für den Manager-Typ ist es wichtig, dass nur Originalersatzteile verwendet werden.
- Dem Harmoniesuchenden kommt es bei derselben Instandsetzung aber nur darauf an, dass die Qualität des Ersatzteiles gut ist und es auch lange hält.

„Wunderbar, Sie haben exakt meine Wunschfarbe getroffen, aber leider den falschen Wagen!"

1 Fachkompetent, sorgfältig und exakt

„Mein Vorschlag wäre: Sie lassen den Schlüssel stecken und hoffen, dass jemand den Wagen klaut."

2 Instandsetzungsalternative

„Bis auf ein paar Kleinigkeiten bin ich mit der Werkstatt zufrieden"

3 Kundenzufriedenheit

„Soll ich mal nach dem Öl gucken?"

4 Enge Beziehung zum Kunden

Welchen Beitrag kann der Mitarbeiter im Karosserie- und Fahrzeugbaubetrieb und im Karosserie-Instandhaltungsbetrieb leisten, um den Forderungen des Kunden und den Kundentypen gerecht zu werden? Dazu ein paar Hinweise:

- Erkennen, dass Freundlichkeit und Höflichkeit den eigenen Arbeitsplatz sichern.
- Jede Arbeit fachkompetent, sorgfältig und exakt durchführen, ➔ **1**.
- Den Kunden als einen gern gesehenen Menschen betrachten.
- Den Kunden in den Mittelpunkt seines Handelns stellen.
- Kundenzufriedenheit persönlich nehmen.
- Eine kontinuierliche Verbesserung der Arbeitsvorgänge im eigenen Arbeitsbereich anstreben und zur Fehlervermeidung statt Fehlerbehebung beitragen.
- Instandsetzungsalternativen entwickeln, ➔ **2**.
- Eine Dienstleistung abliefern, damit der Kunde wiederkommt und nicht die Ware oder ein Beschwerdebrief, ➔ **3**.
- Dem Kunden zuhören und keine Diskussionen führen, um Recht zu haben.
- Bereit sein, im Team zu arbeiten.
- Zum Kunden enge und dauerhafte Beziehungen pflegen, ➔ **4**.
- Den Kunden auch nach der ausgeführten Arbeit beraten und betreuen.
- Den Kunden so behandeln, dass er nach jedem Werkstattbesuch gerne wiederkommt.

0.1.4 Kommunikation zwischen Mitarbeiter und Kunden

0.1.4.1 Arten der Kommunikation

Wenn Menschen aufeinander treffen, werden sie zwangsläufig miteinander kommunizieren. Das kann bewusst oder unbewusst sein.

Dabei verständigen sie sich durch
- verbale Kommunikation
- nonverbale Kommunikation

0.1.4.2 Verbale Kommunikation

Teilnehmer an der Kommunikation

Die verbale Kommunikation ist die Verständigung durch Sprache; sie wird wesentlich durch den Klang der Stimme beeinflusst.

Die verbale Kommunikation findet immer statt zwischen
- Sender
- Empfänger

Sender

Der Sender möchte den Empfänger mit einer Nachricht/Information überzeugen oder beeinflussen.

Dazu bedient er sich der vier Möglichkeiten, ➔ **1**:
- Sachinhalt
- Selbstoffenbarung
- Beziehung
- Appell

Der **Sachinhalt** beschreibt, worüber man informieren möchte. Es ist wichtig, dass der Sachverhalt klar und deutlich mitgeteilt wird. Dabei ist zu beachten, dass der Kunde in der Regel ein fachlicher Laie ist und unsere Fachsprache nicht beherrscht. Daher muss der Sachverhalt für den Kunden klar verständlich erklärt werden.

Beispiel:
Die Bremsklötze müssen erneuert werden, da die Beläge fast vollständig abgenutzt sind. Kommt es beim Bremsen zur metallischen Berührung zwischen Bremsklotz und Bremsscheibe, verlängert sich der Bremsweg um ein Vielfaches und das Fahrzeug bricht aus.

Die **Selbstoffenbahrung** sagt aus, was man von sich selbst kundgibt. Hierbei gibt der Sender bewusst, antrainiert oder unbewusst einen Teil seiner Persönlichkeit an den Empfänger preis. Er kann auf seine Kenntnis in der Fahrzeugtechnik hinweisen.

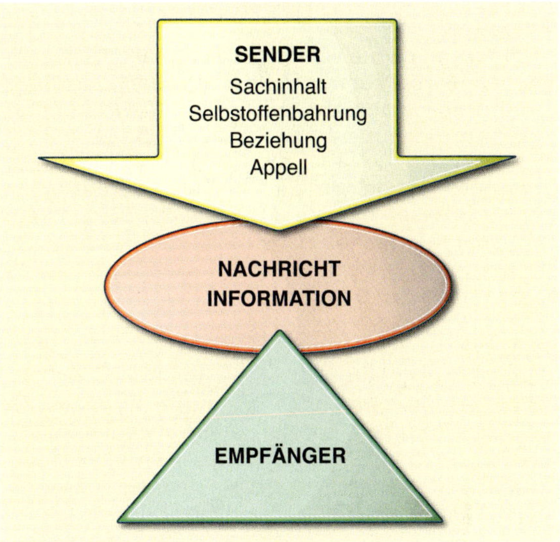

1 Mögliche Einflüsse des Senders auf die zu empfangene Nachricht

2 Beziehung zu den Kunden

Beispiel:
Die Korrosion an den Karosserieteilen ist eindeutig auf Kontaktkorrosion zurückzuführen, denn hier handelt es sich um zwei verschiedene Metalle, die sich berühren und nicht gegen Feuchtigkeit geschützt sind.

Die **Beziehung** bedeutet, wie man auf Grund der persönlichen Einschätzung des Gesprächspartners mit ihm spricht. Dabei gibt man zu erkennen, was man von seinem Gegenüber hält und wie man zu ihm steht, ➔ **2**. Bereits aus der gewählten Form der Anrede soll der Gesprächspartner erkennen, wie man ihn einschätzt.

0

Beispiel:
Herr Meyer, da Sie schon jahrelang unser Spitzenmodell fahren, können Sie mir sicherlich aus Ihrer Erfahrung heraus etwas über das Fahrverhalten der hydropneumatischen Federung sagen.

Der **Appell** gibt an, wozu ich meinen Gesprächspartner veranlassen möchte. Man will mit dieser Nachricht oder Information den Empfänger beeinflussen. Hierbei darf in keinem Fall übertrieben werden, sonst erreicht man das Gegenteil.

Beispiel:
Die Navigationsanlage ist in der heutigen Zeit unverzichtbar. Sie finden sich ohne sie in keiner Stadt mehr zurecht und sie gehört unbedingt auch als Statussymbol in Ihr Fahrzeug. Die Nachrüstung eines Navigationssystems kostet heutzutage weniger als eine 2-Wochen-Reise nach Mallorca.

Empfänger

Die Nachricht oder Information des Senders mag noch so bedeutend sein, aber wenn die Nachricht nicht exakt empfangen wird, ist sie wenig hilfreich, **➔1**. Grundsätzlich gilt: Wahr ist, was der Empfänger verstanden hat. Das muss nicht immer gleich sein mit dem, was der Sender gesagt hat oder zu verstehen geben will.

Darum muss sich der Empfänger auf das Gespräch konzentrieren und wichtige Verhaltensregeln zum Zuhören beachten.

Wichtige Verhaltensregeln für das Zuhören sind:
- Nicht sprechen und geduldig zuhören.
- Zeigen, dass man empfangen will.
- Verstehen, was der Sender meint.
- Sich in den Sender hineinversetzen.
- Durch Nachfragen Rückmeldung geben.

Nicht sprechen und geduldig zuhören während der Sender spricht, damit gibt man zu erkennen, dass man interessiert zuhört. Dagegen zeigt man wenig Interesse an der Information des Senders, wenn man ihn im Satz unterbricht und ihm nicht die Gelegenheit gibt zum Ausreden.

Zeigen, dass man empfangen will durch positive Körpersprache, z. B. Freundlichkeit, Blickkontakt. Dadurch ermuntert man den Gesprächspartner, sein Anliegen vorzutragen, **➔ 2**.

Verstehen, was der Sender meint, muss ihm auch signalisiert werden. Das kann man erreichen durch Nicken, Bestätigen einer Aussage. Hiermit schaffen wir eine fachlich positive Atmosphäre.

Sich in den Sender hineinversetzen bedeutet, dass man bereit ist, Probleme aus der Sendersichtweise zu verstehen. Diese Probleme, wie z. B. Angebotskosten, Fahrzeugausstattung, Reparaturausführung, sollten mit Feingefühl und Geschick realistisch gelöst werden.

„He, Sie, es regnet, das Polster wird nass!"

1 Die Nachricht muss empfangen werden

„Nun ja, er befindet sich inzwischen in den Ölwechseljahren."

2 Kunde kann sein Anliegen vortragen

„Der Motor ist weiter vorn."

3 Präzise Aussagen durch Nachfragen

Durch Nachfragen Rückmeldung geben ermuntert den Gesprächspartner zu detaillierten Erklärungen und zu präzisen Aussagen, **➔ 3**. Es ermöglicht auch die Lenkung des Gespräches in eine bestimmte gewünschte Richtung.

0.1.4.3 Nonverbale Kommunikation

Die nonverbale Kommunikation ist die nicht sprachliche Kommunikation. Sie findet durch Blickkontakt und Körperhaltung statt, man spricht auch von **Körpersprache**. Hierbei kann durch eine positive Körpersprache dem Kunden vermittelt werden, dass er ein gern gesehener Mensch ist.

Bei Gesprächen mit Kunden wird verlangt, dass sich die Mitarbeiter auf die Persönlichkeit des Kunden einstellen und die Verhaltensregeln für das Zuhören berücksichtigen. Der Kunde muss aber auch von technischen Erfordernissen und den damit verbundenen Kosten überzeugt werden. Und das muss der Kunde als Empfänger richtig gehört und verstanden haben. Die Körpersprache ist ein wesentlicher Teil der Ausdrucksform des Mitarbeiters. Sie wird bewusst oder auch unbewusst verwendet und kann für den aufmerksamen Empfänger eventuelle Übereinstimmungen zwischen den Wörtern und Gedanken des Absenders verraten. Im Verlauf eines Gespräches können folgende verschiedene Körpersignale mit positiver oder negativer Wirkung eingesetzt werden.

Wichtige Körpersignale sind:
- Blickkontakt
- Abstand
- Körperhaltung
- Mimik
- Gestik

Der **Blickkontakt** ist die Kontaktaufnahme zwischen Mitarbeiter und Kunden. Es ist wichtig, von Anfang an den Kunden freundlich ins Gesicht zu sehen. Dieser Blickkontakt sollte während des Gespräches bestehen bleiben, ohne jedoch den Kunden zu irritieren.

Der **Abstand** bestimmt den persönlichen Kontakt zum Kunden. Bei fremden Kunden ist ein Abstand von 2 m angemessen. Man kommt sich näher, wenn die persönliche Beziehung enger ist.

Die **Körperhaltung** kann die Stimmung des Kunden oder Mitarbeiters wiedergeben. So kann durch lässige Haltung und Hand in der Tasche Selbstsicherheit ausgedrückt werden. Eng verschränkte Arme deuten auf Unnahbarkeit hin und lockere Haltung der Arme können Wohlbefinden widerspiegeln.

Die **Mimik** wird durch die Bewegung der Gesichtsmuskulatur erzeugt. Sie ist die Ausdrucksform des Gesichtes. Mit ihr kann der Kunde oder Mitarbeiter Sicherheit, Sorge, Überraschung, Freude, Ärger oder Ratlosigkeit ausdrücken.

Die **Gestik** ist die Ausdrucksbewegung besonders der Hände und Arme. Ihr fällt bei der Körpersprache eine besondere Bedeutung zu. Es gibt Menschen, die sprechen mit Händen und Armen. Mit der Gestik drückt der Kunde oder Mitarbeiter Kontaktbereitschaft aus, oder aber Ablehnung, Ratlosigkeit, Anspannung, Aggression.

0.2 Einteilung der Kraftwagen

Alle Straßenfahrzeuge sind nach DIN 70 010 systematisch geordnet, ➔ **10.1**.

Danach unterteilen sich die **Kraftwagen** in:
- Personenkraftwagen
- Nutzkraftwagen

0.2.1 Personenkraftwagen

Personenkraftwagen (**Pkw**) sind Kraftwagen, die nach ihrer Bauart und Einrichtung hauptsächlich bestimmt sind zur Beförderung von:
- Personen
- deren Gepäck und/oder von Gütern

Pkws haben einschließlich Fahrersitz max. 9 Sitzplätze.

Es gibt neun Arten von Pkws, ➔ **1**:
- Limousine
- Kabrio-Limousine
- Pullman-Limousine
- Coupé
- Kabriolett
- Kombi
- Nutzkraftwagen-Kombi
- Spezial-Pkw
- Mehrzweck-Pkw

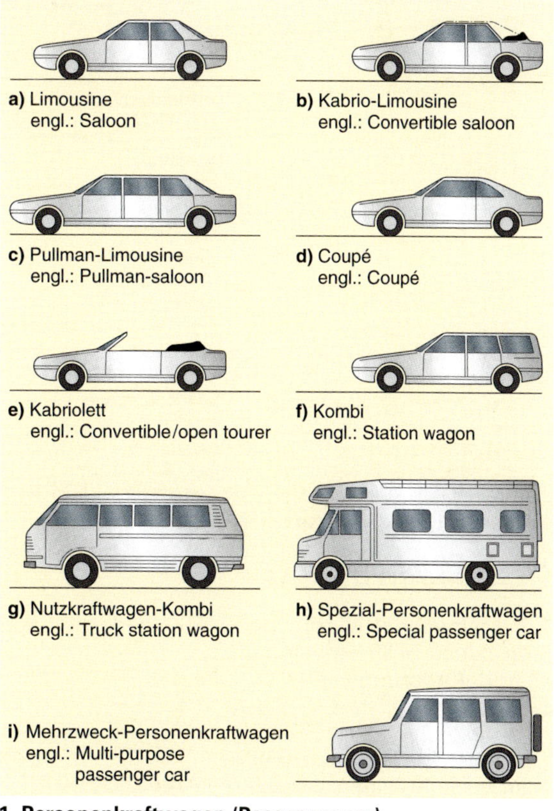

1 Personenkraftwagen (Passenger car)

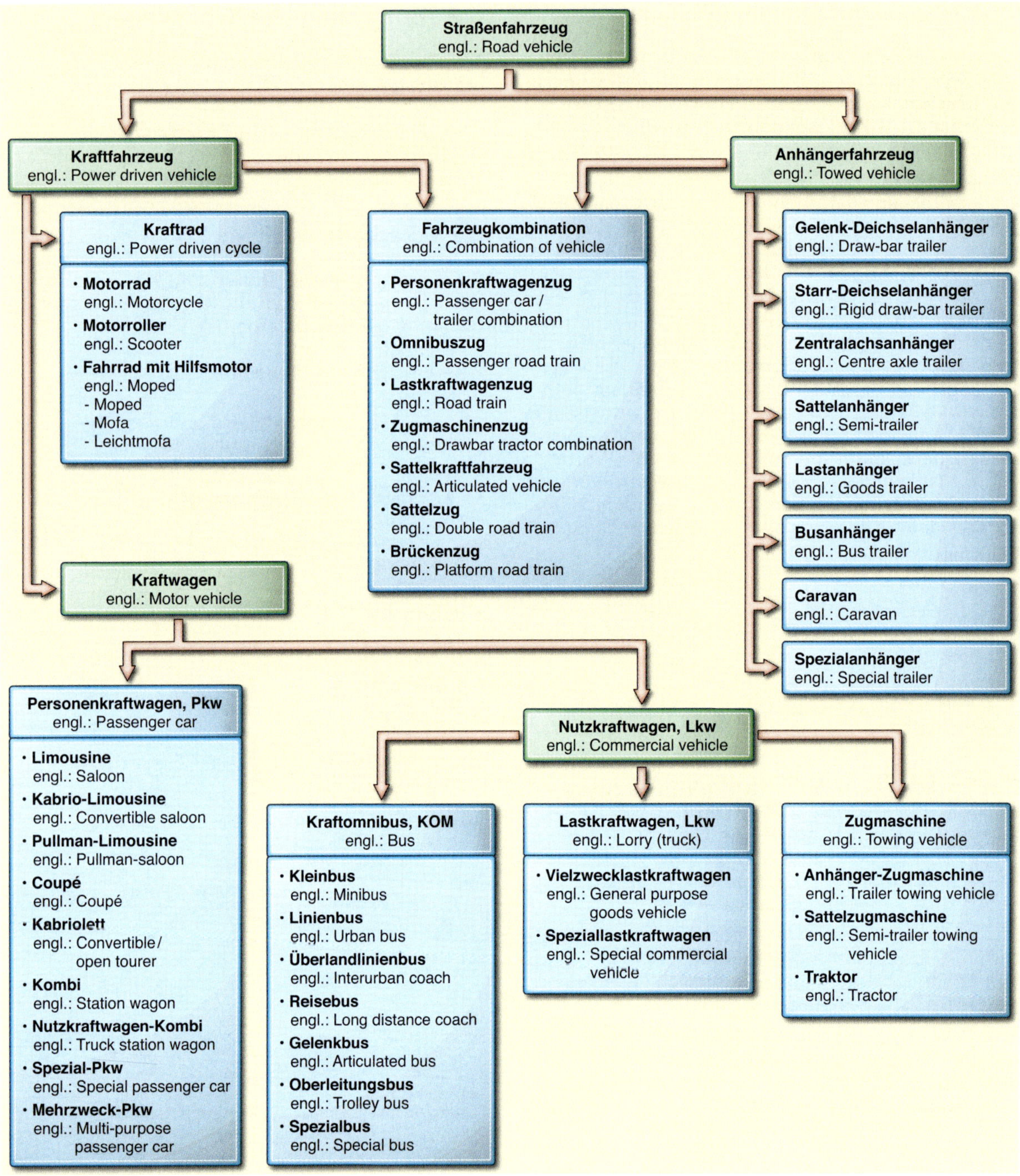

1 Übersicht zur Einteilung der Straßenfahrzeuge

0.2.2 Nutzkraftwagen

Nutzkraftwagen (**Nkw**) sind Kraftwagen, die nach ihrer Bauart bestimmt sind:

- zur Beförderung von
  - Personen
  - Gütern
- für besondere Einsatzzwecke
- zur Leistung einer besonderen Arbeit
- zum Ziehen von Anhängefahrzeugen

Die Personenkraftwagen zählen nicht zu den Nkws.

Bei den Nkws unterscheidet man nach ihrem Einsatz:

- Lastkraftwagen
- Zugmaschine
- Kraftomnibus

a) Vielzwecklastkraftwagen, engl.: General purpose goods vehicle

b) Speziallastkraftwagen, engl.: Special commercial vehicle

1 Lastkraftwagen (Road train)

0.2.2.1 Lastkraftwagen

Lastkraftwagen (**Lkw**) sind Nutzkraftwagen, die nach ihrer Bauart und Einrichtung bestimmt sind zum Transport von Gütern.

Es gibt zwei Arten von Lkws, ➔ **1**:
- Vielzwecklastkraftwagen
- Speziallastkraftwagen

0.2.2.2 Zugmaschine

Zugmaschinen sind Nutzkraftwagen, die ausschließlich oder überwiegend bestimmt sind zum Mitführen von Anhängefahrzeugen.

Folgende drei Zugmaschinenarten werden unterschieden, ➔ **2**:
- Anhänger-Zugmaschine
- Sattelzugmaschine
- Traktor

0.2.2.3 Kraftomnibus

Kraftomnibusse (**KOM**) sind Nutzkraftwagen, die nach ihrer Bauart und Einrichtung bestimmt sind:
- zur Beförderung von
  - Personen (mehr als 9 Personen einschließlich Fahrer)
  - deren Reisegepäck
- für besondere Einsatzzwecke

Die KOM können ein oder zwei Decks haben. Ein KOM mit zwei Decks bezeichnet man mit **Doppeldeckerbus.**

Es gibt sieben Arten von KOM, ➔ **3**:
- Kleinbus
- Linienbus
- Überlandlinienbus
- Reisebus
- Gelenkbus
- Oberleitungsbus
- Spezialbus

Bei der Darstellung der KOM wird von der im Kraftfahrzeugbau üblichen Darstellungsweise, d. h. von rechts nach links fahrend, abgegangen.

Die KOM werden von links nach rechts fahrend dargestellt, da in Deutschland wegen des Rechtsverkehrs die Betriebstüren auf der rechten Fahrzeugseite angeordnet sind.

a) Anhänger-Zugmaschine, engl.: Trailer towing vehicle

b) Sattelzugmaschine, engl.: Semi-trailer towing vehicle

c) Traktor, engl.: Tractor

2 Zugmaschine (Towing vehicle)

a) Kleinbus, engl.: Minibus

b) Linienbus, engl.: Urban bus

c) Überlandlinienbus, engl.: Interurban coach

d) Reisebus, engl.: Long distance coach

e) Gelenkbus, engl.: Articulated bus

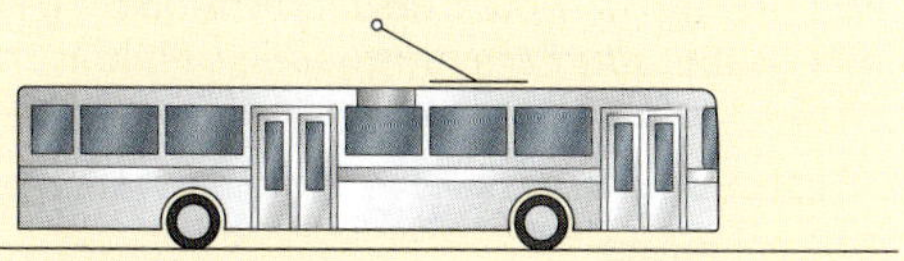

f) Oberleitungsbus, engl.: Trolley bus

g) Spezialbus, engl.: Special bus

3 Kraftomnibus (Bus)

0.3 Arbeitsaufträge bearbeiten

0.3.1 Arbeitsauftrag

Die Karosserie- und Fahrzeugbaubetriebe zählen zu den Herstellungsbetrieben. In diesen handwerklichen Betrieben wird nur in seltenen Fällen auf Vorrat produziert. Üblicherweise erhält der Kunde auf Anfrage ein Angebot und erteilt dann einen Arbeitsauftrag. Karosserie-Instandhaltungsbetriebe führen ihren Arbeitsauftrag meistens durch Direktannahme eines Kundenfahrzeuges aus.

Es werden zwei Arbeitsaufträge beschrieben, die für unsere Berufe typisch sind:
- Herstellungsauftrag
- Instandhaltungsauftrag

0.3.1.1 Herstellungsauftrag

Aufgaben der Karosserie-und Fahrzeugbaubetriebe

Die größte Anzahl ihrer Fahrzeuge liefern die Hersteller von Nkws als Fahrgestell mit Fahrerhaus aus. Karosserie- und Fahrzeugbaubetriebe als herstellendes Gewerbe sind die Fachbetriebe für die nachträgliche Montage von
- Pritschenaufbauten
- Kofferaufbauten
- Wechselaufbauten
- Tank- und Behälteraufbauten
- Kipp- oder Ladekranaufbauten
- Ladebordwänden

Dabei stellen Karosserie- und Fahrzeugbaubetriebe auch Aufbauten her oder bauen Kastenaufbauten aus.
Ein weiteres Aufgabengebiet ist die Herstellung von
- Verkaufsfahrzeugen für Märkte
- Anhängefahrzeugen für den Transport von Waren, Tieren u. a.
- Kranken- und Bestattungsfahrzeugen

Andere Karosserie- und Fahrzeugbaubetriebe verändern Fahrgestellrahmen und stellen Spezialfahrzeuge her.

Diese unterschiedlichen Aufgaben sind der Grund dafür, dass sich viele Spezialbetriebe im Bereich des Karosserie- und Fahrzeugbaues gebildet haben.

Kunden des Karosserie-und Fahrzeugbaubetriebes

Ein Karosserie- und Fahrzeugbaubetrieb für Kofferaufbauten hat es üblicherweise mit zwei unterschiedlichen Auftraggebern zu tun.

Das sind Kunden, die das Fahrzeug:
- selber nutzen wollen
- vertreiben wollen

1 Gesamtfahrzeug – Fahrgestell und Kofferraum

2 Fahrgestell für Kofferaufbau

Der Kunde, der **das Fahrzeug selber nutzen will**, bestellt das Fahrgestell mit Kofferaufbau als Gesamtfahrzeug, ➔ **1**. Dieser Kunde muss umfassend beraten werden.

Beispiel:
Der Kunde ist ein Spediteur, sein Kunde ist ein Möbelhaus. Der Karosserie- und Fahrzeugbaubetrieb für Kofferaufbauten muss den Spediteur über Fahrgestelltypen unterschiedlicher Hersteller informieren und beraten. Außerdem müssen die Details der Kofferaufbauausführung besprochen werden, ➔ **13.1**. Hierbei sind die Richtlinien des Möbelhauses zu berücksichtigen.

Der Kunde, der **ein Fahrzeug vertreiben will**, ist Fahrgestellhersteller. Er bietet Gesamtfahrzeuge mit unterschiedlichen Kofferaufbauten an. Zusammen mit dem Karosserie- und Fahrzeugbaubetrieb können bereits vorher für bestimmte Fahrgestellausführungen Kofferaufbauten entwickelt worden sein, ➔ **2**. Diese Kofferaufbautypen liegen bereits konstruktiv fest. Für Sonderausführungen müssen neue Kofferaufbauten entwickelt werden.

Beispiel:
Der Karosserie- und Fahrzeugbaubetrieb für Kofferaufbauten bespricht mit dem Kunden im Wesentlichen den Einsatz von Kofferaufbautypen, die speziell für ihn entwickelt wurden, oder eine Sonderausführung Kofferaufbau.

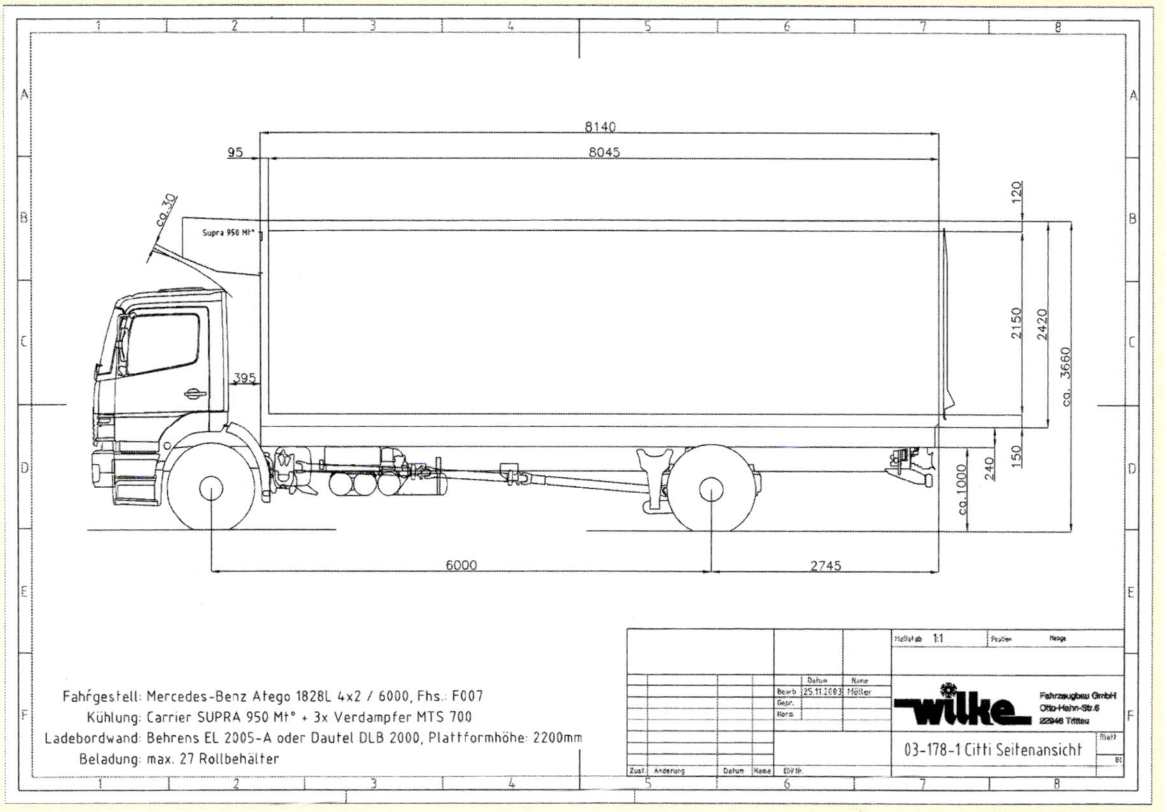

1 Fahrgestell- und Kofferaufbaudaten

0.3.1.2 Instandhaltungsauftrag

Begriffe und Maßnahmen der Instandhaltung

Der Begriff der Instandhaltung und die entsprechenden Maßnahmen sind nach DIN 31 051 genormt.

Ziele der Instandhaltung von technischen Mitteln eines Systems sind:
- den Sollzustand bewahren und wiederherstellen
- den Istzustand feststellen und beurteilen

Die **Wartung** beinhaltet die Maßnahmen zur Bewahrung des Sollzustandes.

Die **Instandhaltung** ist unterteilt in:
- Wartung
- Inspektion
- Instandsetzung

Maßnahmen der Wartung können sein:
- einen Wartungsplan erstellen
- die Durchführung der Wartung vorbereiten
- die Wartung durchführen
- die Wartung rückmelden

Die **Inspektion** sind alle Maßnahmen zur Feststellung und Beurteilung des Istzustandes von technischen Mitteln eines Systems.

Zur Inspektion gehören:
- einen Plan des Istzustandes erstellen
- die Durchführung der Inspektion vorbereiten
- die Inspektion durchführen
- das Ergebnis der Istzustandsfeststellung vorlegen
- die Ergebnisse des Istzustandes auswerten und beurteilen
- Ableitung der notwendigen Konsequenzen aufgrund der Beurteilung

Die **Instandsetzung** erfolgt durch Maßnahmen zur Wiederherstellung des Sollzustandes von technischen Mitteln eines Systems.

Hierbei kommen zur Anwendung:
- Auftrag zur Instandsetzung; hierzu gehören: Auftrag dokumentieren und Auftragsinhalt analysieren
- Planen der Instandsetzung; dabei müssen alternative Lösungen aufgezeigt, bewertet und entschieden werden
- die Durchführung der Instandsetzung vorbereiten; damit meint man Kalkulieren, Termine planen, Personal, Werkzeuge, Material und alle erforderlichen Sicherheitseinrichtungen bereitstellen, Arbeitspläne erstellen u. a.
- die Vorbereitung der Durchführung der Instandsetzung überprüfen
- die Instandsetzung durchführen
- die in Stand gesetzten technischen Mittel des Systems auf Funktion prüfen und abnehmen
- die Instandsetzung fertig melden
- die Instandsetzung aus technischer und wirtschaftlicher Sicht auswerten und dokumentieren

Kunden des Instandhaltungsbetriebes

Ein Instandhaltungsbetrieb hat es üblicherweise mit drei unterschiedlichen Auftraggebern zu tun.

Das sind Kunden, die den Auftrag
- privat erteilen
- geschäftlich erteilen
- als Versicherer im Schadensfall übernehmen

Der Kunde, der den **Auftrag privat erteilt**, wird sicherlich den Auftragsumfang so gering wie möglich halten, um die Kosten zu begrenzen.

Beispiel:
Werden bei diesem Auftrag Instandhaltungsarbeiten angesprochen, die demnächst anfallen, ist er eher bereit, sie erst zum vorgesehenen späteren Termin in Auftrag zu geben.

Der Kunde, der den **Auftrag geschäftlich erteilt**, gibt sein Arbeitsmittel zur Instandhaltung in die Werkstatt. Er ist besonders daran interessiert, dass er das Fahrzeug betrieblich nutzen kann und wird u. U. bereit sein, den Auftragsumfang zu erweitern.

Beispiel:
Werden bei diesem Auftrag Instandhaltungsarbeiten angesprochen, die demnächst anfallen, ist er eher bereit, sie gleich mitzuerledigen.

Der Kunde, der als **Versicherer den Schadensfall** übernimmt, wird den Auftragsumfang so gering wie möglich halten. Versicherungen haben Reparaturvorgabezeiten, die der Instandsetzungsbetrieb einhalten muss.

Beispiel:
Bei kleinen Instandsetzungen erfolgt die Reparaturfreigabe nach Kostenvoranschlag des Instandhaltungsbetriebes. Bei umfangreichen Reparaturen wird der Auftragsumfang von einem Sachverständigen festgelegt.

Die Privatkunden und Firmenkunden sind auf die Nutzung ihres Fahrzeuges angewiesen. Der Privatkunde benötigt sein Auto, um seinen Arbeitsplatz zu erreichen. Firmen sind noch abhängiger von ihrem Fahrzeug, da sie es als Arbeitsmittel nutzen, vgl. Kap. 0.1.1.

Das heißt die Verweildauer in der Werkstatt muss so kurz wie möglich sein.

Außerdem erwarten die Kunden, dass ihnen ein Ersatzfahrzeug zur Verfügung gestellt wird. Die Instandhaltungsbetriebe kommen dem Kundenwunsch entweder mit Vorführwagen nach oder sie arbeiten mit einem Autoverleiher zusammen.

Instandhaltungsarbeiten

Karosserie-Instandhaltungsbetriebe erhalten von ihren Kunden folgende unterschiedliche Instandhaltungsarbeiten:
- Wartung und Inspektion mit kleinen Instandsetzungen
- Instandsetzung als Altersreparatur
- Instandsetzung als Unfallreparatur

Wartung und Inspektion werden vom Fahrzeughersteller in Abhängigkeit der gefahrenen Strecke des Autos vorgesehen, um die Fahrbereitschaft zu garantieren. Jedes Fahrzeug hat ein „Wartungsheft", in dem die vorgeschriebenen Arbeiten aufgeführt sind. Häufig werden bei diesen Arbeiten zusätzlich Schäden festgestellt, die in Stand gesetzt werden müssen.

Bevor zusätzliche Instandsetzungsarbeiten durchgeführt werden dürfen, muss unbedingt Rücksprache mit dem Kunden gehalten werden.

Der Kunde muss sein Einverständnis zur Instandsetzung geben.

Bei Korrosionsschäden an einer Karosserie wird in der Regel eine **Instandsetzung als Altersreparatur** erforderlich. Die Korrosion an der Karosserie wird häufig durch Verschleiß des Korrosionsschutzes oder durch Steinschlag hervorgerufen. Ist die Korrosion weit fortgeschritten, müssen die Karosserieteile ersetzt werden. Die Planung der Altersreparatur ist schwierig, weil sich während der Reparaturarbeit weitere Korrosionsschäden zeigen können, die noch unbedingt behoben werden müssen. Dadurch kann sich die Reparaturarbeit erheblich vergrößern und es erforderlich machen, den Reparaturplan zu ändern.

Instandsetzung als Unfallreparatur kann an Fahrzeugen aller Altersklassen und aller denkbaren Pflegezustände erforderlich werden. Soll der Schaden durch die Versicherung bezahlt werden, fällt jedoch nach der Größe des Schadensumfanges die Entscheidung, ob eine Unfallreparatur durchgeführt wird oder ein Totalschaden vorliegt.

Ein **Totalschaden** liegt vor, wenn die Unfallreparaturkosten mehr als 130 % des Wiederbeschaffungswertes für ein gleichwertiges Ersatzfahrzeug betragen.

Wird die Unfallreparatur durchgeführt, bleibt der Restwert des verunfallten Fahrzeuges unberücksichtigt. Bei Auszahlung des Betrages für den Totalschaden wird allerdings der Restwert des verunfallten Fahrzeuges angerechnet (Urteil des Bundesgerichtshofes, Karlsruhe, VI ZR 314/90 und VI ZR 67/91). Wünscht der Kunde bei höheren Unfallreparaturkosten die Instandsetzung seines Fahrzeuges, muss er dies auf eigene Kosten tun.

0.3.2 Geschäftsprozess

0.3.2.1 Ablauf des Geschäftsprozesses

Ein Fachbetrieb erhält vom Kunden einen Arbeitsauftrag. Zur Bearbeitung dieses Auftrages sind im Betrieb viele unterschiedliche Arbeitsschritte erforderlich. Um Fehler zu vermeiden und Zeit einzusparen, müssen diese Arbeitsschritte in eine sinnvolle Reihenfolge gebracht werden und damit entsteht ein **Geschäftsprozess.**

Der Ablauf des Geschäftsprozesses wird bestimmt durch:
- die daran beteiligten Mitarbeiter eines Betriebes
- die Erstellung und Art des Produktes

Das bedeutet, der Geschäftsprozess läuft in jedem Betrieb und für jedes unterschiedliche Produkt verschieden ab.

Zwei Beispiele zeigen das:
- Geschäftsprozess im Karosserie- und Fahrzeugbaubetrieb
- Geschäftsprozess im Instandhaltungsbetrieb

0.3.2.2 Geschäftsprozess im Karosserie- und Fahrzeugbaubetrieb

Der Geschäftsprozess im Karosserie- und Fahrzeugbaubetrieb für Kofferaufbauten besteht aus:
- Anfrage des Kunden
- technische Beratung
- Angebot
- verbindliche Bestellung
- Auftragsbestätigung
- Konstruktion und Arbeitsvorbereitung
- Fertigung
- Abnahme durch den Fahrgestellhersteller
- Abnahme durch den Kunden
- Auslieferung
- Rechnung
- Zahlung

Zunächst werden die Kunden an den Fahrzeugbaubetrieb eine **Anfrage** richten, aus der die Wünsche und Forderungen für den Aufbau und das Fahrgestell hervorgehen.

Danach kommt es in der Regel durch die technische Abteilung des Aufbauherstellers zu einer **technischen Beratung**, um darzulegen, was technisch möglich ist und was der Betrieb leisten kann. Hierbei müssen bereits Daten und Informationen des Fahrgestellherstellers berücksichtigt werden, ➔ **1**.

Aus diesem Ergebnis erstellt die kaufmännische Abteilung ein **Angebot** an den Kunden. Daraus kann der Kunde die technische Beschreibung des Aufbaues und des Fahrgestells, den Preis und die Liefer- und Zahlungsbedingungen entnehmen.

Die Kaufentscheidung des Kunden wird neben den technischen Merkmalen und dem Preis auch wesentlich durch die persönliche Beziehung zum

1 Technische Abteilung des Aufbauherstellers

Achslastberechnung

Firma: Citti Grossmarkt — Datum: 27.04.2004
Kom.-Nr.: 03-178-1 — Verfasser: Möller

Fahrgestell: MB Atego 1828L 4X2 / 6000, Fhs: F007
Kühlung: Carrier SUPRA 950 MT°, Modell: T
Ladebordwand: Behrens EL-2005 A, Plattformhöhe: 2200mm

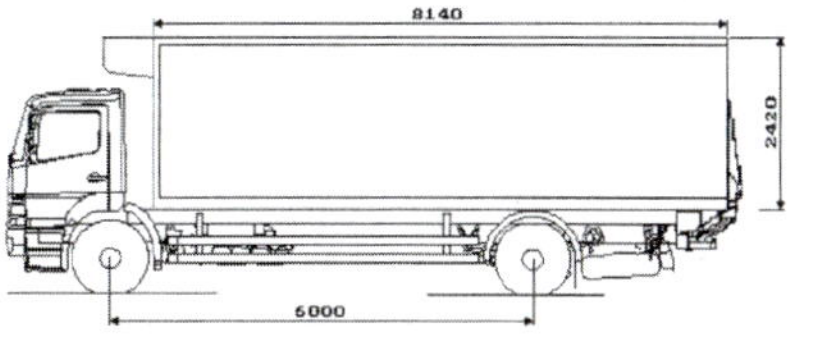

Tabelle der Gewichtsverteilung			
Vorderachse [kg]	Hinterachse [kg]	Gesamt [kg]	Bezeichnung
3620	2145	5765	Leergewicht, Chassis
80	0	80	Fahrer
598	37	635	Kühlung
-228	788	560	Ladebordwand
2420	8540	10960	Aufbau und Nutzlast
6490	11510	18000	Summe
7100	11500	18000	zulässige Lasten

Der Überhang beträgt: 45.8%. Maximal zulässiger Überhang: 60.0%
Minimale Achslast der Vorderachse: 36.1%. Mindestwert: ≥30.0%.
Die Hinterachse ist mit: 10kg = 0.1% überlastet !

Maße:	außen:	innen:
Länge :	8140mm	8045mm
Breite:	2595mm	2485mm
Höhe :	2420mm	2150mm

Wandstärken:	
Boden :	150mm
Dach :	120mm
Seitenwände:	55mm
Vorderwand :	95mm
Hecktüren :	

Die Gewichte der obenstehenden Komponenten sind ca.-Gewichte. Toleranzen von 5% müssen nach DIN 70020 berücksichtigt werden. Die Nutzlast` resultiert aus den tatsächlichen Gewichten aller Komponenten !

2 Achslastberechnung

Verkäufer des Aufbauherstellers beeinflusst. Hier spielen Alter, Ausbildung, Verhalten zu Mitarbeitern und dem Kunden aber auch die Position im Betrieb eine wesentliche Rolle. Sind diese Voraussetzungen erfüllt und es müssen keine weiteren Verhandlungen über Ausführung, technische Änderungen oder Preise geführt werden, kommt es zu einer **Bestellung**, die vom Auftraggeber unterschrieben wird. Damit ist der Auftrag verbindlich.

Dieser Bestellung lässt die kaufmännische Abteilung des Fahrzeugbaubetriebes eine **Auftragsbestätigung** folgen, in der Ausführung und technische Merkmale, Liefertermin und Zahlungsbedingungen präzise aufgeführt sind.

Jetzt wird der Auftrag in die Technische Abteilung gegeben, in der die Konstruktion mit Berechnungen und **Arbeitsvorbereitung** für diesen Aufbau durchgeführt werden, ➔ **2**. Hierbei können Typenaufbauten ausgewählt oder geändert werden, aber es können auch vollkommen neue Aufbauten entstehen.

1 Kunststoffverarbeitung

2 Metallverarbeitung

In jedem Fall muss sich der Karosserie- und Fahrzeugbaubetrieb für Kofferaufbauten an die Aufbaurichtlinien des Fahrgestellherstellers halten.

Eine sehr enge Verbindung hat die Abteilung der Arbeitsvorbereitung mit der Fertigung. Die Mitarbeiter der Abteilung Arbeitsvorbereitung zerlegen den gesamten Fertigungsablauf in einzelne Arbeitsschritte und ordnen sie den gewerblichen Abteilungen der Fertigung zu.

Bei dem Auftrag zur Herstellung eines Kofferaufbaues kann die Fertigung und der Materialfluss vier Abteilungen in folgender Reihenfolge durchlaufen:
- Kunststoffverarbeitung, ➔ **1**
- Metallverarbeitung, ➔ **2**
- Lackiererei
- Endmontage, ➔ **3**

In jeder dieser Abteilungen ist ein Meister für die Fertigung und den Einsatz der Mitarbeiter verantwortlich. Er verteilt die einzelnen Arbeitsaufgaben an die Vorarbeiter, Gesellen und Lehrlinge. Nach Fertigstellung der Arbeiten werden die Zeiten festgehalten und eine Qualitätskontrolle vorgenommen und das Ergebnis dokumentiert, ➔ **4**. In der Technische Abteilung und in der Fertigung wird bei der Durchführung des Auftrages im Team gearbeitet, da es sich bei den Kofferaufbauten um Einzelfertigung oder um kleine Serien handelt. Bei dieser Produktion werden die Vorteile der Teamarbeit genutzt, wie schnelle Informationsbeschaffung, Kreativität, Entscheidungskompetenz.

Wenn die Fertigungsabteilungen durchlaufen sind, erfolgt in jedem Fall eine **Abnahme des Fahrzeuges durch den Fahrgestellhersteller**. Er muss prüfen, ob die verbindlichen Aufbaurichtlinien eingehalten wurden.

Die letzte und wichtigste Kontrolle ist die **Abnahme durch den Kunden**; er prüft, ob seine Wünsche und Forderungen erfüllt sind. Ist er zufrieden, wird nicht nur er in Zukunft Kunde bleiben, sondern er wird den Hersteller auch weiterempfehlen. Gleichzeitig ist sein Fahrzeug eine Werbung für den Fahrzeugbaubetrieb.

Haben die Abnahmen keine Beanstandungen ergeben, kommt es zur Auslieferung. Die **Auslieferung** ist in den meisten Fällen die Abholung.

3 Koffermontage

4 Qualitätskontrolle

Von der kaufmännischen Abteilung erhält der Kunde die **Rechnung** mit den Zahlungsbedingungen.

Nach **Zahlung** der Rechnung ist der Geschäftsprozess abgeschlossen.

0.3.2.3 Geschäftsprozess im Instandhaltungsbetrieb

Der Geschäftsprozess im Instandhaltungsbetrieb besteht aus:
- Preisanfrage des Kunden
- Annahmegespräch
- Direktannahme oder Reparaturaufwand ermitteln
- Reparaturauftrag erteilen
- Instandsetzung
- Abnahme
- Übergabe
- Rechnung
- Zahlung

Wenn der Instandhaltungsumfang, z. B. bei einer Karosseriereparatur, eindeutig bekannt ist, kann der Kunde eine **Preisanfrage** bei verschiedenen Instandhaltungsbetrieben durchführen, um sich für den billigsten Betrieb zu entscheiden. Allerdings ist bei Karosseriereparaturen dieser Preisvergleich nicht die Regel, weil oft der Schadensumfang erst durch gründliche technische Untersuchung festgestellt werden kann. Zum anderen besteht häufig zwischen Kunden und Fachbetrieb ein enges Vertrauensverhältnis.

Der Kunde oder ein Beauftragter bringt daher das Fahrzeug direkt in die Fachwerkstatt. Dort findet mit dem Kundendienstberater oder dem Meister ein **Annahmegespräch** statt, ➔ **1**. Zunächst werden bei neuen Kunden persönliche und fahrzeugbezogene Daten im EDV-System erfasst. Sind die Kundendaten bereits gespeichert, können sie über den Kundennamen, das Kennzeichen oder die Fahrgestellnummer auf den Bildschirm aufgerufen und in das Auftragsformular übernommen werden.

Bei kleinen Schäden werden im Beisein des Kunden die vorzunehmenden Arbeiten festgelegt und erklärt. Diese Art der Fahrzeugannahme wird **Direktannahme** genannt und fördert das Vertrauen zu der Fachwerkstatt.

Vorteile dieser Direktannahme sind:
- Dem Kunden werden die Schäden erklärt und er akzeptiert notwendige Reparaturen.
- Der Kunde kann mit entscheiden, ob der notwendige Reparaturumfang erweitert werden soll.
- Der Kunde kann mitentscheiden, ob angepasste Altteile verwendet werden.
- Der Kunde erhält eine schnelle Information über den Instandsetzungsauftrag.

Bei größeren Schäden muss man, bevor der Auftrag erteilt wird, den **Reparaturaufwand** ermitteln. Zunächst kann man durch eine Sichtprüfung den Schadensumfang feststellen, ➔ **2**.

Dabei können mögliche unfallbedingte Veränderungen am Fahrzeug geprüft werden:
- Verformung außen und innen bei doppelten Blechen
- Verformungen des Daches
- Funktion von Schiebe-/Hebedach
- Spaltmaße von Türen und Klappen
- Lackbeschädigungen
- Verformungen der Längsträger
- Verformungen der Säulen
- Motorbeschädigung
- Beschädigung der Felgen
- Beschädigung an Achsen, Achsbefestigungen und Radaufhängungen
- Funktion der Lenkung

1 Annahmegespräch

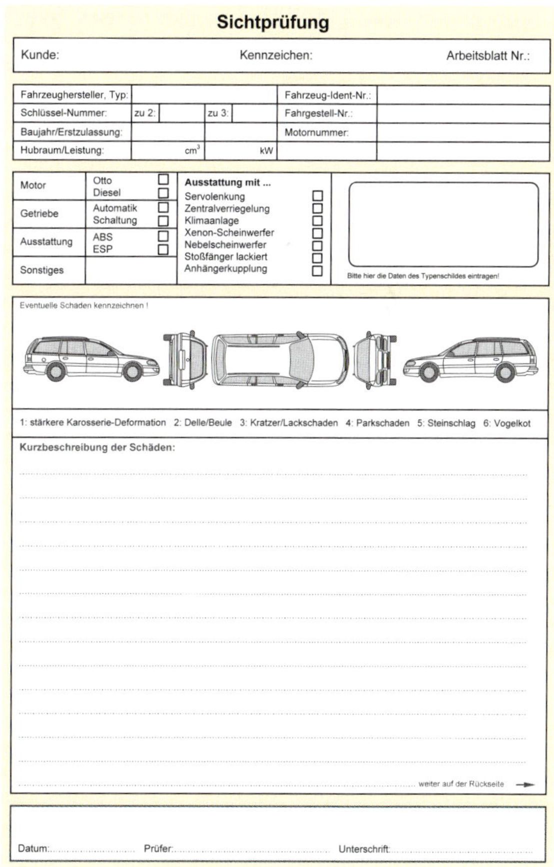
Sichtprüfung

Kunde: Kennzeichen: Arbeitsblatt Nr.:

Fahrzeughersteller, Typ:				Fahrzeug-Ident-Nr.:	
Schlüssel-Nummer:	zu 2:		zu 3:	Fahrgestell-Nr.:	
Baujahr/Erstzulassung:				Motornummer:	
Hubraum/Leistung:	cm³		kW		

Motor	Otto ☐ Diesel ☐	**Ausstattung mit ...** Servolenkung ☐ Zentralverriegelung ☐ Klimaanlage ☐ Xenon-Scheinwerfer ☐ Nebelscheinwerfer ☐ Stoßfänger lackiert ☐ Anhängerkupplung ☐	Bitte hier die Daten des Typenschildes eintragen!
Getriebe	Automatik ☐ Schaltung ☐		
Ausstattung	ABS ☐ ESP ☐		
Sonstiges			

Eventuelle Schäden kennzeichnen !

1: stärkere Karosserie-Deformation 2: Delle/Beule 3: Kratzer/Lackschaden 4: Parkschaden 5: Steinschlag 6: Vogelkot

Kurzbeschreibung der Schäden:

weiter auf der Rückseite

Datum: Prüfer: Unterschrift:

2 Formblatt für die Sichtprüfung

Autohaus Hamburg

Lademannbogen 135 22331 Hamburg Tel.: 040 / 53808 – 0

Kostenvoranschlag (kein Gutachten) Bearb.: Lausen vom 10.11.2004 Seite K1

KOSTENVORANSCHLAG

Amtl. Kennzeichen	:	HH-HT 123	
Fahrzeugart	:	Personenkraftwagen	01
Fabrikat	:	Citroen	190
Typ	:	C5 Break	
		2,2 HDi / Automatik Exclusive	5221
Lackart	:	Metallic (2-Schicht)	12
Serienausstattung	:	Außenspiegel elektrisch verstellbar + heizbar	1520
		Heckscheibenwischer	1930
		Schutzleisten Stoßfänger in Wagenfarbe	2173
		Airbag Fahrerseite	2681
		Airbag Beifahrerseite	2682
		Kopf-Airbag-System	2691
		Seiten-Airbag vorn	2693
		Gepäckraum-Abtrennung (Netz)	2765
		Fensterheber elektrisch vorn mit Impulsgeber	3517
		Fensterheber elektrisch hinten mit Impulsgeber	3518
		Anti-Blockier-System (ABS)	4000
		hydroactives Fahrwerk	4214
		Reifen 215/55 R16 . . V	6082
		Lenksäule (Lenkrad) höhenverstellbar	6953
		Servolenkung	6980
		Motor 2,2 Ltr. – 98 kW HDi (4 HX / DW12ED4)	8830

Zur Wiederinstandsetzung werden voraussichtlich benötigt:

ERSATZTEILE: Preisliste gültig ab: 1.11.2004

DVN		TEILE-BENENNUNG	ANZ	EUR/ST	EUR
43310	7804K2	KUEHLERGRILL	1		42,36
43321	781412	KUEHLERGRILLABDECKUNG	1		8,22
43841	7136L6	SCHMUTZFAENGER V. L.	1		14,17
43851	7136L8	SCHMUTZFAENGER H. L.	1		9,78
44291	792514	AUSSTELLDAEMPFER MOTORHAUBE L.	1		13,43
44501	7979C4	DAEMMMATTE MOTORHAUBE	1		25,91
45611	6204X4	SCHEINWERFER L. KPL.	1		638,33
46171	632574	SEITENBLINKLEUCHTE V. L.	1		4,81
46172	632574	SEITENBLINKLEUCHTE V. R.	1		4,81
47151	742990	GITTER STOSSFAENGER AUSSEN	1		15,26
47175	7452L7	SCHUTZLEISTE STOSSFAENGER V. L.	1		31,35
47201	7414T5	SATZ BLENDE STOSSFAENGER V.	1		4,87
47211	7414T6	GITTER STOSSFAENGER INNEN	1		6,79
47231	741650	VERSTAERKUNG L. UNTER STOSSF. V.	1		12,58
47255	7414S9	STOSSMINDERER STOSSF. V. L.	1		24,44
47256	7414S9	STOSSMINDERER STOSSF. V. R.	1		24,44
		Summe:			881,55

Autohaus Hamburg

Kostenvoranschlag Bearb.: Lausen vom 10.11.2004 Seite K2

ARBEITSLOHN: (1 STD = 120 CAW)

DVN	RC	ARBEITSGANG-BENENNUNG	RS	CAW	EUR
43310	E 6209 0950	KUEHLERGRILL ERNEUERN (STOSSFAENGER AUSGEBAUT)	K	20	10,83
43321	E 6244 0910	KUEHLERGRILLABDECKUNG ERNEUERN	K	30	16,25
43841	E 6027 0910	SCHMUTZFAENGER V. L. V. ERNEUERN UMFASST: SCHMUTZFAENGER H. L.	K	40	21,67
44291	E #6806 0910	AUSSTELLDAEMPFER MOTORHAUBE L. ERNEUERN	K	20	10,83
44501	E 6009 0910	GERAEUSCH-DÄMMMATTE DER MOTORHAUBE ERNEUERN	K	20	10,83
45611	E 5205 0970	SCHEINWERFER L. ERNEUERN (STOSSFAENGER AUSGEBAUT)	M	20	10,83
	5202 0411	SCHEINWERFER EINSTELLEN (VERBUNDARBEIT)	M	30	16,25
46170+	E 5228 0910	BD. BLINKLEUCHTEN SEITL: ERNEUERN	M	20	10,83
47151	E 6211 0910	GITTER STOSSFAENGER AUSSEN ERN. UMFASST: SATZ BLENDE STOSSF. V., GITTER STOSSFAENGER INNEN	K	80	43,33
47175	E 6240 0910	SCHUTZLEISTE L. AUF STOSSFAENGER VORN ERNEUERN	K	20	10,83
47231	E ARB.AUFW.	VERSTAERKUNG V. L. UNTER STOSSFAENGER ERNEUERN (STOSSFAENGER AUSGEBAUT)	K	10	5,42
47255	E 7080 0911	STOSSMINDERER V. L. ERNEUERN (STOSSFAENGER UND TRAEGER AUSGEB.)	K	10	5,42
47256	E 7080 0911	STOSSMINDERER V. R. ERNEUERN (STOSSFAENGER UND TRAEGER AUSGEB.)	K	10	5,42
		Summe:	K:	260	140,83
			M:	70	37,91

Lackschadenfreie Reparatur:

		DELLENZAHL				
4311	I	4	KOTFLUEGEL V. L. INSTAND SETZEN	*		
44210	I	8	MOTORHAUBE INSTAND SETZEN	*		
Summe:		12	Arbeitszeit nach Tabelle:		420	245,00
				Summe:	420	245,00

LACKIERUNG: (1 STD = 120 CAW)

DVN	LS	ARBEITSGANG-BENENNUNG	0	CAW	EUR
	0016 1110	VORBEREITUNG UND REINIGUNG		100	54,17
47175	4 6240 1150	SCHUTZLEISTE LINKS AUF STOSSFAENGER VORN (SCHUTZLEISTE AUSGEBAUT)		20	10,83
		20 % Aufschlag für 2-Schicht		4	2,17
			Summe:	124	67,17

1 Kostenvoranschlag

Ergibt die Sichtprüfung, dass sich möglicherweise primär tragende Karosserieteile verformt haben, muss das Fahrzeug zur weiteren Prüfung auf der Richtbank vermessen werden.

Alle Ergebnisse der Schadensuntersuchung gibt man in ein EDV-Kalkulationsprogramm ein. Dieses Programm ermittelt alle zur Instandsetzung erforderlichen Arbeiten, Ersatzteile, Arbeitszeiten und Preise und druckt einen Kostenvoranschlag aus, ➔ **1, 19.1**.

Ist der Kunde mit diesem Kostenvoranschlag einverstanden, unterschreibt er einen **Reparaturauftrag**. Durch seine Unterschrift wird der Reparaturauftrag ein Vertrag, der rechtskräftig ist und in dem der Kunde erklärt, dass er die Reparaturbedingungen des Betriebes anerkennt.

Der Reparaturauftrag wird 4fach ausgeführt; je eine Ausführung

- erhält der Kunde
- bleibt bei der kaufmännischen Abteilung
- wird zur Ersatzteilbeschaffung verwendet
- bekommt der Werkstattmeister

Gesellen und Lehrlinge führen die **Instandsetzung** durch unter der Leitung des Werkstattmeisters, ➔ **19.2**.

Nach Beendigung der Arbeiten erfolgt die **Abnahme** der Instandsetzung durch den Meister.

Bei einer umfangreichen Reparatur ist die Abnahme immer verbunden mit einer Probefahrt, um die Fahrsicherheit festzustellen.

Autohaus Hamburg

Kostenvoranschlag   Bearb.: Lausen   vom 10.11.2004   Seite K3

ENDSUMMENKALKULATION:

ERSATZTEILE:

Lt. Einzelaufstellung		881,55	
+ 2,00 % Kleinersatzteile		17,63	
Gesamt:			899,18

ARBEITSLOHN:

Karosserie (1 STD = 120 CAW)	260 CAW x 0,5416 EUR/CAW =	140,83	
Mechanik (1 STD = 120 CAW)	70 CAW x 0,5416 EUR/CAW =	37,91	
Lackschadenfreie Reparatur (1 STD = 120 CAW)	420 CAW x 0,5833 EUR/CAW =	245,00	
Gesamt:			423,74

LACKIERUNG:

Lohn (1 STD = 120 CAW)	124 CAW (= 1,03 STD) x 0,5416 EUR/CAW =	67,17	
Material	20,00 % * von 67,17 (Lohn) =	13,43	
Gesamt:			80,60

	EUR
Voraussichtliche Reparaturkosten netto :	1403,52
+ 16,00 % MwSt. :	224,56
Voraussichtliche Reparaturkosten brutto:	1628,08

H i n w e i s : Preisänderungen vorbehalten!
Exakte Angaben zum Rep.- und Kostenumfang sind erst nach Demontage möglich.
Dieser Kostenvoranschlag ist unter Berücksichtigung des zunächst vorgesehenen Reparaturweges erstellt.

Zeichenerklärung:

+ = neue Position aus Rep. Logik	K = Karosseri
* = manuelle Eingabe des Anwenders	M = Mechanik
# = Richtzeit: (noch) keine Angabe	UPE = unverb. Preisempfehlung
(= ETN nicht zur Bestellung geeignet	ET = Ersatzteil
) = letzte UPE	ETN = Ersatzteilnummer
DVN = Datenverarbeitungsnummer	E = ersetzen
RC = Reparaturcode	EL = ersetzen links
LS = Lackstufe	A = an-/einbauen
CAW = Citroen-Arbeitswerte	AL = an-/einbauen links
RS = Reparaturstufe	

Autohaus Hamburg

Protokoll zur Kalkulation   1308968 001   Bearb.: Lausen   vom 10.11.2004

Sachbearbeiter : Lausen

REPARATURKOSTENÜBERSICHT: TEILE-REPARATUR

Ersatzteilkosten :	899,18 EUR
Lohnkosten :	423,74 EUR
Lackierungskosten :	80,60 EUR
Reparaturkosten netto :	1403,52 EUR
MwSt. 16,00 % :	224,56 EUR
Reparaturkosten brutto :	1628,08 EUR

HINWEISE ZUR TEILE-REPARATUR:

H001	serientreue Kalkulation		
H005	Kalkulation mit neuester Bauzeit		
H013	DVNs in and. Pos. enthalten (EL) :	43431/E	Zierleiste links
H013	DVNs in and. Pos. enthalten (AL) :	43851/E	Schmutzfänger hinten links
		47201/E	Satz Blende Stoßfänger vorn
		47211/E	Gitter innen
H014	ersetzt durch andere Pos. (AL) :	46171/E	Blinkleuchte seitlich kpl.
		46172/E	Blinkleuchte seitlich kpl.
H018	DVN/RC mit Stufe 0 erfasst :	43711/L	Kotflügel links
		44210/L	Motorhaube
H027	Lackierkostenermittlung nach Lack-Herstellersystem		

1 Kostenvoranschlag, Fortsetzung von ➔ 18.1

Hat die Abnahme keine Beanstandungen ergeben, kann das **Fahrzeug an den Kunden übergeben** werden.

Mit der Übergabe des reparierten Fahrzeuges erhält der Kunde gleichzeitig die **Rechnung**, die zwischenzeitlich von der kaufmännischen Abteilung erstellt wurde. Handelt es sich um einen Schaden, den die Versicherung bezahlt, hat der Kunde eine Übernahmeerklärung unterschrieben und die Rechnung geht an die Versicherung.

Nach **Zahlung** der Rechnung ist der Geschäftsprozess abgeschlossen.

2 Instandsetzung durch Geselle und Lehrling

0.3.3 Teamarbeit

0.3.3.1 Arten von Teams

Teambildung

In der Lehrlingsausbildung im Betrieb, in der Berufsschule, in Fortbildungsstätten und im späteren Arbeitsleben arbeitet man in Gruppen. Wird in Gruppenarbeit gemeinsam ein Kundenauftrag als Produkt oder Dienstleistung erstellt und geliefert, nennt man das **Teamarbeit**.

Teams können sich auf unterschiedlicher Art herausbilden.

Danach unterscheidet man:
- vorgegebenes Team
- zusammengestelltes Team

Vorgegebene Teams

In der Lehrlingsausbildung im Betrieb und im späteren Arbeitsleben ist die Bildung von Teams in kleinen oder mittleren Betrieben meist vorgegeben. Aufgaben und Verantwortlichkeiten der Teammitglieder sind von vornherein festgelegt.

Teammitglieder des vorgegebenen Teams sind:
- Firmeninhaber oder Geschäftsführer
- Kundendienstberater
- Werkstattmeister
- Gesellen
- Lehrlinge

Der **Firmeninhaber oder der Geschäftsführer** trägt die Verantwortung für den Geschäftserfolg. Er vertritt die Firma nach außen und er ist daher zuständig für das Erscheinungsbild des Betriebes und die Kontaktpflege zu den Kunden. Weiterhin ist der Firmeninhaber oder der Geschäftsführer auch zuständig für die Personalauswahl und die Organisation des Betriebes nach innen. Er lenkt das Team.

Der **Kundendienstberater** ist das Bindeglied zwischen Betrieb und Kunden. Er muss daher in das Qualitätsmanagement des Betriebes eingebunden sein. Er ist das Mitglied des Teams mit Kundeninformation und Kenntnis der Qualitätsansprüche.

Der **Werkstattmeister** führt das Team bei der Arbeitsausführung. Er bespricht mit dem Team die Arbeitsaufgaben, macht die Terminplanung, verteilt die Arbeit auf Gesellen und Lehrlinge, überwacht die Arbeitsabläufe, die Arbeitsqualität und die Ausbildung der Lehrlinge.

Die **Gesellen** führen mit den **Lehrlingen** die Arbeit aus und kontrollieren ihre Arbeitsqualität. Die Lehrlinge lernen im Produktionsablauf von der Zusammenarbeit mit dem Gesellen; damit erhalten sie ihre praktische Ausbildung für ihr späteres Berufsleben.

Zusammengestellte Teams

In der Berufsschule und in Fortbildungsstätten müssen sich die Mitglieder des Teams erst finden. Das Team sollte höchstens aus vier bis sechs Mitgliedern bestehen, um effektiv arbeiten zu können. Bei zu vielen Teammitgliedern wird zu leicht die Konzentration an der Teamarbeit gestört. Die Teammitglieder können zusammengestellt werden nach:
- Zufallsauswahl
- Geschlecht
- Alter
- Neigungen
- Beruf

Die zusammengestellten Teams bearbeiten eine oder mehrere Aufgaben. Es können aber auch für neue Teamarbeiten neue Teams zusammengestellt werden; dann kommen mehrere neue Ideen in die Teamarbeit und die Kreativität wird gesteigert.

0.3.3.2 Im Team arbeiten

Voraussetzungen für Teammitglieder

Die Teammitglieder müssen zunächst ihre Position in der Gruppe finden. Dazu sollten sich die Teammitglieder auf eine Aufgabenverteilung einigen, wenn sie nicht in der Arbeitsaufgabe festgelegt ist.

Die Aufgaben können wie folgt verteilt werden:
- Organisation der Teamarbeit
- Präsentation des Arbeitsergebnisses
- Dokumentation der Teamarbeit
- Erfüllung von Einzelaufgaben

Die **Organisation der Teamarbeit** übernimmt der Teamleiter.

Die **Präsentation des Arbeitsergebnisses** erfolgt durch den Teamsprecher.

Für die **Dokumentation der Teamarbeit** ist der Schriftführer zuständig.

Teamleiter, Sprecher, Schriftführer und die anderen Teammitglieder sind gemeinsam mit der **Erfüllung von Einzelaufgaben** befasst, um den gemeinsamen Arbeitsauftrag zu erfüllen.

Ein Team arbeitet gut, wenn sich jedes Teammitglied an bestimmte Regeln hält.

Regeln für die Teamarbeit sind:
- angemessene Umgangsformen praktizieren, Teammitglieder akzeptieren sich gegenseitig
- gut funktionierende Gruppenkommunikation
- alle Meinungen und Kritiken sind zugelassen
- Bereitschaft und Wille jedes Einzelnen, sich in der Gruppe zu engagieren
- Bereitschaft und Wille jedes Einzelnen, die eigenen Fähigkeiten zu erproben
- erforderliche Informationen allen Teammitgliedern zugänglich machen
- positive Einstellung der Teammitglieder zum kreativen Denken und Handeln

Ziele für eine erfolgreiche Teamarbeit

Die Teamarbeit hat gegenüber der Einzelarbeit den wesentlichen Vorteil, dass mehr Informationen und Ideen in die Arbeit einfließen. Dadurch arbeitet das Team schöpferischer und kommt zu besseren Arbeitsergebnissen.

Der Erfolg der Teamarbeit hängt davon ab, wie folgende grundsätzliche Teamziele eingehalten werden:
- jeder Einzelne muss verantwortlich sein
- jeder Einzelne muss sich einsetzen
- die Arbeitsaufgabe akzeptieren
- fasziniert sein von der Arbeitsaufgabe
- Arbeitsaufgabe eindeutig formulieren
- Arbeitsaufgabe messbar definieren
- Arbeitsaufgabe schriftlich festlegen
- Unterziele ableiten

Jedes Teammitglied ist als Einzelner **verantwortlich** für sein Teil- und für das Gesamtergebnis der Teamarbeit.

Jeder Einzelne muss sich **einsetzen**, damit möglichst viele Informationen und Ideen in die Teamarbeit einfließen. Dabei erhält jedes Teammitglied eine herausfordernde Aufgabe. Sie soll aber nicht über die Grenzen der Leistungsfähigkeit der einzelnen Teammitglieder hinausgehen.

Die Arbeitsaufgabe sollte von allen Teammitgliedern **akzeptiert werden**, nur dann sind die Ziele auch erstrebenswert.

Alle Teammitglieder sollen von der Arbeitsaufgabe **fasziniert sein**. Daher muss die Aufgabenstellung so erfolgen, dass alle Teammitglieder neugierig auf die Lösung gemacht werden. So können persönliche Ziele der Teammitglieder zurückgestellt werden.

Die Arbeitsaufgabe soll **eindeutig formuliert** werden, damit zielgerichtet gearbeitet werden kann. Es dürfen keine verschiedenen Interpretationen möglich sein und es müssen Missverständnisse vermieden werden.

Durch **messbares Definieren** der Arbeitsaufgabe ist eine laufende Überprüfung möglich und von jedem Teammitglied ist der Stand der Teamarbeit erkennbar.

Wenn die Arbeitsaufgabe **schriftlich festgelegt** ist, kann man sich die Einzelheiten jederzeit wieder in Erinnerung rufen.

Man sollte von der Gesamtaufgabe **Unterziele ableiten**; so werden Teilerfolge erzielt, was die Motivation der einzelnen Teammitarbeiter erhöht.

Große Bedeutung bei den Teamzielen hat auch, inwiefern und wieweit ein Team bei der Formulierung der Teamziele beteiligt werden soll.

Bei der Formulierung von Teamzielen dürfen keine ungeeigneten Ziele für die Teamarbeit aufgestellt werden. Ungeeignete Ziele behindern eine erfolgreiche Teamarbeit.

Ungeeignete Teamziele sind:
- unverbindliche Absichtserklärungen
- unrealistische Wunschvorstellungen
- nur vage umrissene Ideen
- Alibi-Ziele, die von keinem so recht ernst genommen werden
- Ziele, die erst im Nachhinein festgelegt werden
- andauernde Änderung der Ziele während des Teamprozesses

Bearbeiten von Aufgaben

Beim Bearbeiten von Aufgaben müssen die Teammitglieder eine positive Einstellung gegenüber dem kreativen Denken und Handeln haben. Durch folgende traditionelle Strukturen können aber negative Einstellungen gegenüber dem kreativen Denken und Handeln entstehen:
- Findet die Teamsitzung im beruflichen Umfeld statt, werden die Vorschläge des Vorgesetzten beklatscht.
- Neue spontane Lösungsvorschläge werden nicht akzeptiert.
- Schüchterne Teammitglieder kommen nicht zum Zug.
- Teammitglieder sind beleidigt, wenn ihr Vorschlag keine Zustimmung bekommt.
- Ehrgeizige Teammitglieder zücken schon im Vorfeld eine Liste mit ausgearbeiteten Vorschlägen.
- Teammitglieder fühlen sich nicht zuständig.
- Von funktionierenden konventionellen Lösungen sollte man nicht abweichen.
- Betriebsübliche Lösungen sind zu bevorzugen.

Die positive Einstellung der Teammitglieder zum kreativen Denken und Handeln wird dadurch gefördert, wenn alle Teammitglieder aktiv an der Bearbeitung von Aufgaben beteiligt werden.

Zur Lösung von Problemen bei der Bearbeitung von Aufgaben können unterschiedliche Methoden eingesetzt werden:
- Brainstorming
- Checklist-Technik
- Fischgrät-Diagramm

Brainstorming setzt sich zusammen aus dem Wort „brain" für Gehirn und dem Wort „storming" für Sturm. Frei übersetzt könnte man auch Geistesblitz daraus machen. Es geht bei dieser Problemlösungsmethode darum, seinen Gedanken freien Lauf zu lassen und möglichst viele Ideen zu liefern.

Der Teamleiter muss das Problem formulieren und auf eine Tafel oder auf ein Flipchart schreiben und die Zeit festlegen. Danach äußern die Teammitglieder spontan durch Zuruf, was ihnen zu dem formulierten Problem einfällt. Diese Ideen schreibt der Teamleiter unter das formulierte Problem. Dabei zählt nicht die Qualität, sondern die Quantität der Ideen. Machbarkeit, Sachzwänge, Zeit und Geld müssen ignoriert werden. Auch unsinnige Ideen, die möglicherweise nichts mit dem Problem zu tun haben, müssen sofort geäußert werden. Der Grund dafür ist, dass jede noch so blöde Idee vielleicht andere Teammitglieder auf eine gute Idee führt.

Die Bewertung der Ideen erfolgt erst nach dem eigentlichen Brainstorming. Auch abwertende Kommentare wie „Das klappt doch nie!" oder „So ein Blödsinn!" dürfen nicht geäußert werden, denn frühe Kritik behindert das schöpferische Denken. Oft sind gerade lustige und unrealistische Ideen Ausgangspunkt für neue Gedankengänge, weil die gewohnten Denkbahnen verlassen werden.

Der beste Zeitrahmen für das Brainstorming liegt bei 20 bis 30 Minuten. Die vorgegebene Zeit für das Brainstorming sollte auf jeden Fall eingehalten werden. Fällt einem momentan nichts ein, kann man sich die aufgeschriebenen Ideen durchlesen. Dadurch kann man evtl. auf neue Ideen kommen.

Die Auswertung der gemachten Ideen sollte nach einer längeren Pause, besser am nächsten Tag, durchgeführt werden. Denn es muss erst von der ausgelassenen Stimmung des Brainstormings auf eine ernsthafte Bewertung umgestellt werden.

Beispiel:
Problem: Die Bridenbefestigung des Montagerahmens am Fahrgestellrahmen ist auf Grund von Korrosion stark beschädigt.

Folgende Ideen können genannt und unter das formulierte Problem geschrieben werden:
- Briden aus rostfreiem Stahl herstellen.
- Bei jeder Inspektion Briden regelmäßig auf Korrosionsschutz prüfen und erforderlichenfalls ausbessern.
- Briden regelmäßig auswechseln.
- Briden aus Kunststoff verwenden.
- Briden mit Kunststoff verkleiden.
- Montagerahmen und Fahrgestellrahmen miteinander verschweißen.
- Montagerahmen und Fahrgestellrahmen miteinander verkleben.
- Montagerahmen und Fahrgestellrahmen direkt miteinander verschrauben.
- Montagerahmen und Fahrgestellrahmen mit Konsolen verbinden.
- Aufbau direkt auf das Fahrgestell schrauben.

Die Auswertung der Ideen erfolgt zu einem späteren Zeitpunkt.

Die **Checklist-Technik** ist eine weitere Möglichkeit, Probleme zu lösen. Gleichzeitig lässt sie sich sinnvoll zur Auswertung der gemachten Ideen im Brainstorming einsetzen. Bei diesem Verfahren wird eine Checkliste erstellt. Mit deren Hilfe wird jede der vorgeschlagenen Ideen in Hinblick auf das formulierte Problem geprüft. Das Team analysiert die Ideen. Vor- und Nachteile werden einander gegenüber gestellt, unterschiedliche Ideen werden diskutiert und mögliche Kombinationen gebildet. Das Endziel ist die beste Problemlösung aus ökonomischer und ökologischer Sicht.

Beispiel:
Problem: Die Bridenbefestigung des Montagerahmens am Fahrgestellrahmen ist auf Grund von Korrosion stark beschädigt.

Bei der Auswertung für jede formulierte Idee im Brainstorming kann die Checkliste wie folgt aussehen:
- Kann man die Briden auch anders verwenden?
- Müssen die Briden noch angepasst oder bearbeitet werden?
- Sollte man die Briden leicht verändern oder umwandeln?
- Sollte man die Briden vergrößern?
- Kann man die Briden verkleinern?
- Muss man die Briden ersetzen?
- Muss man den Einbau der Briden umorganisieren oder umordnen?
- Kann man die Einbaufolge umkehren?
- Sind die Briden mit anderen Bauteilen zu kombinieren?

Die Diskussion und Bewertung der einzelnen Fragen entscheiden dann über die einzelne Idee.

Das **Fischgrät-Diagramm** wird auch **Ursache-Wirkungs-Diagramm**, **4-M-Diagramm** oder **Ishikawa-Diagramm** genannt. Die Bezeichnung Fischgrät-Diagramm kommt daher, weil sich die Einflussgrößen für ein Problem in Form eines Fisches darstellen lassen. Da Problem bzw. Wirkung und Ursache mit diesem Werkzeug einfach aufzuzeigen sind, wird es auch Ursache-Wirkungs-Diagramm genannt. Der Name 4-M-Diagramm kommt daher, weil sich meist die Haupteinflussgrößen nach den 4 M (Mensch – Maschine – Methode – Material) unterteilen lassen. Professor Kaoru Ishikawa, ein Japaner, hat diese Problemlösungsmethode erfunden, daher auch der Name Ishikawa-Diagramm.

Wenn bei der Bearbeitung von Aufgaben ein Problem gelöst werden soll, kann das Fischgrät-Diagramm angewendet werden. In diesem Fischgrät-Diagramm geben die Pfeile der Fischgräten stets die Ursachenrichtung an. Das Fischgrät-Diagramm ermöglicht dabei ein strukturiertes Vorgehen bei der Lösung der Probleme. Es ist leicht erlernbar und sofort anwendbar. Bei komplexen Problemen ist es allerdings umfangreich und kann unübersichtlich werden.

Beispiel:
Problem: Die Bridenbefestigung des Montagerahmens am Fahrgestellrahmen ist auf Grund von Korrosion stark beschädigt.

Als Erstes muss immer das Problem klar und deutlich formuliert werden, ➔ **23.1a**.

Jetzt muss in den 4-M-Bereichen, oder auch in zusätzlichen Bereichen, nach möglichen Ursachen für das Problem gesucht werden. Dabei unterscheidet man Haupt- und Nebenursachen. Diese Bearbeitung kann mit Brainstorming erfolgen.

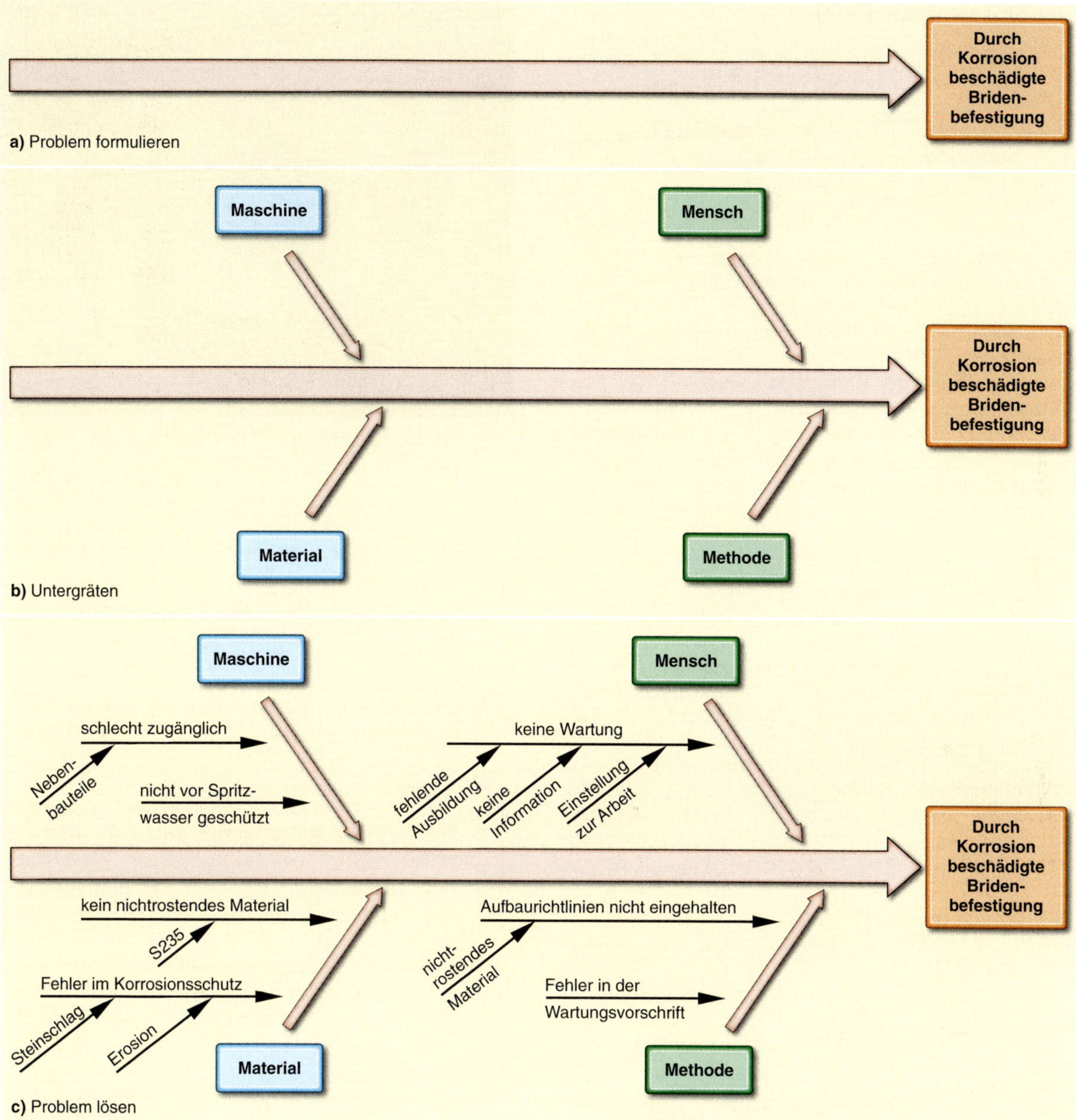

1 Fischgrät-Diagramm – Bridenbefestigung

Die 4 M lassen sich wie folgt beschreiben:
- Mensch: alle Ursachen, die aus fehlender Erfahrung, Fähigkeiten, Kenntnisse, persönlichem Verhalten und Einstellung zur Arbeit entstanden sein können.
- Maschine: alle Ursachen, die durch Einrichtungen, Arbeitsplatzgestaltung, Messeinrichtungen, Werkzeuge und Maschinen entstanden sein können.
- Methode: alle Ursachen, die durch intern vorgegebene Arbeitsabläufe, Organisationsstrukturen, Dienstanweisungen und Kontrollverfahren entstanden sein können.
- Material: alle Ursachen, die durch eingesetzte Materialien und Zulieferteile entstanden sein können.

Von den Hauptursachen lassen sich als „Untergräten" Nebenursachen ableiten, ➔ **1b**.

Die Nebenursachen werden jetzt hinterfragt und bewertet. Daraus werden die Maßnahmen zur Lösung des Problems vereinbart, ➔ **1c**.

Ergebnisse präsentieren

Zuständig für das Präsentieren des Ergebnisses der Teamarbeit ist der Teamsprecher, ➔ **1**.

Die Präsentation gliedert sich in die drei Phasen:
- Vorbereitung der Präsentation
- Durchführung der Präsentation
- Nachbereitung der Präsentation

Für die **Vorbereitung der Präsentation** muss der Empfänger bekannt sein. Das kann sein:
- Meister oder Chef des Betriebes
- alle Mitarbeiter einer Abteilung oder des Betriebes
- einzelne Kunden
- Kunden und Geschäftspartner als Gruppe
- Mitschüler einer Klasse

Nach diesen Empfängern richtet sich vor allem der Einsatz der Hilfsmittel, die man einsetzt. Üblich sind Tafel, Flip-Chart, Folien, Farbdias, Plakate oder Beamer.

Hier kann das geflügelte Wort gelten:
„Ein Bild sagt mehr als tausend Worte".

Man nennt die bildliche Darstellung Visualisierung. Die visuelle Form der Informationsübertragung erleichtert das Verstehen und kann die Aufmerksamkeit der Empfänger fördern. Es muss jedoch eine ausgewogene Mischung aus visueller und sprachlicher Information gewählt werden, um die Aufmerksamkeit der Empfänger zu erhalten. Für den sinnvollen Hilfsmitteleinsatz kann weniger auch mehr bedeuten.

Wichtig ist, dass die Funktion der Hilfsmittel vor der Präsentation geprüft wird.

Vor der inhaltlichen Vorbereitung der Präsentation sollte zunächst das Ziel der Teamarbeit klar und deutlich formuliert und „knallig" dargestellt werden, damit die Empfänger motiviert werden.

Für die inhaltliche Vorbereitung der Präsentation richtet sich die Auswahl der Inhalte neben der sachlichen Notwendigkeit auch nach den Empfängern. Auf jeden Fall ist eine klare und systematische Gliederung erforderlich, die zum Ziel der Teamarbeit führt. Bei der Erstellung des Präsentationsmanuskripts soll man sich auf den Inhalt konzentrieren und die Dinge mit einfachen Worten auf den Punkt bringen.

Für die Durchführung der Präsentation gelten die Grundregeln der Kommunikation, vgl. Kap. 0.1.4. Daneben sind folgende Hinweise zu beachten, siehe auch ➔ **2**:
- Nennen Sie das Thema und geben Sie die Gliederung an.
- Sprechen Sie möglichst frei.
- Sprechen Sie langsam und laut.
- Sprechen Sie einfach und verwenden Sie keine langen Wörter.
- Verwenden Sie Gesten, die den Worten angepasst sind; damit werden Sie nicht nur gehört, sondern auch gesehen. Das erhöht die Aufmerksamkeit.
- Halten Sie Augenkontakt zu den Empfängern.
- Bieten Sie Fragen an.
- Die abschließenden Worte bleiben allen am längsten in Erinnerung; darum packen Sie das wichtigste Ziel der Mitteilung in den Schluss.
- Sprechen Sie niemals zu lange. Hören Sie auf, bevor die Empfänger den Wunsch bekommen, dass Sie aufhören mögen.

Zur Nachbereitung der Präsentation muss man untersuchen:
- Ist das Ziel der Teamarbeit dem Empfänger klar geworden?
- War der Einsatz der Hilfsmittel angemessen gewählt?
- War Inhaltsauswahl und Gliederung für diese Empfänger richtig?
- Kann die Präsentation verbessert werden?

1 Präsentation im Virtual-Reality-Center

1. **Man kann über alles reden, aber nicht über 45 Minuten.**
2. **Das Publikum ist wichtiger als das Manuskript.**
3. **Nicht jede Rede muss bei Adam und Eva beginnen.**
4. **Wer verstanden werden will, muss verständlich sprechen.**
5. **Auch wenn alles falsch ist, müssen die Namen stimmen.**
6. **Witz ist gut, selbst gute Witze sind nicht immer angebracht.**
7. **Wer keine Frage offen lässt, hat die Diskussion abgewürgt.**

2 Sieben goldene Rede-Regeln von Rolf Breitenstein

0.3.4 Auftragsannahme

Die Annahme von Wartungs- und Pflegeaufträgen erfolgt in der Regel als Direktannahme (siehe Kapitel 0.3.2.3). Der Kunde hat dabei mit dem Kundendienstberater oder dem Meister den Auftragsumfang besprochen und das Fahrzeug übergeben.

0.3.4.1 Informationen beschaffen

Um die Wartungs- und Pflegearbeiten durchführen zu können, müssen Informationen beschafft werden.

Dazu können folgende Informationsquellen dienen:
- Zulassungsbescheinigung
- Fahrzeugidentifizierung
- Betriebsanleitung
- Wartungsheft
- Hersteller-Montage- und Demontageanweisungen
- Aufbaurichtlinien
- Internet
- Gesetzliche Vorschriften (StVZO, ECE, EWG)
- Fachzeitschriften
- innerbetriebliche Vorschriften

Die **Zulassungsbescheinigung** besteht aus den Teilen I und II und ersetzt die bisherigen Fahrzeugdokumente Fahrzeugschein und Fahrzeugbrief. Beim Kauf eines Neufahrzeugs wird die **EG-Übereinstimmungsbescheinigung** mit ausgehändigt, dort sind die technischen Daten des Fahrzeugs zusammengefasst.
Die Zulassungsbescheinigung **Teil I** ist im öffentlichen Straßenverkehr mitzuführen.

Teil I enthält folgende Informationen, vgl. ➔ **1**:

Vorderseite:
Amtliche Kennzeichen, Name und Anschrift des Halters, nächster Termin für die Hauptuntersuchung und einen Buchstaben- und Zahlencode, der den Ort und das Datum der Zulassung beschreibt.

Innenseiten:

B:	Datum der Erstzulassung
D2:	Typ/Variante/Version
D3:	Handelsbezeichnung
E:	Fahrzeug-Identifizierungsnummer
F.1:	techn. zul. Gesamtmasse in kg
F.2:	im Zul.mitgliedstaat zul. Gesamtmasse in kg
G:	Masse des in Betrieb befindlichen Fahrzeugs in kg (Leermasse)
J:	Fahrzeugklasse
K:	Nr. der EG-Typgenehmigung oder ABE
L:	Anzahl der Achsen
O.1:	techn. zul. Anhängelast gebremst in kg
O.2:	techn. zul. Anhängelast ungebremst in kg
P.1:	Hubraum in cm^3
P.2/P.4:	Nennleistung in kW/Nenndrehzahl
P.3:	Kraftstoffart oder Energiequelle
R:	Farbe des Fahrzeugs
S.1:	Sitzplätze einschließlich Fahrersitz
T:	Höchstgeschwindigkeit in km/h
U.1:	Standgeräusch in dB (A
U.3:	Fahrgeräusch in dB (A)
2:	Hersteller-Kurzbezeichnung
2.1:	Code zu (2)
2.2:	Code zu D.2 mit Prüfziffer
4:	Art des Aufbaus
5:	Bez. der Fahrzeugkl. und des Aufbaus
6:	Datum zu K

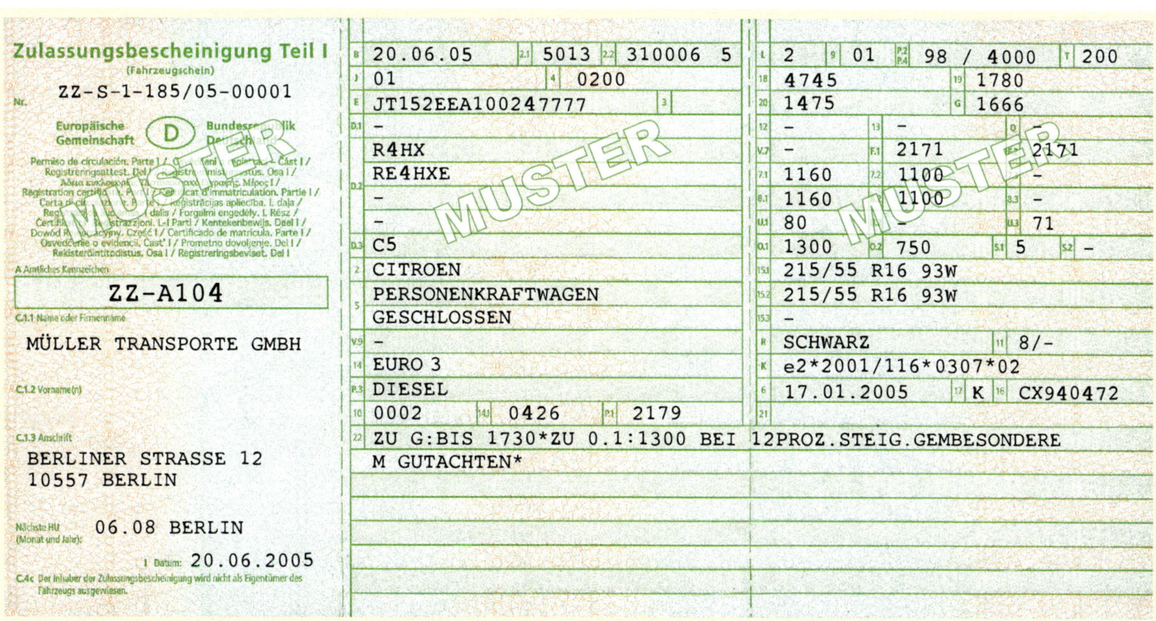
Zulassungsbescheinigung Teil I
(Fahrzeugschein)
Nr. ZZ-S-1-185/05-00001
Europäische Gemeinschaft (D) Bundesrepublik Deutschland
MUSTER
A Amtliches Kennzeichen: ZZ-A104
C.1.1 Name oder Firmenname: MÜLLER TRANSPORTE GMBH
C.1.2 Vorname(n)
C.1.3 Anschrift: BERLINER STRASSE 12, 10557 BERLIN
Nächste HU (Monat und Jahr): 06.08 BERLIN
I Datum: 20.06.2005
C.4c Der Inhaber der Zulassungsbescheinigung wird nicht als Eigentümer des Fahrzeugs ausgewiesen.

B 20.06.05 | 2.1 5013 | 2.2 310006 5
J 01 | 4 0200
E JT152EEA100247777 | 3
D.1 -
R4HX
D.2 RE4HXE
-
-
D.3 C5
2 CITROEN
5 PERSONENKRAFTWAGEN GESCHLOSSEN
V.9 -
14 EURO 3
P.3 DIESEL
10 0002 | 14.1 0426 | P.1 2179

L 2 | 9 01 | P.2/P.4 98 / 4000 | T 200
18 4745 | 19 1780
20 1475 | G 1666
12 - | 13 - | Q -
V.7 - | F.1 2171 | F.2 2171
7.1 1160 | 7.2 1100 | 7.3 -
8.1 1160 | 8.2 1100 | 8.3 -
U.1 80 | U.2 - | U.3 71
O.1 1300 | O.2 750 | S.1 5 | S.2 -
15.1 215/55 R16 93W
15.2 215/55 R16 93W
15.3 -
R SCHWARZ | 11 8/-
K e2*2001/116*0307*02
6 17.01.2005 | 17 K | 16 CX940472
21
22 ZU G:BIS 1730*ZU O.1:1300 BEI 12PROZ.STEIG.GEMBESONDERE M GUTACHTEN*

1 Fahrzeugschein

7: techn. zul. Achslast/Masse je Achsgruppe in kg
8: zul. max. Achslast im Zul.mitgliedstaat in kg
9: Anzahl der Antriebsachsen
10: Code zu P.3
11: Code zu R
14: Bez. der nationalen Emissionsklasse
15: Bereifung
16: Nr. der Zul.besch. Teil II
17: Merkmal zur Betriebserlaubnis
18: Länge in mm
19: Breite in mm
20: Höhe in mm
22: Bemerkungen und Ausnahmen

Rückseite:
Raum für weitere amtlich zugelassenen Eintragungen und Definition der Felder der Innenseiten.

Eine **Fahrzeugidentifizierung** befindet sich im Fahrzeug. Es gibt hier keine vorgeschriebene Platzierung der Fabrikschilder. Jeder Fahrzeughersteller wählt hierfür andere Stellen an der Karosserie. Die Platzierung der Fahrzeugidentifizierung ist aus der Betriebsanleitung des Fahrzeuges zu entnehmen, ➔ **1**.

Aus der Fahrzeugidentifizierung sind folgende Daten zu entnehmen:
- EG-Betriebserlaubnisnummer
- Fahrzeug-Identifizierungsnummer
- zulässige Gesamtmasse
- zulässige Achslast vorne
- zulässige Achslast hinten
- Fahrzeugnummer
- Originalfarbton-Nummer
- Reifenbezeichnung
- Reifendruck

Aus der **Betriebsanleitung** des Fahrzeuges sind neben der Beschreibung zum Bedienen des Fahrzeuges auch technische Daten und Wartungs- und Pflegehinweise zu entnehmen, ➔ **27.1**.

Aus dem **Wartungsheft** sind folgende Informationen zu entnehmen, ➔ **28.1**:
- Voraussetzungen für Gewährleistungsansprüche
- Pflegehinweise
- Umfang und Abstände der Wartungsarbeiten

Hersteller-Montage- und Demontageanweisungen werden vom Fahrzeughersteller an die Vertragswerkstätten und auf Anforderung an Instandhaltungsbetriebe gegeben. Diese Hersteller-Montage- und Demontageanweisungen sind speziell auf einen Fahrzeugtyp abgestimmt und erleichtern die Arbeit und sparen somit Arbeitszeit, ➔ **2**.

Aufbaurichtlinien sind Bauanleitungen für den Karosserie- und Fahrzeugbaubetrieb. Sie werden von den Fahrgestellherstellern erstellt. In Ihnen ist festgelegt, welche Arbeiten am Fahrgestell durchgeführt werden dürfen und wie der Aufbau befestigt werden darf, ➔ **27.2**.

Im **Internet** bieten Fahrzeughersteller, Komponenten- und Systemhersteller und Hersteller von Betriebs- und Hilfsmitteln vielfältige und kostenlose Informationen an.

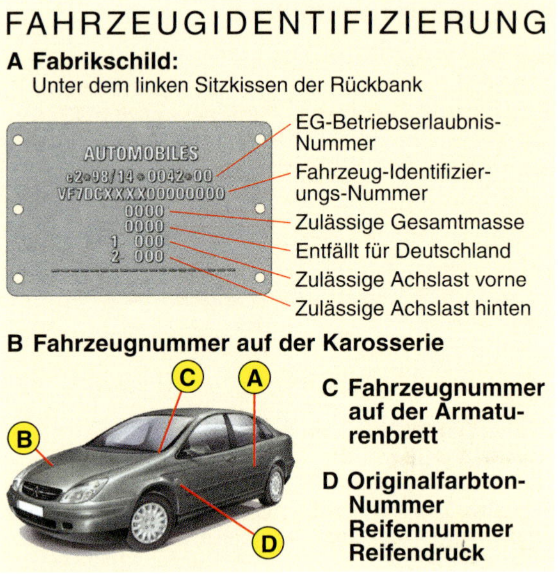

1 **Fahrzeugidentifizierung**

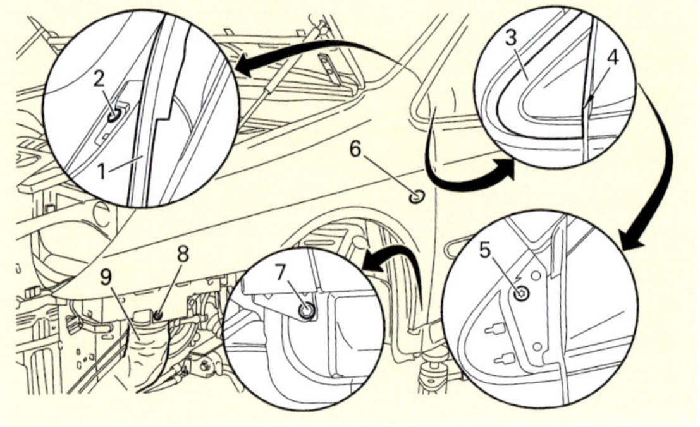

2 **Hersteller- Montage- und Demontageanweisung – Aus- und Einbau des Kotflügels**

Bei Arbeiten an Fahrzeugen müssen **gesetzliche Vorschriften** beachtet werden. Hierbei im Besonderen:
- Umweltgesetze
- Unfallverhütungsvorschriften
- StVZO: Straßenverkehrs-Zulassungs-Ordnung
- EWG : Richtlinien der Europäischen Gemeinschaften für Straßenfahrzeuge (EWG-Richtlinien)
- ECE: Regelungen der Economic Commission for Europe für Kraftfahrzeuge und ihre Anhänger (ECE-Regelungen)

In **Fachzeitschriften** wird über aktuelle Entwicklungen im Fahrzeugbau berichtet. Diese Fachzeitschriften erscheinen in regelmäßigen Abständen und sie lassen sich nach einem jährlichen Inhaltsverzeichnis bzw. Sachwortverzeichnis ordnen. Das erleichtert die Suche nach bestimmten Fachartikeln.

Zu den **innerbetrieblichen Vorschriften**, die beachtet werden müssen, gehören:
- Betriebsanweisung nach § 20 Gefahrstoffverordnung
- Entsorgung der Betriebsstoffe
- Unfallverhütungsvorschriften

KAROSSERIEPFLEGE

Lackpolitur
Nach der Verwendung eines Shampoos, oder wenn das Waser nicht mehr abperlt, sollten Sie Ihr Fahrzeug polieren. Eine Politur neutralisiert die äußeren chemischen Einflüsse.

Äußere Karosseriezierteile aus Metall und Leichtmetallfelgen
Mit Seifenwasser waschen. Vor und nach dem Waschen mit reichlich klarem Wasser abspülen. Um den Metallglanz zu erhalten, sollten diese Teile mit einem Pflegemittel behandelt werden.

Teerflecken auf Karosserie und Kunststoffteilen
Nicht abkratzen, sondern so schnell wie möglich mit einem Teerfleckentferner beseitigen.

Ausbessern kleinerer Lackschäden
Kratzer und andere kleine Lackschäden können mit einem Lackstift oder einer Lacksprühdose ausgebessert werden; beachten Sie bitte die Gebrauchshinweise. Diese Lackstifte und Sprühdosen sind in allen Farben erhältlich.

Sollten Sie einen Ansatz von Korrosion feststellen, wenden Sie sich an eine Vertragswerkstatt.

Hinweis: Bei Fahrzeugreinigung mit Hochdruckreinigungsgeräten darf der Wasserstrahl nicht direkt auf die Faltenbalge von Antriebswellen, Lenkung usw. auf äußere Zierleisten und sichtbare Dichtungen gerichtet werden.

WICHTIG: Der Motorraum darf nicht mit Hochdruck- oder Druckluftreinigungsgeräten gereinigt werden.

Trotz sorgfältiger Materialauswahl und Korrosionsschutzbehandlung ab Werk sollten Sie von Zeit zu Zeit - besonders aber, wenn Sie mit Ihrem Fahrzeug während der Frostperiode salzgestreute Verkehrswege benutzt haben - die Fahrzeugunterseite reinigen lassen.

VORSICHT!
Achten Sie darauf, dass keine Politur auf die Kunststoffflächen kommt, da sie hier schwer zu entfernen ist.

1 Betriebsanleitung - Karosseriepflege

0.3.4.2 Arbeitsplanung

Das selbstständige Informieren, Planen, Durchführen und Kontrollieren eines Arbeitsauftrages bestimmt die Fachkompetenz des Karosserie- und Fahrzeugbaumechanikers und des Mechanikers für Karosserie-Instandhaltungstechnik. Vor der eigentlichen Durchführung der Arbeit und nach der Beschaffung der erforderlichen Informationen muss die Arbeit geplant werden. Die Arbeitsplanung zeigt den Weg der Arbeitsdurchführung und bildet somit die Grundlage der Handlungsorientierung. Es gibt keine vorgeschriebene Form für den Arbeitsplan. Bei kleinen Instandsetzungsarbeiten oder der Anfertigung von einfachen Werkstücken kann auf eine schriftliche Ausarbeitung des Arbeitsplanes verzichtet werden. Die Planung ist jedoch auch hier unerlässlich. Für die Kalkulation dieser Arbeiten sind in jedem Fall die Arbeitsschritte festzuhalten und auszuwerten.

Sind die Arbeiten umfangreicher oder handelt es sich um eine Serienfertigung, werden sorgfältig ausgearbeitete Arbeitspläne schriftlich erstellt, ➔ **29.1**.

Auf keinen Fall dürfen Handlungsmöglichkeiten eingeschränkt werden durch die Festlegung der Arbeitsschritte im Arbeitsplan; es sollen vielmehr Alternativlösungen untersucht werden, um eine Entscheidung für einen konkreten Lösungsweg zu finden.

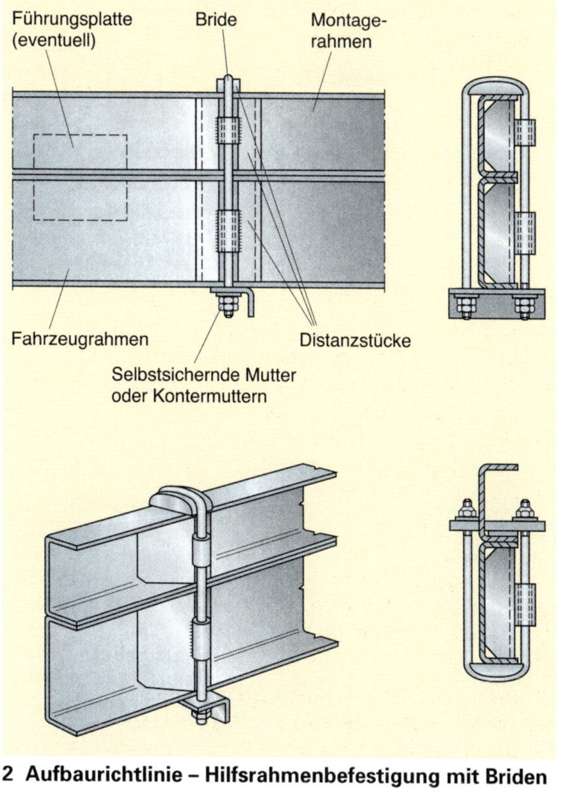

2 Aufbaurichtlinie – Hilfsrahmenbefestigung mit Briden

Die regelmäßige Wartung setzt sich zusammen aus:
- Standardarbeiten
- Zusatzarbeiten

Die **Standardarbeiten** werden bei jedem Wartungsdienst durchgeführt.

Die **Zusatzarbeiten** werden durchgeführt, beispielhaft für einen Pkw
- alle 60000 km: allgemeine Arbeiten
- nach Alter des Fahrzeugs
- nach Ausstattung des Fahrzeugs: Sonderarbeiten
- alle 120000 km oder alle 160000 km oder alle 10 Jahre: Steuerzahnriemen

STETS DURCHFÜHREN

STANDARD-ARBEITEN

Modellübergreifender Wartungsumfang:

- **WECHSELN:** Motoröl
- **ERSETZEN:** Ölfiltereinsatz
- **FLÜSSIGKEITSSTÄNDE prüfen, ggf. ergänzen:**
  - Scheibenwaschanlage
  - Kühlmittel
  - Bremsflüssigkeit oder LHM-Hydraulikflüssigkeit
  - Funktionsflüssigkeit der Servolenkung oder LDS
  - Batterie mit abnehmbaren Verschlussstopfen
  - Automatikgetriebeöl
- **ÜBERPRÜFEN:**
  - Beleuchtung und Signalanlage
  - Zustand und Fülldruck der Reifen, einschl. Reserverad
  - Dichtheit/Zustand von Leitungen und Gehäusen
  - Zustand der Scheibenwischerblätter, Abgasanlage, Antriebsriemen, Faltenbälge (Antriebswellen, Kugelköpfe, Lenkung)
  - Bremsbelagabnutzung vorn und hinten
  - Kupplungspedalhöhe, einschl. ggf. automatische Spielnachstellung einstellen
- **ENTLÜFTEN:** Dieselkraftstofffilter, einschl. Wasser ablassen
- **ABFRAGEN:** Steuergerätespeicher
- **NEU INITIALISIEREN:** Wartungsintervallanzeige (je nach Ausstattung)
- **PROBEFAHRT**
- **BESONDERHEITEN JUMPER UND GPL-FAHRZEUGE:**
  - ÜBERPRÜFEN: Zustand und Dichtheit der Leitungen
    - Ausdehnungsbehälter einschl. Einstellung
    - Leerlaufdrehzahl im Gasbetrieb einschl. Einstellung
  - ENTLÜFTEN: Ausdehnungsbehälter/Verdampfer
  - REINIGEN (außer bei Austausch): GPL-Filter
  - FLÜSSIGKEITSSTAND: Getriebeöl mit Untersetzungsgetriebe, Zwischengetriebe, Hinterachse
  - SCHMIEREN (Jumper 4WD):
    - Kardanwelle
    - Flügeltürenscharniere (270° Öffnungswinkel)
    - Federbeinelemente

Zusatzarbeiten:

- **ERSETZEN**
  - Pollenfilter (je nach Ausstattung)
  - Dieselkraftstofffilter (Jumper TDi, HDi)
  - Luftfiltereinsatz
  - Ventilfilter und Verteilerfilter

DURCHFÜHRUNG ALLE 60000 km

ALLGEMEINE ARBEITEN

- **ÖLSTÄNDE PRÜFEN:** Schaltgetriebe, Automatikgetriebe
- **ÜBERPRÜFEN:**
  - Bremssättel, Bremsscheiben und Bremsleitungen
  - Bremsbelagabnutzung hinten (bei Sichtfenster)
  - Dichtheit der Stoßdämpfer
  - Spannung des Antriebsriemens der Nebenaggregate
  - Spiel von Naben, Spurstange, Kugelköpfen und Gelenken

Zusatzarbeiten:

- **ERSETZEN**
  - Dieselkraftstofffilter
  - Luftfiltereinsatz
  - Benzinfilter
  - GPL-Filter
  - Zündkerzen (außer V6)

DURCHFÜHRUNG JE NACH ALTER DES FAHRZEUGS

ARBEITEN JE NACH ALTER

Durchführung alle 2 Jahre

- Bremsflüssigkeit ersetzen

Durchführung alle 5 Jahre

- LHM-Hydraulikflüssigkeit ersetzen und LHM-Filter reinigen

Pyrotechnische Gurtstraffer und Airbag nach Ablauf des Verfallsdatums (10 Jahre) ersetzen

(GPL-Fahrzeuge[1]: Prüfung des Flüssiggasbehälters gemäß den gesetzlichen Vorschriften für gasbetriebene Fahrzeuge des jeweiligen Landes)

DURCHFÜHRUNG ALLE 120000 km ODER 160000 km ODER ALLE 10 JAHRE

STEUER-ZAHNRIEMEN

Austausch alle 120000 km bei allen Fahrzeugen und Jumper 1.8 HDi, bei allen anderen HDi-Fahrzeugen alle 160000 km

DURCHFÜHRUNG JE NACH AUSSTATTUNG DES FAHRZEUGS

SONDER-ARBEITEN

Fahrzeuge mit Dieselmotor:

- Dieselkraftstofffilter ersetzen bei 15000 km, 30000 km, dann alle 30000 km

Fahrzeuge mit Turbo-Dieselmotor mit indirekter Einspritzung:

- Luftfiltereinsatz und Dieselkraftstofffilter ersetzen alle 30000 km

C5:

- Wechsel der Zündkerzen bei V6 alle 120000 km
- Prtikelfilter reinigen und Füllstand Eolys-Zusatz prüfen alle 80000 km

Automatikgetriebe:

- Automatikgetriebeöl wechseln alle 40000 km
- Ansaugsieb Automatikgetriebe wechseln alle 40000 km

GPL:

- Ventilspiel prüfen und einstellen bei 20000 km, dann alle 40000 km

Jumper:

- Ölwechsel Verteilergetriebe, Getriebe mit Untersetzungsgetriebe und Hinterachsantrieb alle 30000 km
- Kühlmittelwechsel alle 120000 km
- Luftfilterwechsel alle 40000 km
- Ventilspiel prüfen alle 120000 km

[1] GPL: Gás de Petróleo Liquefeito <franz.>: Flüssiggas

1 Umfang der Wartung an einem Pkw

ARBEITSPLANUNG							Datum 18.03.2005
Auftrags-Nr. 0432 / 22		Zeichnungs-Nr. 0432 / 22.1				Benennung Radkasten	Mitarbeiter Müller, P.
ARBEITSSCHRITT						Werkzeug Werkzeugmaschine	Prüfmittel Einstellwerte
lfd. Nr.	Vorbereitung Pos.	Trennen Pos.	Umformen Pos.	Fügen Pos... + Pos...			
1	1				Anreißen	Anreißnadel Zirkel Filzstift	Stahlmaßstab $R = 399$ mm $l_1 = 29$ mm
2		1			Ausschneiden	Durchlaufschere Gerade Schere	
3		1			Entgraten	Flachfeile	
4			1		Abkanten	Abkantbank	$l_1 = 29$ mm
5	2				Anreißen	Anreißnadel Filzstift	Schablone
6		2			Ausschneiden	Durchlaufschere Gerade Schere	
7		2			Entgraten	Flachfeile	
8			2		Runden	Walzenrundmaschine	Schablone $R = 399$ mm
9				1 + 2	Schweißen	Gasschmelz-Schweißanlage	
10			2		Abkanten	Aluminiumhammer Umschlageisen	$l_2 = 29$ mm $l = 858$ mm

1 Arbeitsplanung für die Fertigung eines Radkastens

0.3.4.3 Arbeitsauftrag durchführen

Bei Arbeitsaufträgen ist zu unterscheiden, vgl. Kap. 0.3.1:
- Wartungsauftrag
- Instandsetzungsauftrag
- Herstellungsauftrag

Wartungsaufträge werden im Instandhaltungsbetrieb durchgeführt. Dazu sind die durchzuführenden einzelnen Inspektions- und Wartungsarbeiten im Wartungsheft vorgegeben (siehe Kap. 0.3.4.1).

Bei Wartungsaufträgen erfolgt in der Regel neben dem Abarbeiten der einzelnen Inspektions- und Wartungsarbeiten eine Fehlerdiagnose mithilfe des Diagnosecomputers. Der **Diagnosecomputer** wird über eine genormte Schnittstelle mit dem Fahrzeug verbunden und ermöglicht das Auslesen von Fehlern, die über ein Steuergerät erfasst werden können. Hierzu müssen die Identifizierungsdaten des Fahrzeuges und der entsprechende Bereich, der über eine Steuergerätegruppe erfasst werden kann, in den Diagnosecomputer eingegeben werden.

Beispiel:
Die Schlüsselnummern aus dem Fahrzeugschein werden zur Identifizierung des Fahrzeuges in den Diagnosecomputer eingegeben. Jetzt wird das Menü in die Diagnosefunktion gewechselt und eine Steuergerätegruppe, z. B. Navigationssystem, gewählt.

Ein gespeicherter Fehler wird angezeigt und sollte ausgedruckt werden. Dieser Fehler wird näher untersucht und beseitigt. Danach muss der gespeicherte Fehler unbedingt gelöscht werden, damit er nicht bei einem erneuten Auslesevorgang zu Missverständnissen führt. Zur Qualitätssicherung sollte der saubere Fehlerspeicher ebenfalls ausgedruckt werden.

Bei Wartungsaufträgen beschränkt sich die Arbeitsplanung im Wesentlichen auf die Bereitstellung von Diagnosecomputer, Werkzeugen, Betriebsmitteln und die Entsorgung von alten Betriebsmitteln wie Öl, Kühlmittel, Filtereinsätze, Glühkerzen, Bremsbeläge.

Instandsetzungsaufträge sind ebenfalls im Instandhaltungsbetrieb durchzuführen. Sie sind üblicherweise eine ganzheitliche Betrachtung in Form einer technischen Beschreibung, eines Schaltplanes oder einer technischen Zeichnung. Hieraus werden zunächst Baugruppen und Bauelemente herausgelöst und nach Positionsnummern geordnet.

Ist im Arbeitsplan eine Einteilung nach den Fertigungsarten Umformen, Trennen und Fügen vorgesehen, können jetzt die einzelnen Fügeverfahren bestimmt werden. Dann werden die einzelnen Arbeitsschritte in ihrer sinnvollen Reihenfolge festgelegt. Die Festlegung der sinnvollen Arbeitsschritte darf nie losgelöst von den Arbeitsbedingungen, Werkzeugmaschinen, Handwerkszeugen und von der Stückzahl (Einzel- oder Serienfertigung) erfolgen.

Bei Instandsetzungsaufträgen führen die Gesellen und Lehrlinge als Team die Instandsetzung durch. Nach dem Umfang der Instandsetzungsarbeit richtet sich, ob ein schriftlicher Arbeitsplan erstellt wurde. Die Arbeitsplanung kann auch mit dem Werkstattmeister, den Gesellen und den Lehrlingen im Team besprochen sein. Die Arbeitsschritte, Arbeitszeiten und die Ersatzteile und Halbzeuge sind jedoch für die Kalkulation festzuhalten.

Herstellungsaufträge werden im Karosserie- und Fahrzeugbaubetrieb durchgeführt. Auch sie sind üblicherweise eine ganzheitliche Betrachtung in Form einer technischen Beschreibung, eines Schaltplanes oder einer technischen Zeichnung, vgl. oben Instandhaltungsaufträge.

Für die Durchführung von Herstellungsaufträgen in Karosserie- und Fahrzeugbaubetrieben hat die Arbeitsvorbereitungsabteilung Arbeitspläne für jede Fertigungsabteilung erstellt. Die zuständigen Meister verteilen die einzelnen Arbeiten an Vorarbeiter, Gesellen und Lehrlinge. Gleichzeitig werden Mitarbeiter mit der Qualitätskontrolle beauftragt.

Zwischen den Abteilungen der Fertigung, der Arbeitsvorbereitung und der Konstruktion ist eine enge Zusammenarbeit erforderlich, da es sich bei den Herstellungsaufträgen oft um Einzelfertigung oder um kleine Serien handelt. Es sind somit häufig neue Konstruktionen erforderlich und die können zu Problemen führen. Diese Probleme müssen schnell gelöst werden, damit es nicht zum Produktionsstillstand kommt. Teamarbeit mit ihren Vorteilen der schnellen Informationen und Entscheidungen zahlt sich hier aus.

0.3.4.4 Qualität

Qualitätsbegriff

Qualität kommt von dem lateinischen Wort „qualitas" und bedeutet: Beschaffenheit, Eigenheit, Brauchbarkeit, Güte.

Im heutigen Sprachgebrauch bezeichnet Qualität die Gesamtheit von Merkmalen einer Einheit bezüglich ihrer Eignung, festgelegte und vorausgesetzte Erfordernisse zu erfüllen.

Das bedeutet, die Qualität ist die Beschaffenheit zur Zweckerfüllung. Bezogen auf die Qualität, die ein Betrieb zu liefern hat, muss sie die vereinbarten Anforderungen zur dauerhaften Kundenzufriedenheit erfüllen.

Merkmale der Qualität

Merkmale der Qualität ergeben sich aus den Anforderungen und Erwartungen der Kunden an das Produkt oder an die Dienstleistung.

Merkmale der Qualität können sein:
- pünktliche Lieferung
- Zuverlässigkeit der Nutzung
- gesetzliche Vorschriften und Normen
- Garantien

Pünktliche Lieferung bedeutet für den Kunden eine Qualität der Dienstleistung.

Beispiel:
Der Kunde hat sich vielleicht für den Empfang des Produktes von der Arbeit befreien lassen oder er hat jemanden beauftragt, das Produkt anzunehmen.

Mit **Zuverlässigkeit der Nutzung** meint man, dass das Produkt keine Fehler und keine Mängel aufweist.

Es können unterschiedliche **Fehler** auftreten:
- Nichtkonformität
- kritischer Fehler
- Mangel

Nichtkonformität ist das Nichterfüllen einer festgelegten Forderung. Der Fehler muss nicht immer die Gebrauchsfähigkeit beeinträchtigen.

Beispiel:
So ist eine Farbdifferenz im Lack zwar ein Fehler, die Gebrauchsfähigkeit des Fahrzeuges wird aber nicht beeinträchtigt.

Bei einem **kritischen Fehler** können Gefahr für Leib und Leben von Menschen und erhebliche Umweltschäden herbeigeführt werden.

Der **Mangel** ist die Nichterfüllung einer Forderung im Hinblick auf den beabsichtigten Gebrauch. Bei einem Mangel wird die Gebrauchsfähigkeit nicht vollständig erfüllt.

Beispiel:
So kann ein Mangel in der Scheibenwaschanlage bei schlechtem Wetter dafür sorgen, dass Gebrauchsfähigkeit nicht vollständig erfüllt wird.

Von einem Produkt wird erwartet, dass die erforderlichen **gesetzlichen Vorschriften und Normen** eingehalten werden.

Beispiel:
So dürfen bei einem Kofferaufbau die höchstzulässigen Maße nicht überschritten werden.

Von einem Produkt guter Qualität erwartet man, dass der Hersteller **Garantien** gibt, die über die gesetzliche Gewährleistungspflicht hinausgeht.

Beispiel:
12 Jahre Garantie gegen Durchrostung und 3 Jahre Garantie auf Lackfehler und Lackhaltbarkeit.

Arten der Qualität

Man unterscheidet folgende Qualitätsbegriffe:
- Produktqualität
- Dienstleistungsqualität

Unter **Produktqualität** versteht man, dass das Produkt den vereinbarten Anforderungen entspricht.

Dabei kann ein billiges Fahrzeug von gleich hoher Produktqualität sein, wie ein teures Fahrzeug. Wichtig ist, dass die persönlich festgelegten Anforderungen erfüllt werden.

Beispiel:
Die Anforderungen an das billige Fahrzeug sind:
- niedrige Unterhaltskosten
- wenig reparaturanfällig
- kurze Abmessungen (Stadtwagen)

Werden die Anforderungen erfüllt, hat das Fahrzeug eine gute Produktqualität.

Dienstleistungsqualität und Kundenorientierung haben einen engen Zusammenhang, weil die Dienstleistungsqualität zur Kundenzufriedenheit beiträgt. Die Grundlage der Dienstleistungsqualität ist die Arbeitsqualität.

Die Arbeitsqualität hängt von 3 Faktoren ab:
- technische Qualität
- Arbeitsprozessqualität
- soziale Qualität

Die **technische Qualität** bezieht sich auf die technische Ausstattung der Werkstatt. Je besser sie mit modernen Prüfgeräten, Werkzeugen und technischen Einrichtungen ausgestattet ist, umso schneller und besser können Aufträge ausgeführt werden.

Arbeitsprozessqualität ist die Fachkompetenz der Mitarbeiter und die Organisation des Betriebes. Der Karosserie- und Fahrzeugbaumechaniker und der Mechaniker für Karosserie-Instandhaltungstechnik kann mit seiner Leistung in der Arbeitsprozessqualität die Arbeitsqualität durch folgende Punkte wesentlich beeinflussen:
- Jede Arbeit fachkompetent, sorgfältig und exakt durchführen.
- Erkennen, dass Qualität bei einem selbst beginnt.
- Eine ständige Verbesserung der Arbeitsabläufe im eigenen Arbeitsbereich anstreben.
- Alternativen für die Lösung von Arbeitsaufgaben entwickeln.
- Bereit sein, im Team zu arbeiten.
- Nur Qualität abliefern, denn nur, wenn Qualität nicht vorhanden ist, fällt sie auf.
- Umweltgesetze und Unfallverhütungsvorschriften beachten.
- Für die eigene Weiterbildung mitverantwortlich sein.

Die **soziale Qualität** beschreibt, wie die Mitarbeiter untereinander kommunizieren und zusammenarbeiten und zum anderen, wie die Mitarbeiter mit den Kunden umgehen. Jeder Kunde spürt sehr schnell, ob im Betrieb die soziale Qualität stimmt. Der Karosserie- und Fahrzeugbaumechaniker und der Mechaniker für Karosserie-Instandhaltungstechnik kann die soziale Qualität verbessern, wenn er sich an folgende Punkte hält:
- Den Kunden in den Mittelpunkt seines Handelns stellen.
- Erkennen, dass Arbeitsqualität, Freundlichkeit und Höflichkeit den Kunden wiederkommen lassen und den eigenen Arbeitsplatz sichern.
- Jeden im eigenen Betrieb als Kunde und Lieferant ansehen.
- Kundenzufriedenheit persönlich nehmen.
- Dem Kunden zuhören und keine Diskussionen führen, um Recht zu bekommen. Der Kunde hat immer Recht, spätestens dann, wenn er zu einem anderen Betrieb wechselt.
- Verantwortung tragen gegenüber Kunden, Kollegen, dem Unternehmen und der Umwelt.

Qualitätssicherung

Qualitätssicherung bedeutet:
- Mache es immer sofort richtig.
- Dokumentiere, dass es richtig ist.
- Dokumentiere das Verfahren, mit dem es immer richtig ist.
- Überprüfe das Verfahren und das System regelmäßig.
- Verbessere das System und die Prozesse.

Um die Qualitätssicherung durchzuführen, überzeugt sich der Fachmann am Schluss der Arbeit, ob seine Arbeitsqualität in Ordnung ist.

Hierzu sind folgende Fragen zu beantworten, am besten in Form einer Checkliste:
- Sind alle Punkte des Arbeitsplanes abgearbeitet und dokumentiert?
- Welche Arbeitsergebnisse müssen durch Prüfen (Sichtprüfung, Messen und Lehren) kontrolliert werden?
- Sind alle Daten dokumentiert?
- Ist das Fahrzeug in einem sauberen Zustand?
- Ist eine Probefahrt gemacht worden?
- Sind anfallende Reststoffe ordnungsgemäß entsorgt?
- Welche Informationen müssen an den Kunden weitergegeben werden?
- Wie kann ich die Arbeitsqualität verbessern?

Ursachen für steigende Qualitätsanforderungen

Die Qualitätsanforderungen der Kunden ändern sich ständig, hierfür können folgende Ursachen angeführt werden:
- Wachsender Wohlstand führt zu veränderten Bedürfnissen wie Funktion, Leistung, Robustheit.
- Geltungswert wird zunehmend wichtiger: Der Arme will mehr, der Reiche will Besseres.
- Wegwerfmentalität schwindet, langlebige Produkte werden verlangt.
- Technisierung der Lebensführung, d. h. Abhängigkeit von der Funktionsfähigkeit und höhere Anforderungen an Sicherheit und Zuverlässigkeit.
- Zunehmendes Bedürfnis an Beratung und Schutz durch Stiftung Warentest, Sicherheitsvorschriften, Umweltschutzverordnungen, Normen und Gesetze.

- Zunehmende Angleichung der Technik und des Designs, die Unterscheidung durch Qualität ist erforderlich.
- Gesättigter Markt braucht markentreue Wiederkäufer, die Treue wird wesentlich von der Dienstleistungs- und Produktqualität beeinflusst.
- Qualität ist ein entscheidendes Argument, um höhere Preise zu rechtfertigen, z. B. gegenüber Anbietern aus Niedriglohnländern.

0.4 PLM als Unternehmensstrategie

0.4.1 Entwicklung der Unternehmen

Unternehmen müssen sich heute immer schneller einstellen auf:
- neue Trends
- Forderungen der Kunden
- Wettbewerbsdruck

Gerade im Automobilbau müssen die Hersteller auf **neue Trends** reagieren, ➔ **1**. Die Trends resultieren aus Auflagen zum Umweltschutz (sparsame Motoren, Abgasfilter) und Forderungen zur Fahrzeugsicherheit (ABS, ESP, Airbag). Lag der durchschnittliche Lebenszyklus eines Pkw-Modells in Europa 1990 noch bei neun Jahren, sank er 1999 erstmals unter die Sieben-Jahres-Grenze. Und der Trend setzt sich fort.

Forderungen der Kunden können der Wunsch einer bestimmten Farbe sein, eine bestimmte Ausstattung oder ein spezieller Fahrzeugtyp wie SUV[1]. Und die Kunden fordern Qualität und Zuverlässigkeit.

Welcher **Wettbewerbsdruck** auf den Unternehmen lastet, zeigt ein Blick in die Statistik der Automobilindustrie: 1970 gab es weltweit 36 unabhängige Automobilhersteller, davon sind heute noch 14 übrig geblieben. In 2010 schätzen Marktbeobachter die Zahl auf unter 10.

Die Folgen sind:
- Durch Firmenübernahmen, Bildung von Tochterfirmen bzw. Kooperationen wird die Anzahl der Standorte auch über die Ländergrenzen hinweg erhöht. Das soll hier an einigen Automobilherstellern gezeigt werden:
  - DaimlerChrysler hat Tochterfirmen in Deutschland (Mercedes-Benz), USA (Jeep, Dodge), Japan (Mitsubishi), Großbritannien (McLaren-Mercedes)
  - Volkswagen hat Tochterfirmen in Deutschland (VW, Audi), Tschechien (Skoda), Italien (Lamborghini), Spanien (Seat), Frankreich (Bugatti), Großbritannien (Bentley)
  - GM hat Tochterfirmen in Deutschland (Opel), Japan (Isuzu, Suzuki), USA (Pontiac), Großbritannien (Vauxhall), Schweden (Saab)
  - BMW kooperiert mit den französischen Firmen Peugeot und Citroen
- Es werden immer mehr Zulieferer in den Wertschöpfungsprozess einbezogen. Man geht davon aus, dass der Fertigungsanteil der Automobilindustrie am Fahrzeug – man nennt es die **Fertigungstiefe** – von heute durchschnittlich 30 Prozent auf unter 25 Prozent sinkt.

1 Fertigungsprozess im Automobilbau

Viele Standorte innerhalb eines Unternehmens und viele Zulieferer – das erfordert neue Unternehmensstrategien bei Planung, Konstruktion und Produktion. Eine neue Strategie ist **PLM**.

Als Überblick sollen drei Fragen beantwortet werden:
- Was ist PLM?
- Was kann PLM?
- Ausblick für PLM?

0.4.2 Was ist PLM?

PLM ist die Abkürzung für Product Lifecycle Management.

Zur Verdeutlichung hilft es, den Begriff auseinander zu nehmen:
- Product
- Lifecycle
- Management

Ein **Product** ist ein Produkt aus allem, was die Fertigungsindustrie über alle Branchen hinweg erzeugt. Das lässt sich also auch auf jeden Fahrzeughersteller mit dem Produkt „Fahrzeug" beziehen.

Lifecycle lässt sich mit Lebenszyklus übersetzen. Mit jedem Zyklus verbinden wir den Anfang bis hin zum Ende eines Produktes.

Management sagt, dass man es in der Hand hat, was, wie, wo und wann mit wem passiert. Das Produkt muss also gemanagt werden. Hierbei werden als IT-Werkzeuge[2] die in der Fertigungsindustrie übliche Software von PDM[3], CPC[4] und CAD[5] genutzt.

Der Begriff Product Lifecycle Management soll deutlich zum Ausdruck bringen, dass die dahinter stehende IT-Strategie alle Daten speichert, verwaltet und verteilt, die von der ersten Kundenanfrage bis zum Recycling des Produktes anfallen.

[1] SUV = Sport Utility Vehicle <engl.>: sportliche „Alleskönner", jedoch von den Besitzern überwiegend im Straßenverkehr eingesetzt
[2] IT = Informations- Technologie
[3] PDM = Produkt-Daten-Management
[4] CPC = Collaborative Product Commerce <engl.>: gemeinschaftlicher Produkthandel
[5] CAD = Computer Aided Design <engl.>: rechnerunterstütztes Konstruieren

Also werden alle am PLM beteiligten Partner in eine einheitliche Prozesskette gebunden, angefangen von der ersten Idee über die Produktentwicklung und den Aufbau der Produktion bis hin zu Produktänderungen und Instandhaltungsmanagement. Hersteller können so weltweit den Technikern vor Ort alle digitalen Daten für die Reparatur oder Wartung übers Internet bereitstellen und einfach aktualisieren.

Das bedeutet z. B. für einen Fahrzeughersteller, das Fahrzeug in allen „Lebensphasen" von der Entstehung über die Nutzung und Stilllegung bis hin zur rückgewinnenden Entsorgung zu begleiten.

Beispiel:
Die Formel 1 ist nicht nur eine technische Herausforderung, sondern auch eine logistische, ➔ **1**. Es wird der Lebenszyklus eines jeden Bauteils lückenlos verfolgt und dokumentiert, inklusive Herstellungs- und Bearbeitungsdaten, Liefertermin und Ergebnisse der Qualitätsprüfung.

Hinzu kommt, dass Zulieferer aus aller Welt problemlos in Echtzeit zusammenarbeiten, ungeachtet, ob sie in verschiedenen Gebäuden oder in verschiedenen Ländern sitzen.

PLM ist also die Unternehmensstrategie für bereichs-, standort- und firmenübergreifende Herstellung, Modifikation und sogar Nutzung eines Produktes. Das ist möglich, weil bei dieser Strategie das Produkt, z. B. ein Fahrzeug, noch nicht wirklich aus realem Werkstoff entsteht, sondern zunächst als „**Bildschirmprodukt**". Dieses wird als **virtuelles Produkt** bezeichnet. An diesem virtuellen Produkt können einfach und schnell Veränderungen (Modifikationen) jeglicher Art vorgenommen werden. Oder es können auch mit virtuellen Fahrzeugen Nutzungen, wie Crashversuche, durchgeführt werden, die bei der Fahrzeugentwicklung Material, Zeit und Kosten einsparen.

Beispiel:
Es kann so schon vor dem ersten Prototyp am Computer gecrasht werden und schon frühzeitig Aussagen über Dynamikverhalten von bestimmten Bauteilen gemacht werden.

Der Wunsch der Fahrzeughersteller ist das gesamte **virtuelle Auto** aus dem Computer. Dabei sollen alle folgenden Schritte am Computer erfolgen:
- erster Entwurf
- Konstruktion der Karosserie
- Einbau aller Bauteile
- Crashtests
- Montage des Wagens

Das spart Zeit und teure Prototypen. Mit einer gewissen Anzahl simulierter Crashs wird vermieden, dass ein realer Crashtest nicht die vorher berechneten Ergebnisse bringt und mit einem weiteren teuren Prototyp wiederholt werden muss. Um die Zuverlässigkeit der Computerberechnungen mit der Wirklichkeit abzugleichen, werden allerdings vom Gesetzgeber auch reale Tests verlangt.

1 Formel1-Rennwagen

Die von PLM genutzten PDM-Systeme fungieren als elektronische Werkbank zur standort- und firmenübergreifenden Wertschöpfung in der Fertigungsindustrie. Ihre Funktionalität erstreckt sich dabei von der Steuerung der Prozesse zur Herstellung, Modifikation und Nutzung des virtuellen Produktes bis hin zur lückenlosen Dokumentation seiner „Lebensgeschichte".

Um diesen Aufgaben gerecht zu werden, muss PLM folgende Funktionen erfüllen:
- Verwaltung verschiedener Dokumentarten (CAD, Zeichnungen, Texte, Produktbeschreibungen, Spezifikationen)
- Produktstrukturverwaltung (Verwaltung des Produktaufbaues aus Hersteller- und Zulieferteilen)
- Stücklistenverwaltung (Normteile, Zulieferteile, Teile aus Eigenherstellung, Lagerbestände)
- Änderungsmanagement (Folgen von Detailänderungen auf das Gesamtprodukt)
- Historien- und Versions-Management (Produkt einordnung in firmengeschichtlicher und modellabhängiger Hinsicht)
- Workflow-Unterstützung (Festlegung der Arbeitsabläufe)
- Produktkonfiguration (Produktgestaltung, Design)
- Konfigurations-Management (Anpassung der Gestaltung der Einzelbauteile und Zulieferteile an die Gesamtproduktgestaltung)
- Integration (Schnittstellen zu CAD-, ERP[1]-, SCM[2]- und CRM[3]-Systemen)
- Projekt-Management-Funktionen (Organisation der Produktplanung, -herstellung, -änderung, -instandhaltung bis zur Produktentsorgung)
- Lieferantenanbindung und -beurteilung
- Informationsmanagement für Herstellung und Nutzung des virtuellen Produktes
- Collaborative Engineering (ingenieurmäßige Zusammenarbeit in Bezug auf das gesamte Produkt)
- Ermöglichung der dynamischen Zusammenarbeit zwischen internen Mitarbeitern, Entwicklungspartnern, Zulieferern und Kunden während des gesamten Lebenszyklus von Produkten
- Simultaneous Engineering (statt nacheinander werden möglichst viele einzelne Aufgaben simultan erledigt und nach einem genau festgelegten Plan zum Endergebnis gebracht

[1] ERP = Enterprise Ressource Planning <engl.>: Warenwirtschaft
[2] SCM = Supply Chain Management <engl.>: Beschaffungsketten-Management
[3] CRM = Customer Relationship Management <engl.>: Kundenbeziehungs-Management

0.4.3 Was kann PLM?

Es können mit diesem System 2D- und 3D-CAD-Zeichnungen angezeigt werden – sei es ein einfacher Splint, eine komplexe Baugruppe, ein Bordsystem oder ein Fahrzeug in seiner Gesamtheit, ➔ **1**. Mit digitalen Zeichnungen wird das Produkt dargestellt und definiert, es erübrigt sich der teure und zeitaufwändige Umgang mit Papierzeichnungen. Auf diese Weise wird die Zusammenarbeit vereinfacht und die Produktivität gesteigert. Entwurfprüfungen können schneller und mit mehr Entscheidungsbereitschaft erfolgen, wenn die Hauptakteure aus der gesamten Wertschöpfungskette einbezogen werden können.

Dennoch kann der Gesamtentwicklungsprozess des Produktes stocken, wenn Fehler in der Soft- oder Hardware auftreten und unterschiedlich verwendete Sach- und Fachbezeichnungen zu Zeit raubenden Informationsrecherchen und geringer Transparenz führen. Auch hier sollen PLM-Systeme diesen Problemen entgegenwirken.

PLM entpuppt sich immer stärker als zentrale Antwort auf die Herausforderungen der Entwicklung der Märkte, weltumspannenden (globalisierend) Handel zu treiben.

PLM als neue Unternehmensstrategie verändert die Planung, Konstruktion und Produktion; dadurch verkürzt sich derzeit die Entwicklung eines Pkws um 30 Prozent!

Durch die PLM-Strategie werden folgende auf das Produkt bezogenen Prozesse unterstützt:
- Produktinnovation und -entwicklung
- unternehmensinterne und firmenübergreifende Zusammenarbeit
- Integration sämtlicher Daten und Geschäftsprozesse
- Produktpflege
- Beschaffung (Engineering-Dienstleistung und Fremdfertigung)
- Planung und Produktion
- Verkauf (technischer Vertrieb)
- Produktnutzung und -wartung
- Produktstilllegung und -entsorgung

Beispiel:
Ein Fahrzeughersteller fertigt seine Aufbauten in Einzel- und Kleinserienfertigung und liefert zusätzlich Kunststoffwände und -dächer zur Weiterverarbeitung an seine Kunden. Im stärker werdenden Wettbewerb fordern die Abnehmer zunehmend hervorragende gleich bleibende Qualität, kürzere Lieferzeiten, Einhalten der Liefertermine, Instandsetzungsmöglichkeit und Rücknahme zur Entsorgung. Gleichzeitig möchte der Kunde den Produktweg nachvollziehen können, um Eingriffmöglichkeiten zu haben. Die Konsequenz für den Fahrzeughersteller sind höchste Anforderungen an:

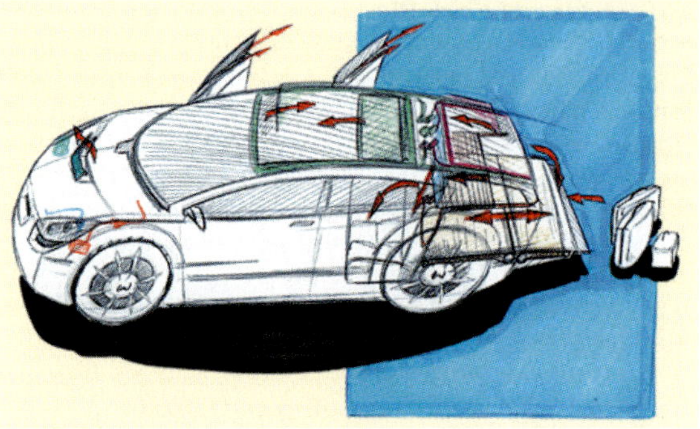

1 Digitale Zeichnung eines Pkws

- Organisation der Produktplanung, -herstellung, -änderung, -instandhaltung bis zur Produktentsorgung
- ingenieurmäßige Zusammenarbeit in Bezug auf das gesamte Produkt
- Lieferantenanbindung und -beurteilung

Mit der Einführung des PLM-Systems sollen diese Anforderungen zentralisiert und vereinheitlicht werden und sich folgende Ergebnisse zeigen:
- Die Verwaltung aller produktspezifischen Informationen in einem System wird zentral gesteuert. Auf erforderliche Daten kann nun schneller und leichter zugegriffen werden.
- Redundante[1] Verwaltungsvorgänge werden vermieden.
- Änderungsprozesse sind leichter nachzu verfolgen und steuerbar.
- Berechtigten Mitarbeitern aus unterschiedlichen Abteilungen bzw. Zulieferfirmen wird der differenzierte Zugriff auf die Systemdaten ermöglicht.
- Müssen Teile ersetzt oder verbessert werden, starten die entsprechenden Bestell-, Produktionsplanungs-, Entwicklungs- und Qualitätssicherungsprozesse.
- PLM prüft automatisch die Auswirkungen, die technischen Veränderungen auf andere Fahrzeugteile haben.
- PLM generiert eine Liste aller Bauteile, die neu beschafft werden müssen.
- Unterstützung der virtuellen Produktentwicklung, Abbildung und Verwaltung eines „digital Mockup"[2].

Durch leistungsstarke Computer wird es heute ermöglicht, viele Entwicklungsschritte schon im Voraus wirklichkeitsnah auf dem Bildschirm zu simulieren. Dadurch erspart man sich den aufwändigen Bau von Modellen und die Verwendung von teuren Prüfständen. Die Möglichkeiten, computererzeugte Simulationen darzustellen, sind nicht auf den herkömmlichen Bildschirm beschränkt. Eine effiziente und neue Technologie ist Virtual Reality, die von der Designentwicklung über Simulation bis hin zur Planung von Produktionsprozessen Verwendung findet.

[1] redundant: unnötig
[2] digital Mockup <engl.>: virtueller CAD-Prototyp

Virtual Reality wird im deutschen Sprachgebrauch als „virtuelle Realität" – kurz: **VR** – bezeichnet. Man meint damit „vom Computer simulierte Wirklichkeit" oder „künstliche Welt", ➔ **1**.

Der Vorteil der virtuellen Realität ist das Sichtbarmachen von Produkten und Prozessen bei der Entwicklung eines neuen Fahrzeuges.

Drei Techniken des Virtual Reality werden genutzt:
- Powerwall
- Cave
- Rundprojektion

Powerwall arbeitet mit einer Visualisierungsfläche von 7 m × 2,50 m. Man verwendet Powerwall in erster Linie zur Darstellung und Betrachtung von Designstudien. Sie kommt meist bei Gruppendiskussionen zum Einsatz, ➔ **24.1**. Designer stellen so ihren Kollegen neue Studien vor. Außerdem finden an der Powerwall die Crash-Untersuchungen statt, ➔ **2**. Bei der Crash-Simulation fährt das Fahrzeug im Maßstab 1:1 auf Gegenstände mit unterschiedlichen Materialeigenschaften. Durch den räumlichen Eindruck (Visualisierung) lassen sich die Deformationszustände während des Versuchs besser erkennen, verstehen und beurteilen. Im Innenleben des Fahrzeugs sieht man während des Crashs virtuell erheblich mehr als die beste High-Speed-Kamera im realen Versuch zeigen könnte. Daneben sind die Kosten erheblich geringer als im realen Crash und zusätzlich wird Zeit eingespart. Ein realer Auto-Prototyp kostet bis zu einer drei viertel Million Euro. Im Computer hingegen beläuft sich ein Crash auf rund 400 Euro. Zwar benötigen Entwickler eines neuen Modells mehr als 1000 virtuelle Testläufe, doch ist diese Vorgehensweise noch immer um einiges billiger als ein einziger realer Test.

Cave[1] ist ein Würfel mit Deckel, Boden und drei Wänden von je 2,50 m Kantenlänge. Eingesetzt wird Cave für die Teamarbeit mit und in räumlich dargestellten Objekten; so unter anderem zu Ergonomieuntersuchungen, ➔ **3**. Die Ergonomie eines Autos beeinflusst das Wohlbefinden des Fahrers. So spielen für ihn die Sicht, die Form- und Farbgestaltung und die Gestaltung der Bedien- und Anzeigegeräte eine wichtige Rolle. Zur Beurteilung setzt sich ein Mitarbeiter auf einen Sitzprüfstand, der in den Abmessungen dem Untersuchungsfahrzeug angepasst ist. Mit einer Spezialbrille fühlt er sich in eine reale Fahrsituation hineinversetzt. Jetzt kann er beurteilen, ob die Sicht auch bei einer Kurvenfahrt gut ist, ob die Bedienelemente gut zu bedienen und die Anzeigegeräte gut ablesbar sind. Erforderliche Änderungen werden im Team besprochen und können unmittelbar vorgenommen werden.

Beispiel:
Der Monteur kann beurteilen, ob er an das Getriebe kommt oder ob eine Querstrebe im Weg ist. Eckt er etwa mit der Getriebeabdeckung irgendwo an, färben sich die entsprechenden Teile rot ein. Das Team kann jetzt früh entscheiden, wie die Position verändert werden muss.

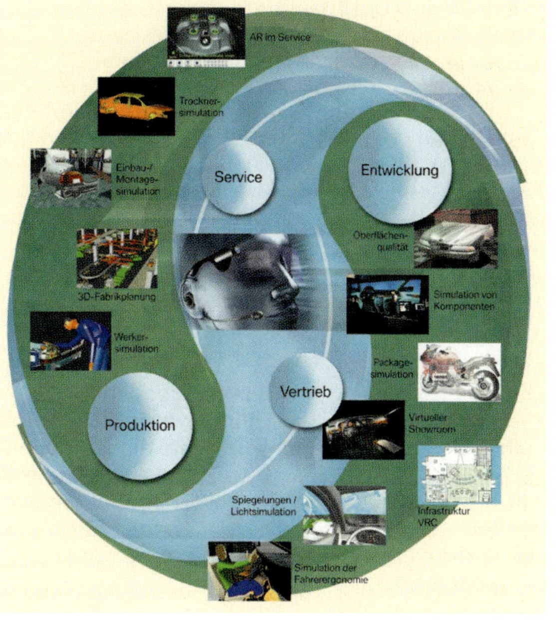

1 Virtual Reality

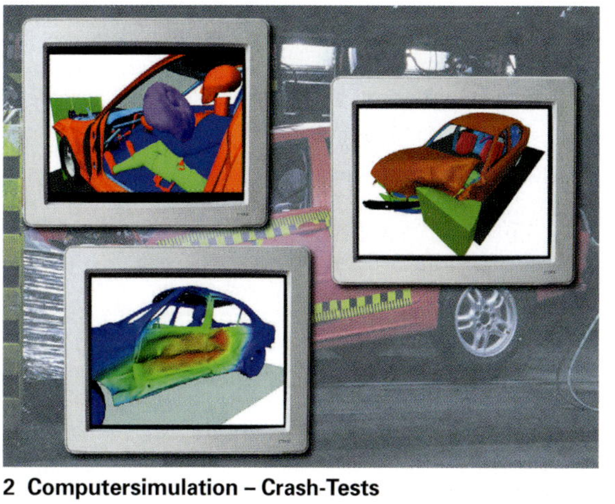

2 Computersimulation – Crash-Tests

3 Ergonomieuntersuchungen

Ein- und Ausbauuntersuchungen werden ebenfalls in der Cave durchgeführt, ➔ **36.1**. Bei diesen Untersuchungen beurteilen Entwickler gemeinsam mit Monteuren die Anordnung von Teilen, an die der Servicemitarbeiter gelangen muss.

[1] Cave <engl.>: H hle

0

Anstelle der Untersuchungen an Styropor- und Holzmodellen treffen sich die Mitarbeiter in der Cave zum virtuellen Werkstattgespräch. Die Ingenieure projizieren gemeinsam mit den Monteuren das Fahrzeug in den Raum. Der Monteur arbeitet realitätsnah mit einer Spezialbrille für den 3D-Effekt und Datenhandschuh in der virtuellen Werkstatt. Dieser Datenhandschuh überträgt die Bewegungen an den Rechner, der diese in die virtuelle Darstellung übersetzt.

Rundprojektion findet in einer zylinderförmigen Projektionsfläche mit den Maßen 7 m × 4,40 m statt. Hier wird Wirklichkeit und Vorstellung kombiniert.

Der einfache Sitzprüfstand wird bei dieser Technik durch ein teilweise aufgebautes Fahrzeug ersetzt.

Die Instrumente und die Materialien sind vom Computer simuliert und können bearbeitet werden.

Einzelne große Automobilhersteller, bei denen bereits heute bis 75 % des Gesamtproduktes von Zulieferern gefertigt werden, haben erklärt, bis zu 30 % ihrer Entwicklungs- und Produktionskosten einzusparen.

Beispiel:
BMW entwickelte die neue 7er-Reihe in nur 34 Monaten. Für zukünftige Baureihen werden gar nur 30 Monate angestrebt. Bislang plante die Automobilindustrie für einen solchen Prozess fünf bis sechs Jahre ein.

Einsparungen sind möglich, da die PLM-Lösung unterschiedliche Funktionen in den drei Phasen des Lebenszyklus des Produktes einnimmt:

- Es liefert Informationen über Kundenwünsche, Reklamationen, Qualitätsmängel und veränderte Marktbedingungen.
- In der Phase der Konstruktion und Produktvorbereitung spielt das System seine Stärken durch parallele Entwicklung von Produkt, Produktion und Prozessen aus. Teure und zeitaufwändige physische Prototypen werden beinahe überflüssig.
- Schon während der eigentlichen Produktionsphase spielen Service und Wartung bei vielen umfangreichen Produkten, wie Fahrzeugen, eine wichtige Rolle für den Verkaufserfolg. So haben Service-Techniker, z. B. über das Internet, Zugriff auf Ersatzteilkataloge und Wartungsinformationen oder können kundenspezifische Daten direkt in das System einarbeiten.

0.4.4 Ausblick für PLM

Erfahrungen nach der Einführung des PLM-Systems in Unternehmen der Fahrzeughersteller haben gezeigt, dass es zu Veränderungen in der Fertigungslandschaft kam, wie nach der Einführung des Fließbandes um die vorletzte Jahrhundertwende.

Noch beschränkt sich der Einsatz von PLM vorrangig auf Unternehmen mit mehr als 5000 Mitarbeitern, besonders aus den Bereichen Automobil, Hightech, Industrieausrüstung und Luftfahrt.

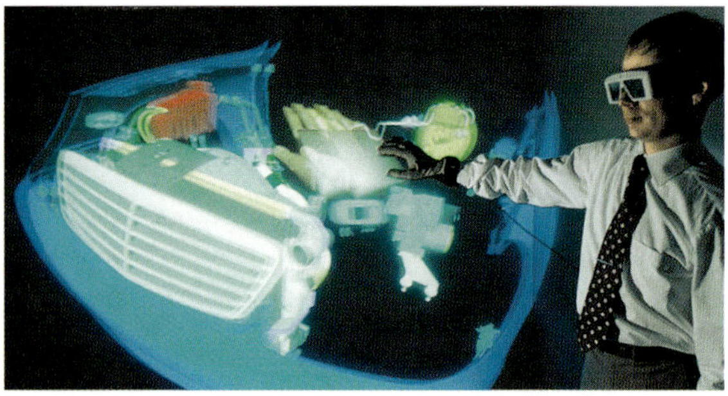

1 Untersuchungen in einer Cave, hier per Datenhandschuh und VR-Brille

Jedoch wird erwartet, dass in Zukunft vor allem mittelständische Firmen PLM einführen. Das wäre die logische Fortsetzung, nachdem fast alle Betriebe mit CAD, CAM[1] oder CAE[2] arbeiten und nahezu überall ERP-Systeme zum Einsatz kommen. Nun gilt es, diese Daten mittels PLM zusammenzuführen.

Noch gibt es Probleme:

- Es fehlen Standards, welche die Zusammenarbeit der Abteilungen und Firmen ermöglicht. Offene und einheitliche Systeme müssen geschaffen werden.
- Beim Einsatz über Abteilungsgrenzen hinweg müssen die Verantwortlichkeiten festgelegt werden.

Trotz dieser Probleme bezeichnen Experten PLM klar als Zukunftsmarkt. Die Ausgaben für PLM und PDM werden voraussichtlich jedes Jahr durchschnittlich um 10 % steigen.

PLM wird immer mehr zur Überlebensfrage. Und zwar nicht nur für die Automobilindustrie, sondern gerade auch für die Zulieferer.

Wenn das PLM-System in ein Unternehmen eingeführt werden soll, ist Folgendes zu beachten:

- PLM muss Chefsache sein. Er oder ein explizit ernannter Projektleiter muss die betroffenen Abteilungen an einen Tisch bringen.
- Entwicklungs-, Änderungs- und Freigabeprozesse müssen analysiert und formalisiert werden.
- Die in PLM involvierten Abteilungen sollten sich über die Systematik der Nummerierung und Klassifikation von Dokumenten und Teilen verständigen.
- Es muss geklärt werden, wie ein digitales Archiv aufgebaut sein soll.
- Bei der Analyse der Altdaten ist zu klären, was von den Informationen noch benötigt wird, für welche dieser Daten ein einfacher Lesezugriff ausreicht beziehungsweise welche Zeichnungen man für Folgekonstruktionen in 3D nachmodellieren muss.
- Gewarnt sei vor unterschiedlichen abteilungsspezifischen Lösungen, weil deren Integration für eine spätere übergreifende Teamarbeit sehr aufwändig ist.
- Arbeitsplätze sollten mit ausreichender Bandbreite für den Austausch von 3D-Modellen vernetzt sein.
- Wird PLM schrittweise eingeführt, was sehr hohe Erfolgsaussichten verspricht, sollte zuvor die Abteilung mit dem größten Bedarf ermittelt werden.

[1] CAM = Computer Aided Manufacturing <engl.>: rechnerunterstützte Fertigung
[2] CAE = Computer Aided Engineering <engl.>: rechnerunterstützte Entwicklung

1 Warten und Pflegen von Fahrzeugen oder Systemen

Ziele und Inhalte des Lernfeldes

Ziele:
Der Lehrling soll
- Fahrzeuge warten und pflegen, um deren Funktion und Wert zu erhalten
- Erwartungen der Kunden ermitteln und auf ihre Wünsche reagieren
- mit Vorgesetzten, Mitarbeitern und Lieferanten sprechen
- Beziehung zu den Kunden pflegen
- positive persönliche Einstellung gegenüber seiner Werkstattarbeit zeigen und Verantwortung für den Geschäftsprozess übernehmen
- Baugruppen von Fahrzeugen analysieren und deren Funktion beschreiben
- Verfahren zur Analyse und Veranschaulichung von Funktionszusammenhängen anwenden
- technische Unterlagen wie Servicepläne, Reparaturleitfäden beschaffen, nutzen und anwenden
- Datenverarbeitung und Dokumentation nutzen und anwenden
- Regeln, Normen und Vorschriften für den Service beachten und umsetzen
- mit Kollegen vorausgehender und nachfolgender Funktionsbereiche kommunizieren
- Sicherheits- und Qualitätsbewusstsein im Rahmen der Servicearbeiten entwickeln
- Vorschriften für Arbeits- und Umweltschutz beachten und sicher anwenden
- durchgeführte Wartungsarbeiten dokumentieren und über Art und Umfang informieren

Inhalte:
- Arbeitsplanung
- Herstellerunterlagen
- Servicekonzepte
- Reparaturleitfäden und Servicepläne
- Blockschaltbilder, Diagramme und Funktionsschemata
- technische Systeme
- technische Informations-, Kommunikations- und Dokumentationssysteme
- Geräte und Verfahren zum Prüfen und Messen
- Werkzeuge, Betriebs- und Hilfsstoffe
- Ersatzteil- und Materialbedarfslisten
- Straßenverkehrszulassungsordnung, Straßenverkehrsordnung
- Arbeitssicherheit und Unfallverhütung
- Entsorgung und Recycling
- Arbeitsqualität
- Gesprächsführung und Kommunikationsregeln
- verbale und nonverbale Kommunikation
- Konfliktvermeidungsverhalten
- Moderations- und Präsentationstechniken

1

1 Rallye-Fahrzeug

Ein neues Fahrzeug ist beim Kauf technisch in Ordnung, dies garantieren Hersteller und Verkäufer. Sobald das Fahrzeug beladen und gefahren wird, nutzt es sich ab. Diese Abnutzung nennt man **Verschleiß**.

Beispiele:
- Lackschäden durch Witterung und Steinschlag
- kleinere Dellen (Parkschäden)
- Spiel in Schlössern, Scharnieren und Dichtungen an Türen und Klappen
- Verunreinigungen im Motoröl durch Verbrennungsrückstände
- Wasser in der Bremsflüssigkeit
- verbrauchte Betriebsstoffe wie Kraftstoff, Flüssigkeit aus der Scheibenwaschanlage
- abgenutzte Reifen
- gelockerte Bauteile durch Schwingungen und Stöße (Fahrbahnunebenheiten)
- kleinere Beschädigungen durch den Gebrauch
- verschmutztes Fahrzeug außen und innen

Bild ➔ **37.1** zeigt ein Rallye-Fahrzeug, dass besonders stark beansprucht wird und großen Verschleiß hat.

Verschleiß wird verringert durch:
- Wartung
- Pflege

Unter **Wartung** versteht man alle Maßnahmen zur Bewahrung des Sollzustandes (vgl. Kap. 0.3.1.2). Der Sollzustand eines Fahrzeugs wird festgelegt durch:
- den Hersteller
- die Straßenverkehrszulassungsordnung (StVZO)

Mit dem Sollzustand werden technische Eigenschaften des Fahrzeugs beschrieben, damit es zuverlässig funktioniert und im öffentlichen Straßenverkehr betrieben werden darf.

Bei der Wartung müssen verschiedene vorgeschriebene Arbeiten ausgeführt werden, damit der Sollzustand des Fahrzeugs wieder erreicht wird.

Zu diesen Wartungsarbeiten zählen:
- Betriebs- und Hilfsstoffen austauschen
- Schmierdienst
- Verschleißteile, z. B. Zündkerzen, Keilriemen, Wischerblätter austauschen
- Brems- und Kühlflüssigkeit ergänzen
- Einstellarbeiten, z. B. am Motor, an Türen und Klappen, Scheibenreinigungsdüsen, Scheinwerfern
- kleinere Reparaturen, wie Schwergängigkeit eines Haubenschlosses beseitigen

Durch Wartung bleibt die Funktionssicherheit des Fahrzeugs erhalten.

Die **Pflege** umfasst alle unterstützenden Maßnahmen zur Erhaltung an Bauteilen und Baugruppen. Durch Pflege werden die natürliche Alterung von Bauteilen verlangsamt und Schäden durch Umwelteinflüsse vorgebeugt.

Beispiele:
Ohne Pflege
- verhärten Gummiteile schneller, werden spröde und unbrauchbar,
- verwittert Lack, wird rau und rissig, es entstehen Korrosionsschäden,
- werden Türschlösser, Scharniere schwergängig, der metallische Abrieb nimmt zu, sie bekommen schnell Spiel und korrodieren.

Durch Wartung und Pflege wird der Verschleiß an Bauteilen gering gehalten. Das wirkt sich insgesamt positiv auf Nutzungsdauer und Werterhaltung eines Fahrzeugs aus.

Das Warten und Pflegen wird an drei Teillernfeldern erläutert:
- Fahrzeugreinigung eines Pkw, Kap. 1.1
- Scheibenreinigungsanlage von einem Kraftomnibus, Kap.1.2
- Lkw-Tür, Kap 1.3

1.1 Fahrzeugreinigung eines Pkw

1.1.1 Lernsituation und Vorgehensweise

Ein Kunde bringt seinen kürzlich erworbenen Pkw (Neuwagen) in den Karosseriebaubetrieb. Das Fahrzeug ist stark verschmutzt.

Der Kunde gibt in Auftrag:
- Oberwäsche
- Motorwäsche
- Unterbodenwäsche
- Innenreinigung

Um diesen Auftrag auszuführen, muss der Lehrling wie folgt vorgehen:
- Fahrzeugannahme, Kap. 1.1.2
- Informationsbeschaffung, Kap. 1.1.3
- Arbeitsplanung und Arbeitsauftrag durchführen, Kap. 1.1.4
- Qualitätssicherung, Kap. 1.1.5
- Fahrzeug an den Kunden übergeben, Kap. 1.1.6

1.1.2 Fahrzeugannahme

Im Normalfall wird der Lehrling das Fahrzeug nicht direkt vom Kunden annehmen. Dies geschieht in der Annahme, im Büro des Karosserie-Fachbetriebs oder des Autohauses. Die Fahrzeugannahme erfolgt für den Lehrling bei einem **internen Kunden**.

Der interne Kunde für den Lehrling kann sein:
- der Meister
- der Geselle, dem der Lehrling zugeteilt ist

Der Lehrling erhält die Fahrzeugschlüssel und die Auftragskarte. Anhand der Auftragskarte kann er sich über das Fahrzeug und die auszuführenden Wartungs- und Pflegemaßnahmen informieren.

Weitere Informationen finden Sie in:
- Kapitel 0.1 – Der Kunde
- Kapitel 0.3.1.2 – Instandhaltungsauftrag
- Kapitel 0.3.4 – Auftragsannahme

1.1.3 Informationsbeschaffung

Bevor mit der Fahrzeugreinigung begonnen werden kann, muss sich der Lehrling zunächst Informationen beschaffen über:
- Gesetze, Verordnungen und Richtlinien, Kap. 1.1.3.1
- Oberwäsche, Kap. 1.1.3.2
- Waschanlagen, Kap. 1.1.3.3
- Motorwäsche, Kap. 1.1.3.4

Informationen zur Einteilung der Kraftwagen siehe Kap. 0.2

1.1.3.1 Information über Gesetze, Verordnungen und Richtlinien

Gesetze, Verordnungen und Richtlinien findet man zusammen mit zahlreichen Hinweisen im „Umweltschutz-Handbuch für den Kfz-Reparaturbetrieb" des VDA[1].

Hier ein Überblick über:
- gesetzliche Vorschriften
- Verwaltungsvorschriften
- technische Vorschriften
- Unfallverhütungsvorschriften
- Richtlinien zu Umweltschutz und Entsorgung

Gesetzliche Vorschriften sind Gesetze und Verordnungen, die z. B. die Rahmenbedingungen für die Nutzung und Ableitung von Wasser regeln. Hierbei sind Bundes- und Landesgesetze zu beachten. Verordnungen sind rangniedriger als Gesetze, sie haben jedoch die gleiche Verbindlichkeit.

Für die Fahrzeugreinigung müssen beispielsweise beachtet werden:
- Strafgesetzbuch (StGB) – Umweltstraftaten
- Wasserhaushaltsgesetz (WHG) – Rahmengesetz, welches den Umgang mit Wasser regelt
- Feiertagsgesetz (FeiertagsG) – z. B. Betriebszeiten von Fahrzeugwaschanlagen
- Abwasserherkunftsverordnung (AbwHerkV) – Anforderungen für das Einleiten von Abwasser

Hierin wird die Durchführung von Umweltschutzmaßnahmen beschrieben. Dies sind:
- Rohstoff- und Abfallsammlung und Entsorgung
- Abwasserreinigung
- Umgang mit umweltgefährdenden Stoffen
- Boden- und Grundwasserschutz
- Einholung umweltrechtlicher Genehmigungen

[1] VDA = Verband der Automobilindustrie, Frankfurt/Main

Dabei wird eingegangen auf:
- Zuständigkeit für den Umweltschutz (im Betrieb)
- Verantwortung
- Pflichten des Vorgesetzten
- Folgen bei Pflichtverletzungen
- Straftatbestände
- Strafen und Bußgelder
- zivilrechtliche Haftung des Unternehmens
- behördliche Verfügung

Aber auch, dass grundsätzlich an Sonn- und Feiertagen keine Fahrzeuge gewaschen werden dürfen. Ausnahmen werden ebenfalls beschrieben, z. B. für den Betrieb von Portalwaschanlagen an bestimmten Sonn- und Feiertagen und Besonderheiten spezieller Genehmigungen.

Verwaltungsvorschriften regeln nähere Einzelheiten zur Trinkwassernutzung und Einleitung von Abwässern für den jeweiligen Bundes-, Landes-, Kreis- oder Stadtbereich.

Für die Fahrzeugreinigung gelten erhöhte Anforderungen, die auf Bundesebene festgelegt sind. Aber auch kommunale Satzungen und Bestimmungen sind zu berücksichtigen. Es sind z. B. zu beachten:
- Rahmen-Abwasser-Verwaltungsvorschrift (TA Abwasser) – u. a. Anforderungen bei mineralölhaltigen Abwässern
- Kommunale Entwässerungssatzungen – Begrenzung für die Einleitung von Abwässern

Technische Vorschriften werden von Herstellern herausgegeben, hier der Hersteller der Waschanlage. Sie regeln den Umgang mit der Waschanlage, Bedienung und Wartung.

Unfallverhütungsvorschriften sind Vorschriften der Berufsgenossenschaft (BG). Sie behandeln Schutzmaßnahmen und Verhaltensregeln bei der Arbeit, bei Unfällen, Instandhaltung und Entsorgung.

Hierzu zählen:
- Schutzmaßnahmen und Verhaltensregeln für den Umgang mit Reinigungsmitteln, Hautschutzplan
- Vorschriften für den Aufenthalt im Vorwaschbereich
- Schutzvorschriften bei Arbeiten, bei denen Waschwasser fein zerstäubt wird
- Maßnahmen gegen elektrostatische Aufladung
- Vorschriften zur regelmäßigen Wartung der Waschanlage
- Vorschriften zur Entsorgung von Reinigungsmittelresten
- Hinweise zum Verhalten im Gefahrfall
- Erste Hilfe nach Unfällen

In der Nähe von Fahrzeugwaschanlagen müssen Betriebsanweisungen gut sichtbar ausgehängt werden, ➔ **40.1**.

Hierdurch kann man sich an Ort und Stelle über Gefahren, Schutzmaßnahmen und Verhalten bei Unfällen informieren.

Richtlinien zu Umweltschutz- und Entsorgung sind meist Vorläufer von Verordnungen und Gesetzen. Sie haben einen ähnlichen Charakter und ähnliche Verbindlichkeit wie Verordnungen.

Firma:
Namen der Firma hier einsetzen

Betriebsanweisung
gemäß § 12 BioStoffV

Nummer: 14.01

1. Anwendungsbereich

Fahrzeugwaschanlage – Waschhalle

2. Gefahren für Mensch und Umwelt

Verschmutzungen an Fahrzeugen enthalten Mikroorganismen/Keime (Pilze, Bakterien, Viren) die beim Waschen gelöst werden und in das Waschwasser gelangen. Diese können als Aerosole über die Atemluft in die Lunge gelangen. Ebenfalls ist die Aufnahme von Krankheitserregern über den Mund oder durch die Haut möglich (z. B. bei Schnitt- oder Schürfwunden an den Händen).

Die Gefährdung nimmt zu, wenn die Brauchwasseranlage nicht gemäß Betriebsanleitung regelmäßig gewartet wird, da sich dann die Keime stark vermehren können.

Weitere Gefahren bestehen durch:
- Bewegung des Fahrzeugs
- Fahrzeugabgase (z. B. Dieselmotoremissionen)
- Reinigungsmittel

1

3. Schutzmaßnahmen und Verhaltensregeln

- Vor und nach der Arbeit Hautschutzmittel nach Hautschutzplan benutzen.
- Schutzhandschuhe benutzen.
- Schutzschuhe benutzen.
- Aufenthalt im Vorwaschbereich möglichst vermeiden, falls erforderlich Schutzkleidung (z. B. wasserdichte Schürze) tragen.
- Unnötiges Laufen lassen der Motore vermeiden.
- Vorwäsche nur bei abgestelltem Motor durchführen.
- Für gute Raumlüftung sorgen.
- Bei Arbeiten, bei denen Waschwasser fein zerstäubt wird (Aerosolbildung) und unzureichender Lüftung, Atemschutz (Halbmaske mit Partikelfilter P2) benutzen.
- Im Waschbereich nicht essen, trinken, rauchen, schnupfen; keine Nahrungs- und Genussmittel aufbewahren.
- Vor dem Betreten von Pausenräumen Arbeitskleidung im Umkleideraum ablegen; Hände, Arme und Gesicht gründlich waschen.
- Nach Arbeitsende duschen.
- Schutz- und Straßenbekleidung getrennt voneinander aufbewahren; nicht in Straßenkleidung arbeiten.
- Schutzkleidung mindestens wöchentlich wechseln und bedarfsgerecht plegen, in Stand halten, ggf. ersetzen.
- Halle sauber halten und nach Reinigungplan reinigen.

4. Verhalten bei Störungen und im Gefahrfall

Notruf: ???

- Bei Störungen Vorgesetzten informieren.
- Bei Gefährdung Arbeitsbereich verlassen und Vorgesetzten informieren.
- Falls erforderlich und gefahrlos möglich, Fahrzeug aus der Waschhalle fahren.
- Im Brandfall Vorgesetzten informieren.
- Entstehungsbrände umgehend mit bereit gestelltem Löschmittel löschen.

5. Verhalten bei Unfällen – erste Hilfe

Notruf: ???

- Bei Verletzung sofort Ersthelfer aufsuchen und Vorgesetzten informieren.
- Bei Riss-, Schürf- oder Schnittverletzungen Blutung aus der Wunde anregen (1-2 Minuten), dann desinfizieren und verbinden/abdecken.
- Bei Bedarf Arzt aufsuchen.

6. Instandhaltung, Entsorgung

- Anlage gemäß Betriebsanleitung regelmäßig warten und prüfen.
- Instandhaltung der Anlage erfolgt durch: ______________________________
- Wenn Biozide zur Entkeimung des Brauchwassers eingesetzt werden, auf richtige Dosierung achten.
- Entsorgung des Waschwassers erfolgt durch: ______________________________

Datum: XX.XX.XXXX

Unterschrift:

1 Betriebsanweisung einer Fahrzeugwaschanlage

1.1.3.2 Informationen zur Oberwäsche

Die Oberwäsche kann geschehen:
- maschinell
- von Hand

Maschinelle Oberwäsche

Die maschinelle Oberwäsche wird in einer Waschanlage durchgeführt. Waschanlagen sind in Kap. 1.1.3.3 beschrieben.

Bei stark verschmutzten Fahrzeugen ist trotz maschinellem Vorwäsche-Programm eine zusätzliche Vorwäsche von Hand zu empfehlen. Bei guten Betreibern von Waschanlagen wird diese generell angewendet.

Oberwäsche von Hand

Die Oberwäsche von Hand ist arbeits- und zeitintensiv. Dafür aber gründlich und lackschonend, wenn sie fachgerecht ausgeführt wird. Aus diesem Grund ist die Oberwäsche von Hand in manchen Fällen notwendig.

Beispiel:
Neuwagen sollen anfangs nur von Hand gewaschen werden. Der Lack ist noch nicht vollständig ausgehärtet, daher noch relativ weich und kann durch die Maschinenwäsche leicht verkratzt werden.

Die Oberwäsche von Hand erfolgt in vier Schritten:
- Vorwäsche von Hand
- Hauptwäsche von Hand
- Klarspülen von Hand
- Trocknungshilfe auftragen
- Trocknen von Hand

Die **Vorwäsche von Hand** gliedert sich in die Arbeitsschritte:
- Abspülen von groben und losen Schmutzteilchen mit klarem Wasser, Fahrzeugoberfläche komplett benetzen
- Vorreinigungsmittel auftragen, Einweichen
- Vorreinigen

Bei der Vorwäsche von Hand werden verwendet:
- Wasserschlauch
- Hochdruck-Reinigungsgerät

Zur **Vorwäsche mit dem Wasserschlauch** wird die Fahrzeugoberfläche nach dem Abspülen mit einem Vorreinigungsmittel eingesprüht. Dies wird z. B. mit einem Pump- oder Drucksprühgerät aufgetragen, **→ 1**.

1 Einsprühen mit Vorreinigungsmittel

Danach muss die gesamte Fahrzeugoberfläche gleichmäßig mit dem Vorreinigungsmittel-Wasser-Gemisch bedeckt sein. Das Vorreinigungsmittel soll harte Schmutzpartikel „einweichen". Dazu muss es einige Zeit ungestört auf der Fahrzeugoberfläche wirken und darf nicht antrocknen.
Nach der Einweichzeit wird die Fahrzeugoberfläche mit einem fächerförmigen Wasserstrahl in gleichmäßigen Bahnen abgespitzt. Dabei wird der Schmutz gelöst und zusammen mit dem Vorreinigungsmittel abgespült.

Bei der **Vorwäsche mit Hochdruck-Reinigungsgerät** wird nach dem Abspülen mit demselben Gerät ein Vorreinigungsmittel aufgetragen. Das Vorreinigungsmittel kann per Knopfdruck oder Schalterbetätigung am Gerät zugegeben werden.

Nach Ablauf der Einweichzeit wird die Fahrzeugoberfläche mit dem fächerförmigen Hochdruckstrahl in gleichmäßigen Bahnen abgespritzt.

Achtung:
- Um Beschädigungen zu vermeiden, sollte die Düse des Gerätes mindestens 30 cm von der Fahrzeugoberfläche entfernt gehalten und zügig über sie hinweg bewegt werden.
- Bei beiden Reinigungsgeräten ist darauf zu achten, dass der scharfe Wasserstrahl nicht direkt auf Türspalte, Schlösser und Lüftungsöffnungen gerichtet wird.

1

1

Besonders hartnäckige Verschmutzungen wie Insektenreste werden durch das Vorreinigungsmittel nur unvollständig gelöst. Sie müssen zusätzlich von Hand mit dem Fliegenschwamm und/oder chemisch mit Insektenentferner-Sprays behandelt werden. Andere Verunreinigungen der Fahrzeugoberfläche können mit speziellen Reinigern gelöst werden, z. B. mit Öl und Fett lösendem Kaltreiniger, Reiniger für Teer und Bitumen, Vogelkotentferner, → **1**.

Dann folgt die **Hauptwäsche von Hand**.

Die Hauptwäsche von Hand kann durchgeführt werden
- mit dem Hochdruck-Reinigungsgerät
- als reine Handwäsche

Für die **Hauptwäsche mit dem Hochdruck-Reinigungsgerät** stehen verschiedene Bürsten- und Reinigungsaufsätze zur Verfügung, → **2**.

Bei der Verwendung der verschiedenen Reinigungsaufsätze müssen unbedingt die speziellen Herstelleranweisungen beachtet werden.

Sie sind in der Bedienungsanleitung zum Hochdruck-Reinigungsgerät zu finden.

Insektenentferner	**Baumharz-/ Vogelkotentferner**
Befreit Lack, Chrom, Glas und Kunststoff von Insektenresten. Angetrocknete Insektenreste werden aufgeweicht und entfernt. Die Oberfläche wird nicht angegriffen.	Entfernt hartnäckige Verschmutzungen wie Baumharz oder Vogelkot von Lack, Chrom und Kunststoffen bei gleichzeitiger Konservierungswirkung an der Reinigungsstelle.
Teerentferner	**Kaltreiniger**
Beseitigt Teer-, Öl- und andere hartnäckige Verschmutzungen. Ebenfalls anwendbar für Aufkleberreste. Reinigt selbstständig ohne Reiben oder Kratzen.	Lösemittelhaltiges Reinigungsmittel mit schnell trennender Eigenschaft; frei von Halogenkohlenwasserstoffen. Entfernt Fett-, Öl-, Teer-, Wachs- und Schmierölrückstände.

1 Vorreinigungsmittel

a) Verstellbare Hochdruckdüse

b) Kleine Flächenwaschbürste

c) Oszillierende Waschbürste

d) Gerade Waschbürste

e) Große Flächenwaschbürste

f) Felgen-Waschaufsatz

2 Bürsten- und Reinigungsaufsätze für die Hauptwäsche mit dem Hochdruck-Reinigungsgerät

Der Tank des Hochdruck-Reinigungsgerätes wird mit Reinigungsmittel und Wasser gefüllt.

Beispiel: Mischungs- und Verhältnisrechnung

Der Reinigungsmitteltank eines Hochdruck-Reinigungsgerätes hat ein Fassungsvermögen $V = 21$ Liter. Das Reinigungsmittelkonzentrat aus dem Kanister soll laut Herstellerangaben im Verhältnis 1 : 6 mit Wasser gemischt werden.

Welche Teilvolumen an Wasser und Reinigungsmittel müssen für die Tankfüllung abgemessen werden?

Zusammenhang:

$1 : x = V_1 : V_2$ das Mischungsverhältnis ist gleich dem Teilvolumenverhältnis

$V = V_1 + V_2$ das Gesamtvolumen der Mischung ist die Summe der Teilvolumen

$$\frac{1}{x} = \frac{V_1}{V_2} \rightarrow \quad x \cdot V_1 = 1 \cdot V_2 \quad \text{mit } V_2 = V - V_1$$

$$x \cdot V_1 = 1 \cdot V - V_1$$

$$x \cdot V_1 + V_1 = V$$

$$V_1(x + 1) = V$$

$$V_1 = \frac{V}{x + 1}$$

$$\rightarrow V_2 = x \cdot V_1$$

Rechnung: Volumen des Reinigers:

$$V_R = \frac{V}{x + 1} = \frac{21 \text{ Liter}}{6 + 1} = 3 \text{ Liter}$$

Volumen des Wassers:

$$V_W = x \cdot V_R = 6 \cdot 3 \text{ Liter} = 18 \text{ Liter}$$

1: Anteil 1*
x: Anteil 2
V_1: Teilvolumen 1
V_2: Teilvolumen 2
V: Gesamtvolumen der Mischung

* Der kleinere Anteil der Mischung wird immer mit 1 angegeben

Zur **Hauptwäsche als reine Handwäsche** werden benötigt:

- Gemisch aus Hauptreinigungsmittel und Wasser
- weicher Schwamm oder Reinigungshandschuh
- harter Schwamm
- verschiedene Bürsten

Das **Gemisch aus Hauptreinigungsmittel und Wasser** wird in einem Eimer zubereitet. Bei der Mischung ist auf die Herstellerangabe zu achten.

Weicher Schwamm oder Reinigungshandschuh dienen der Bearbeitung der Flächen. Sie werden gut mit dem Hauptreinigungsmittel-Wasser-Gemisch getränkt, in kreisenden Bewegungen und unter leichtem Druck über die Fahrzeugoberfläche geführt.

1 Hauptwäsche der Felge als reine Handwäsche

2 Klarspülen von Hand

Ein **harter Schwamm** wird z. B. für Insektenreste verwendet, die bei der Vorwäsche nicht entfernt wurden.

Mit den **Bürsten** werden zerklüftete Fahrzeugbereiche wie Schweller, Stoßfänger mit Struktur oder Felgen gereinigt, ➔ **1**.

Dann folgt das **Klarspülen von Hand**. Die mechanisch und chemisch gelösten Schmutzpartikel werden nun zusammen mit dem Reinigungsmittel durch einen Strom klaren Wassers von der Fahrzeugoberfläche gespült, ➔ **2**. Durch Zusatz eines Netzmittels oder die Verwendung von Osmose-Wasser[1] läuft das Wasser gut ab und die Fahrzeugoberfläche trocknet schnell.

[1] Osmose-Wasser: durch ein spezielles Verfahren (Osmose) enthärtetes und entsalztes Wasser

1

Nach dem Klarspülen kann eine **Trocknungshilfe aufgetragen** werden. Dies geschieht bei noch nasser Fahrzeugoberfläche. Bei Trocknungshilfen, sog. **Aktiv- oder Glanztrocknern** handelt es sich um ein Thermohartwachs, welches warm und kalt verarbeitet werden kann. Es bildet eine Schutzschicht, die konserviert und Wasser abstößt. Hierdurch läuft der Wasserfilm im Ganzen ab, ohne Tropfen zu bilden. Das Fahrzeug ist in kurzer Zeit trocken. Der Arbeitsschritt Trocknen kann dann entfallen.

Das **Trocknen von Hand** wird mit Fensterleder oder Mikrofasertuch durchgeführt. Dabei wird die Fahrzeugoberfläche vom Dach ausgehend nach unten flächig abgezogen, bis sie trocken ist.

1.1.3.3 Informationen zu Waschanlagen

Waschanlagen werden bei der maschinellen Reinigung eingesetzt.

Sie sind ausgestattet mit:
- Spül- und Reinigungsdüsen
- Waschwalzen mit Bürsten oder Textilstreifen
- Räder-Waschbürsten
- Trocknungsgebläse

Waschanlagen verfügen über mehrere Waschprogramme, die gewählt werden:
- einfache Vorwäsche mit Wasser und Vorreinigungsmittel
- intensive Vorwäsche mit Wasser, Vorreinigungsmittel und Intensiv-Vorreinigungsschaum
- Hauptwäsche mit und ohne spezielle Felgenreinigung
- Hauptwäsche mit Unterbodenwäsche
- Klarspülen
- Heißwachs-Auftrag
- Trocknen

Waschanlagen werden unterschieden:
- Waschstraßen
- Portal-Waschanlagen

Bei **Waschstraßen** liegen die einzelnen Reinigungsstationen hintereinander. Das Fahrzeug wird durch die einzelnen Reinigungsstationen hindurch transportiert.

Portalwaschanlagen haben ein oder zwei fahrbare Reinigungsgerüste, die Portale, **➔ 1**.

In ihnen sind alle nötigen Wasser- und Reinigungsdüsen, Waschwalzen, Trocknungsgebläse usw. untergebracht. Diese werden bei dem jeweiligen Reinigungsschritt aus- bzw. heruntergefahren. Das Fahrzeug bleibt währenddessen stehen.

Bei **Portalwaschanlagen ohne Waschwalzen, ➔ 2** wird das Fahrzeug quasi berührungslos gewaschen.

Das Portal besitzt eine Vielzahl von oberen und seitlichen Reinigungsdüsen, die geschwenkt werden können. Sie folgen sensorgesteuert der Fahrzeugkontur in immer gleichem Abstand.

1 Portalwaschanlage mit Waschwalzen

2 Portalwaschanlage ohne Waschwalzen

Diese Anlagen arbeiten mit sehr hohem Wasserdruck (bis 80 bar) und schälen die Verschmutzungen von der Fahrzeugoberfläche. Ein besonderer Vorteil gegenüber der Bürstenanlage ist, dass Antennen und Anbauten wie z. B. Dachträger nicht abgebaut werden müssen.

Nachdem die maschinelle Oberwäsche abgeschlossen ist, wird das Waschergebnis kontrolliert. Da die Maschinenwäsche oft nicht so gründlich wie die Handwäsche ausfällt, müssen immer kleinere Stellen am Fahrzeug nachgearbeitet werden. Typische Stellen für Nacharbeit befinden sich hinter den Außenspiegeln in der Seitenfensterecke.

Auch die automatische Trocknung ist häufig nicht vollständig. Einzelne Fahrzeugbereiche, insbesondere die Scheiben, müssen nachgearbeitet werden.

1.1.3.4 Informationen zur Motorwäsche

Die Motorwäsche ist nicht auf den Motor beschränkt, wie man der Bezeichnung entnehmen könnte. Vielmehr werden gewaschen:
- der Motor
- der gesamte Motorraum

Diese Pflegemaßnahme ist von Zeit zu Zeit nötig, weil Motor und Motorraum durch Motoröl, Kühlflüssigkeit, Kraftstoff und Straßenschmutz verschmutzen.

Stoffe, die bei der Motorwäsche entfernt werden, sind zum größten Teil **umweltgefährdend**. Sie dürfen auf keinen Fall in das Abwasser oder in das Erdreich gelangen.

Bei Umweltschäden, die der Betrieb zu verantworten hat, drohen hohe Bußgelder und Strafen. Weiterhin können Betriebe zu Schadenersatz und Kostenerstattung für Sanierungsmaßnahmen herangezogen werden.

Beispiel:
Gelangen umweltgefährdende Stoffe ins Abwasser oder ins Erdreich, können umfangreiche Arbeiten notwendig werden:
- Grundwassersanierung
- Entfernen und Entsorgen von verunreinigtem Erdreich

Daher muss die Motorwäsche an einem **besonderen Waschplatz** durchgeführt werden.

Dieser Waschplatz muss aus Gründen des Umweltschutzes über ein Abwassersystem mit Schlammfang, Benzinabscheider und Feinfilter verfügen.

Die Motorwäsche soll bei kaltem Motor[1] durchgeführt werden.

Die Motorwäsche kann durchgeführt werden mit dem
- Wasserschlauch
- Hochdruckreinigungsgerät

Achtung: Herstellerangaben beachten!

Einige Fahrzeughersteller verbieten die Motorwäsche mit dem Hochdruck-Reinigungsgerät. Dann ist für die Motorwäsche der Wasserschlauch zu verwenden.

Bei der Motorwäsche kommt es vor, dass Spritzer von verschmutztem Wasch- und Spülwasser auf Kotflügel, Haube und Stoßfänger gelangen. Sie verursachen dort Schmutzflecke, die entfernt werden müssen.

[1] kalter Motor: Motortemperatur unterhalb der Betriebstemperatur

1.1.3.5 Informationen zur Unterbodenwäsche

Die Unterbodenwäsche dient der Reinigung
- des Fahrzeugbodens
- der Rahmenzüge
- der Radhäuser
- der Bremsen
- der Antriebswellen
- des Tanks
- des Getriebes
- des Differentials
- der Räder und Reifen

Wie bei der Motorwäsche, ist auch hier der Umweltschutz zu beachten.

Die Unterbodenwäsche muss an einem **besonderen Waschplatz** durchgeführt werden.

1.1.3.6 Information zur Innenreinigung

Beim Abstellen des Fahrzeugs muss darauf geachtet werden, dass ausreichend Platz um das Fahrzeug herum zur Verfügung steht. Es muss so viel Platz vorhanden sein, dass die Innenreinigung bei geöffneten Fahrzeugtüren leicht durchgeführt werden kann.

Dies sind z. B.:
- Staubsauger mit Zubehör
- Eimer für Reinigungsflüssigkeiten
- Ausklopfgitter für Fußmatten
- Schwämme und Tücher
- Reinigungs- und Pflegemittel

1.1.4 Arbeitsplanung und Arbeitsauftrag durchführen

1.1.4.1 Arbeitsplanung

Zur Durchführung des Arbeitsauftrags müssen vorab die einzelnen Arbeitsschritte vom Lehrling geplant werden. Dazu erstellt er einen Arbeitsplan, ➔ **46.1**.

Die Arbeitsschritte des Arbeitsplans werden zusammengefasst:
- Oberwäsche, Kap. 1.1.4.2
- Motorwäsche, Kap. 1.1.4.3
- Unterbodenwäsche, Kap. 1.1.4.4
- Innenreinigung, Kap. 1.1.4.5

ARBEITSPLANUNG

Datum: 3. 2. 2006

Autrags- Nr.: 23/22-06

Zeichnungs- Nr.:

Benennung/Art der Arbeit: Oberwäsche, Motorwäsche, Unterbodenwäsche und Innenraumreinigung durchführen

Mitarbeiter:

ARBEITSSCHRITT

lfd. Nr.:	Vorbereitung	Warten	Pflegen	Austauschen	Nachbereitung		Betriebsmittel Maschinen Werkzeuge Hilfsmittel	Bemerkungen Prüfmittel Einstellwerte Schutzmaßnahmen
1	x					Fahrzeug zum Waschplatz fahren		Sitzschutzfolie, Fußraumpappe einlegen
2	x					Rundgang um das Fahrzeug		Scheiben, Schiebe-/Hebedach geschlossen? Antenne eingefahren/ demontiert? Dachträger abgebaut?
3		x	x			**Oberwäsche durchführen**	Insektenentferner, Vorreinigungsmittel, Hauptreinigungsmittel, 2 Eimer, Schwämme, Bürsten, Fensterleder, Mikrofasertuch	Bei Empfindlichkeit: Schutzhandschuhe Umgang mit Waschmitteln beachten
4	x					Hochdruckreinigungsgerät anschließen, einstellen	mobiles Hochdruckreinigungsgerät, Kaltreiniger	kleinste Druckstufe einstellen, Kaltreiniger sparsam verwenden
5		x				**Motorwäsche durchführen**	Hochdruckreinigungsgerät	Herstellerhinweise beachten!
6					x	Trocknen	Druckluftpistole und -schlauch	
7	x					Fahrzeug in die Waschhalle fahren		Sitzschutzfolie, Fußraumpappe
8		x				**Unterbodenwäsche durchführen**	Allzweckreiniger/Unterboden-Reiniger	Hinweise des Reiniger-Herstellers beachten
9					x	Außenseiten der Felgen kontrollieren, ggf. nachwaschen	Reinigungsmittel, Bürste	Bei Empfindlichkeit: Schutzhandschuhe
10	x					Fahrzeug in die Halle fahren		Sitzschutzfolie, Fußraumpappe einlegen
11	x					Fächer und Ablagen leeren, alle Gegenstände geordnet zur Seite legen, Fußmatten bzw. Fußraumschalen entnehmen	Kartons, für Gegenstände des Kunden	Wertgegenstände **vorher** durch den Kunden selbst entnehmen lassen
12		x				**Innenreinigung durchführen**	Staubsauger, verschiedene Düsen, Schwamm, Pinsel, Mikrofasertuch	
13					x	Gegenstände in Fächer, Ablagen zurück legen, Fußmatten oder Fußraumschalen einlegen		
14					x	Qualitätssicherung: Kontrolle aller durchgeführten Reinigungs- und Pflegemaßnahmen; ggf. nacharbeiten, Dokumentation		Auftragskarte
15					x	Fahrzeug auf den Abstellplatz fahren		Sitzschutzfolie, Fußraumpappe
16						**Fahrzeug übergeben**		interner Kunde

1 Arbeitsplan zur Fahrzeugreinigung eines Pkws

1.1.4.2 Oberwäsche

Die Arbeitsschritte für die Oberwäsche sind:
- Fahrzeug zum Waschplatz fahren
- Fahrzeug für die Oberwäsche vorbereiten
- Oberwäsche durchführen

Fahrzeug zum Waschplatz fahren

Bevor das Fahrzeug zum Waschplatz gefahren wird, wird
- der Fahrersitz mit einer Sitzschutzfolie bezogen,
- in den Fußraum eine Schutzpappe gelegt, ➔ **1**.

Erst dann darf man einsteigen, den Motor starten und den Wagen zum Waschplatz fahren.

Das Fahrzeug, egal in welchem Zustand, ist ein Kundenfahrzeug, es muss gewissenhaft und schonend behandelt werden.

Fahrzeug für die Oberwäsche vorbereiten

Die Vorbereitung zur Oberwäsche beginnt mit einem Rundgang ums Fahrzeug.

Falls noch nicht geschehen, werden
- alle Scheiben und das Schiebe-/Hebedach geschlossen,
- Teleskopantennen eingefahren, Stabantennen werden demontiert und ins Fahrzeug gelegt,
- sperrige Gegenstände demontiert, wie Dachträger; sie werden ebenfalls ins Fahrzeug gelegt.

Im speziellen Fall müssen die Hinweise an der Waschanlage beachtet werden, ➔ **2**.

Oberwäsche durchführen

Bei der Oberwäsche werden alle Außenflächen des Fahrzeugs mechanisch und chemisch gereinigt, vom Dach bis zu den Schwellern, inklusive der Felgen und Reifen.

Für den aktuellen Auftrag wird die Oberwäsche von Hand durchgeführt, da das Kundenfahrzeug noch neu ist und besonders lackschonend behandelt werden muss.

Auch müssen von Hand gereinigt werden
- verdeckte Karosseriebereiche wie Einstiege; man sieht sie erst nach Öffnen der Türen, ➔ **3**,
- alle Bereiche, die sich außerhalb der Türdichtungen befinden, also Schweller, untere Teile der Säulen, sowie die seitlichen und unteren Bereiche der Türkörper.

Diese Bereiche werden nach der Oberwäsche mit dem Schwamm gereinigt, einem feuchten und einem trockenen Tuch nachgewischt.

1 Schutzfolie auf dem Fahrersitz und Schutzpappe im Fußraum

2 Hinweise an der Waschanlage

3 Reinigung mit Hand von verdeckten Karosseriebereichen

1

1

1.1.4.3 Motorwäsche

Für unsere Lernsituation wird die Motorwäsche mit dem Hochdruck-Reinigungsgerät durchgeführt, ➔ **1**.

Um Beschädigungen zu vermeiden, wird am Gerät die kleinste Druckstufe eingestellt.

Die Motorwäsche erfolgt in beiden Fällen in den Schritten:
- Motor und Motorraum benetzen
- Reiniger auftragen, Einweichen
- Abspülen
- Trocknen

Motor und Motorraum werden benetzt, d. h. sie werden mit dem Fächerstrahl des Hochdruck-Reinigungsgerätes gleichmäßig nass gemacht. Dabei werden bereits viele lose Schmutzteilchen abgespült.

Jetzt wird der **Reiniger aufgetragen**: Am Hochdruck-Reinigungsgerät wird der Reiniger zugeschaltet und gleichmäßig über Motor und Motorraum verteilt. Danach wird der Auftrag zum **Einweichen** eine kurze Zeit in Ruhe gelassen.

Eine andere Arbeitsweise kann sein, dass bei zugeschaltetem Reiniger Motor und Motorraum gleich in gleichmäßigen Bahnen mit dem Fächerstrahl abgespritzt werden. Das Einweichen entfällt hierbei.

Besonders fest haftende Verschmutzungen können zusätzlich mit einem speziellen Kaltreiniger behandelt werden. **Kaltreiniger** sind sparsam zu verwenden (Umweltschutz).

Das **Abspülen** erfolgt mit klarem Wasser. Motor und Motorraum werden in gleichmäßigen Bahnen mit dem Fächerstrahl abgespritzt. Dabei werden die noch verbliebenen Schmutzteilchen zusammen mit dem Reiniger abgespült.

Dem Spülwasser wird häufig ein Netzmittel maschinell zugegeben. Hierdurch läuft das Wasser schneller ab, Motor und Motorraum sind schneller trocken.

Zum **Trocknen** werden Druckluftschlauch und Druckluftpistole verwendet ➔ **2**. In Vertiefungen verbliebene Wasserreste werden mit dem Druckluftstrahl weggeblasen.

Besonders wichtig ist die Trocknung bei Ottomotoren: Wasser kann nach dem Reinigen in Zündkerzensteckern, Verteilerkappe, und Zündleitungsanschlüssen verbleiben und hier zu Kurzschlüssen führen.

Der Motor würde nicht mehr anspringen.

1 Motorwäsche mit Hochdruck-Reinigungsgerät

2 Motorraum trocknen mit Druckluft

1.1.4.4 Unterbodenwäsche

Für unsere Lernsituation wird die Unterbodenwäsche in einer Fahrzeug-Waschhalle mit einem mobilen Hochdruck-Reinigungsgerät durchgeführt.

Das Fahrzeug wird über eine Hebebühne gefahren, aufgebockt und hochgehoben. Das Hochdruckreinigungsgerät wird abgeschlossen und bereitgestellt.

Die Unterbodenwäsche erfolgt in den Schritten:
- Vorwaschen
- Reiniger auftragen
- Abspülen

Mit der Fächerstrahl-Düse des Hochdruck-Reinigungsgerätes werden die gesamte Unterseite des Fahrzeugs und die Radhäuser mit klarem Wasser **vorgewaschen ➔ 1**.

Dabei wird die Düse in kurzem Abstand und in gleichmäßigen Bahnen über die Fahrzeugunterseite bewegt. Das Ausspritzen der Radhäuser muss besonders sorgfältig erfolgen, weil die Räder Teile des Radhauses verdecken. Für ein gutes Reinigungsergebnis müssen alle Flächen der Radhäuser mit dem Reinigungsstrahl erreicht werden.

Durch die Vorwäsche werden lose Schmutzteilchen entfernt, die den größten Teil der Verschmutzung bilden.

Der Wasserstrahl muss stets zügig bewegt werden. Er darf nicht direkt und längere Zeit auf verkleidete Karosserieöffnungen gerichtet werden. Sonst kann Wasser in den Innenraum eindringen.

Danach wird ein **Reiniger aufgetragen**. Das kann ein Allzweckreiniger oder ein spezieller Unterboden-Reiniger sein.

Achtung!
Angaben des Reiniger- Herstellers beachten!

Nach Ablauf der Einwirkzeit des Reinigers wird die komplette Unterseite des Fahrzeugs mit klarem Wasser **abgespült**. Eine Trocknung ist normalerweise nicht notwendig, das Fahrzeug trocknet von allein.

Bei der Unterbodenwäsche läuft schmutziges Spülwasser durch die Felgen hindurch und verursacht auf der Felgenvorderseite Verschmutzungen. Sie müssen anschließend unbedingt beseitigt werden.

1.1.4.5 Innenreinigung

Die Innenreinigung wird in der Halle durchgeführt. Hier ist genügend Platz vorhanden und es stehen alle nötigen Gerätschaften und Mittel für die Reinigung bereit.

Die Innenreinigung eines Pkw erstreckt sich auf den:
- Fahrzeuginnenraum
- Gepäckraum

Fahrzeuginnenraum reinigen

Vor Beginn der Reinigung werden alle Fahrzeugtüren und die Gepäckraumklappe geöffnet, die Sitzschutzfolie und die Schutzpappe aus dem Fußraum genommen. Alle Gegenstände, die dem Kunden gehören und sich in Fächern und Ablagen befinden, werden entnommen und sortiert beiseite gelegt.

1 Vorwaschen des Unterbodens und der Radhäuser

Hinweis:
Wertgegenstände bereits bei der Fahrzeugannahme vom Kunden entnehmen lassen!

Die Fahrzeuginnenreinigung erfolgt nun in den Schritten:
- Fußmatten oder Fußraumschalen entnehmen und reinigen
- Teppichboden, Seitenverkleidungen und Sitzbezüge absaugen
- Fächer aussaugen und feucht nachwischen
- Scheiben reinigen
- Oberflächen feucht abwischen
- Schalter und Gitter reinigen
- Türdichtungen feucht abwischen und nachtrocknen
- Kunststoff-Pflegemittel aufgetragen
- Gepäckraum reinigen
- Arbeitsergebnis kontrollieren

Die **Fußmatten oder Fußraumschalen** werden dem Fahrzeug entnommen, ausgeklopft bzw. nass gereinigt. Fußraumschalen können nass abgespritzt und dann hochkant zum Trocknen aufgestellt werden.

1

Anschließend werden der gesamte **Teppichboden, Seitenverkleidungen aus Textil und die Sitzbezüge** gründlich mit dem Staubsauger abgesaugt, ➔ **1**.

Für schwer zugängliche Stellen des Innenraumes können verschiedene Düsen-Aufsätze für den Staubsauger verwendet werden.

Beispiel:
Für Stellen zwischen Mittelkonsole und Sitzen oder zwischen Sitzgestell und Innenschweller-Verkleidung eignet sich ein schmaler Düsenaufsatz, ➔ **2**.

Im Anschluss werden die **Fächer** von Mittelkonsole, Sitzen und Türen sowie das Handschuhfach ausgesaugt und z. B. mit einem Mikrofasertuch feucht nachgewischt.

Danach werden alle **Scheiben gereinigt**. Front-, Heck- und Seitenscheiben werden mit einem Glasreiniger und einem Mikrofasertuch gründlich von innen gereinigt. Die Seitenscheiben sollten dabei etwas herunter gefahren werden, damit der obere Scheibenrand ebenfalls gereinigt werden kann.

Nun werden alle **Oberflächen feucht abgewischt**. Das sind:

- die glatten, lackierten Karosserieflächen an den Oberseiten der Türen
- alle verkleideten, genarbten Flächen von Lenkrad, Armaturentafel, Mittelkonsole, Schweller-, Säulen-, Seitenverkleidungen
- Teile der Sitzkonsole
- Sicherheitsgurte

Sonnenblenden werden, je nach Beschaffenheit, abgewischt oder trocken abgebürstet.

Das Reinigungstuch muss von Zeit zu Zeit ausgespült werden.

Auch **Schalter und Gitter müssen gereinigt** werden. Eingelassene Schalter und Gitter werden mit Staubsauger und Pinsel von Staub befreit, ➔ **3**.

Lüftungsgitter und -klappen, Radioblenden, Lautsprechergitter, Schalterreihen usw. können auch gut mit Staubsauger und einem Bürstenaufsatz oder einer weichen Kleiderbürste gereinigt werden.

Die **Türdichtungen** werden mit dem feuchten Reinigungstuch gereinigt und anschließend trocken gewischt.

Nach Abschluss der Reinigungsarbeiten wird ein **Kunststoff-Pflegemittel aufgetragen**. Dies wird auf ein trockenes Reinigungstuch gesprüht und durch Wischen auf alle Kunststoffteile aufgetragen.

Danach werden alle Gegenstände, die vor der Innenreinigung entnommen wurden, wieder an die entsprechenden Fächer im Fahrzeug zurückgelegt. Die **Fußmatten** bzw. Fußraumschalen werden wieder ins Fahrzeug eingelegt.

1 Sitzbezug mit Staubsauger reinigen

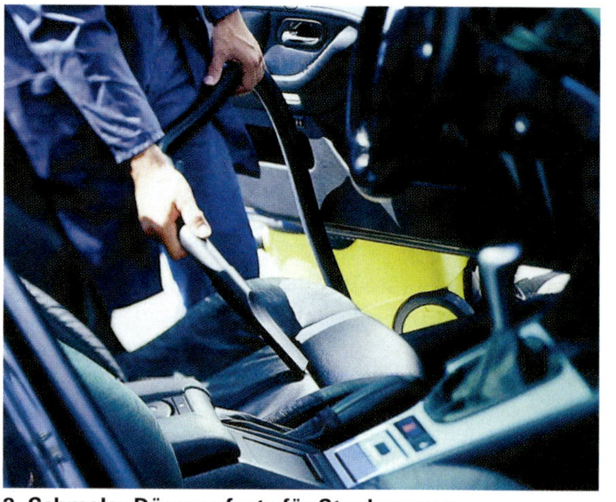

2 Schmaler Düsenaufsatz für Staubsauger

3 Reinigen des Lüftungsgitters

Gepäckraum reinigen

Der Gepäckraum wird wie folgt gereinigt:
- Evtl. vorhandene Gegenstände entnehmen und geordnet beiseite legen.
- Teppichboden des gesamten Gepäckraumes mit dem Staubsauger absaugen.
- Lackierte Karosseriebereiche und Kunststoffverkleidungen feucht abwischen.
- Kunststoff-Pflegemittel auftragen.
- Dichtungen feucht reinigen und trocken wischen.
- Gegenstände, die zuvor entnommen wurden, wieder an ihren Platz zurück legen.
- Türen und Gepäckraumklappe werden geschlossen.

1.1.5 Qualitätssicherung

Nach Abschluss aller Reinigungs- und Pflegearbeiten werden
- die Ergebnisse begutachtet, → **1**,
- eventuell festgestellte Mängel beseitigt,
- die Ergebnisse dokumentiert.

Anhand der Auftragskarte wird abschließend kontrolliert, ob alle in Auftrag gegebenen Reinigungs- und Pflegemaßnahmen durchgeführt wurden. Darüber hinaus werden auf der Auftragskarte Beobachtungen festgehalten, die für die Kollegen der nachfolgenden Arbeitsbereiche und für den Kunden wichtig sind.

Beispiele:
- Der Weg des Handbremshebels ist zu lang.
- Ein Reifen läuft einseitig ab.
- Die Beifahrertür lässt sich schwer schließen.
- Eine Bremsleuchte funktioniert nicht.

Weiterführende Informationen zur Qualitätssicherung finden Sie in Kapitel 0.3.4.4.

1 Ergebnis der Reinigungs- und Pflegearbeiten begutachten

1

1.1.6 Fahrzeug an den Kunden übergeben

Sind alle Wartungs- und Pflegearbeiten ausgeführt und geprüft, wird
- der Fahrersitz wieder mit der Sitzschutzfolie bezogen und die Schutzpappe in den Fußraum gelegt,
- das Fahrzeug auf den Abstellplatz gefahren,
- Sitzschutzfolie und Schutzpappe aus dem Fußraum entfernt,
- der Wagen abgeschlossen,
- Fahrzeugschlüssel und Auftragskarte beim internen Kunden abgegeben, vgl. Kap. 1.1.2,
- das Übergabegespräch geführt, bei dem die einzelnen Positionen der Auftragskarte gemeinsam durchgegangen werden.

Weitere Informationen erhalten Sie in:
- Kapitel 0.1 – Der Kunde
- Kapitel 0.1.4 – Kommunikation zwischen Mitarbeiter und Kunden
- Kapitel 0.3.2 – Der Geschäftsprozess

1

1.2 Scheibenreinigungsanlage vom Kraftomnibus warten

1.1.1 Lernsituationen und Vorgehensweise

Im Rahmen einer 80000-km-Inspektion an einem Kraftomnibus erhält der Lehrling in einem Fahrzeugbaubetrieb den Teilauftrag: Warten der Scheibenreinigungsanlage.

Um diesen Auftrag ausführen zu können, muss der Lehrling wie folgt vorgehen:
- Fahrzeugannahme, Kap. 1.2.2
- Informationsbeschaffung, Kap. 1.2.3
- Arbeitsplanung und Arbeitsauftrag durchführen, Kap. 1.2.4
- Qualitätssicherung, Kap. 1.2.5
- Fahrzeug an den Kunden übergeben, Kap. 1.2.6

1.2.2 Fahrzeugannahme

Der Lehrling erhält die Auftragskarte für seinen Teilauftrag. Hiermit kann er das Fahrzeug identifizieren und sich über die erforderlichen Wartungsarbeiten informieren.

Weitere Informationen finden Sie in:
- Kapitel 0.1: Der Kunde
- Kapitel 0.3.1.2: Instandhaltungsauftrag
- Kapitel 0.3.4: Auftragsannahme

1.2.3 Informationsbeschaffung

Bevor mit der Wartung der Scheibenreinigungsanlage begonnen werden kann, muss sich der Lehrling vorab Informationen beschaffen.

Der Lehrling benötigt Informationen über:
- gesetzliche Vorschriften, Kap. 1.2.3.1
- Scheibenreinigungsanlagen, Kap. 1.2.3.2
- Wartungsvorschriften des Herstellers, Kap. 1.2.3.3
- Unfallverhütungsvorschriften, Kap. 1.2.3.4

Weitere Informationen finden Sie
- zur Einteilung der Kraftwagen in Kap. 0.2,
- speziell zum Kraftomnibus in Kap. 0.2.2.3.

1.2.3.1 Informationen über gesetzliche Vorschriften

Hier ist in erster Linie die StVZO zu nennen.
In StVZO § 40 steht:
(1) Sämtliche Scheiben müssen aus Sicherheitsglas bestehen. Scheiben aus Sicherheitsglas, die für die Sicht des Fahrzeugführers von Bedeutung sind, müssen klar, lichtdurchlässig und verzerrungsfrei sein.
(2) Windschutzscheiben müssen mit selbsttätig wirkenden Scheibenwischern versehen sein. Der Wirkungsbereich der Scheibenwischer ist so zu bemessen, dass ein ausreichendes Blickfeld für den Führer des Fahrzeugs geschaffen wird.

1.2.3.2 Informationen über Scheibenreinigungsanlagen

Scheibenreinigungsanlagen bestehen aus zwei Systemen:
- Scheibenwischeranlage
- Scheibenwaschanlage

Scheibenwischeranlage

Die Scheibenwischeranlage ist das mechanische System der Scheibenreinigungsanlage.

Sie soll
- für ein ausreichend großes Sichtfeld für den Fahrer sorgen,
- große Bereiche der Frontscheibe von Wasser, Schnee und Schmutz befreien,
- für einen Temperaturbereich von –30 °C bis +80 °C ausgelegt sein.

Die folgenden Informationen beziehen sich auf die Frontscheiben-Wischeranlage.

Die Wischeranlage besteht aus:
- Antrieb
- Getriebe
- Wischerarm-Wellen mit Lagerung
- Wischerarm
- Wischerblatt

Der **Antrieb der Wischeranlage** erfolgt über einen Elektromotor, mit oder ohne Schneckenrad-Getriebe, ➔ **1**.

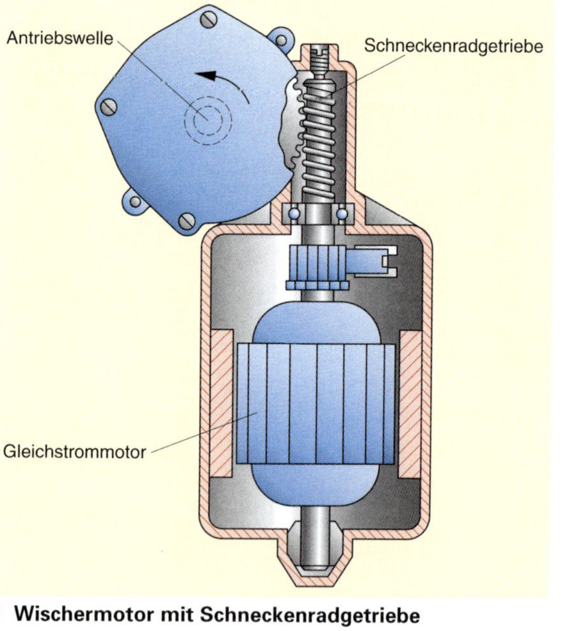

1 Wischermotor mit Schneckenradgetriebe

Als **Getriebe** für die Wischerarm-Wellen werden Gelenkgetriebe mit Kurbeln, Koppelgestängen und Schwingen verwendet, ➔ **1**.

Die **Wischerarm-Wellen** haben an ihrem freien, äußeren Wellenende eine besondere Form, z. B. Vierkant oder Keilverzahnung. Sie dient der formschlüssigen Verbindung mit dem Wischerarm. Als Sicherung dient ein Clip oder eine Mutter.

Zur **Lagerung** der Wischerarm-Wellen werden wartungsfreie Gleitlager verwendet. Die Stellung der Wischerarm-Wellen zur Frontscheibe ist konstruktiv so gewählt, dass die Wischerarme und damit auch die Wischerblätter kurz vor der Umkehrlage etwas geneigt werden. Damit wird erreicht, dass sich die Wischlippe der Wischgummis leicht in die neue Arbeitsstellung des Rücklaufs umlegt.

Der Fuß des **Wischerarms** nimmt das Wellenende der Wischerarm-Welle auf. Er ist klappbar und wird mit einer Feder an die Frontscheibe gezogen. So erhalten die Wischerblätter den nötigen Anpressdruck. Wischerarme können gerade oder gekröpft ausgeführt sein. Der Kopf des Wischerarms ist zum Anschluss des Wischerblattes meistens bogenförmig gestaltet. Bei KOM und Lkw können die Schläuche der Scheibenwaschanlage durch den Wischerarm geführt sein und Sprühköpfe befestigt sein.

Die **Wischerblätter** sind mit sog. Systemaufnahmen an den Wischerarmen befestigt. Es gibt verschiedene Systemaufnahmen. Das Folgende bezieht sich auf die Aufnahme, die am häufigsten verwendet wird. Wischerblätter sind in ihren Längenabstufungen und Anschlüssen genormt.

Bei KOM und Lkw können Sprühköpfe der Scheibenwaschanlage am Wischerblatt befestigt sein, vgl. Bild 56.2.

Die Wischerblätter bestehen aus, ➔ **2**:
- Haupt- oder Mittelbügel
- Krallenbügel
- Federschienen
- Wischgummi

In der Mitte des **Haupt- oder Mittelbügels** ist die Aufnahme für den Wischerarm drehbar gelagert. Zur Minderung des aerodynamischen Auftriebs ist der Hauptbügel gelocht oder mit einem angeformten Spoiler[1] versehen, der erhöht die Anpresskraft bei hohen Geschwindigkeiten.

An der Unterseite sind je nach Wischerblattlänge zwei bis fünf Krallenbügel schwenkbar mit dem Hauptbügel verbunden.

Die **Krallenbügel** fassen mit ihren Krallen beidseitig in die Längsnuten des Wischgummis und halten und führen es.

Die beiden **Federschienen** in den Längsnuten des Wischgummis stützen und federn das Wischgummi ab.

Das **Wischgummi** bestehen aus, ➔ **3**:
- Rücken
- Umlegsteg
- Wischkeil mit Wischlippe

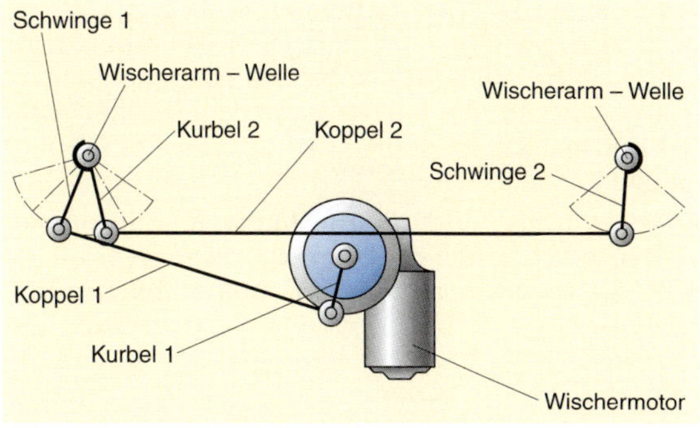

1 Gelenkgetriebe von Wischeranlagen

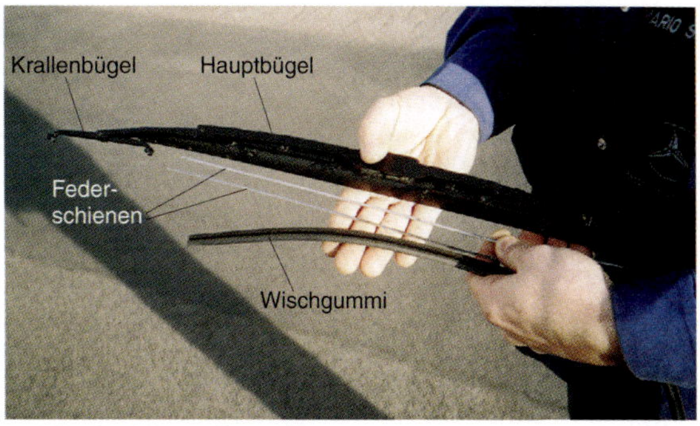

2 Wischerblatt - Bauteile

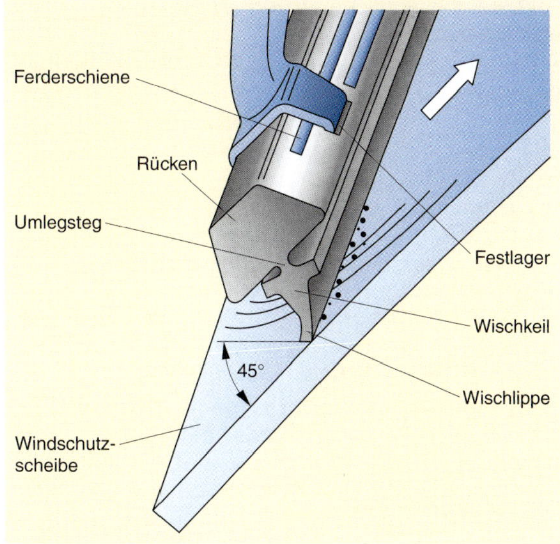

3 Wischgummi

Das **Wischgummi** schabt Wasser, Schnee und Schmutz von der Windschutzscheibe.

Mit seiner sehr feinen Wischlippe (Breite = 0,01 mm bis 0,02 mm) streicht es auf ganzer Länge über die Scheibe und entfernt Rückstände, die die Sicht des Fahrers beeinträchtigen können.

[1] Spoiler <engl.>: Wegnehmer, Vernichter, Bez. für Luftleiteinrichtungen an Fahrzeugen und Fahrzeugteilen

Während eines Wischerhubs muss sich das Wischgummi verformen und dabei der Scheibenkrümmung anpassen. Daher ist für den Längenausgleich das Wischgummi auf einer Seite des Wischerblatts fest und in allen anderen Krallenbügeln verschiebbar gelagert.

Wischgummis werden durch Umwelteinflüsse wie Witterung, Sonneneinstrahlung, aber auch durch Reinigungsmittel stark beansprucht. Zudem verschleißen sie durch mechanischen Abrieb. Sie müssen in regelmäßigen Intervallen ausgetauscht werden.

Nach der Anzahl der Wischerarme wird unterteilt:
- einarmiges Wischersystem
- mehrarmiges Wischersystem

Einarmige Wischersysteme wischen einen Kreisbogenausschnitt, ➔ **1a**, ➔ **1b**.

Zur Vergrößerung des Wischfeldes kann das Wischerblatt gesteuert werden. Man spricht von einer Konturensteuerung. Sie kann erfolgen durch:
- Parallelogramm
- Gelenkviereck, ➔ **1c**
- Kurvenscheibe,
- Pendelhubgetriebe, ➔ **1d**

Durch ein Pendelhubgetriebe wird erreicht, dass der Wischerarm bei seiner Drehbewegung zusätzlich eine Hubbewegung ausführt. So werden die oberen Eckbereiche der Scheibe vom Wischerblatt erreicht und gereinigt.

Mehrarmige Wischersysteme haben zwei bis vier Wischerarme.

Mehrarmige Wischersysteme arbeiten im
- Gleichlauf,
- Gegenlauf.

Bei **Wischersystemen im Gleichlauf** drehen sich die Wischerarmwellen in Vor- und Rücklauf jeweils in der gleichen Richtung. Dadurch werden Wischerarme und Wischerblätter ebenfalls mit gleicher Drehrichtung über die Scheibe bewegt, ➔ **2a**.

Bei **Wischersystemen im Gegenlauf** drehen sich die Wischerarmwellen in Vor- und Rücklauf jeweils entgegengesetzt. So entsteht eine gegenläufige Schwenkbewegung der Wischerarme und Wischerblätter, ➔ **2b**.

Scheibenwaschanlage

Die Scheibenwaschanlage ist der hydraulische Teil der Scheibenreinigungsanlage. Sie ist für eine gute Reinigung der Wischfelder nötig. Die Scheibenwaschanlage bringt über mehrere Spritzdüsen eine Reinigungsflüssigkeit auf die Frontscheibe. Die Reinigungsflüssigkeit löst chemisch Verschmutzungen auf der Scheibe und unterstützt die mechanische Reinigung der Wischerblätter.

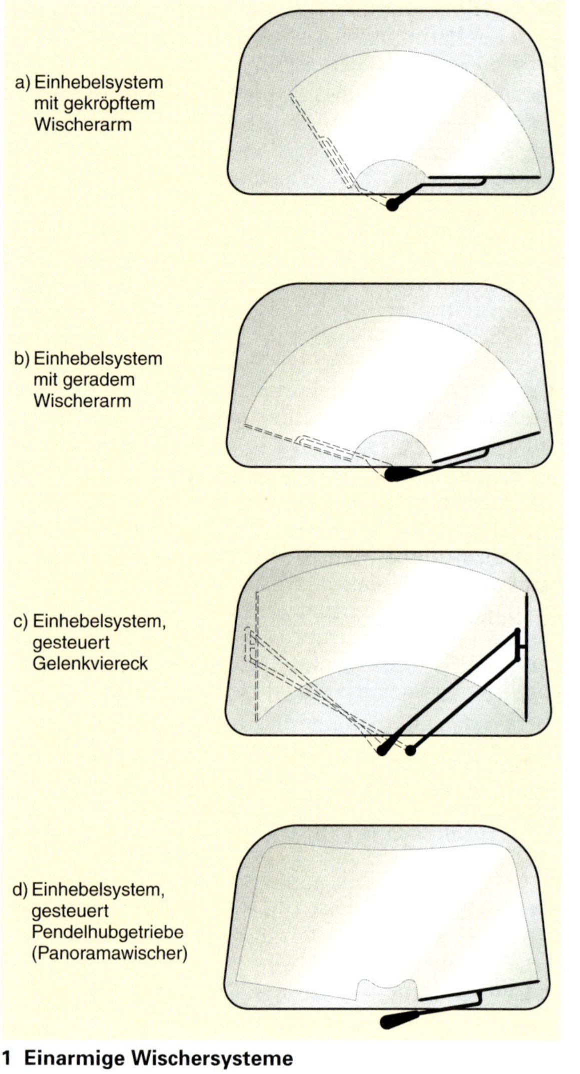

1 Einarmige Wischersysteme

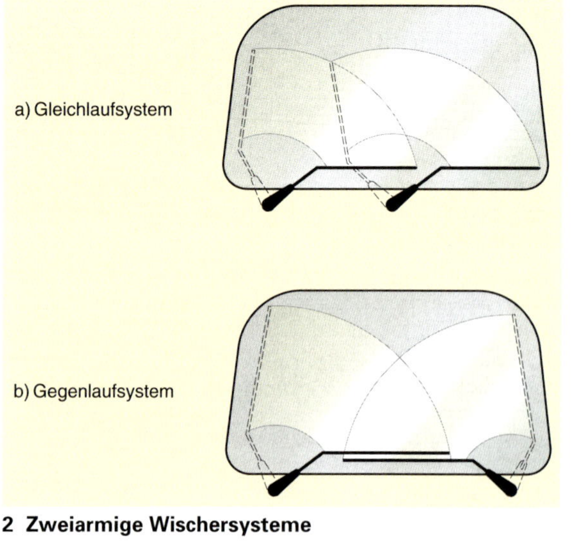

2 Zweiarmige Wischersysteme

Bei der Betätigung des Spülerschalters wird häufig auch die Wischeranlage elektronisch zugeschaltet (**Wisch-Wasch-Automatik**). Sie wischt einige Perioden nach.

Die Scheibenwaschanlage ➔ **1** besteht aus:
- Vorratsbehälter mit Reinigungsmittel
- Reinigungsmittelpumpe
- Saugleitung
- Bodensieb
- Kugel-Rückschlagventil
- Druckleitung
- Spritzdüsen

Der **Vorratsbehälter** nimmt die Reinigungsflüssigkeit auf. Die Reinigungsflüssigkeit ist ein Gemisch aus Reinigungsmittel-Konzentrat und Wasser. Beim Auffüllen der Reinigungsflüssigkeit ist auf das richtige Mischungsverhältnis zu achten (siehe Hersteller-Vorschriften!). Das Reinigungsmittel-Konzentrat kann auch ein Frostschutzmittel enthalten.

Die **Reinigungsmittelpumpe** treibt das hydraulische System an. Sie ist eine Kreiselpumpe einfacher Bauart und arbeitet mit elektrischem Strom aus dem Bordnetz, ➔ **2**.

Häufig ist sie im unteren Bereich des Vorratsbehälters platziert. So erreicht man, dass sich immer Reinigungsflüssigkeit im Pumpengehäuse befindet. Hierdurch wird ein Trockenlauf der Pumpe und der dadurch entstehende Verschleiß an der Pumpe vermieden.

Die Reinigungsmittelpumpe ist an ihrer Saugseite über die **Saugleitung** mit dem Vorratsbehälter verbunden. Sie führt zum Grund des Vorratsbehälters. Die Saugleitung verfügt meistens über ein Bodensieb und ein Kugel-Rückschlagventil.

Das **Bodensieb** hat die Aufgabe, grobe Verunreinigungen wie Schweb- und Fremdstoffe festzuhalten, damit sie nicht in die Pumpe, in das Leitungssystem und in die feinen Spritzdüsen gelangen.

Das **Kugel-Rückschlagventil** verhindert den Rücklauf der Reinigungsflüssigkeit in den Vorratsbehälter. So wird erreicht, dass das Reinigungsmittel immer kurz unterhalb der Spritzdüsen ansteht und der Spülvorgang schnell einsetzt.

Über die **Druckleitung** wird Reinigungsflüssigkeit von der Reinigungsmittelpumpe zu den Spritzdüsen gepumpt.

Die **Spritzdüsen** bringen das Reinigungsmittel als Vollstrahl oder als Fächerstrahl auf die Frontscheibe. Sie sind meistens als Doppeldüsen ausgeführt, ➔ **3**. Sie sind in Kugeln gelagert und können unterschiedlich eingestellt werden. Spritzdüsen können elektrisch beheizt sein.

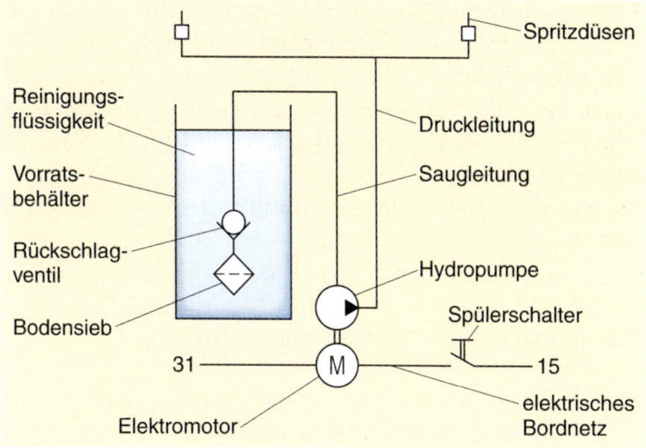

1 Scheibenwaschanlage

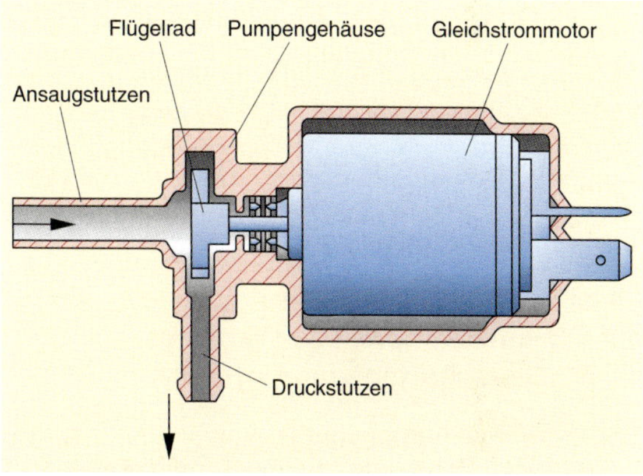

2 Reinigungsmittelpumpe der Scheibenwaschanlage

3 Spritzdüse

Einige Hersteller geben die Einstellung der Spritzdüsen anhand von Einstelldaten in den Wartungsplänen an, ➔ **1**.

KOM und Lkw können anstelle der Spritzdüsen auch Sprühköpfe ➔ **2** haben, die am Wischerarm befestigt sind. Sie haben 4 bis 8 Spritzdüsen und bringen die Reinigungsflüssigkeit an mehreren Stellen direkt vor das Wischgummi.

Funktion der Scheibenwaschanlage

Bei Betätigung des Spülerschalters läuft der Elektromotor der Reinigungsmittelpumpe an und dreht das Flügelrad im Pumpengehäuse. Die Reinigungsflüssigkeit wird von den Flügeln des Flügelrades mitgenommen und in Drehung versetzt. Die dabei wirkende Fliehkraft sorgt dafür, dass die Reinigungsflüssigkeit nach außen in den Ringraum des Pumpengehäuses geschleudert wird. In der Mitte des Flügelrades entsteht Unterdruck, wodurch weitere Reinigungsflüssigkeit durch den Ansaugstutzen angesaugt wird. Im Ringraum des Pumpengehäuses entsteht gleichzeitig Überdruck, der die Reinigungsflüssigkeit durch den Druckstutzen in die Leitungen und zu den Spritzdüsen drückt.

1.2.3.3 Informationen zu Wartungsvorschriften vom Hersteller

Wartungsvorschriften vom Hersteller sind z. B. Wartungs- und Pflegeplan, Inspektionslisten ➔ **57.1**. Anhand dieser Hersteller-Vorgaben können Art und Unfang der jeweiligen Wartungsmaßnahme geplant und durchgeführt werden.

Das Mischungsverhältnis für Reinigungsmittel-Konzentrat und Frostschutzmittel sind auf den Etiketten der jeweiligen Verpackungen/Gebinden nachzulesen.

1.2.3.4 Informationen zu Unfallverhütungsvorschriften

Bei den Unfallverhütungsvorschriften sind für diesen Auftrag die allgemeinen Hinweise zur Arbeitssicherheit bei handwerklicher Tätigkeit gemeint. Diese sind beschrieben z. B. in der BG[1]-Regel 157, ➔ **3**.

Hierin werden Themen behandelt wie z. B.:
- persönliche Schutzausrüstung
- Arbeiten an Fahrzeugen mit Absturzgefahr
- Führen von Fahrzeugen
- Rauchverbot
- Quetsch- und Stoßgefahren
- Feuerlöscher und andere Löscheinrichtungen
- Hautschutzplan

[1] BG: Berufsgenossenschaft

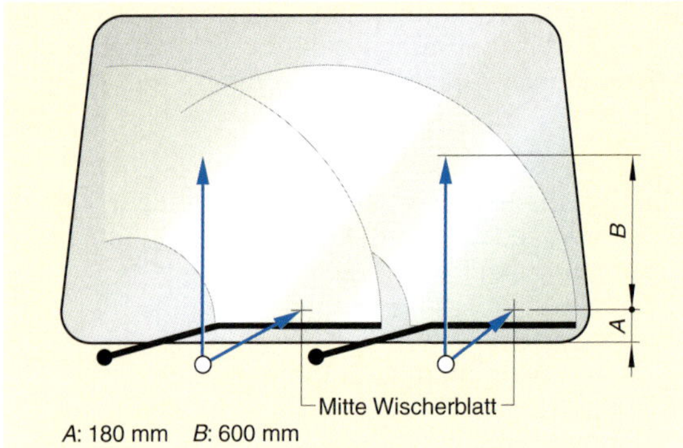

1 Herstellerangaben zum Einstellen der Spritzdüsen

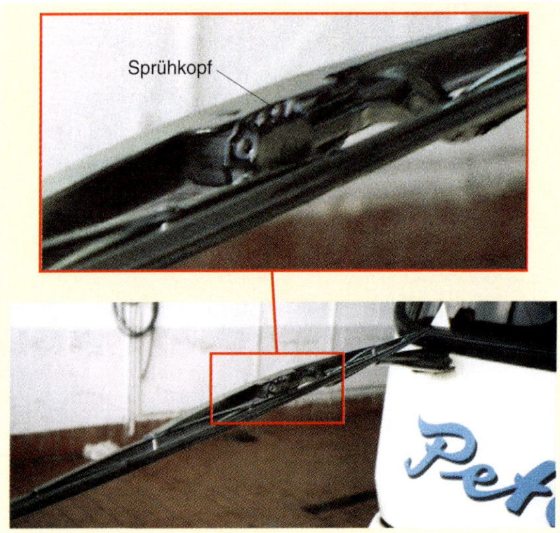

2 Sprühkopf am Wischerarm

Berufsgenossenschaftliche Regel für Sicherheit und Gesundheit bei der Arbeit

BGR 157

BG-Regel

Fahrzeug-Instandhaltung

Ausgabe April 1999
Aktualisierte Fassung Januar 2005

BGMS Berufsgenossenschaft Metall Süd

3 BG-Regel 157 Umschlagseite

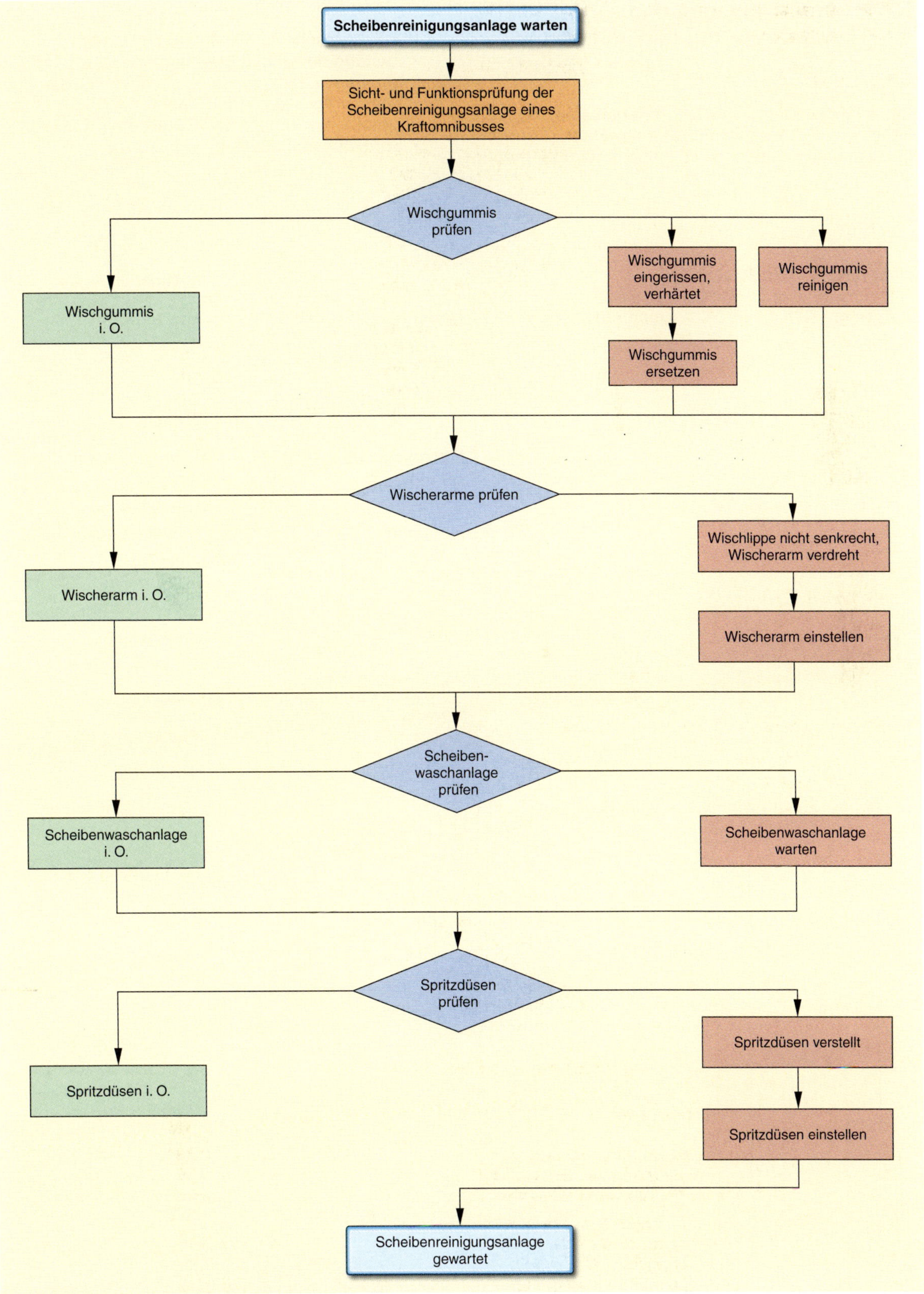

1 Wartungsplan einer Scheibenreinigungsanlage

1

1.2.4 Arbeitsplanung und Arbeitsauftrag durchführen

1.2.4.1 Arbeitsplanung

Für die systematische Vorgehensweise müssen die einzelnen Arbeitsschritte vorher vom Lehrling geplant werden. Dazu wird ein Arbeitsplan erstellt, ➔ 1.

Die Arbeitsschritte werden zusammengefasst:
- Zustand der Scheibenreinigungsanlage feststellen, Kap. 1.2.4.2
- Wischeranlage warten, Kap. 1.2.4.3
- Scheibenwaschanlage warten, Kap. 1.2.4.4
- Spritzdüsen einstellen, Kap. 1.2.4.5

ARBEITSPLANUNG — **Datum:** 15.4.2006

Autrags- Nr.: 27/22-06 — **Zeichnungs- Nr.:** — **Benennung/Art der Arbeit:** Scheibenreinigungsanlage eines KOM warten — **Mitarbeiter:**

ARBEITSSCHRITT

lfd. Nr.:	Vorbereitung	Warten	Pflegen	Austauschen	Nacharbeitung	Arbeitsschritt	Betriebsmittel Maschinen Werkzeuge Hilfsmittel	Bemerkungen Prüfmittel Einstellwerte Schutzmaßnahmen
1	x					Fahrzeug identifizieren, aufschließen		Sitzschutzfolie, Fußraumpappe einlegen
2	x					Scheibenreinigungsanlage auf Funktion prüfen, Mängel notieren		Auftragskarte
3		x				Wischgummi, rechts reinigen	Seifenlauge, Bürste, Schwamm, Spiritus	Bei Empfindlichkeit: Schutzhandschuhe Umgang mit Waschmitteln und brennbaren Flüssigkeiten beachten
4				x		linkes Wischerblatt ersetzen		Ersatzteil
5		x				Wischerarme prüfen, einstellen	glatte Feststellzange	Wischerarm in Mittelstellung, parallel zur Frontscheibe, Wischlippe senkrecht zur Scheibe
6		x				Scheibenwaschanlage warten: Bodensieb reinigen, Reinigungsmittel auffüllen, bei Winterbetrieb Reinigungsmittel mit Frostschutz verwenden	Scheibenreinigungsmittel-Konzentrat, Bürste	Mischungsverhältnis beachten
7		x				Spritzdüsen einstellen	Stecknadel	Herstellerangaben beachten!
8					x	Funktionsprobe		
9					x	Qualitätskontrolle: Kontrolle aller durchgeführten Wartungsarbeiten, ggf. nacharbeiten, Dokumentation		Auftragskarte Sitzschutzfolie und Fußraumpappe entnehmen, Fahrzeug abschließen.
10					x	Fahrzeug übergeben		interner Kunde

1 Arbeitsplan

1.2.4.2 Zustand der Scheibenreinigungsanlage feststellen

Um den Zustand der Scheibenreinigungsanlage festzustellen, wird bei eingeschalteter Zündung der Spülerschalter betätigt und der Wisch-Wasch-Vorgang beobachtet.

Mögliche Beobachtungen und deren Ursachen sind in ➔ **1** zusammengestellt.

Alle Beobachtungen und festgestellte Mängel werden auf der Auftragskarte protokolliert.

Beispiele:
- linkes Wischerblatt verschlissen
- Spritzdüsen verstellt
- Spritzdüse verstopft

1.2.4.3 Wischeranlage warten

Die erforderlichen Wartungsarbeiten werden wie folgt durchgeführt:
- Wischgummis und Bügel des Wischerblattes reinigen
- verschlissene Wischgummis auswechseln/Wischerblatt austauschen
- Wischerarme einstellen.

Wischgummis und Bügel des Wischerblattes reinigen

Die Wischgummis und die Bügel des Wischerblattes werden mit einer warmen Waschlauge, mit Bürste und Schwamm gründlich gereinigt und anschließend klar gespült. Danach werden die Wischgummis zusätzlich mit Spiritus abgerieben. Dies geschieht, indem man sich etwas Spiritus auf einen sauberen Putzlappen träufelt und die Wischgummis damit in einem Zug abreibt.

Achtung:
Umgang mit brennbaren Flüssigkeiten! Unbedingt die Hinweise auf der Flasche und die Unfallverhütungsvorschriften beachten.

Verschlissene Wischgummis auswechseln/Wischerblatt austauschen

Wenn ein Wischgummi verschlissen ist, muss es ausgetauscht werden.

Hierzu wägt man ab, ob
- das einzelne Wischgummi ausgewechselt wird,
- das komplette Wischerblatt ausgetauscht wird.

1

Beobachtung	Mögliche Ursachen
Reinigungsmittelpumpe läuft hörbar, jedoch kein Sprühstrahl (alle Spritzdüsen).	Vorratsbehälter leer, Druck-/Saugleitung verstopft, Bodensieb zugesetzt.
Sprühstrahl einer Spritzdüse hat zu geringe Spritzweite, trifft die Scheibe nicht.	Spritzdüse teilweise verstopft, verstellt.
Schlierenbildung auf der Scheibe.	Wischgummi verschmutzt, abgenutzt, gealtert, rissig.
Wasserreste bilden Perlen, Inseln, großerflächige nicht gewischte Bereiche.	Windschutzscheibe durch öl- und fetthaltige Rückstände verschmutzt, Anpressdruck des Wischerblattes zu gering.
Wischerblatt wischt in der Rückbewegung gut, aber in der Hinbewegung schlecht.	Wischgummi einseitig abgenutzt oder Wischerarm verdreht, Wischerblatt nicht senkrecht zur Scheibe.
Wischerblatt wischt nicht richtig. Wischerblatt rattert bei der Hin- und/oder Rückbewegung.	Wischerarm verdreht, Wischerblatt nicht senkrecht auf der Scheibe.
Wischerblatt wischt nur im Mittel- oder Randbereich.	Anpressdruck des Wischerarms zu gering.
Wischerblatt wischt nur in bestimmten Bereichen der Frontscheibe.	Umlegsteg des Wischgummis eingerissen, Wischlippe biegt sich weg, liegt teilweise nicht auf der Scheibe auf.

1 Mängel beim Scheibenwischen und deren Ursachen

Das **Auswechseln des Wischgummis** dauert länger als der Austausch des kompletten Wischerblattes. Der Ersatzteilpreis ist aber vergleichsweise gering.

Vorgehensweise beim Austauschen des Wischgummis:
- Wischerarm vorklappen.
- Krallenbügel am Festlager vorsichtig und nur so weit wie nötig aufbiegen.
- Altes Wischgummi zusammen mit den Stützschienen entnehmen.
- Stützschienen aus dem alten Wischgummi entnehmen und in das neue Wischgummi einsetzen.
- Neues Wischgummi in die Krallenbügel einsetzen, Festlager-Krallenbügel zubiegen.
- Auf genügend Spiel an den übrigen Krallenbügeln achten.
- Beweglichkeit des Wischgummis von Hand prüfen.
- Wischerarm wieder anklappen.

Achtung:
Beim Austausch der Wischgummis ist darauf zu achten, dass die Krallenbügel nicht zu weit zusammengedrückt werden, damit die Verschiebbarkeit an den Loslagern gewährleistet ist.

Das **Austauschen eines kompletten Wischerblattes** geht sehr schnell, der Ersatzteilpreis ist aber deutlich höher als der des Wischgummis. Im vorliegenden Arbeitsauftrag wird das komplette Wischerblatt ausgetauscht.

Vorgehen beim Austauschen des kompletten Wischerblattes:
- Wischerarm vorklappen, ➔ **1a.**
- Wischerblatt in 90°-Stellung zum Wischerarm bringen, ➔ **1a.**
- Verriegelung der Halterung des Wischerblatts durch Eindrücken, Herausziehen o. Ä. lösen, ➔ **1b.**
- Wischerblatt mit Halterung in Richtung Wischerarmwellen schieben, ➔ **1c.**
- Wischerblatt aushängen, ➔ **1d.**
- Neues Wischerblatt in umgekehrter Reihenfolge aufstecken.
- Auf Einrasten der Wischerblatt-Verriegelung achten.

Bei KOM und Lkw werden diese Arbeiten häufig unter Zuhilfenahme einer Leiter ausgeführt.

Achtung Absturzgefahr
Unbedingt die Unfallverhütungsvorschriften beachten!

Wischerarme einstellen

Durch Betätigung des Wischerschalters bei eingeschalteter Zündung werden die Wischerarme in die senkrechte Position gefahren.

Genau in diesem Moment wird die Zündung ausgeschaltet, sodass die Wischerarme stehen bleiben.

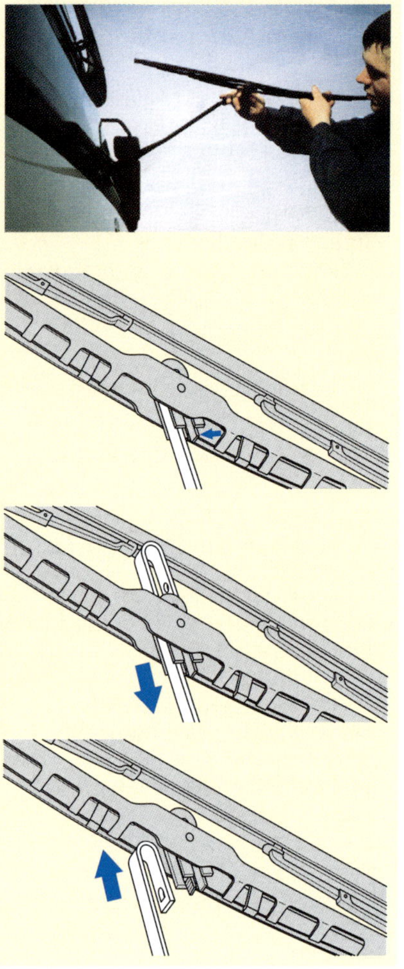

a) Wischerarm vorklappen und Wischerblatt in 90°-Stellung bringen

b) Verriegelung lösen

c) Wischerblatt in Richtung Wischerarmwelle schieben

d) Wischerblatt aushängenen

1 Wischerblatt austauschen

Nun wird jeder Wischerarm leicht angehoben, bis das Wischgummi frei ist. Danach werden die Wischerarme vorsichtig abgesenkt, bis das Wischgummi gerade aufliegt.

Dann wird geprüft:
- Kippt die Wischlippe bereits jetzt zu einer Seite um, steht der Wischerarm schräg, dann muss der Wischerarm eingestellt werden.
- Kippt die Wischlippe nicht um, prüft man die Parallelität des Wischerarms zur Frontscheibe mit dem Auge.

Hinweis:
Parallelität des Wischerarms immer nur in der senkrechten Position prüfen!

Zum Einstellen des Wischerarms geht man wie folgt vor:
- Wischerarm nach vorn klappen.
- Glatte Feststellzange kurz hinter der Befestigung des Wischerblatts ansetzen.
- Wischerarm verdrehen, bis die gewünschte Stellung erreicht ist.

Im Anschluss wird die korrekte Funktion der Wischerblätter geprüft:
- Bei eingeschalteter Zündung Wischerschalter betätigen.
- Kurz nach Anlauf des Wischers Zündung ausschalten, sodass die Wischerarme stehen bleiben.
- Stellung der Wischlippen der Wischgummis kontrollieren, sie müssen in Wischrichtung nach hinten zeigen.
- Zündung einschalten und Wischerarme bis in die Endstellung fahren lassen, dann Zündung ausschalten.
- Kontrollieren, ob die Wischlippen des Wischgummis in der Endstellung umklappen.
- Ist dies nicht der Fall, Wischerarm erneut einstellen.

1.2.4.4 Scheibenwaschanlage warten

Das Warten der Scheibenwaschanlage erfolgt in den Schritten:
- Bodensieb reinigen
- Scheibenreinigungsmittel auffüllen
- Leitungen auf Porosität und Scheuerstellen prüfen, bei Bedarf ersetzen

Zur **Reinigung des Bodensiebes** wird der Vorratsbehälter geöffnet und die Saugleitung herausgezogen. Das Bodensieb wird aus dem Schlauch herausgezogen und mit einer warmen Waschlauge und einer Bürste von Verunreinigungen befreit. Danach wird das Bodensieb wieder in die Saugleitung eingesteckt.

Im Anschluss wird der Vorratsbehälter mit **Scheibenreinigungsmittel aufgefüllt** bis zur Markierung „MAX". Das Scheibenreinigungsmittelkonzentrat ist nach Herstellerangabe auf der Flasche mit Wasser zu mischen.

Achtung:
Bei Winterbetrieb Scheibenreinigungsmittel mit Frostschutz einfüllen!

Danach werden alle **Leitungen auf Porosität und Scheuerstellen geprüft**, insbesondere die Verbinder zwischen Pumpe und Leitungen. Bei Mängeln werden entsprechende Verbinder oder Leitungsteile ausgetauscht.

1.2.4.5 Spritzdüsen einstellen

Die **Spritzdüsen werden eingestellt**, indem sie mit einer Stecknadel verdreht werden, bis die Spritzstrahlen die vorgeschriebene Position auf der Scheibe treffen, ➔ **1.** Auch hier sind Angaben des Herstellers zu beachten.

Werden vom Hersteller keine Angaben gemacht, werden die Spritzdüsen so eingestellt, dass
- eine Spritzdüse kurz vor das anlaufende Wischerblatt spritzt,
- die zweite Spritzdüse in den hohen Mittelbereich des Wischfeldes.

1 Spritzdüse einstellen mit einer Stecknadel

Hierdurch wird erreicht, dass das Wischerblatt nicht auf der trockenen Scheibe läuft und genügend Reinigungsmittel während des Wischvorgangs erhält.

1.2.5 Qualitätssicherung

Nach Abschluss aller Wartungsarbeiten werden
- die Ergebnisse begutachtet,
- eventuell festgestellte Mängel beseitigt,
- die Ergebnisse dokumentiert.

Mithilfe der Auftragskarte wird abschließend kontrolliert, ob alle Wartungsarbeiten durchgeführt sind, die in Auftrag gegeben wurden.

Zusätzlich werden auf der Auftragskarte Beobachtungen festgehalten, die für die Kollegen der nachfolgenden Arbeitsbereiche und für den Kunden wichtig sind.

Beispiele:
- Das Blinkerglas vorn, rechts ist gerissen.
- Der linke Vorderreifen ist einseitig abgefahren.
- Die rechte Positionslampe funktioniert nicht.
- Eine Kennzeichenleuchte ist ausgefallen.

Weiterführende Informationen zur Qualitätssicherung siehe Kap. 0.3.4.4.

1.2.6 Fahrzeug an den Kunden übergeben

Sind alle Wartungsarbeiten ausgeführt und geprüft, wird
- das Fahrzeug abgeschlossen,
- Fahrzeugschlüssel und Auftragskarte beim internen Kunden abgegeben, z. B. bei der Annahme, beim Meister oder beim Gesellen,
- das Übergabegespräch geführt, bei dem die einzelnen Positionen der Auftragskarte gemeinsam durchgegangen werden.

Weitere Informationen erhalten Sie in:
- Kapitel 0.1 – Der Kunde
- Kapitel 0.1.4 – Kommunikation zwischen Mitarbeiter und Kunden
- Kapitel 0.3.2 – Der Geschäftsprozess

1

1.3 Warten einer Lkw-Tür

1.3.1 Lernsituation und Vorgehensweise

Der Fahrer eines Lkw beklagt, dass die Fahrertür schlecht schließt und schwer zu öffnen ist. Er gibt einem Karosserie-Instandsetzungsbetrieb die Wartung der Tür in Auftrag.

Um diesen Auftrag ausführen zu können, muss der Lehrling folgendermaßen vorgehen:
- Fahrzeugannahme und Schaden begutachten, Kap. 1.3.2
- Informationsbeschaffung, Kap. 1.3.3
- Arbeitsplanung und Arbeitsauftrag durchführen, Kap. 1.3.4
- Qualitätssicherung, Kap. 1.3.5
- Fahrzeug an den Kunden übergeben, Kap. 1.3.6

1.3.2 Fahrzeugannahme und Schaden begutachten

Der Lehrling erhält die Auftragskarte und die Fahrzeugschlüssel. Anhand der Auftragskarte kann er sich nun über das Fahrzeug und die auszuführenden Wartungsarbeiten informieren, ➔ **1**.

Danach werden der Schaden am Fahrzeug begutachtet und die Fehler ermittelt, siehe Kap. 1.3.4.2.

Weitere Informationen finden Sie in:
- Kapitel 0.1 – Der Kunde
- Kapitel 0.3.1.2 – Instandhaltungsauftrag
- Kapitel 0.3.4 – Auftragsannahme

1.3.3 Informationsbeschaffung

Bevor mit der Wartung der Lkw-Tür begonnen werden kann, muss sich der Lehrling vorab Informationen beschaffen über:
- Fahrzeugtüren, Kap. 1.3.3.1
- Schließzylinder, Kap. 1.3.3.2
- Türschlösser, Kap. 1.3.3.3
- Türscharniere, Kap. 1.3.3.4
- Türfangeinrichtungen, Kap. 1.3.3.5
- Türdichtungen, Kap. 1.3.3.6
- Hersteller-Wartungsvorschriften, Kap. 1.3.3.7
- Unfallverhütungsvorschriften, Kap. 1.3.3.8

Informationen zur Einteilung der Kraftwagen siehe Kap. 0.2

1.3.3.1 Informationen über Fahrzeugtüren

Fahrzeugtüren sind bewegliche Baugruppen des Fahrerhauses. Sie werden durch eine horizontale Schwenkbewegung geöffnet und geschlossen. Ihre Schwenkachse (= Mittellinie beider Scharniere) steht senkrecht oder ist wenig geneigt. Die Türen sind mit Scharnieren an der unteren A-Säule „angeschlagen". Im geschlossenen Zustand werden sie durch das Türschloss gehalten und verriegelt.

1 Lehrling erhält die Auftragskarte

Die Schlossbetätigung erfolgt von außen über Türgriff, Schließzylinder oder Hebeplatte (Hauptbetätigung). Von innen wird das Schloss über einen Hebelbügel (Nebenbetätigung) geöffnet.

Fahrzeugtüren nehmen die Seitenscheibe mit Führung und Antrieb auf. Es können mechanische und/oder elektrische Bedienelemente eingebaut sein, z. B. für die Außenspiegelverstellung. An der Seitentür können ein oder mehrere Außenspiegel angebracht sein.

Fahrzeugtüren sind innen verkleidet und mit einer Armlehne, sowie der mechanischen oder elektrischen Seitenscheiben-Betätigung versehen. Es können Türsicherheitsleuchten und Lautsprecher eingebaut sein.

Fahrzeugtüren sind Teil des Sicherheitssystems „Insassenraum". Sie stellen den Formschluss-Verbund zwischen der A-Säule und dem hinteren Türportal her. Hierdurch werden bei einem Unfall die auftretenden Kräfte zu vielen Strukturteilen des Fahrerhauses weitergeleitet.

Die Mechanik der Lkw-Tür ist in Herstellerveröffentlichungen abgebildet und beschrieben, z. B. im Werkstatthandbuch oder Computer-Informationssystem. Hieraus können Details entnommen werden wie Öffnungswinkel, Spaltmaße, Einstellwerte oder auch Reparaturschritte. Diese Informationen dienen dem Soll-Ist-Vergleich am Fahrzeug.

1.3.3.2 Informationen über Schließzylinder

Schließzylinder sperren oder geben die Schlossbetätigung frei. Sie können in den Türgriff integriert oder separat in die Türaußenhaut eingelassen sein.

Es gibt verschieden Schließungen:
- mechanische Schließung
- Ultraschall-Schließung
- Infrarot-Schließung
- Funk-Schließung
- Senderkarten-Schließung

Die **mechanische Schließung** erfolgt mit dem Türschlüssel. Im Schließzylinder befinden sich mehrere Zuhaltungen, die durch kleine Federn nach unten gedrückt werden, ➔ **1**. Beim Einführen des Schlüsselbartes in den Schließzylinder werden die Zuhaltungen um verschiedene Wege angehoben. Wenn der Schlüssel passt, kann der Einsatz des Schließzylinders gedreht werden. Bei dieser Drehung wird die Schlossmechanik bewegt und das Türschloss mechanisch entriegelt.

Der Schlüsselbart kann Nuten, Zacken, Bohrungen oder Kurvenschliff haben. Dementsprechend sind auch die Zuhaltungen im Schließzylinder geformt.

Ultraschall-, Infrarot- und Funk-Schließung sind Fernschließungen. Ihre Funktionsweise ist gleich, sie unterscheiden sich nur durch die Art des verwendeten Signals:
- Ultraschall-Schließung: akustisches Signal im Ultraschallbereich, oberhalb der Hörschwelle
- Infrarot-Schließung: optisches Signal, unterhalb des sichtbaren Lichtspektrums
- Funk-Schließung: elektromagnetisches (Funk-) Signal

Das jeweilige Signal wird von einem Handgerät (Fernbedienung) per Knopfdruck ausgesendet ➔ **2**. Das jeweils gesendete Signal überträgt den Zugangscode zum Fahrzeug. Ein Empfänger in der Fahrzeugtür oder in der B-Säule empfängt den Code und vergleicht ihn mit dem hinterlegten Zugangscode. Stimmen beide überein, gibt der Empfänger einen Impuls an einen Stellmotor oder an eine elektropneumatische Stelleinheit weiter, die das Türschloss entriegelt.

Bei der **Senderkarten-Schließung*** trägt der Fahrer eine kartenähnliche Sendereinheit bei sich, ➔ **3**. Fasst er in den Türgriff oder zieht daran, wird dies von Sensoren am Türgriff erkannt und an das fahrzeuginterne Steuergerät gemeldet ①. Das Steuergerät veranlasst nun die Senderkarte, per Funksignal ihren Code zu senden ②, ③, ④. Stimmt der gesendete Karten-Code mit dem hinterlegten Zugangscode überein, wird das Türschloss entriegelt, ⑤, ⑥, ⑦. Die Senderkarte kann programmiert werden. Es besteht die Wahlmöglichkeit, dass nur die Fahrertür oder alle Türen und die Gepäckraumklappe bei Bedarf freigegeben werden.

* derzeit nur bei Pkw

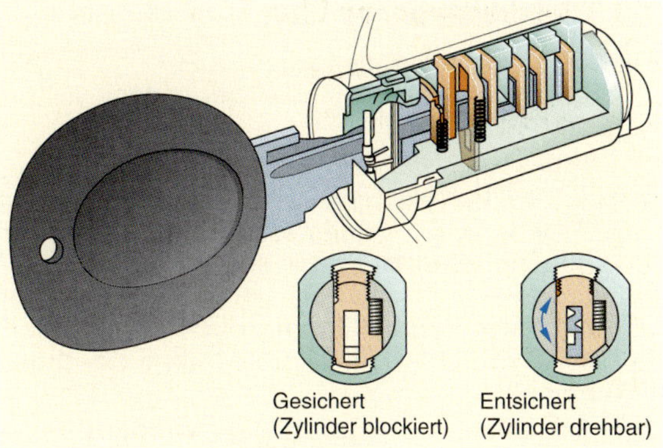

1 Mechanische Schließung

2 Fernschließung

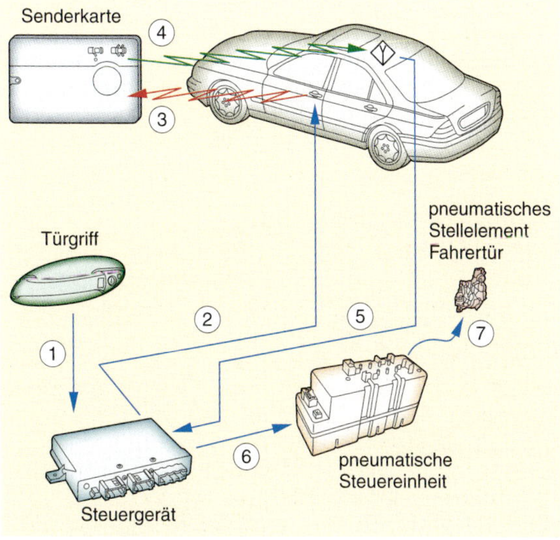

3 Senderkarten-Schließung

1

1.3.3.3 Informationen über Türschlösser

Ein Türschloss muss die Fahrzeugtür
- im geschlossenen Zustand sicher halten,
- bei Bedarf verriegeln
- entriegelt werden können
- durch Hebel, Druckknopf o. Ä. geöffnet werden können.

Türschlösser gehören zu den sicherheitsrelevanten Fahrzeug-Bauteilen. Für sie gelten nationale und internationale Vorschriften und Gesetze, wie z. B. § 35e StVZO[1], ECE[2] R 11 und ECE R 18, sowie FMVSS[3] 206.

Zum Halten und Verriegeln der Tür werden zwei ineinander greifende Schlossteile verwendet.

1 Das wird am Beispiel eines Keilzapfen-Drehfallenschlosses beschrieben, ➔ 1.

Ein Teil, der Schließ- oder Schlossbolzen, -bügel oder -zapfen ist fest mit dem Fahrerhaus verbunden. Das Gegenstück, die Drehfalle, ist im Schlosskasten untergebracht. Dieser beinhaltet auch den Schließ- und Sperrmechanismus. Der Schlosskasten ist meistens an oder in der Tür, innenseitig angebracht.

Funktion des Keilzapfen-Drehfallenschlosses

Beim Schließen der Tür stößt die Drehfalle oben an den Keilzapfen, wodurch sich die Drehfalle dreht. Dabei greift die Drehfalle mit ihrem unteren Teil in die mittlere Aussparung des Keilzapfens ein. Bei Erreichen der Endstellung rastet der Riegel in den unteren, abgesetzten Teil der Drehfalle ein und verhindert dadurch ihre Rückdrehung. Die Tür wird jetzt im geschlossenen Zustand (fest-)gehalten.
Durch Haupt- oder Nebenbetätigung kann der Riegel hoch geschwenkt und die Drehfalle wieder freigegeben werden.

1.3.3.4 Informationen über Türscharniere

Türscharniere ermöglichen das horizontale Schwenken von Türen. Sie sind bei Seitentüren eingelenkig, ➔ 2.

Bei Hecktüren sind sie häufig mehrgelenkig ausgeführt, um einen großen Öffnungswinkel zu erreichen – bis 270° sind möglich.

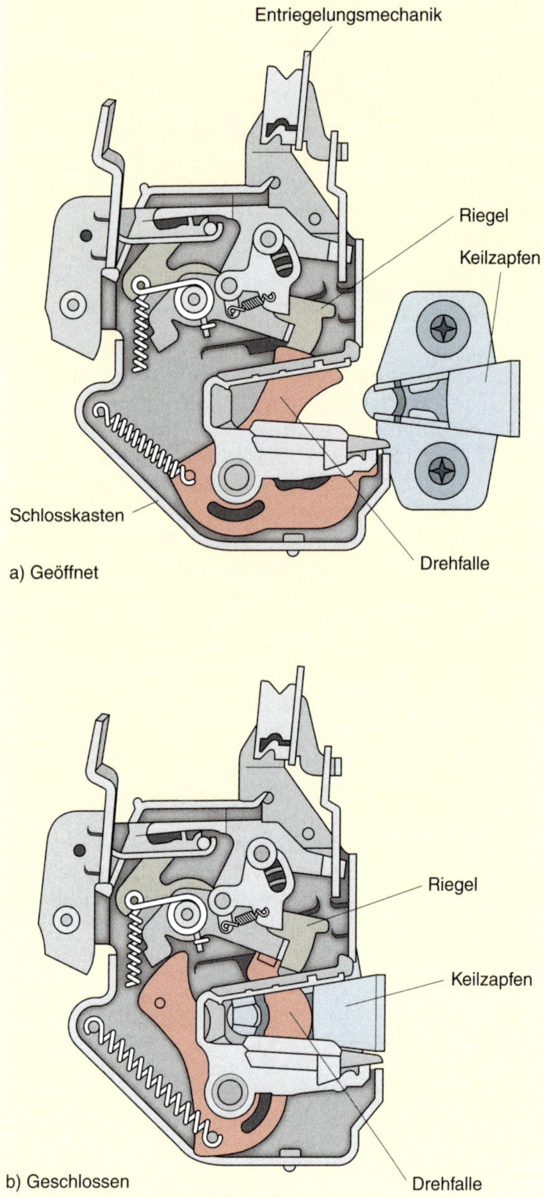

1 Keilzapfen - Drehfallenschloss

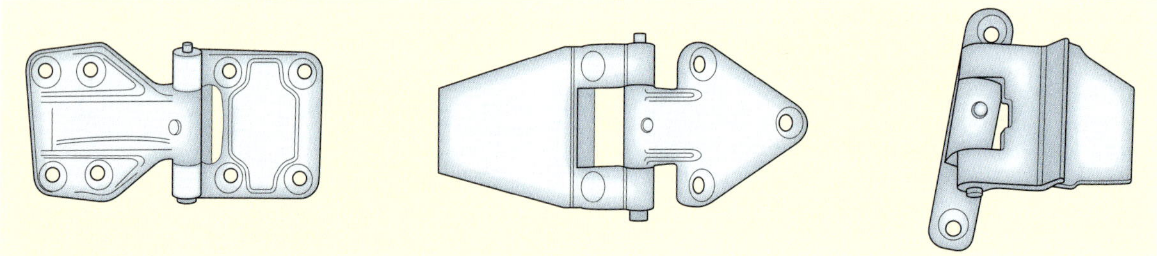

2 Türscharniere

[1] StVZO: Straßenverkehrs-Zulassungs-Ordnung
[2] ECE: Economic Council of Europ, Abk. für Wirtschaftkommission der Vereinigten Nationen von Europa
[3] FMVSS: Federal Motor Vehicle Safety Standards, Abk. für US-Kraftfahrzeug-Sicherheitsnormen

1.3.3.5 Informationen über Türfangeinrichtungen

Türfangeinrichtungen oder Türbremsen begrenzen den Öffnungswinkel der Tür. Hierdurch wird der Kontakt der Tür mit der Karosserie vermieden. Türfangeinrichtungen verfügen häufig über mehrere Rastungen, in denen die Tür gehalten wird. Auf diese Weise wird das selbstständige Zufallen der Tür verhindert.

Türfangeinrichtungen können als separate Bauteile oder in Kombination mit dem Scharnier ausgeführt sein, ➔ **1**.

1.3.3.6 Informationen über Türdichtungen

Türdichtungen haben die Aufgabe, die Tür gegen das Portal hin abzudichten. Sie sollen Luft, Wasser und Geräusche vom Innenraum des Fahrerhauses fernhalten. Türdichtungen können als Keder[1] – Schlauchdichtung oder als Lippendichtung ausgeführt sein, ➔ **2**.

1.3.3.7 Informationen über Hersteller-Wartungsvorschriften

Hersteller-Wartungsvorschriften sind z. B. Wartungs- und Pflegeplan, Inspektionslisten. Anhand solcher Hersteller-Wartungsvorschriften kann die erforderliche Wartungsart gewählt und deren Durchführung geplant werden, ➔ **66.1**.

1.3.3.8 Informationen über Unfallverhütungsvorschriften

Bei den Unfallverhütungsvorschriften sind für diesen Auftrag die allgemeinen Hinweise zur Arbeitssicherheit bei handwerklicher Tätigkeit gemeint. Diese sind z. B. beschrieben in der BG[2] -Regel 157, ➔ **56.3**.

Hierin werden Themen behandelt wie
- persönliche Schutzausrüstung
- Arbeiten an Fahrzeugen mit Absturzgefahr
- Führen von Fahrzeugen
- Rauchverbot
- Quetsch- und Stoßgefahren
- Feuerlöscher und andere Löscheinrichtungen
- Hautschutzplan

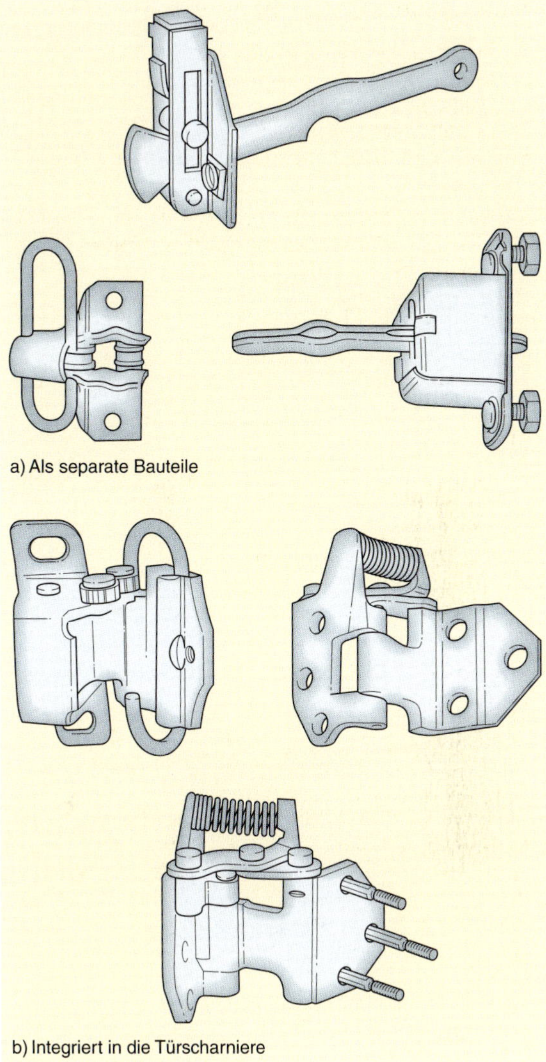

1 Türfangeinrichtungen

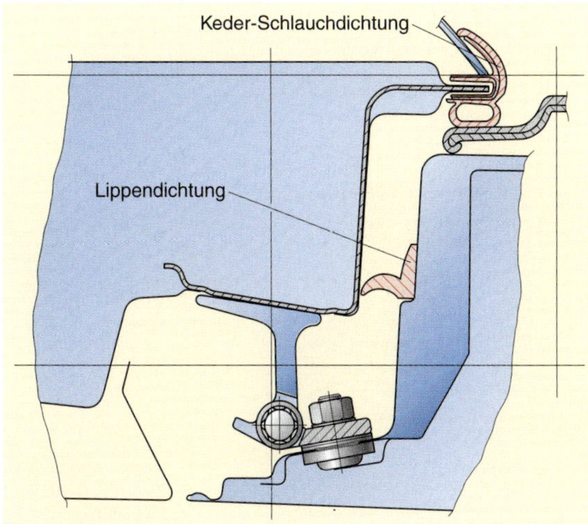

2 Türdichtungen

1

[1] Keder: Kantenschutz-Überschub
[2] BG: Berufsgenossenschaft

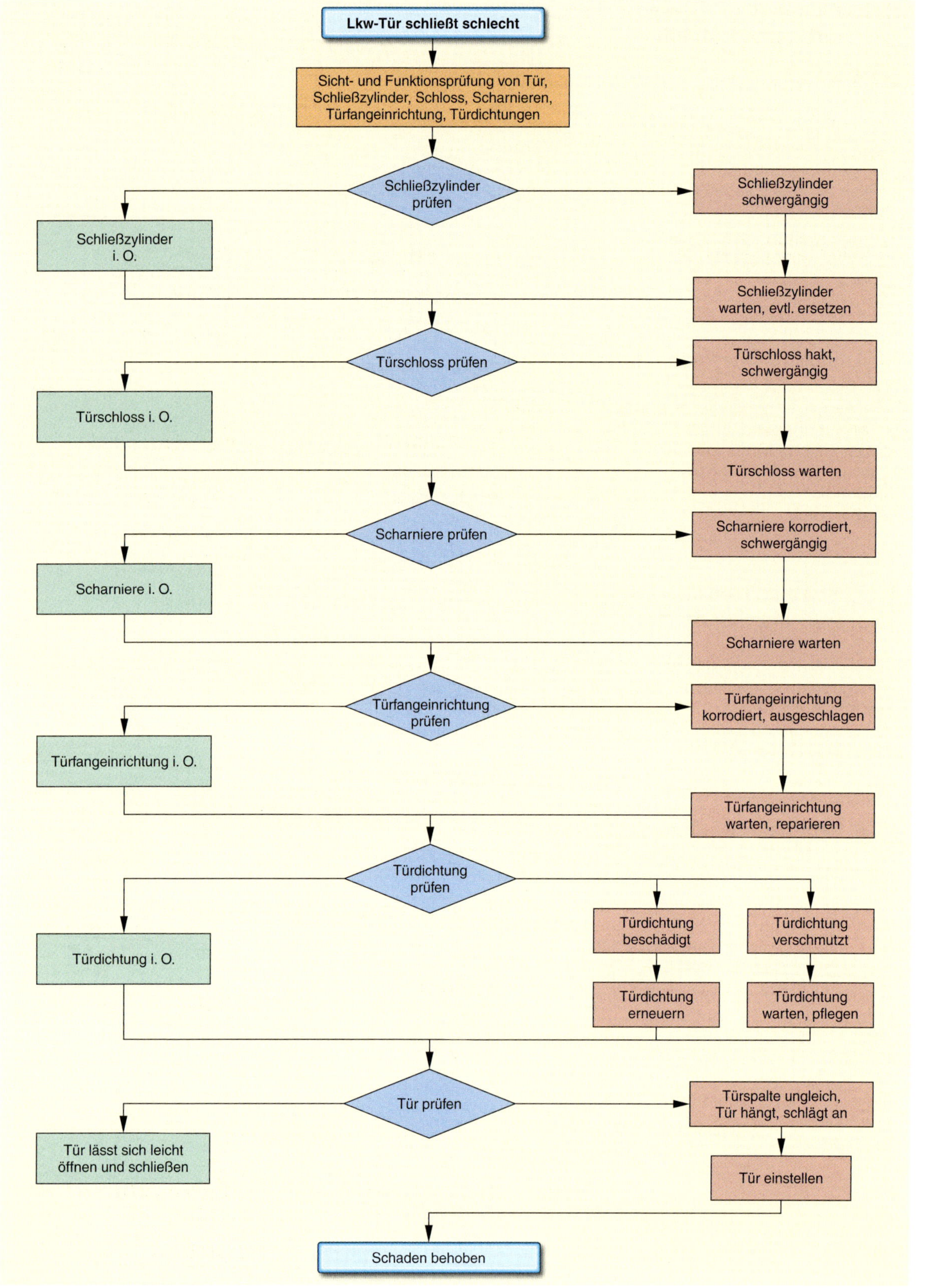

1 Wartungsplan für eine Lkw-Tür

1.3.4 Arbeitsplanung und Arbeitsauftrag ausführen

1.3.4.1 Arbeitsplanung

Für die systematische Vorgehensweise müssen die einzelnen Arbeitsschritte vorher vom Lehrling geplant werden. Dazu wird ein Arbeitsplan erstellt, ➔ 1.

Die Arbeitsschritte werden zusammengefasst:
- Zustand der Lkw-Tür feststellen, Kap. 1.3.4.2
- Wartung und Pflege der Lkw-Tür-Mechanik, Kap. 1.3.4.3
- Lkw-Tür einstellen, Kap. 1.3.4.4

ARBEITSPLANUNG								Datum: 2. 2. 2006
Autrags- Nr.: 27-153-2006					Zeichnungs- Nr.:		Benennung/Art der Arbeit: Lkw-Tür warten	Mitarbeiter: Hans-Jörg Simon
ARBEITSSCHRITT								
lfd. Nr.:	Vorbereitung	Warten	Pflegen	Nachbereitung			Betriebsmittel Maschinen Werkzeuge Hilfsmittel	Bemerkungen Prüfmittel Einstellwerte Schutzmaßnahmen
1	x				Fahrzeug vom Abstellplatz in die Halle fahren			Sitzschutzfolie, Fußraumpappe einlegen
2	x				Tür prüfen, Funktionsprobe, Mängel protokollieren			Auftragskarte
3		x			Schließzylinder schmieren, gangbar machen		Kriechöl-Spray, Putzlappen	Herstellerhinweise beachten
4		x			Türschloss schmieren, gangbar machen		Kriechöl-Spray, Putzlappen	Herstellerhinweise beachten
5		x			Türscharniere schmieren, Tür Hin und Her schwenken bis sie leichtgängig sind		Kriechöl-Spray, Putzlappen	Herstellerhinweise beachten
6		x			Türfangeinrichtung schmieren		Kriechöl-Spray, Putzlappen	Herstellerhinweise beachten
7			x		Türdichtungen reinigen, pflegen		Waschmittel-Wasser-Gemisch, kleine Bürste, Schwamm, Dichtungs-Pflegemittel	Bei Empfindlichkeit: Schutzhandschuhe, Umgang mit Reinigungsmitteln beachten
8		x			Tür einstellen		Türeinstellhebel	Spaltmaße gleichmäßig und parallel
9				x	Funktionsprobe			
10				x	Qualitätskontrolle: Kontrolle aller durchgeführten Wartungs- und Plegemaßnahmen; ggf. nacharbeiten, Dokumentation			Auftragskarte
11				x	Fahrzeug auf den Abstellplatz fahren, abschließen			Sitzschutzfolie, Fußraumpappe entnehmen
12				x	Fahrzeug übergeben			interner Kunde

1 Arbeitsplan

1

1.3.4.2 Zustand der Lkw-Tür feststellen

Zunächst wird durch einfache Inaugenscheinnahme der Ist-Zustand festgestellt. Geprüft werden:
- die Fahrzeugtür
- der Schließzylinder
- das Türschloss
- die Scharniere
- die Türfangeinrichtung
- die Türdichtungen

Dazu wird die Lkw-Tür aufgeschlossen und geöffnet. Danach wird eine Funktionsprobe durchgeführt, bei der die Lkw-Tür geschlossen und erneut geöffnet wird. Alle festgestellten Mängel werden auf der Auftragskarte protokolliert.

1

Festgestellte Mängel:
- Der Schließzylinder des Türschlosses lässt sich nur schwer mit dem Schlüssel drehen.
- Der Schlosskasten des Türschlosses schabt beim Türöffnen über den Keilzapfen.
- Die Tür senkt sich beim weiteren Öffnen.
- Die Türscharniere sind schwergängig.
- Beim Schließen der Tür schlägt der Schlosskasten gegen den Keilzapfen, die Tür muss angehoben werden, um sie vollständig zu schließen

1.3.4.3 Wartung und Pflege der Lkw-Tür-Mechanik

Achtung: Herstellerhinweise beachten!
Es gibt Türschlösser, Scharniere usw., die mit einer sog. Lebenszeitschmierung versehen sind oder als wartungsfrei gelten. Diese dürfen nicht geschmiert werden. Wenn sie schwergängig und verschlissen sind, müssen sie ausgetauscht werden.

Die erforderlichen Wartungs- und Pflegearbeiten werden wie folgt durchgeführt:
- Schließzylinder schmieren
- Türschloss schmieren
- Türscharniere und Türfangeinrichtung schmieren
- Türdichtungen reinigen und pflegen

Um den **Schließzylinder** zu **schmieren**, wird ein spezielles Kriechöl mit einer Sprayflasche in die Türschlüsselöffnung des Schließzylinders gesprüht, → **1**. Danach wird der Schließzylinder mit dem Schlüssel mehrmals Hin und Her gedreht. Der Vorgang wird so lange wiederholt, bis sich der Schließzylinder leicht bewegen lässt.

Mit dem gleichen Kriechöl wird im Anschluss auch das **Türschloss geschmiert**.

Dazu wird das dünne Sprührohr im Bereich der Drehfalle in den Schlosskasten geführt und Öl eingesprüht. Damit sich das Öl richtig im Schlosskasten verteilt, wird die Drehfalle mit den Fingern gedreht, bis sie einrastet und verriegelt.

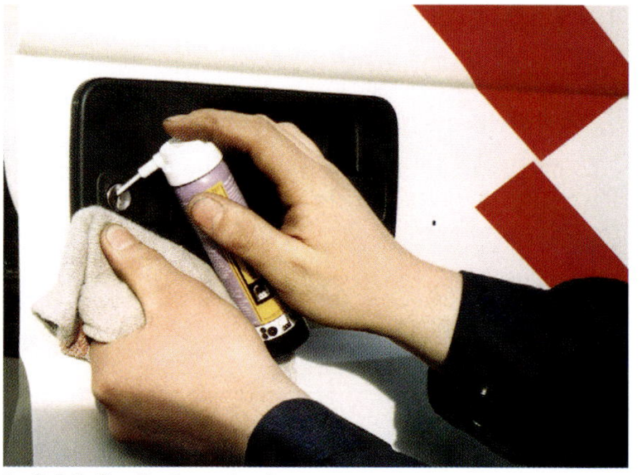

1 Schließzylinder schmieren

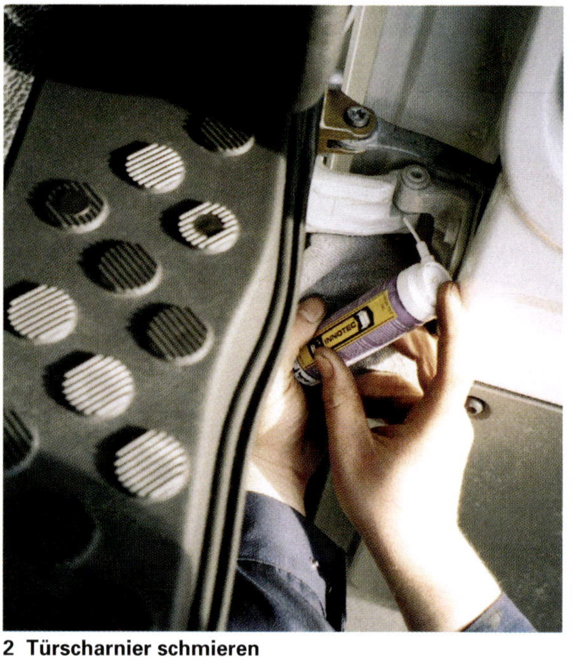

2 Türscharnier schmieren

Danach wird die Drehfalle mit dem Türschlüssel wieder entriegelt.

Dieser Vorgang wird bei Bedarf einige Male wiederholt, bis das Türschloss leichtgängig ist.

In gleicher Weise werden die **Türscharniere** und die **Türfangeinrichtung geschmiert**. Das Kriechöl wird in die Spalte aller Gelenke oder in spezielle Schmierbohrungen gesprüht, → **2**. Danach wird die Tür mehrmals hin und her geschwenkt, bis die Tür leichtgängig ist.

Anschließend werden alle Schmierstellen mit einem Putzlappen nachgewischt. Hierdurch wird überschüssiges Öl entfernt.

Nun werden die **Türdichtungen** und ihre Anlageflächen mit Seifenlauge **gereinigt** und trocken nachgewischt. Zum Abschluss wird noch ein Pflegemittel mit Lappen und Spraydose aufgetragen.

1.3.4.4 Lkw-Tür einstellen

Die Lkw-Tür wird mit dem Türeinstellhebel eingestellt, ➔ **1**.

Dazu wird die Tür nur wenig geöffnet und der Türeinstellhebel angesetzt. Dies geschieht, indem man den Bundbolzen in die Drehfalle einführt und die Tür soweit schließt, dass sich das Maul des Türeinstellhebels am Keilzapfen oder Schließbolzen abstützen kann. In dieser Stellung wird die Tür nun hoch gehebelt.

Nach Abschluss der Einstellarbeiten fällt die Tür leicht ins Schloss.

Hinweis:
Die Türspalte geben Aufschluss über die richtige Stellung der Tür zum Türausschnitt. Sie sollen rundum gleich breit sein und parallel verlaufen. Manche Fahrzeughersteller schreiben das Prüfen der Türspalte mittels Spaltlehren vor, vgl. Kapitel 2.1.3.5 – Prüfen.

1 Lkw-Tür einstellen mit dem Türeinstellhebel

1.3.5 Qualitätssicherung

Nach Abschluss aller Wartungs- und Pflegearbeiten werden
- die Ergebnisse begutachtet,
- eventuell festgestellte Mängel beseitigt,
- die Ergebnisse dokumentiert.

Mit Hilfe der Auftragskarte wird abschließend kontrolliert, ob alle in Auftrag gegebenen Wartungs- und Pflegemaßnahmen durchgeführt sind.

Zusätzlich werden auf der Auftragskarte Beobachtungen festgehalten, die für die Kollegen der nachfolgenden Arbeitsbereiche und für den Kunden wichtig sind.

Beispiele:
- Linkes Scheinwerferglas ist gerissen.
- Der rechte Vorderreifen ist abgefahren.
- Die Beifahrertür lässt sich ebenfalls schwer schließen.
- Linkes Scheibenwischer-Gummi ist verschlissen (Gummilippe ist eingerissen).
- Das Fahrerhaus ist innen stark verschmutzt.

Weiterführende Informationen finden Sie im Kap. 0.3.4.4 – Qualität.

1.3.6 Fahrzeug an den Kunden übergeben

Sind alle Wartungs- und Pflegearbeiten ausgeführt und geprüft, wird
- das Fahrzeug auf den Abstellplatz gefahren,
- der Wagen abgeschlossen,
- Fahrzeugschlüssel und Auftragskarte beim internen Kunden: Annahme, Meister oder Gesellen abgegeben,
- das Übergabegespräch geführt, bei dem die einzelnen Positionen der Auftragskarte gemeinsam durchgegangen werden.

Weitere Informationen erhalten Sie in:
- Kapitel 0.1 – Der Kunde
- Kapitel 0.1.4 – Kommunikation zwischen Mitarbeiter und Kunden
- Kapitel 0.3.2 – Der Geschäftsprozess

Übungen

Kap. 1.1

1. Das Reinigungsmittel für die Nassreinigung der Innenraumteile soll laut Herstellerangabe wie folgt gemischt werden: eine äußere Schraubkappe (V_1 = 10 ml) auf V_2 = 3 Liter Wasser. Welches Mischungsverhältnis hat die fertige Mischung?
2. Eine Reinigungsmischung soll eine 3%ige Lauge ergeben. Wie viel Reinigungsmittel ist V = 4 Liter Wasser zuzugeben?
3. Eine Motorwäsche dauert t = 18 min 23 s. Das eingesetzte Hochdruck-Reinigungsgerät hat einen Wasserdurchsatz von $\dot{V}$ = 120 l/min. Wie viele Liter Wasser werden während der Motorwäsche verbraucht?
4. Die Abbildung zeigt den Stellplatz für die Pkw-Innenreinigung. Berechnen Sie
   a) die Gesamtfläche A des Stellplatzes,
   b) die verbleibende Gehfläche A_1, wenn ein Pkw mit einer Länge L = 4,58 m und einer Breite B = 1,80 m mittig eingestellt wird.

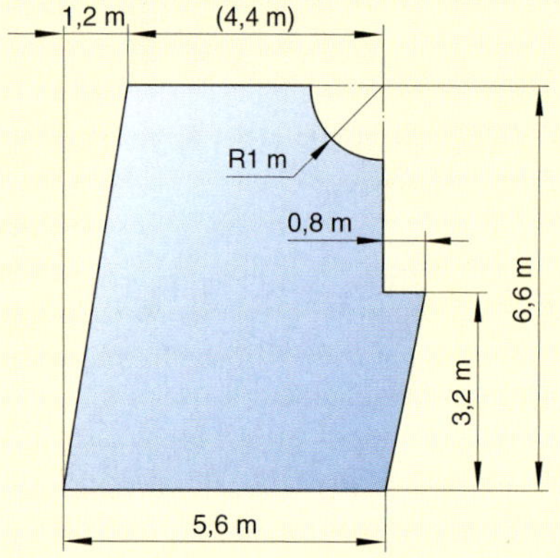

5. Die Abbildung zeigt die ebene Gepäck-/Laderaum-Fläche eines Kombis, die mit einer Schutzfolie ausgelegt werden soll. Berechnen Sie
   a) die Fläche A_1 der zugeschnittenen Folie,
   b) den Verschnitt A_v in Prozent.

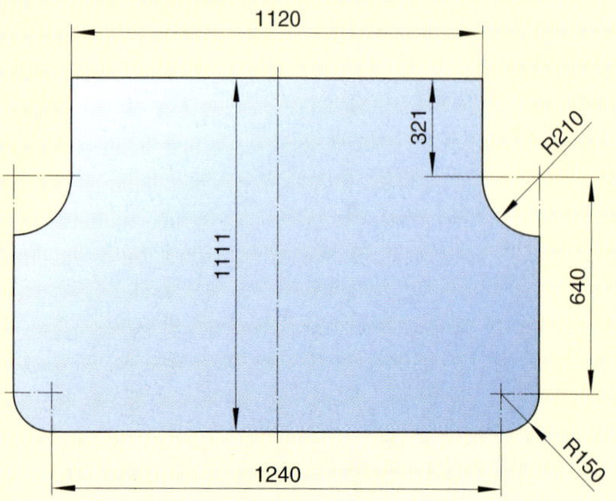

6. Der Abstellplatz für Kunden-Pkws ist in Park- und Grünflächen eingeteilt, siehe Abbildung. Berechnen Sie
   a) die Stellfläche A_1 für einen Pkw,
   b) die Fläche A_2 der Grünflächen.

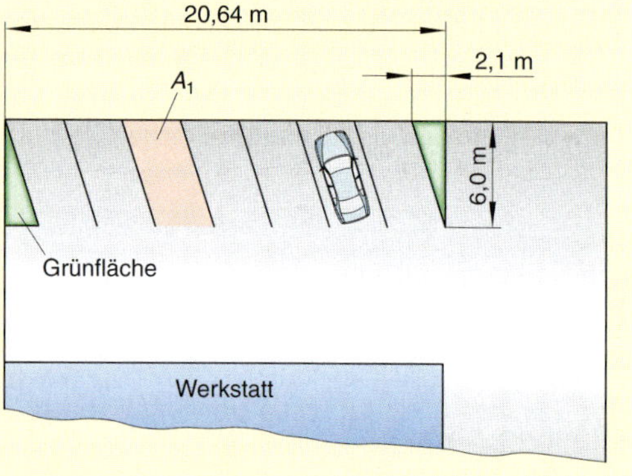

7. Die Zufahrt zur Waschhalle ist s = 42 m lang und hat eine Steigung S = 4%. Berechnen Sie
   a) den Steigungswinkel α.
   b) den Höhenunterschied Δh
8. Die Auffahrschienen für die Auffahr-Hebebühne steigen auf ebener Länge l = 84 cm um h = 140 mm an. Berechnen Sie
   a) den Steigungswinkel α,
   b) die Steigung S in Prozent.
9. Die Sprossenleiter zum Reinigungsmittel-Lager ist L = 2,20 m lang und hat einen Steigungswinkel α = 78°. Berechnen Sie
   a) die Höhe h zum Reinigungsmittel-Lager,
   b) die Steigung S in %.

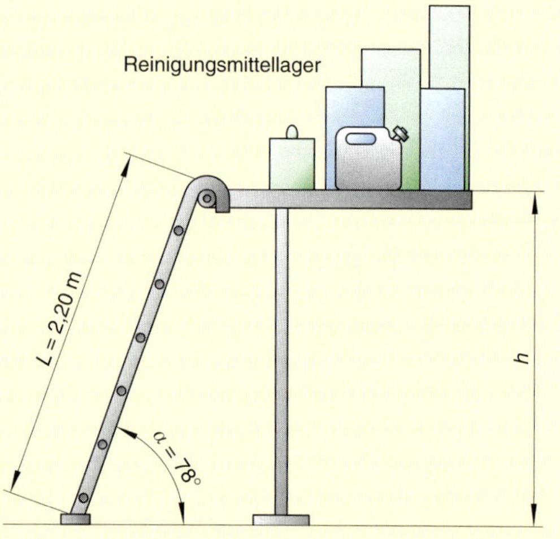

10. Ein Karosserie-Fachbetrieb bietet während einer Aktionswoche jede Pkw-Oberwäsche zum Sonderpreis von 9,99 € an. Wie hoch ist die prozentuale Ersparnis für die Kunden, wenn der Standardpreis der Oberwäsche sonst 14,99 € beträgt?

11. Ein Autohaus erhöht den Preis für eine Motorwäsche von ursprünglich 36,90 € auf nunmehr 42,20 €.
Berechnen Sie
a) den Prozentsatz p_w in €, um den der Preis für die Motorwäsche gestiegen ist
b) den Prozentsatz p in %, um den sich der Preis für die Motorwäsche verteuerte

12. Ein einachsiger Pkw-Anhänger mit Pritsche soll für die HU durchgesehen werden, er ist stark verschmutzt. Sie erhalten den Auftrag, den Anhänger von oben und unten zu waschen. Erstellen Sie einen Arbeitsplan für diesen Arbeitsauftrag.

Kap. 1.2

1. Sie haben den Auftrag, bei einem Pkw den Vorratsbehälter der Scheibenwaschanlage mit Reinigungsflüssigkeit aufzufüllen. Das Fahrzeug ist Ihnen unbekannt. Nach welchem Symbol suchen Sie, nachdem Sie die Motorhaube geöffnet haben? Skizzieren Sie das Symbol, mit dem der Vorratsbehälter der Scheibenwaschanlage gekennzeichnet ist.

2. Bei einer Wartung wird der Vorratsbehälter einer Scheibenwaschanlage aufgefüllt. Der Behälter fasst $V = 4{,}8$ Liter, der Frostschutz soll bis -40 °C wirken. Berechnen Sie unter Zuhilfenahme der Tabelle aus Herstellerunterlagen
a) das Volumen V_1 für Frostschutzmittel-Konz.,
b) das Volumen V_2 für Wasser

Mischungsverhältnis Frostschutz : Wasser	Frostschutz
1 : 4	bis –12 °C
1 : 3	bis –26 °C
1 : 2	bis –40 °C
1 : 1	bis –54 °C
pur	bis –68 °C

3. Im Karosserie-Fachbetrieb können Kunden 5 l Scheibenreinigungs-Konzentrat mit Frostschutz für 14,80 € kaufen. In einem Supermarkt werden 4 l Scheibenreinigungs-Konzentrat mit Frostschutz für 11,95 € angeboten.
Prüfen Sie durch Berechnung des Preises pro Liter, welches Angebot günstiger ist.

4. Der Listenpreis für 1 l Reinigungsmittel-Konzentrat beträgt 2,49 €. Ein Unternehmer erhält bei regelmäßiger Abnahme von 200 l einen Rabatt von 128,80 €.
Berechnen Sie
a) den Prozentsatz p in %, der dem Unternehmer beim Einkauf gewährt wird,
b) den Preis pro Liter Reinigungsmittel-Konzentrat, der sich nach Abzug des Rabattes ergibt.

5. Der Reinigungsmittelbehälter eines Nkw-Kombis hat einen ovalen Querschnitt. Die Breite beträgt $b = 2R = 120$ mm und die Länge $l = 288$ mm. Die Höhe beträgt $h = 230$ mm.
Wie groß ist das Fassungsvermögen V des Reinigungsmittelbehälters?

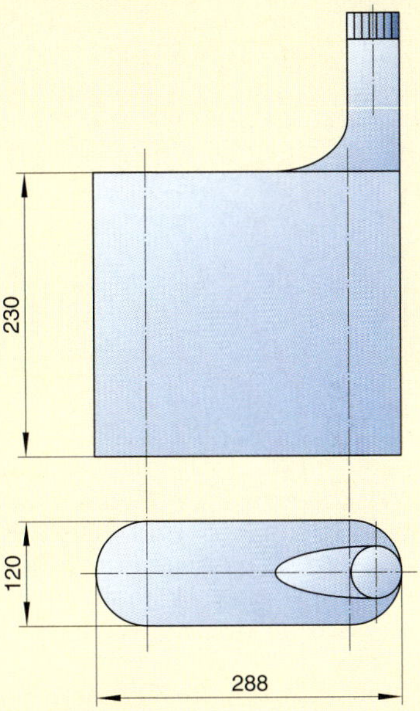

6. Die Reinigungsmittelpumpe einer Scheibenwaschanlage hat eine Fördermenge $\dot{V} = 1{,}6$ l/min, der Vorratsbehälter hat ein Volumen $V_1 = 5{,}7$ Liter. Ein Spülvorgang dauert im Mittel $t = 2{,}85$ s.
Berechnen Sie
a) die Reinigungsmittelmenge V_2, die je Spülvorgang auf die Scheibe gebracht wird,
b) die Anzahl N der Spülvorgänge, bis der Vorratsbehälter leer ist.

7. Ein Scheibenwischermotor mit Schneckenrad-Getriebe hat ein dreigängiges Schneckenrad und ein Zahnrad mit $z_2 = 72$ Zähnen. Die Wischerarmwelle soll in der ersten Wischerstufe eine Drehzahl $n_1 = 45\ \text{min}^{-1}$ erreichen und in der zweiten Wischerstufe eine Drehzahl $n_2 = 65\ \text{min}^{-1}$.
Berechnen Sie
a) die Übersetzung i,
b) die Drehzahl n_M des Elektromotors in der ersten Wischerstufe,
c) n_M in der zweiten Wischerstufe.

8. Der Wischerarm eines KOM hat eine Länge $L_1 = 860$ mm, das Wischerblatt eine Länge $L_2 = 1000$ mm. Der Schwenkwinkel des Wischerarms beträgt $\alpha_W = 88°$.
a) Zeichnen Sie das Wischfeld maßstäblich auf und bemaßen Sie.
b) Berechnen Sie die Größe des Wischfeldes A_W.

9. Das Wischfeld eines Scheibenwischers ist $A_W = 393076\ \text{mm}^2$ groß. Die Radien des Wischfeldes sind: $R_1 = 220$ mm, $R_2 = 700$ mm.
Berechnen Sie den Wischwinkel α_W

1

10. Die Abbildung zeigt die vereinfachten Umrisse einer Pkw-Heckscheibe und das Wischfeld des Heckscheiben-Wischers. Berechnen Sie
a) die Fläche A_1 der Heckscheibe,
b) die Fläche A_2 des Wischfeldes,
c) den Prozentteil p des Wischfeldes zur Heckscheibe.

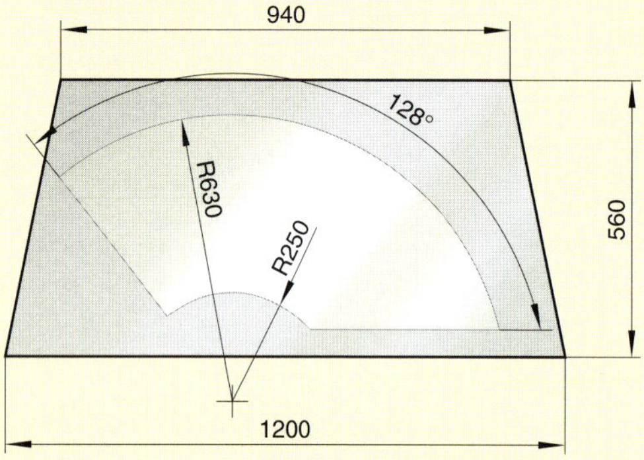

11. Der Wischerarm einer Scheibenwischeranlage benötigt für Vor- und Rückhub eine Laufzeit $t = 1{,}2$ s. Der Wischerarm hat die Länge $L_1 = 340$ mm, das Wischerblatt eine Länge $L_2 = 328$ mm. Der Wischwinkel beträgt $\alpha_w = 125°$.
a) Berechnen Sie die Wischgeschwindigkeit (Umfangsgeschwindigkeit) v_{w1} und v_{w2} jeweils für den oberen und den unteren Außenpunkt des Wischgummis.
b) Diskutieren Sie Ihre Ergebnisse hinsichtlich Abrieb und Verschleiß.

12. Im Herbst bietet ein Autohaus Wischerblätter für Pkws mit einem Nachlass von 12 % an. Wie hoch sind Nachlass und neuer Verkaufspreis in €, wenn das Wischerblatt vorher 16,80 € gekostet hat?

13. Bei einem KOM sollen beide Front-Wischerblätter gewechselt werden. Dafür sind 8 Arbeitswerte (AW) festgelegt. Der Stundenverrechnungssatz des Fahrzeugbau-Fachbetriebs beträgt 68,00 €, ohne 18 % Mehrwertsteuer. Der AW-Verrechnungssatz beträgt 5,67 €/AW, die Ersatzteilkosten betragen 112,40 €, ohne Mehrwertsteuer. Berechnen Sie für diesen Teilauftrag
a) den Arbeitspreis,
b) die Reparaturkosten inklusive Mehrwertsteuer.

14. Im Rahmen einer Inspektion an einem Pkw erhalten Sie den Teilauftrag: Warten der Scheinwerfer-Reinigungsanlage. Die Anlage besteht aus Wischeranlage und Spülanlage.
a) Erstellen Sie einen Arbeitsplan für diesen Teilauftrag.
b) Zeichnen Sie das Schema des hydraulischen Schaltplans der Scheinwerfer-Spülanlage.

Kap. 1.3

1. Eine Lkw-Tür hat eine Masse $m = 42{,}46$ kg. Sie besteht zu 49 % aus Stahl, 22 % aus Kunststoff, 21 % aus Glas, 3 % Aluminium, 3 % Kupfer und 2 % Dichtmaterial und Lack. Berechnen Sie die einzelnen Massenanteile der Tür in kg und g.

2. Die Abbildung zeigt die Fensterfläche einer Lkw-Tür. Berechnen Sie
a) die Größe der Sichtfläche,
b) den Umfang der Scheibendichtung.

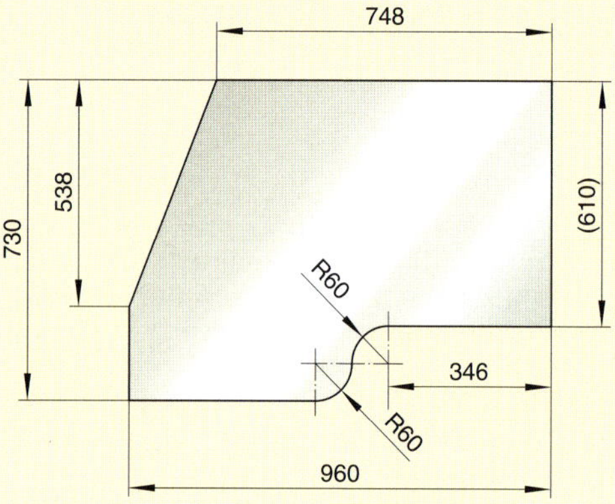

3. Der Öffnungswinkel einer Lkw-Tür beträgt $\alpha = 88°$. Die Tür hat eine Länge $L = 1020$ mm. Berechnen Sie
a) die Öffnungsweite s,
b) die Differenz der Fahrzeugbreite Δb bei geöffneter Tür.

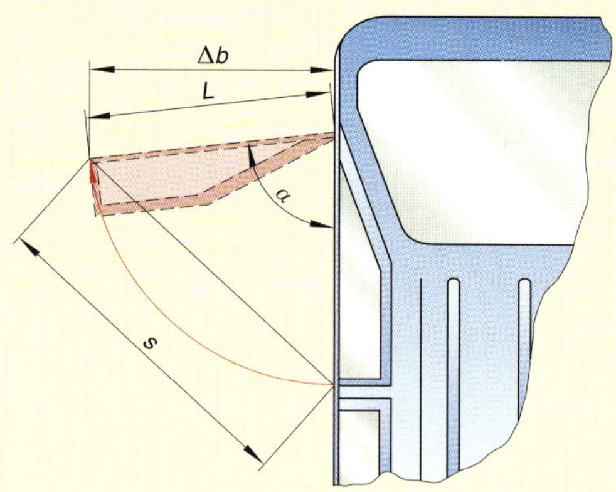

4. Bei einem Pkw soll die Motorhaube eingestellt werden, da sie einseitig vorsteht, schwer zu entriegeln ist und schlecht schließt. Erstellen Sie den Arbeitsplan für das Einstellen der Haube.

5. An einem Pkw soll die seitliche Tankklappe ersetzt werden, weil sie beschädigt ist. Sie erhalten den Auftrag, die neue Tankklappe anzubauen. Beschreiben Sie stichwortartig Ihre Einzeltätigkeiten und alle Besonderheiten, auf die Sie achten müssen.

2 Demontieren, Instandsetzen und Montieren von fahrzeugtechnischen Baugruppen oder Systemen

Ziele und Inhalte des Lernfeldes

Ziele:
- Demontage, Instandsetzung und Montage einer oder mehrerer Baugruppen eines Fahrzeuges planen.
- Betriebliche Informationssysteme zur Planung, Durchführung und Kontrolle anwenden und insbesondere digitale Datenträger nutzen.
- Gesetzliche Vorschriften und Herstellervorschriften berücksichtigen.
- Technische Kommunikationsmittel anwenden.
- Werkzeuge, Maschinen, Werk-, Betriebs- und Hilfsstoffe einsetzen.
- Bauteile und Bauelemente auf Wiederverwendbarkeit bzw. Wiederverwertbarkeit prüfen.
- Beim Herstellen lösbarer Verbindungen, insbesondere Schraubenverbindungen, technische Daten und Montagevorschriften beachten.
- Halbzeuge trennen und umformen, insbesondere:
  - Bohren
  - Gewinde herstellen und in Stand setzen
- Prüfgeräte für Länge, Durchmesser und Gewinde anwenden.
- Arbeitsergebnisse kontrollieren, bewerten, dokumentieren und präsentieren.
- Mit Mitarbeitern, Vorgesetzten und Kunden kommunizieren.
- Fremdsprachige Elemente vermitteln.
- Mathematische und naturwissenschaftliche Inhalte vermitteln.
- Maschinen, Montagewerkzeuge und Werkstoffe

Inhalte:
- Arbeitsplanung
- Demontage-, Instandsetzungs- und Montagepläne
- nationale und internationale Normen, Vorschriften und Regeln
- Fahrzeuge, fahrzeugspezifische Bauteile, Baugruppen und Systeme
- Maschinen, Montagewerkzeuge und Werkstoffe
- Bohrungen und Gewinde
- Geräte und Verfahren zum Prüfen und Messen von Flächen, Längen und Gewinden
- Schrauben und Schraubenverbindungen
- Anzugsdrehmomente
- Umweltschutz, Entsorgung und Recycling
- Arbeitssicherheit und Unfallverhütung
- Korrosionsschutz
- Qualitätssicherung und Haftungsrecht

2

1 Demontierter Pkw

Ist ein Bauteil eines Fahrzeuges defekt, muss es **in Stand gesetzt** oder ausgetauscht werden. Im eingebauten Zustand ist eine Reparatur häufig nicht durchzuführen, weil das Bauteil nicht zugänglich ist.

Deshalb wird
- die Baugruppe demontiert, ➔ **73.1**,
- das defekte Bauteil in Stand gesetzt oder ausgetauscht,
- die Baugruppe wieder in das Fahrzeug montiert.

Das Demontieren, Instandsetzen und Montieren von fahrzeugtechnischen Baugruppen oder Systemen wird in drei Teillernfeldern dargestellt:
- Wechseln von Rädern am Pkw und Instandsetzen eines Radbolzens, Kap. 2.1
- Instandsetzen der Konsolen-Befestigung des Montagerahmens am Fahrzeugrahmen, Kap. 2.2
- Instandsetzen einer Anhängevorrichtung, Kap. 2.3

2

2.1 Wechseln von Rädern am Pkw und Instandsetzen eines Radbolzens

2.1.1 Lernsituationen und Vorgehensweise

Der Kunde hat in den Sommermonaten seine Winterreifen mit Stahlfelgen (Winterkompletträder) privat eingelagert. Da im Herbst die Temperaturen unter 10 °C gefallen sind, will er die Leichtmetallfelgen mit den Sommerreifen (Sommerkompletträder) gegen die Winterkompletträder tauschen. Bei der Demontage reißt bereits die erste Radschraube ab. Der Kunde fährt sein Fahrzeug jetzt zur Instandsetzung und zum Rädertausch in einen Karosseriebaubetrieb.

Der Auftrag wird nach folgender Vorgehensweise ausgeführt:
- Fahrzeugannahme und Schaden begutachten, Kap. 2.1.2
- Informationsbeschaffung, Kap. 2.1.3
- Arbeitsplanung und Arbeitsauftrag durchführen, Kap. 2.1.4
- Qualitätssicherung, Kap. 2.1.5
- Fahrzeug an den Kunden übergeben, Kap. 2.1.6

2.1.2 Fahrzeugannahme und Schaden begutachten

Zwischen dem Kunden und dem Karosseriebaubetrieb kommt es zum Arbeitsauftrag über Annahmegespräch mit Direktannahme. Weitere Informationen zur Fahrzeugannahme, siehe Kap. 0.3.2.3.

Der Kunde erteilt den Auftrag zum Wechseln der Kompletträder und zur Entfernung der abgescherten Radschraube. Die Begutachtung des Schadens hat ergeben, dass die Radschraube sehr tief im Gewinde abgebrochen ist. Die abgescherte Radschraube muss ausgebohrt und mit einem Spezialwerkzeug entfernt werden. Gleichzeitig bittet der Kunde um Einlagerung der Sommerkompletträder über den Winter.

2.1.3 Informationsbeschaffung

Um den Auftrag ausführen zu können, benötigt der Lehrling Informationen zu:
- Einordnung der Räder ins Gesamtsystem Fahrzeug, Kap. 2.1.3.1
- Reifen, Kap. 2.1.3.2
- Druck, Kap. 2.1.3.3
- Drehmoment und Hebel, Kap. 2.1.3.4
- Prüfen, Kap. 2.1.3.5
- Bohren, Kap. 2.1.3.6
- Gewinde, Kap. 2.1.3.7
- Gewindeschneiden, Kap. 2.1.3.8
- Schraubenverbindungen, Kap. 2.1.3.9
- Schraubensicherungen, Kap. 2.1.3.10
- Korrosion und Korrosionsschutz, Kap. 2.1.3.11

2.1.3.1 Einordnung der Räder ins Gesamtsystem Fahrzeug

Das Gesamtsystem Fahrzeug besteht aus den Baugruppen:
- Fahrzeugaufbau
- Triebwerk
- Fahrwerk
- Elektrik/Elektronik

Die Baugruppe Fahrwerk ist nochmals unterteilt in, ➔ **1:**
- Räder
- Radaufhängung
- Federung
- Schwingungsdämpfer
- Lenkung

Zu einem Rad gehören:
- Felge
- Reifen
- Radbefestigung

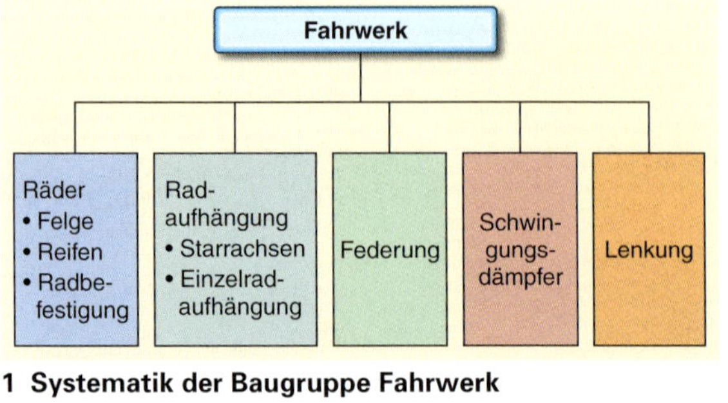

1 Systematik der Baugruppe Fahrwerk

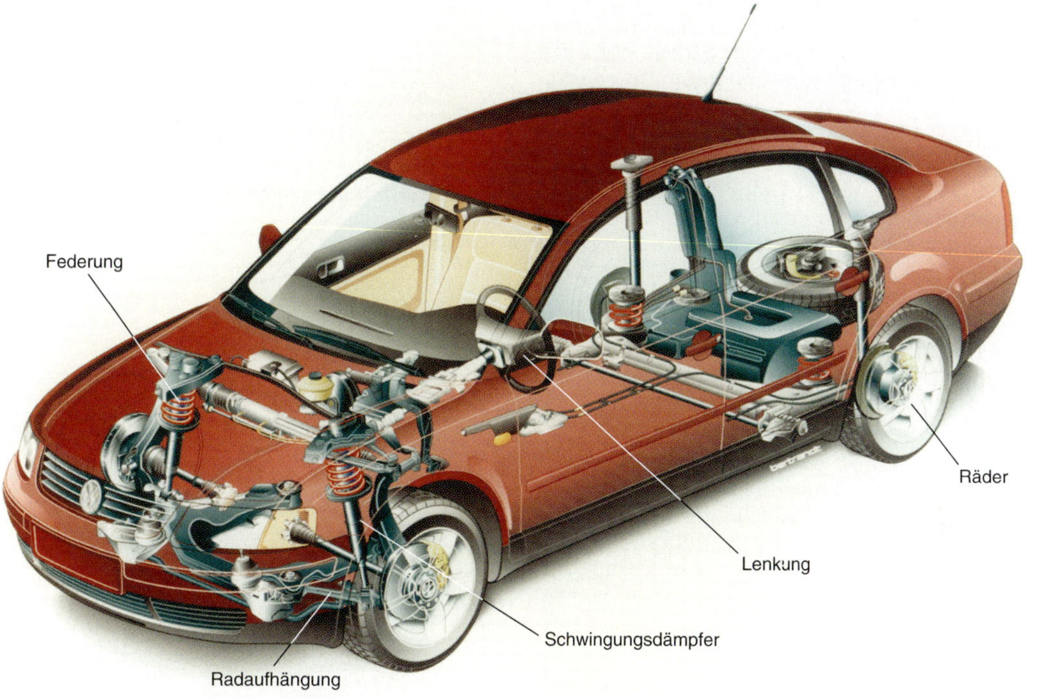

1 Baugruppen des Fahrwerks eines Pkws

Bild ➔ **1** zeigt die Baugruppen des Fahrwerks am Beispiel Pkw.

Die Räder mit den Radbefestigungen gehören somit zur Baugruppe Fahrwerk. In Bild ➔ **2** ist die Radbefestigung unseres Kundenfahrzeugs dargestellt.

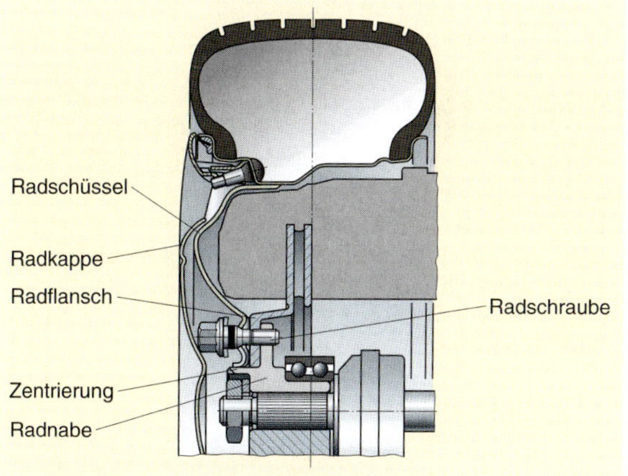

2 Radbefestigung am Kundenfahrzeug

2.1.3.2 Informationen über Reifen

Über Reifen findet man sehr viele Informationen, z. B. im Internet, in Prospekten oder Zeitschriften. Am schnellsten kommt der Lehrling an die Informationen im Gespräch mit dem Meister.

Wichtige Informationen zu den Reifen sind:
- Einteilung der Reifen
- Aufschrift auf Reifen
- Mindestprofiltiefe in Reifen
- Reifenalterung und maximale Betriebsdauer
- Entsorgung von Altreifen

Einteilung der Reifen

Reifen können nach mehreren Gesichtspunkten eingeteilt werden.

Einige sollen hier aufgezählt werden:
- Sommer-, Winter- oder Ganzjahresreifen
- Neureifen oder runderneuerte Reifen
- schlauchlose Reifen oder Reifen mit Schlauch
- laufrichtungsgebundene Reifen oder Reifen, die in beiden Richtungen laufen können
- Breitreifen oder Reifen mit normaler Breite

Für die Bearbeitung des Auftrags sollen folgende Informationen genügen:

Sommerreifen verlieren bei Temperaturen unter 7 °C wesentlich an Grip[1], weil die Lauffläche härter ist als bei Winterreifen. Auf Grund der heutigen Lamellentechnik haben sie bei Temperaturen über 7 °C bessere Nässehaftung und einen kürzeren Bremsweg als Winterreifen.

Winterreifen werden auch **M+S-Reifen**[2] genannt, oder M&S oder M.S. Sie haben eine weichere Lauffläche als Sommerreifen, bleiben dadurch auch bei Kälte elastisch und bieten ausreichend Grip. Sie haben bei niedrigen Temperaturen guten Nassgriff und bieten Fahrsicherheit auch bei Matsch und schneebedeckter Fahrbahn.

[1] Grip <engl.>: Griff
[2] M+S: Matsch und Schnee

2

Außerdem sind die Profilrillen und/oder Stollen in der Lauffläche durch große Zwischenräume getrennt. Ab 2006 darf auf schneebedeckter Straße nur noch mit Winter- oder Ganzjahresreifen gefahren werden. Wer nur Sommerreifen hat, muss das Auto stehen lassen. Verstöße gegen diese Regelung werden mit Bußgeld geahndet, kommt es durch den Verstoß zu Behinderungen, verdoppelt sich das Bußgeld.

Ganzjahresreifen sind ein Kompromiss. Sie bringen weder die Spitzenleistungen der Sommer- noch der Winterreifen. Sie eignen sich in den Wintermonaten bei Fahrten im „Flachland", jedoch sollte bei kurzzeitigem und überraschendem Wintereinbruch auf das Autofahren verzichtet werden. Ganzjahresreifen eignen sich nicht für Fahrten bei Matsch und bei schneebedeckter Fahrbahn im Gebirge, denn sie bieten nicht die größtmögliche Fahrsicherheit.

Runderneuerte Reifen sind recycelt und tragen deshalb zum Ressourcenschutz und zur Abfallminderung bei. Es wird nur ein Drittel der Rohölmenge benötigt, die zur Herstellung eines Neureifens erforderlich ist. Runderneuerte Reifen mit ECE-Genehmigungszeichen besitzen den gleichen Qualitäts- und Sicherheitsstandard wie Neureifen.

Aufschrift auf Reifen

Jeder Reifen hat an den Seitenwänden eine Aufschrift; sie ist bei den Herstellern etwas unterschied-
2 lich. StVZO und ECE-Regelungen geben aber ein Mindestmaß vor.

Beispiel:
Die Aufschrift der Reifen unseres Fahrzeugs, ➔ **1**:
205/65 R 15 94 H Tubeless M+S DOT ...0903

Es bedeuten:
205: Reifenbreite = 205 mm
65: Verhältnis Reifenhöhe/Reifenbreite = 65 %, ➔ **2**
R: Radialbauart, ➔ **3**
15: Felgen-Nenndurchmesser = 15", ➔ **77.1**
94: Tragfähigkeit = 670 kg, vgl. ➔ **77.2**
H: zul. Geschwindigkeit = 210 km/h, vgl. ➔ **77.3**
Tubeless: schlauchloser Reifen
M+S: Winterreifen
DOT ...0903: die letzten 4 Ziffern der DOT-Nummer[1] geben Woche und Jahr der Produktion an, hier 0903 = 9. Woche 2003

Runderneuerte Reifen müssen ein ECE-Genehmigungszeichen haben, es besteht aus einem Kreis, in dem sich ein „E" und die Kennzahl des Landes befinden, es folgt die Angabe „108 R" mit nachgestellter Genehmigungsnummer.

Mindestprofiltiefe in Reifen

StVZO[2] und ECE-Regelungen[3] geben Hinweise zur Mindestprofiltiefe der Reifen. Die Mindestprofiltiefe hat Einfluss auf die Fahrsicherheit.

[1] DOT: Department of Transportation = US-Verkehrsministerium
[2] StVZO: Straßenverkehrs-Zulassungs-Ordnung
[3] ECE-Regelungen: Regelungen der Economic Commission for Europe für Kraftfahrzeuge und ihre Anhänger

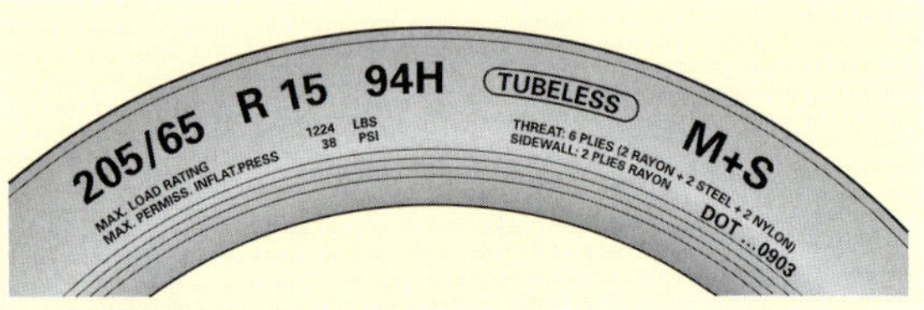

1 Aufschrift auf einem Pkw-Reifen

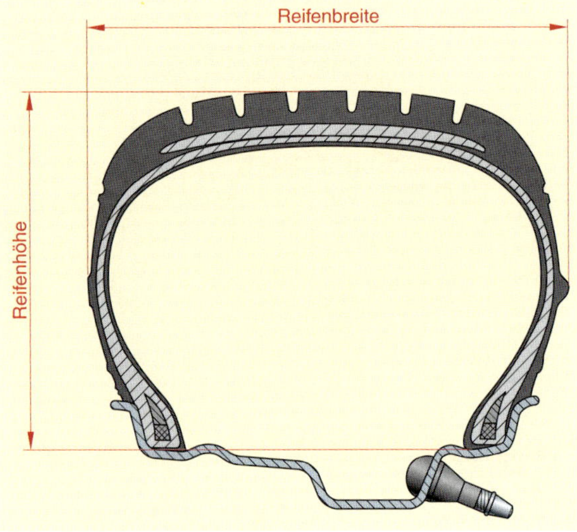

2 Reifenhöhe und Reifenbreite

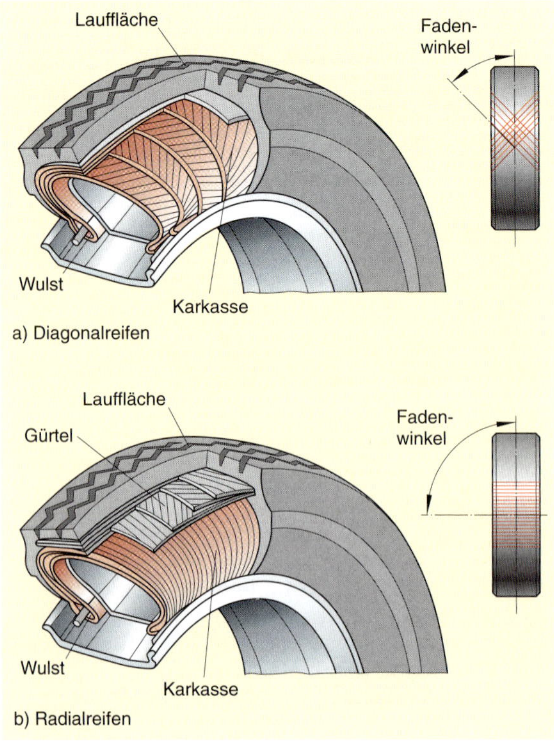

3 Reifenbauarten

Deshalb ist zur Mindestprofiltiefe festgelegt:

- In Deutschland ist bei Sommer- und Winterreifen eine Mindestprofiltiefe von 1,6 mm vorgeschrieben.
- In Österreich wird für Winterreifen eine Profiltiefe von mindestens 4 mm gefordert. Mit weniger Profiltiefe gelten Winterreifen als Sommerreifen. Das kann zu Problemen führen, wenn Winterausrüstung vorgeschrieben ist, z. B. in Skigebieten.
- Winterreifen mit einer Profiltiefe kleiner als 4 mm sind nicht wintertauglich, weil durch das geringe Profil der Reifen nicht genügend Wasser, Schnee oder Schneematsch verdrängen kann. Der Reifen verliert seine Bodenhaftung. Die Gefahr zum Aquaplaning[1] steigt.
- Zur Erhöhung der Fahrsicherheit sollten vier gleiche Reifen mit gleicher Profiltiefe verwendet werden, denn bei Kurvenfahrten und beim Bremsen bricht die Achse früher aus, die Reifen mit geringer Profiltiefe hat.
- Abgefahrene Winterreifen mit einer Profiltiefe unter 4 mm dürfen gemeinsam mit Sommerreifen gefahren werden, wenn Reifen gleicher Ausführung achsweise montiert sind. Abgefahrene Winterreifen haben aber Nachteile:
  - Im Winter ist das Fahrzeug so unsicher wie mit Sommerreifen.
  - Im Sommer nimmt der Profilverschleiß stark zu (weiche Gummimischung).
  - Die Fahrsicherheit verschlechtert sich durch geringe Stabilität bei scharfer Kurvenfahrt, durch schlechte Haftung bei Nässe und durch langen Bremsweg.

Reifenalterung und maximale Betriebsdauer

Reifen altern, auch wenn sie nicht benutzt werden. Dadurch wird ihre Funktion beeinträchtigt. Die Alterung der Reifen beschleunigt sich durch:

- hohe Temperaturen
- Sonnenlicht
- lange Standzeiten, z. B. Reserverad, Räder an Wohnwagen

Pkw-Reifen sind so ausgelegt, dass sie bei sachgerechter Nutzung die Verschleißgrenze vor der Alterungsgrenze erreichen. Bei Pkw-Reifen geht man von einer **maximalen Betriebsdauer** von zehn Jahren aus.

Ausnahmen:

- Reserveräder, die älter als sechs Jahre sind, sollte man nur im Notfall verwenden.
- Reifen für Wohnwagen und nicht dauernd benutzte Reifen sollte man nach sechs bis acht Jahren ersetzen.

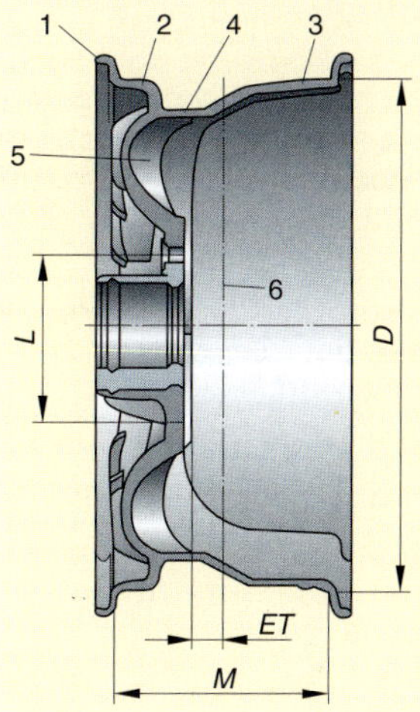

1 Felgenhorn
2 Schrägschulter
3 Hump
4 Tiefbett
5 Radschüssel
6 Radmittenebene
D Felgennenndurchmesser
M Maulweite
L Lochkreisdurchmesser
ET Einpresstiefe

Beispiel: **6 J x 15 H 2 ET...**

6 Felgenmaulweite in Zoll
J Hornform, Hornhöhe
x einteilige Felge
15 Felgennenndurchmesser in Zoll
H2 zweiseitiger Hump (Doppelhumpfelge)
ET Einpresstiefe in mm

1 Felge – wichtige Bezeichnungen und Kenngrößen

Last-Indizes (LI) (Load Indices)							
LI	kg	LI	kg	LI	kg	LI	kg
		65	290	80	450	95	690
		66	300	81	462	96	710
52	200	67	307	82	475	97	730
53	206	68	315	83	487	98	750
54	212	69	325	84	500	99	775
55	218	70	335	85	515	100	800
56	224	71	345	86	530	101	825
57	230	72	355	87	545	102	850
58	236	73	365	88	560	103	875
59	243	74	375	89	580	104	900
60	250	75	387	90	600	105	925
61	257	76	400	91	615	106	950
62	265	77	412	92	630	107	975
63	272	78	425	93	650	108	1000
64	280	79	437	94	670		

2 Tragfähigkeitskennzahl für Reifen

Geschwindigkeitssymbole (GSY) (Speed Symbols)			
GSY	Referenz- bzw. Höchstgeschw. in km/h	GSY	Referenz- bzw. Höchstgeschw. in km/h
G	90	R	170
J	100	S	180
K	110	T	190
L	120	U	200
M	130	H	210
N	140	V	240
P	150	W	270
Q	160	Y	300

3 Geschwindigkeitssymbole für Reifen

2

[1] Aquaplaning: Wasserglätte; Rutschen der Reifen auf aufgestautem Wasser

Entsorgung der Altreifen

Altreifen zählen in Deutschland zu den überwachungsbedürftigen Abfällen. Das bedeutet, dass nachgewiesen werden muss, wie die Altreifen entsorgt werden.

Die umweltschonende Entsorgung von Altreifen ist das Recyceln zu runderneuerten Reifen.

Können die Altreifen aus sicherheitstechnischen Gründen nicht runderneuert werden, führt man sie zur Abfallminderung einer anderen umweltgerechten Entsorgung zu.

So werden Altreifen
- zu Granulat zerkleinert,
- zerschnitten,
- als Brennstoff verwendet.

Das **Granulat von Altreifen** wird verwendet:
- im Straßenbau oder als Bodenbelag für Sportanlagen
- bei der Herstellung von Bodenmatten und Bänken
- bei der Herstellung von Neureifen

Altreifen werden zerschnitten, um die Seitenteile in der Landwirtschaft als Siloringe einzusetzen oder sie mit Ketten zu Sprengschutzmatten zu verarbeiten.

Als **Brennstoff werden Altreifen** z. B. in Zementwerken verwendet.

2

2.1.3.3 Informationen über Druck

Wirkt eine Kraft auf eine Fläche, entsteht Druck. Der Druck wird größer, wenn die Kraft größer wird, oder die Fläche kleiner.

$$p = \frac{F}{A}$$

p Druck in $\frac{N}{m^2}$ bzw. Pa
F Kraft in N
A Fläche in m^2

Beispiel:
Zwei gleich schwere Männer sind im Schnee unterwegs: der eine mit, der andere ohne Schneeschuhe. Sie erzeugen verschieden tiefe Eindrücke, weil die gleiche Gewichtskraft auf unterschiedlich große Flächen wirkt.

Die Einheit des Druckes ist Pa (Pascal), bar ist aber auch zulässig. Bei vielen Berechnungen sind Pa oder bar umzuwandeln in $\frac{N}{m^2}$. Der Wert 1 Pa = 1 $\frac{N}{m^2}$ ist sehr klein, deshalb wird in der Technik meist die Einheit mit Maßvorsätzen verwendet, ➔ **1**.

Nach den ECE-Regelungen wird der Reifendruck in kPa angegeben.

Einheit	Kraft/Fläche	Alte Einheit (noch verwendet)
1 Pa	$1\,\frac{N}{m^2}$	0,000 01 bar
1 hPa	$100\,\frac{N}{m^2} = 1\,\frac{N}{dm^2}$	0,001 bar = 1 mbar
1 kPa	$1000\,\frac{N}{m^2} = 0{,}1\,\frac{N}{cm^2}$	0,01 bar
1 MPa	$1\,000\,000\,\frac{N}{m^2} = 1\,\frac{N}{mm^2}$	10 bar

1 Einheiten für Druck

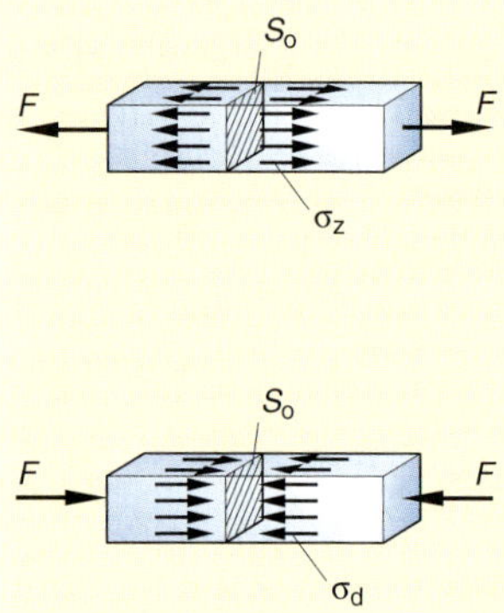

a) Mechanische Spannung

$$\sigma_z = \frac{F}{S_o}$$

σ_z Zugspannung in $\frac{N}{mm^2}$
F Kraft in N
S_o Anfangsquerschnitt in mm^2

$$\sigma_d = \frac{F}{S_o}$$

σ_d Druckspannung in $\frac{N}{mm^2}$

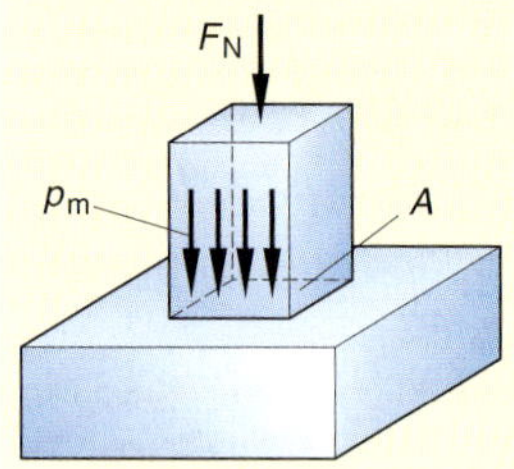

b) Flächenpressung

$$p_m = \frac{F_N}{A}$$

p_m Flächenpressung $\frac{N}{mm^2}$
F_N Normalkraft in N
A Fläche in mm^2

2 Mechanische Spannung und Flächenpressung

Beim Druck wird unterschieden:
- mechanischer Druck
- Druck in Flüssigkeiten und Gasen

Unter **mechanischem Druck** versteht man Druckkräfte auf feste Körper, ➔ **2**. Druckkräfte erzeugen innerhalb von festen Körpern mechanische Spannungen und an den Grenzflächen der Körper Flächenpressung.

Die übliche Einheit des mechanischen Druckes ist $\frac{N}{mm^2}$ oder MPa.

Bei Druck in Flüssigkeiten und Gasen unterscheidet man folgende Druckarten, ➔ 1:
- Umgebungsdruck
- absoluter Druck
- Überdruck

Der **Umgebungsdruck** p_{amb} (ambiens = umgebend) ist der Luftdruck auf der Erde, der durch das Eigengewicht der Lufthülle, der Atmosphäre, erzeugt wird. Deshalb heißt der Umgebungsdruck auch **Atmosphärendruck**.

Die genaue Größe des Umgebungsdrucks ist abhängig von der Luftfeuchtigkeit und der geografischen Höhenlage.

Der mittlere Umgebungsdruck beträgt auf Meereshöhe p_{amb} = 1013 hPa.

Die üblichen Einheiten des Druckes in Gasen und Flüssigkeiten sind $\frac{N}{cm^2}$, MPa, kPa, bar.

Der **absolute Druck** p_{abs}[1] ist auf den Druck „0" bezogen (Vakuum).

Der **Überdruck** p_e[2] ist auf den Umgebungsdruck bezogen. Der Überdruck ist die Differenz zwischen dem absoluten Druck p_{abs} und dem Umgebungsdruck p_{amb}.

$$p_e = p_{abs} - p_{amb}$$

p_e Überdruck
p_{abs} absoluter Druck
p_{amb} Umgebungsdruck

Liegt der absolute Druck p_{abs} unter dem Umgebungsdruck p_{amb}, ist der Wert p_e mit einem Minuszeichen versehen.

Der Reifenluftdruck wird immer als Überdruck angegeben.

2.1.3.4 Informationen über Hebel und Drehmoment

Als **Hebel** bezeichnet man einen starren Körper (z. B. eine Stange), der in einer Achse (Drehpunkt) gelagert ist. Der Drehpunkt kann am Ende der Stange sein, dann spricht man vom **einseitigen Hebel**, ➔ **2a**. Liegt der Drehpunkt zwischen den beiden Enden der Stange und an beiden Enden wirken Kräfte, dann spricht man vom **zweiseitigen Hebel**, ➔ **2b**. Der **Winkelhebel**, ➔ **2c**, ist ein Sonderfall des zweiseitigen Hebels.

Wirkt an einem Hebelarm eine Kraft, so entsteht ein **Drehmoment**. Die wirksame Hebellänge ist immer die kürzeste Entfernung zwischen Drehpunkt und der Wirkungslinie der Kraft.

Die kürzeste Entfernung erhält man, wenn man vom Drehpunkt das Lot fällt auf die Wirkungslinie der Kraft (rechter Winkel), ➔ **3**.

[1] abs = absolutus <lat.>: unabhängig
[2] e = exedens <lat.>: überschreitend

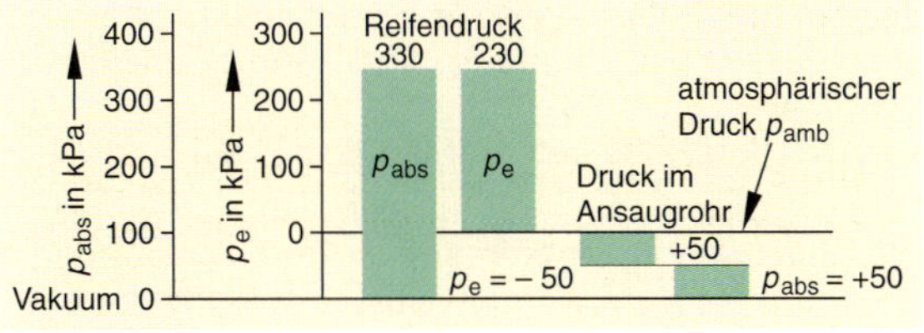

1 Druckarten

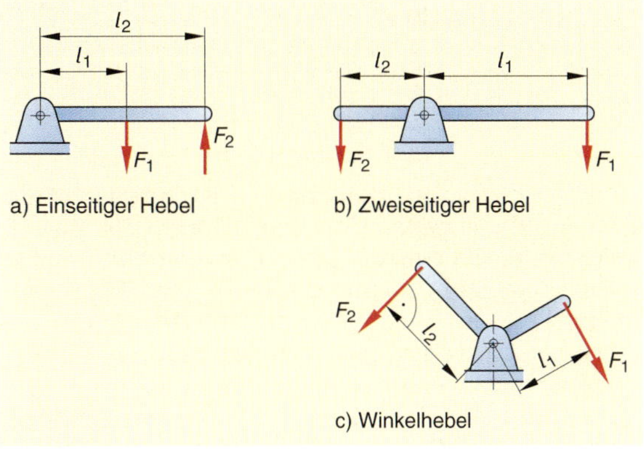

2 Hebel

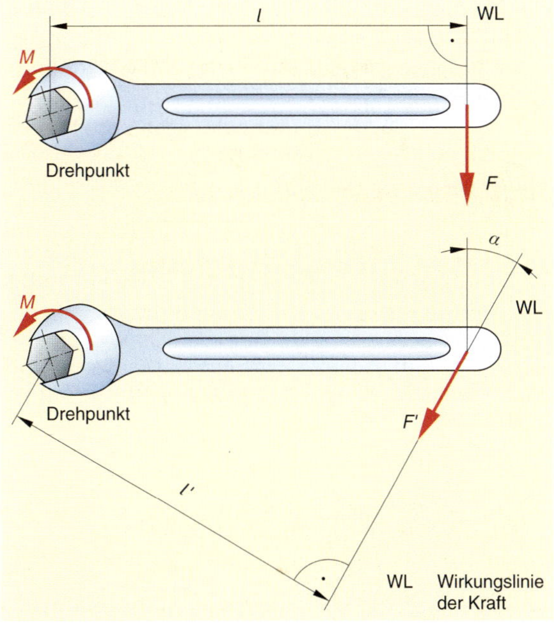

3 Drehmoment an einer Schraube

Das Drehmoment erzeugt eine Drehwirkung, wie z. B. beim Schraubenschlüssel, ➔ **3**.

Die Größe des Drehmoments ist abhängig von:
- der Größe der wirksamen Kraft
- der Länge des wirksamen Hebelarmes

$$M = F \cdot l$$

M Drehmoment in Nm
F wirksame Kraft N
l wirksame Hebellänge in m

2

Bei den drei Bildern in ➔ **79.2** sind jeweils zwei Kräfte eingezeichnet, F_1 und F_2. Man kann bezeichnen:
- F_1: Last
- F_2: Kraft, um die Last zu halten

So hat schon Archimedes[1] herausgefunden, dass am Hebel Gleichgewicht besteht, wenn das Produkt aus Last und Lastarm gleich groß ist wie das Produkt aus Kraft und Kraftarm.

Also gilt nach ➔ **79.2**:

$$F_1 \cdot l_1 = F_2 \cdot l_2$$

F_1 Last in N
F_2 Kraft in N
l_1 Lastarm in m
l_2 Kraftarm in m

Es ist zu beachten, dass beim Gleichgewicht die Kraft den Hebel gegen Uhrzeigerrichtung drehen will (**links drehend**), weil die Last in die entgegengesetzte Richtung dreht (**rechts drehend**). Man kann also auch schreiben: Gleichgewicht herrscht, wenn

links drehendes Moment = rechts drehendes Moment

$$\overset{\curvearrowleft}{M} = \overset{\curvearrowright}{M}$$

$\overset{\curvearrowleft}{M}$ links drehendes Moment in Nm
$\overset{\curvearrowright}{M}$ rechts drehendes Moment in Nm

Diese Gesetzmäßigkeit heißt: **Hebelgesetz.**

Das Hebelgesetz gilt auch bei mehreren Kräften, dann gilt:

$$\sum\overset{\curvearrowleft}{M} = \sum\overset{\curvearrowright}{M}$$

$\sum\overset{\curvearrowleft}{M}$ Summe der linksdrehenden Momente
$\sum\overset{\curvearrowright}{M}$ Summe der rechtsdrehenden Momente

Bild ➔ **1** zeigt ein Beispiel.

2.1.3.5 Informationen über Prüfen

Durch Prüfen wird der IST-Zustand mit dem SOLL-Zustand verglichen. Dabei kann geprüft werden, ob bestimmte Eigenschaften wie Farbe, Masse, Temperatur, Form, Druck oder Länge den Anforderungen entsprechen.

Es gibt, ➔ **2**:
- subjektives Prüfen
- objektives Prüfen

Subjektives Prüfen erfolgt durch Sinneswahrnehmung wie Hören, Sehen und Fühlen. Durch Fühlen mit der Handfläche kann eine ausgebeulte Fläche geprüft werden.

Das **objektive Prüfen** wird mit Prüfmitteln durchgeführt. Im Karosserie- und Fahrzeugbau werden oft Längen und Winkel geprüft.

Längen und Winkel können geprüft werden durch:
- Messen
- Lehren

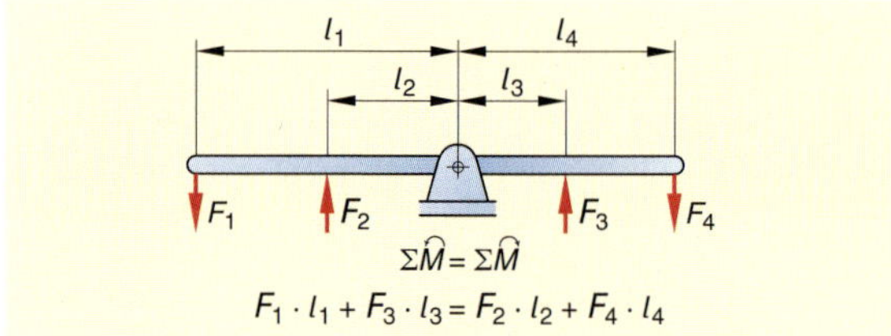

1 Zweiseitiger Hebel mit mehreren Kräften

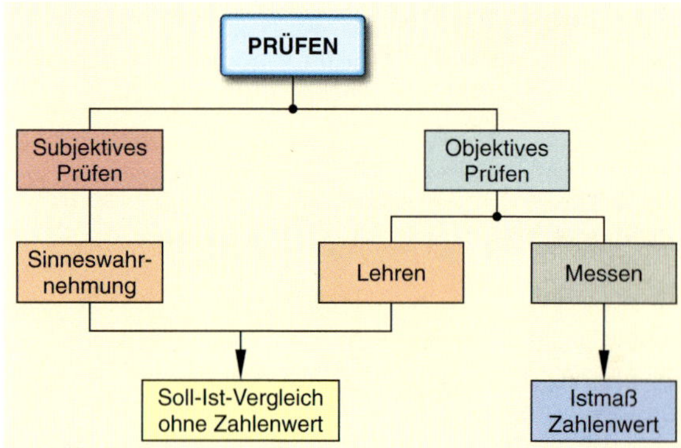

2 Prüfarten

Vervielfachung		deka	hekto	kilo	Mega	Giga
	multipliziert:	10	10^2	10^3	10^6	10^9
Verkleinerung		dezi	centi	milli	mikro µ	
	dividiert:	10	10^2	10^3	10^6	

3 Vorsätze vor Maßeinheiten

Messen

Beim Messen wird eine Länge oder ein Winkel mit einer Maßeinheit auf dem Messgerät verglichen. Das Ergebnis des Messens ist immer das IST-Maß als Zahlenwert.

Als Messgröße sind folgende Maßeinheiten üblich:
- Längenmaßeinheiten
- Winkelmaßeinheiten

Für **Längenmaßeinheiten** werden verwendet:
- Metrisches Maßsystem, Einheit: Meter (m)
- Zollmaßsystem, Einheit: Zoll (")
  1 Zoll oder 1 inch = $^1/_{12}$ Fuß (foot) = 25,4 mm
  Zoll wird als Bruch angegeben, z. B. $^1/_2$", $1^1/_4$"

Für **Winkelmaße** wird die Einheit Grad (°) verwendet.
1 Grad ist $^1/_{360}$ des Kreisvollwinkels.
1° = 60′ = 360″

Um große und kleine Zahlenwerte der Maßeinheiten einfach darzustellen, verwendet man Vorsätze nach Bild, ➔ **3**.

[1] Archimedes: * um 285 v. Chr., † 212 v. Chr.

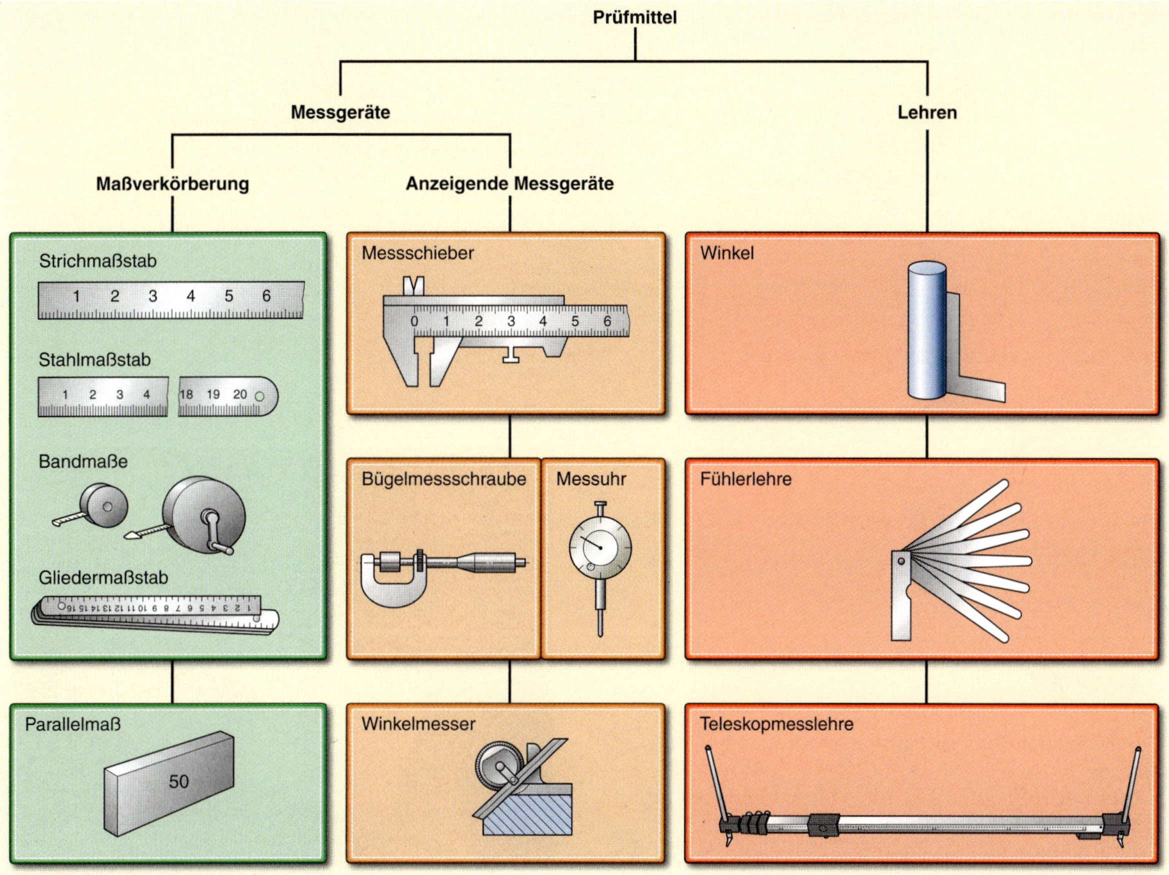

1 Prüfmittel für Längen und Winkel

Das Lehren

Beim **Lehren** wird der Gegenstand mit der Lehre verglichen. Die Lehre hat das SOLL-Maß und der Gegenstand das IST-Maß. Durch Prüfen stellt man fest, ob der Gegenstand gut oder schlecht ist; das Ergebnis des Lehrens ergibt keinen Zahlenwert. Dazu werden Prüfmittel verwendet. Geprüft werden sollte bei 20 °C, der so genannten **Bezugstemperatur**.

Die Prüfmittel sind, ➔ **1**:
- Messgeräte
- Lehren

Messgeräte

Mit Messgeräten werden Längen und Winkel auf das IST-Maß geprüft.

Messgeräte gibt es als:
- Maßverkörperung
- anzeigende Messgeräte

Maßverkörperungen verkörpern die Messgröße durch einen festen Abstand von Strichen oder Flächen.

Beispiele:
- Stahlmaßstab:
  Er besteht aus Federstahl und hat einen Teilstrichabstand von 0,5 mm oder 1 mm. Seine Länge beträgt 300 mm oder 500 mm.
- Gliedermaßstab:
  Er besteht aus Holz, Metall oder Kunststoff und hat einen Teilstrichabstand von 1 mm. Seine Länge beträgt 1 m oder 2 m.
- Bandmaß:
  Es besteht aus Stahl, Leinen oder Kunststoff und hat einen Teilstrichabstand von 1 mm. Seine Länge beträgt 1 m bis 50 m. Mit dem Bandmaß können auch kurvenförmige Längen gemessen werden.

Bei Parallelendmaßen wird die Messgröße durch den Abstand von Flächen verkörpert.

Anzeigende Messgeräte zeigen bei analoger Anzeige den Messwert an einer Strichskala durch eine bewegliche Marke oder Zeiger an. Bei digitaler Anzeige wird der Messwert in Ziffern in einem Anzeigefenster dargestellt.

Anzeigende Messgeräte sind z. B.:
- Profiltiefen-Prüfer
- Messschieber

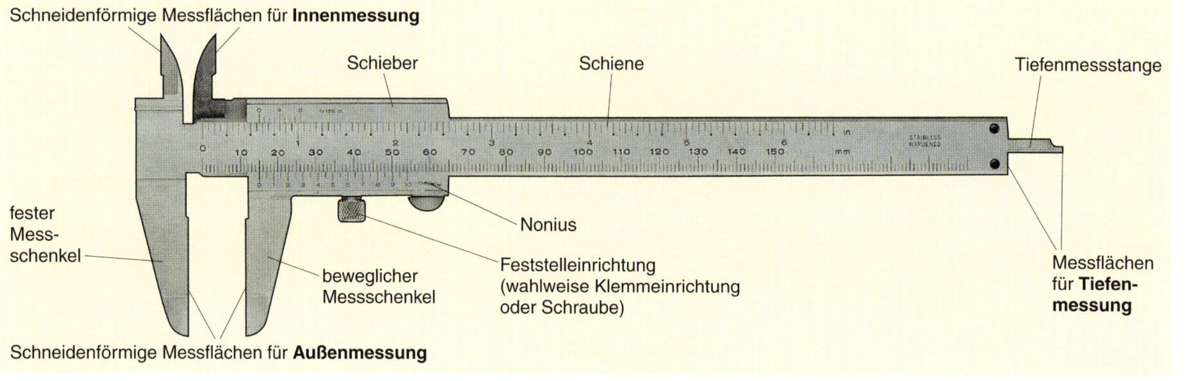

1 Messschieber

Mit dem **Profiltiefen-Prüfer** lässt sich die Profiltiefe direkt messen, ➔ **2**.

Der **Messschieber** ist einsetzbar für Innen-, Außen- und Tiefenmessungen

Es gibt Messschieber mit
- linearer Skala
- Rundskala
- digitaler Anzeige

Der **Messschieber mit linearer Skala** besteht aus, Bild, ➔ **1**:
- einem festen Schenkel mit je einer Hauptteilung in Millimeter und darüber in Zoll (inch)
- einem beweglichen Schenkel mit je einem Nonius für Millimeter und für Zoll

Durch den **Nonius** können Bruchteile von Millimetern bzw. von Zoll abgelesen werden, ➔ **3**.

Das Ablesen des Messschiebers erfolgt so:
Der Nullstrich des Nonius wird als Komma betrachtet, er teilt die ganzen Millimeter von zehntel Millimeter. Man liest links vom Nullstrich des Nonius auf der Hauptteilung die ganzen Millimeter ab. Rechts vom Nullstrich des Nonius gibt der erste Noniusteilstrich, der sich mit einem Teilstrich der Hauptteilung deckt, die zehntel Millimeter an.

Bei dem Nonius auf Messschiebern gibt es:
- 1/10-Nonius
- erweiterter 1/10-Nonius
- erweiterter 1/20-Nonius

Beim **1/10-Nonius** sind 9 mm in 10 Teile geteilt. Der Abstand zwischen den Teilstrichen beträgt somit 0,9 mm. Der Teilstrichabstand auf dem festen Schenkel ist 1 mm. Damit erhält man durch die Teilstrichdifferenz von 0,1 mm eine Ablesegenauigkeit von 0,1 mm.

Zum besseren Ablesen ist der **1/10-Nonius erweitert**, Bild, ➔ **4**. Hierbei sind 19 mm in 10 Teile geteilt. Der Abstand zwischen den Teilstrichen beträgt somit 1,9 mm. Zum Teilabstand von 2 mm auf dem festen Schenkel ergibt sich ebenfalls eine Teilstrichdifferenz von 0,1 mm und eine Ablesegenauigkeit von 0,1 mm.

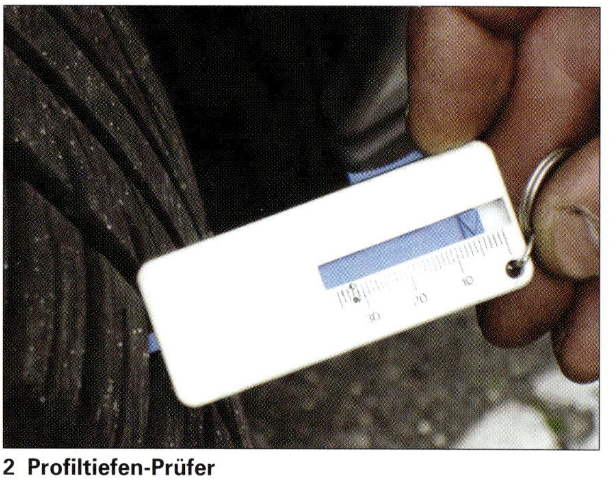

2 Profiltiefen-Prüfer

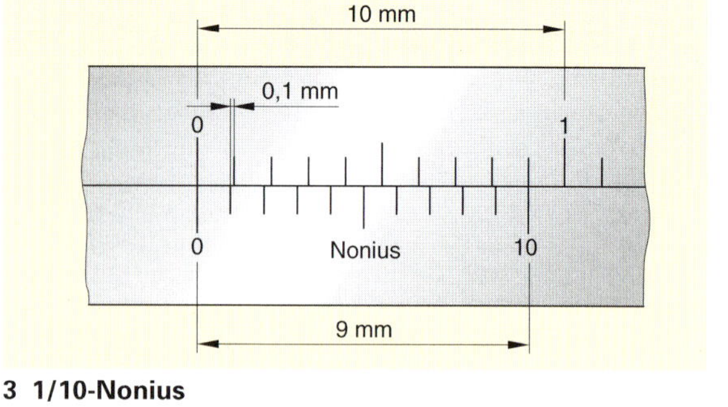

3 1/10-Nonius

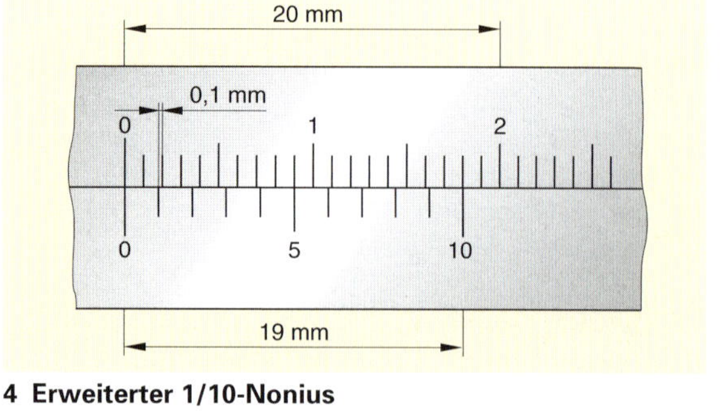

4 Erweiterter 1/10-Nonius

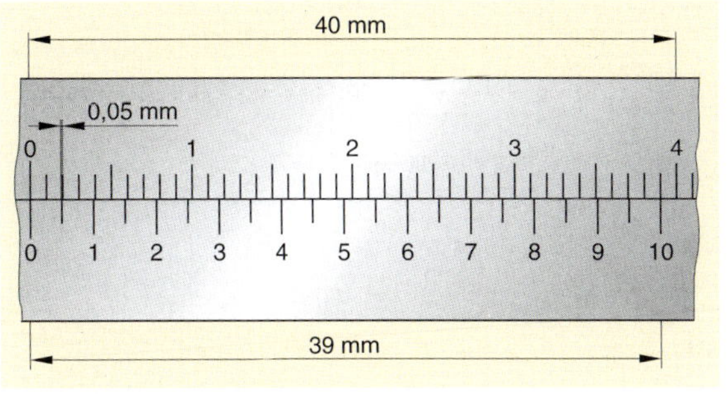

1 **Erweiterter 1/20-Nonius**

Beim **erweiterten 1/20-Nonius** wird die Ablesegenauigkeit auf 1/20 mm erhöht, ➔ **1**. Hier sind 39 mm in 20 Teile geteilt. Der Abstand zwischen den Teilstrichen beträgt somit 1,95 mm. Zum Teilabstand von 2 mm auf dem festen Schenkel ergeben sich eine Teilstrichdifferenz von 0,05 mm und eine Ablesegenauigkeit von 0,05 mm.

Bei **Messschiebern mit Rundscala** und bei **Messschiebern mit digitaler Anzeige** beträgt die Ablesegenauigkeit 1/100 mm, ➔ **2**. Das Ablesen der Messwerte ist bei diesen Messschiebern einfacher und Ablesefehler kommen kaum vor.

Die Lehren

Mit Lehren werden Formen und Maße geprüft.

Danach sind die Lehren eingeteilt in:
- Formlehren
- Maßlehren

Formlehren verwendet man zum Prüfen von Winkel, Rundungen und speziellen Karosserieformen.

Beispiel:
Beim Schleifen von Spiralbohrern können die wichtigsten Winkel mit der Schleiflehre geprüft werden, ➔ **3**.

Zum Prüfen von Rundungen und speziellen Karosserieformen können selbst gefertigte Schablonen verwendet werden.

Maßlehren verwendet man zum Prüfen von bestimmten Maßen.

Beispiele:
- Fühlerlehre: Spaltmaße an Türen und Klappen
- Blechlehre: Blechdicke, ➔ **4**
- Teleskopmesslehre: Symmetriemaße an einer Karosserie

Fehler beim Prüfen

Beim Prüfen können Fehler entstehen durch:
- das Prüfmittel
- den Prüfer

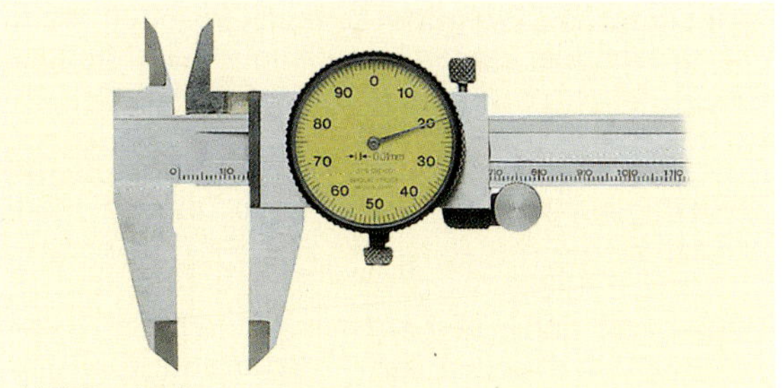
a) Mit Rundscala
b) Mit digitaler Anzeige

2 **Messschieber**

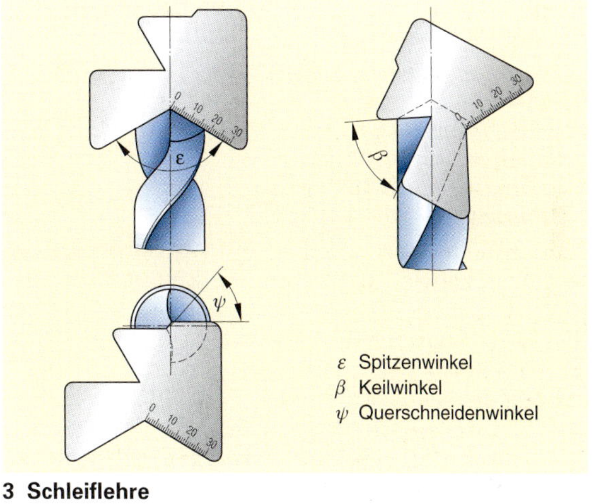

3 **Schleiflehre**

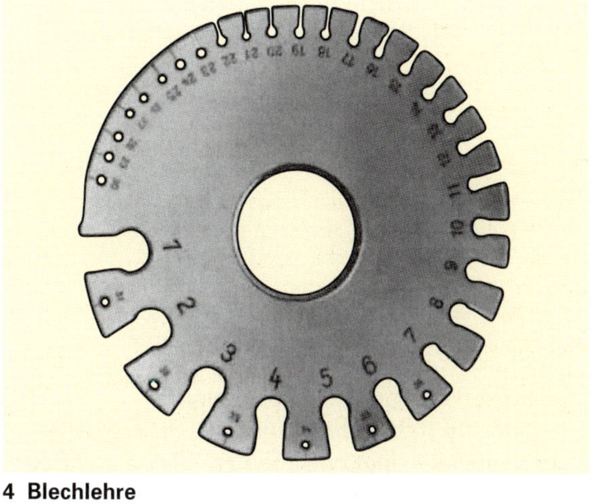

4 **Blechlehre**

Fehler durch das Prüfmittel können entstehen, wenn Messgeräte oder Lehren beschädigt oder abgenutzt sind.

Darum müssen Messgeräte und Lehren gepflegt, sorgfältig behandelt und von Zeit zu Zeit überprüft werden.

Fehler durch den Prüfer entstehen durch:
- ungenaues Anlegen des Messgerätes oder der Lehre
- zu starken Druck beim Messen und Lehren
- ungenaues Ablesen der Messgeräte
- verschmutzte Prüfgegenstände
- falsche Prüf-Bezugstemperatur

2.1.3.6 Informationen über Bohren

Bei der Instandsetzung des Radbolzens muss gebohrt und das Gewinde geschnitten werden. Bohren und Gewindeschneiden gehören zum Trennverfahren „Spanen". Bild ➔ **1** zeigt die Trennverfahren, die bei der Instandsetzung von Fahrzeugen eingesetzt werden.

In diesem Kapitel wird das Bohren behandelt. Weitere Informationen finden Sie zum:

- Gewindeschneiden: Kap. 2.1.3.8
- Sägen: 2.2.3.8
- Fräsen: Kap. 2.3.3.6
- Schleifen: Kap. 2.2.3.6
- Zerteilen: Kap. 2.2.3.7
- Thermisches Trennen: Kap. 2.2.3.5

Beim Bohren werden Späne vom Werkstoff abgehoben; dazu benötigt der Bohrer Werkzeugschneiden.

Die **Werkzeugschneide** kann sein:
- geometrisch bestimmt
- geometrisch unbestimmt

Die **geometrisch bestimmte Werkzeugschneide** ist in Form und Größe festgelegt, z. B. beim Sägen, Bohren und Fräsen.

Bei der **geometrisch unbestimmte Schneide** ergeben sich Form und Größe zufällig, z. B. beim Schleifen.

Betrachtet man den Bohrer, erkennt man, dass die Werkzeugschneiden winklig zueinander stehen, ➔ **2**.

An der Werkzeugschneide des Bohrers gibt es:
- Freiwinkel α
- Keilwinkel β
- Spanwinkel γ

Der **Freiwinkel** α liegt zwischen Werkstückoberfläche und Freifläche. Er verringert die Reibung.
Es gilt:
- harte Werkstoffe – kleiner Freiwinkel
- weiche und zähe Werkstoffe – großer Freiwinkel

Der **Keilwinkel** β liegt zwischen Freifläche und Spanfläche. Er bestimmt die Kraftübersetzung.

Trennverfahren	Beispiele
Zerteilen	Keilschneiden, Scherschneiden, Keil als Kraftübersetzer
Spanen	Werkzeugschneide, Sägen, Bohren, Gewindeschneiden, Fräsen, Schleifen
Abtragen	thermisches Trennen
Zerlegen	Lösen von Verschraubungen
Reinigen	Radschrauben reinigen

1 Trennverfahren für die Instandsetzung von Fahrzeugen

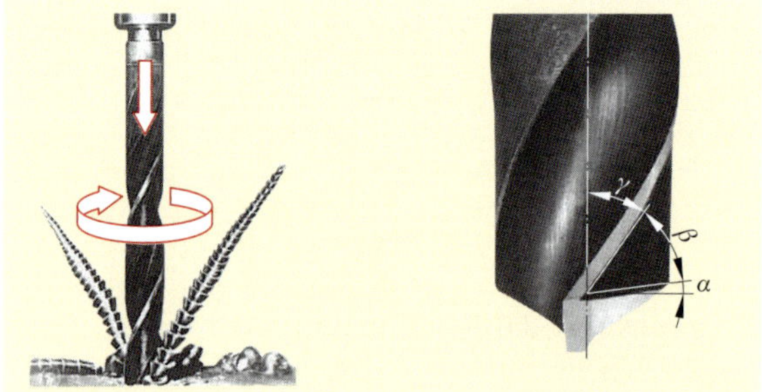

a) Schnittbewegung b) Winkel

2 Winkel an der Werkzeugschneide des Bohrers

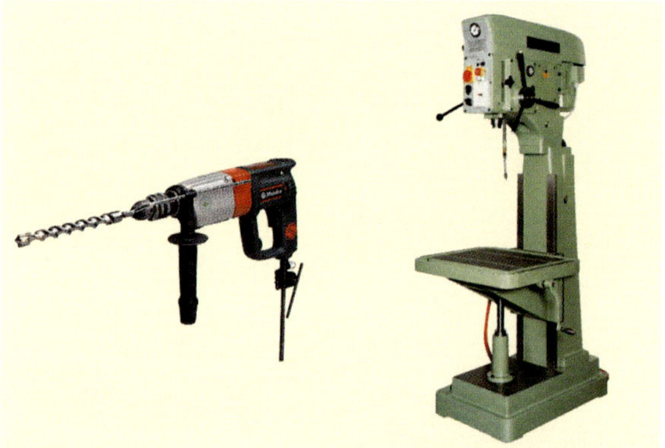
a) Handbohrmaschine b) Stationäre Bohrmaschine

3 Handbohrmaschine und stationäre Bohrmaschine

Es gilt:
- harte Werkstoffe – großer Keilwinkel
- weiche Werkstoffe – kleiner Keilwinkel

Der **Spanwinkel** γ liegt zwischen der Spanfläche und einer Senkrechten zur Werkstückoberfläche.

Bohrmaschinen und Bohrer

Je nach Masse und Größe der Werkstücke verwendet man zum Bohren die Handbohrmaschine oder eine stationäre Bohrmaschine, ➔ **3**.

Die Spanabnahme beim Bohren erfolgt durch zwei gleichzeitige Bewegungen, ➔ **2a**:
- Schnittbewegung
- Vorschubbewegung

Die **Schnittbewegung** erfolgt durch das Drehen der Bohrspindel. Aus der Drehzahl des Bohrers und des Bohrerdurchmessers lässt sich die Schnittgeschwindigkeit berechnen:

$$v_c = d \cdot \pi \cdot n$$

v_c Schnittgeschwindigkeit in $\frac{m}{min}$
d Durchmesser des Bohrers in m
n Drehzahl des Bohrers in 1/min

Die maximale Schnittgeschwindigkeit ist für jeden Werkstoff vorgegeben, die Werte finden Sie in Tabellenbüchern. Bild ➔ **1** zeigt eine Auswahl.

Sind Bohrerdurchmesser und maximale Schnittgeschwindigkeit gegeben, kann die zulässige Drehzahl des Bohrers ausgerechnet werden:

$$n_{zul} = \frac{v_{cmax}}{d \cdot \pi}$$

n_{zul} zulässige Drehzahl des Bohrers in $\frac{1}{min}$
v_{cmax} maximale Schnittgeschwindigkeit in $\frac{m}{min}$
d Durchmesser des Bohrers in m

Die **Vorschubbewegung** erfolgt in axialer Richtung des Bohrers. Der Vorschub ist der Weg in mm, den der Bohrer pro Umdrehung in das Werkstück eindringt.

Zum Bohren werden Bohrer verwendet, im Karosserie- und Fahrzeugbau sind das meist Spiralbohrer.

Der **Spiralbohrer** besteht aus, ➔ **2**:
- Bohrerschaft
- Schneidenteil

Der zylindrische **Bohrerschaft** wird ins Bohrfutter der Bohrmaschine gespannt. Bis zu einem Bohrerdurchmesser von 12 mm ist der Bohrerschaft zylindrisch.

Bohrer mit einem größeren Durchmesser haben einen Kegelschaft. Diese Bohrer werden in kegelige Hülsen oder direkt in den Innenkegel der Bohrmaschinenspindel eingesetzt, ➔ **3**.

Der **Schneidenteil** besteht aus, ➔ **4**:
- zwei Hauptschneiden
- zwei Nebenschneiden
- einer Querschneide
- zwei Spannuten

Die **Hauptschneiden** sind an der Stirnseite des Spiralbohrers angeordnet; sie verrichten die Hauptspanabnahme. Die Hauptschneiden bilden ein Spitze, den Winkel nennt man Spitzenwinkel. Der **Spitzenwinkel** σ ist unterschiedlich groß für die Bearbeitung verschiedener Werkstoffe.

Beispiele:
- für Baustahl, hochfesten Stahl, Grauguss: $\sigma = 118°$
- für Aluminium, Aluminiumlegierungen: $\sigma = 130°$
- für Holz: $\sigma = 60°$ bis $118°$

Die **Nebenschneiden** führen den Bohrer im Bohrloch und glätten die Bohrwandung.

Werkstoff	Maximale Schnittgeschwindigkeit v_c in m/min
Baustahl ($R_m \leq 700$ N/mm²)	30 ... 35
Gusseisen	15 ... 25
Aluminium	32 ... 40
Duroplaste	16 ... 20

1 Maximale Schnittgeschwindigkeit für verschiedene Werkstoffe

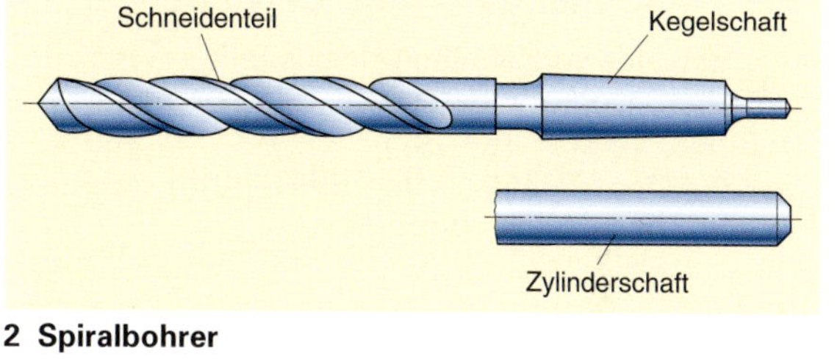

2 Spiralbohrer

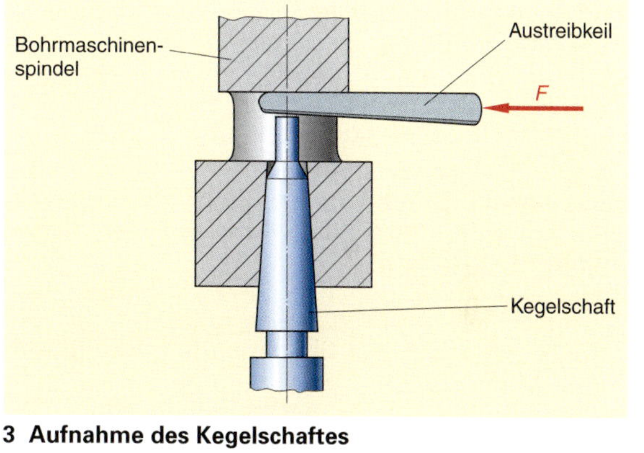

3 Aufnahme des Kegelschaftes

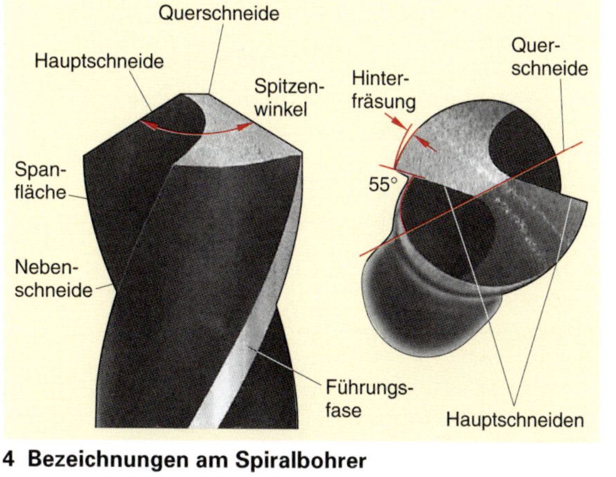

4 Bezeichnungen am Spiralbohrer

Die **Querschneide** quetscht und schabt den Werkstoff. Dazu ist viel Kraft notwendig, etwa ein Drittel der Vorschubkraft. Bei einer Bohrung mit großem Durchmesser kann man erst einmal ein kleines Loch bohren, das nennt man **Vorbohren**. So wird wenig Kraft für den Vorschub benötigt.

2

Die **Spannuten** leiten die Späne aus dem Bohrloch und Kühlmittel zu den Haupt- und Nebenschneiden.

Arbeitssicherheit beim Bohren:
- Eng anliegende Arbeitskleidung tragen.
- Bei langen Haaren Haarnetz oder entsprechende Kopfbekleidung tragen.
- Schutzbrille tragen.
- Kleine Werkstücke in den Maschinenschraubstock fest einspannen.

2.1.3.7 Informationen über Gewinde

Unter Gewinde versteht man eine spiralförmige Kerbe
- um einen Dorn → Außengewinde, z. B. bei Schrauben
- in einem Loch → Innengewinde, z. B. bei Muttern

Über Gewinde gibt es viele Beiträge in Büchern, Fachzeitschriften oder im Internet.

Das Wichtigste, was der Lehrling wissen muss, ist hier zusammengefasst:
- Mechanik des Gewindes
- Einteilung der Gewinde
- Gewindenormung

Die **Mechanik des Gewindes** lässt sich über die Keilwirkung erklären, ➔ **1** und Kap. 2.2.3.7:

Ein Gewinde kann bewirken:
- Aus einem Drehmoment wird eine große Axialkraft.
- Aus einer Drehbewegung wird eine lineare Bewegung.

Beispiele:
- Bauteile können mit Schrauben kraftschlüssig gefügt werden.
- Durch Drehen der Spindel im Wagenheber wird mit geringer Kraft ein Auto angehoben.

Die Höhe der geneigten Ebene entspricht der Gewindesteigung P.

Je kleiner die Gewindesteigung P ist, desto größer ist die Kraft in axialer Richtung.

Die **Gewinde werden eingeteilt** nach:
- seiner Aufgabe
- Drehrichtung
- Gewindeprofil
- Anzahl der Gewindegänge

Das Gewinde kann seiner **Aufgabe** nach sein:
- Befestigungsgewinde
- Bewegungsgewinde

Das **Befestigungsgewinde** verbindet zwei Werkstücke fest miteinander, z. B. das Zusammenschrauben.

Beim **Bewegungsgewinde** werden zwei Werkstücke miteinander so verbunden, dass sie sich gegeneinander bewegen können, z. B. im Schraubstock

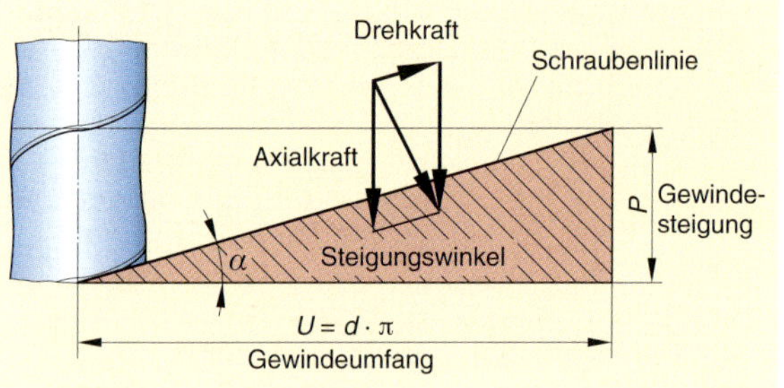

1 Mechanik des Gewindes

sind die beiden Schraubstockbacken miteinander verbunden, eine der beiden Schraubstockbacken ist beweglich.

Nach der **Drehrichtung** der Schraube beim Einschrauben unterscheidet man:
- Rechtsgewinde
- Linksgewinde

Rechtsgewinde ist am häufigsten anzutreffen, das so genannte **Normalgewinde**. Die Drehrichtung der Schraube beim Eindrehen ist der Uhrzeigersinn.

Bei **Linksgewinde** ist die Drehrichtung der Schraube beim Eindrehen gegen Uhrzeigersinn. Linksgewinde wird benötigt:
- wenn sich ein Rechtsgewinde bei Rechtsdrehung löst, z. B. rechte Fahrradpedale, Schraubenausdreher
- wenn entgegengesetzte lineare Bewegungen erzeugt werden sollen, z. B. Spannschloss

Bei Linksgewinde steht hinter der Normbezeichnung „LH" (left hand = links), z. B. M12 LH.

Bei Werkstücken mit Links- und Rechtsgewinde werden auch Rechtsgewinde zusätzlich gekennzeichnet, z. B. M12 RH (right hand = rechts).

Nach dem **Gewindeprofil** unterscheidet man:
- Spitzgewinde
- Trapezgewinde
- Sägengewinde
- Rundgewinde

Spitzgewinde wird als Befestigungsgewinde benutzt, ➔ **87.1a**. Aufgrund der kleinen Steigung haben sie eine hohe Selbsthemmung und die Schrauben können sich nicht so leicht allein lösen. In Kraftfahrzeugen werden überwiegend Spitzgewinde verwendet.

Trapezgewinde findet Verwendung als Bewegungsgewinde mit beidseitiger Belastung, z. B. bei Bewegungsspindeln an Werkzeugmaschinen, ➔ **87.1b**.

Sägengewinde verwendet man als Bewegungsgewinde mit einseitiger Belastung, z. B. bei Spindeln an Hebezeugen, ➔ **87.1c**.

Rundgewinde wird als Bewegungsgewinde bei starker Verschmutzung benutzt, z. B. bei Kupplungsspindeln an Waggons, ➔ **87.1d**.

Nach der **Anzahl der Gewindegänge** unterscheidet man:
- Eingängige Gewinde
- Mehrgängige Gewinde

Gewinde können **einen Gewindegang** oder **mehrere Gewindegänge** haben, ➔ **2**.

Die Anzahl der Gewindegänge gibt an:
- wie viele Gewindeanfänge ein Gewinde besitzt
- wie viel mal größer die Steigung ist als bei einem eingängige Gewinde

Die meisten Gewinde sind eingängig.

Mehrgängige Gewinde haben eine große Steigung. Man erreicht dadurch bei kleiner Drehung eine große axiale Bewegung.

In der Gewindenormung sind die Gewindearten mit ihren Kurzzeichen, Abmessungen und Formen festgelegt.

Da in Kraftfahrzeugen überwiegend Spitzgewinde angewendet werden, sind die Kurzzeichen mit Erklärungen für folgende Spitzgewinde dargestellt, ➔ **3**:
- metrisches Regelgewinde
- metrisches Feingewinde
- Whitworth-Gewinde
- Whitworth-Rohrgewinde

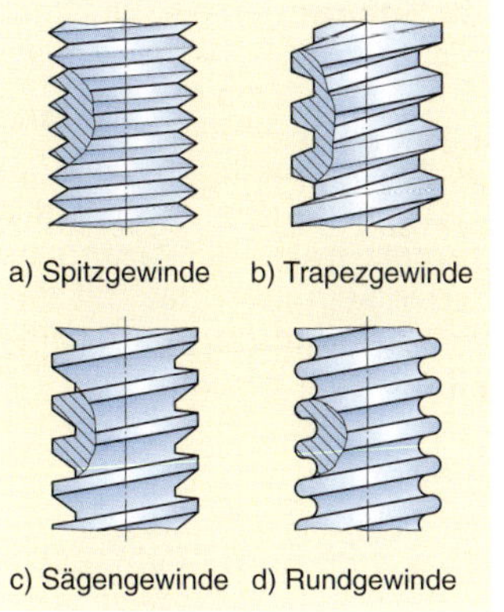

1 Gewindeprofile

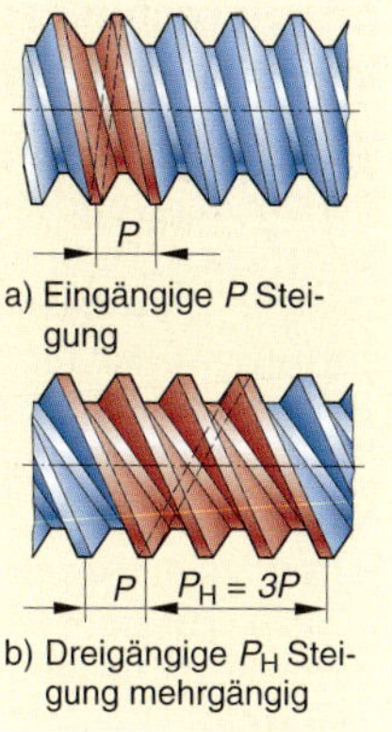

2 Ein- und mehrgängige Gewinde

Gewindeart	Kurzzeichen	Erklärung	
Metrisches Regelgewinde	M8	M 8	Metrisches Gewinde Gewinde-Nenndurchmesser in mm
Metrisches Feingewinde	M12 x 1,25	M 12 x1,25	Metrisches Feingewinde Gewinde-Nenndurchmesser in mm Steigung $P = 1,25$
Whitworth-Gewinde	3/4"	3/4"	Gewinde-Nenndurchmesser in Zoll
Whitworth-Rohrgewinde	R1/2"	R1/2"	Rohrinnendurchmesser in Zoll

3 Auszug aus der Gewindenormung

2.1.3.8 Informationen über Gewindeschneiden

Ein Gewinde kann auf unterschiedliche Art hergestellt werden, dazu finden Sie in Fachbüchern viele Informationen. Das Gewindeschneiden gehört zum Trennverfahren „Spanen“, vgl. dazu Kap. 2.1.3.6.

Im Handwerk werden Gewinde meist von Hand hergestellt.

Hier sollen vorgestellt werden:
- Schneiden von Innengewinde
- Formen von Innengewinde
- Schneiden von Außengewinde

Schneiden von Innengewinde

Innengewinde werden in ein Loch geschnitten, in das so genannte Kernloch. Zum Gewindeschneiden von Hand können verwendet werden (d = Gewinde-Nenndurchmesser):
- Muttergewindebohrer (Einzelschneider), ➔ **5**: für Gewindetiefe $t < 1,5d$
- dreiteiliger Gewindebohrersatz, ➔ **4a**: für Gewindetiefe $t \geq 1,5d$
- zweiteiliger Gewindebohrersatz, ➔ **4b**: für Feingewinde

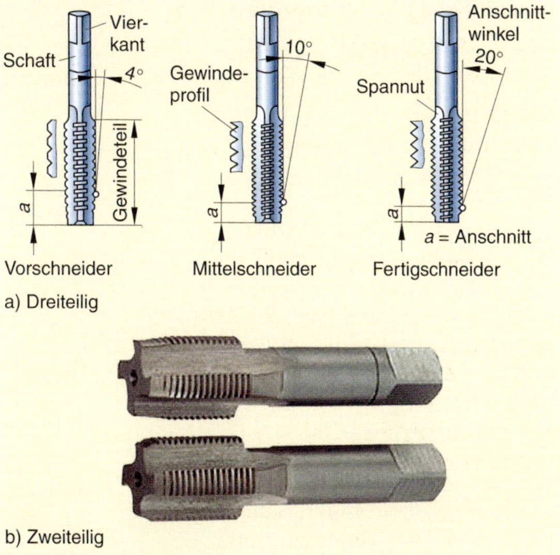

4 Gewindebohrersatz

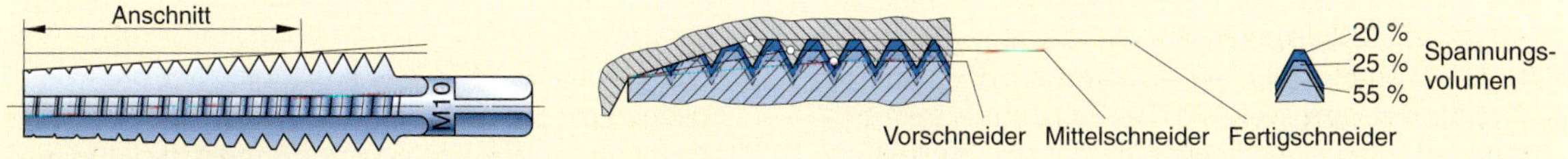

5 Muttergewindebohrer

2

Arbeitstechnik zum Schneiden eines Innenfeingewindes

Es soll ein Innenfeingewinde geschnitten werden. Hierzu verwendet man den zweiteiligen Gewindebohrersatz, vgl. ➔ **87.4b**. Im Vergleich zum dreiteiligen Gewindebohrersatz muss auf Grund der geringen Gewindetiefe des Feingewindes mit dem Vorschneider 60 % und mit dem Fertigschneider 40 % Zerspanungsarbeit erbracht werden.

Arbeitstechnik:

1. Kernloch anreißen und körnen.
2. Kernloch bohren: Kernlochdurchmesser d_k nach Gewindetabelle ermitteln.
3. Kernloch mit 90°-Kegelsenker ansenken, dadurch besserer Anschnitt für den Gewindebohrer und keine Gratbildung am ersten Gewindegang, ➔ **1**.
4. Gewindebohrer mit Windeisen ein bis zwei Gewindegänge eindrehen, mit Winkel rechtwinklig ausrichten, ➔ **2**.
5. Schmiermittel verwenden.
6. Gewindebohrer von Zeit zu Zeit zurückdrehen, damit der Span bricht und Schmiermittel an die Gewindegänge fließen kann.

Achtung:
Den Kernlochdurchmesser der Bohrung d_k etwas größer bohren als der Kerndurchmesser des Gewindes ist, weil der Werkstoff beim Schneiden sich ins Gewindeprofil des Gewindebohrers drückt (Werkstoffaufwerfung).

2

Das Formen von Innengewinde

In gut formbaren Werkstoffen können Innengewinde auch geformt, d. h. **spanlos** hergestellt, werden.

Gut formbare Werkstoffe sind z. B.:

- Aluminiumlegierungen
- Kupferlegierungen
- Zinklegierungen
- Stahl mit einer Zugfestigkeit bis 700 $\frac{N}{mm^2}$

Beim spanlosen Gewindeformen wird der Werkstoff verdichtet und kaltverfestigt. Die Gewinde erhalten dadurch eine hohe Ausreißfestigkeit. Die enge Gewindepassung bewirkt eine große Selbsthemmung und es kann auf eine zusätzliche Schraubensicherung verzichtet werden.

Innengewinde werden spanlos geformt mit:
- Gewindeformern
- Gewinde formenden Schrauben

Mit **Gewindeformern** werden Innengewinde vor allem in Bleche geformt. Die Gewindeformer haben einen unrunden Querschnitt und keine Spannuten.

Gewinde formende Schrauben werden einfach in den Werkstoff eingedreht, es kann vorher auch ein Kernloch gebohrt werden. Die Schraube formt ihr Gegengewinde, ohne Späne abzuheben, vergleiche Kap. 2.1.3.9.

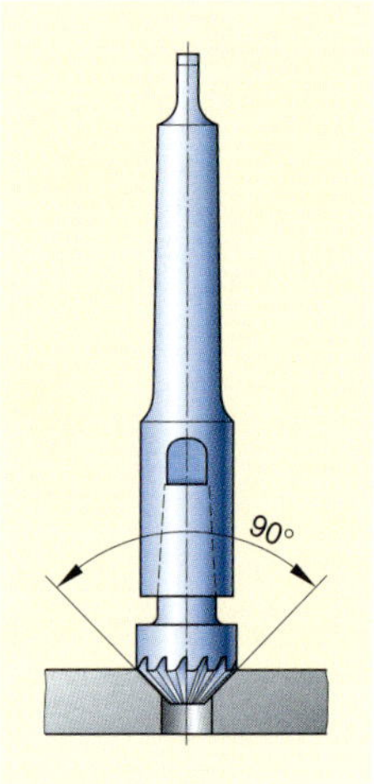

1 Kegelsenker

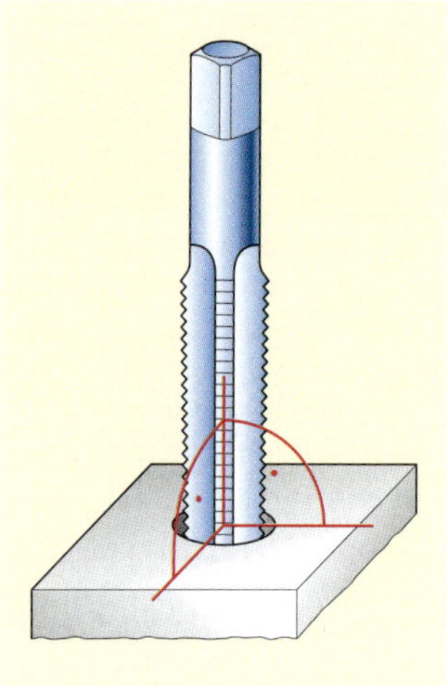

2 Ausrichten des Gewindebohrers

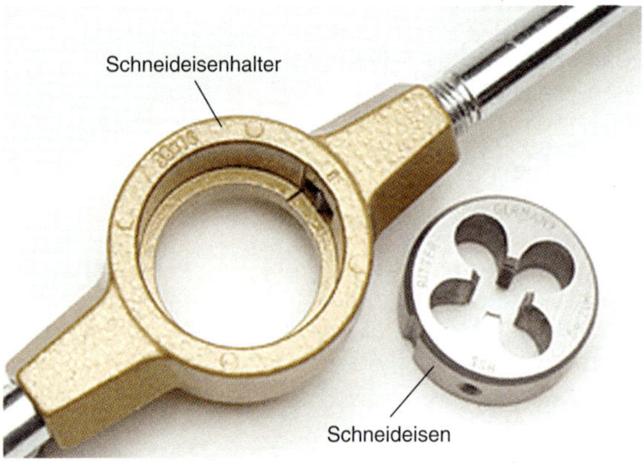

3 Schneideisenhalter mit Schneideisen

Schneiden von Außengewinde

Das Schneiden von Außengewinde erfolgt mit dem Schneideisen in einem Arbeitsgang. Das Schneideisen wird im Schneideisenhalter befestigt, ➔ **3**.

Arbeitstechnik zum Schneiden von Außengewinde:

- Außendurchmesser des Bolzens nach Tabelle
- Bolzen anfasen, dadurch besserer Anschnitt für das Schneideisen.
- Schneideisen rechtwinklig zur Werkstückachse ansetzen und unter gleichmäßigem Druck in Schneidrichtung drehen.
- Schmiermittel verwenden.
- Schneideisen von Zeit zu Zeit zurückdrehen, damit der Span bricht und Schmiermittel an die Gewindegänge fließen kann.

Achtung:
Außendurchmesser des Bolzens muss etwas kleiner sein als der Außendurchmesser des Gewindes, weil eine Werkstoffaufwerfung entsteht.

2.1.3.9 Informationen über Schraubenverbindungen

Beim Schrauben wird ein Bauteil mit einer Schraube oder mit mehreren Schrauben an ein anderes Bauteil angeschraubt. Das Bauteil kann auch wieder abgeschraubt werden, ohne dass die Schraube zerstört wird. Deshalb ist das Schrauben eine **lösbare Verbindung.**

Beispiele:
Das Sommerkomplettrad ist mit fünf Schrauben an die Vorderachse geschraubt. Beim Wechsel auf Winterkompletträder wird das Sommerkomplettrad abgeschraubt; die Schrauben werden nicht zerstört.

Beim Anschrauben werden die Schrauben angezogen:
Je fester die Schrauben angezogen werden, umso mehr werden sie auseinander gezogen.

Die Schrauben wirken wie Zugfedern, sie möchten gern wieder in ihre Ausgangslage zurück. Dabei pressen sie das Rad an die Vorderachse. Die Schrauben sind also ständig „vorgespannt". Deshalb heißt diese Zugkraft **Vorspannkraft, ➔ 1.**

Weitere Kräfte, die bei der Schraubenverbindung auftreten, sind, **➔ 2:**
- Betriebskraft
- Normalkraft
- Reibkraft

Eine weitere Kraft, die auf die Radschrauben wirkt, ist die **Betriebskraft**. Die Betriebskraft entsteht beim Betrieb des Fahrzeugs, also beim Stehen (Gewichtskraft) und Fahren (Umfangskraft).

Die **Normalkraft** wird für Berechnungen benötigt. Die Normalkraft ist die Kraft, die das Rad an die Radnabe drückt. Sie ergibt sich aus der Vorspannkraft.

Die **Reibkraft** zwischen Rad und Radnabe entsteht durch die Normalkraft. Die Reibkraft ist genau so groß wie die Beriebskraft; allerdings entgegengesetzt gerichtet. Durch diese Reibkraft dreht sich das Rad zusammen mit der Radnabe.

Die Schrauben können eingeteilt werden nach ihrer:
- geometrischen Grundform
- Gewindeart

Schrauben nach ihrer **geometrischen Grundform** sind, **➔ 3:**
- Kopfschrauben
- Sechskantschrauben
- Zylinderschrauben
- Senkschrauben
- Linsenschrauben
- Radschrauben
- Stiftschrauben
- Gewindestifte
- Verschlussschrauben

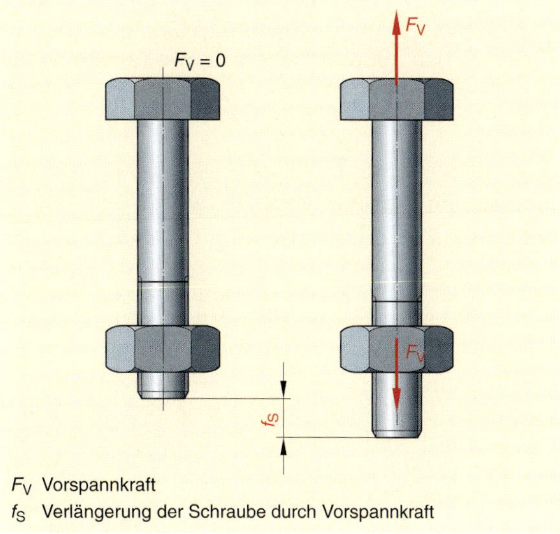

1 Vorspannkraft in der Schraube

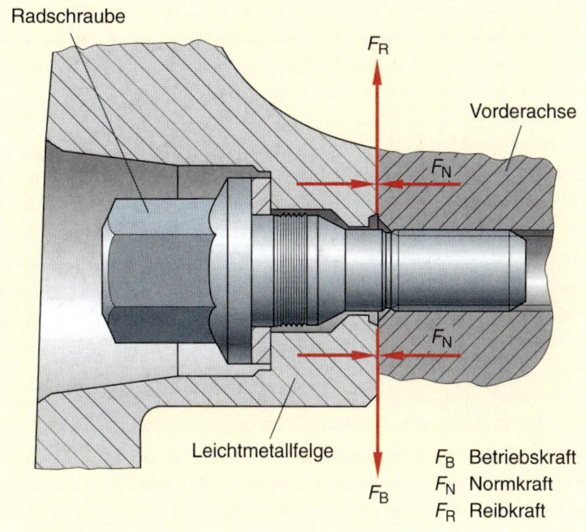

2 Kräfte an der Schraubenverbindung

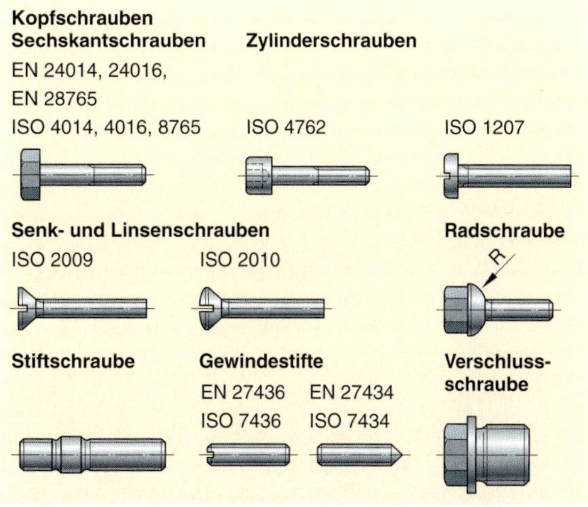

3 Schrauben nach ihrer geometrischen Grundform

2

Schrauben nach ihrer **Gewindeart** sind:
- Schrauben mit metrischem Gewinde oder Whitworth-Gewinde
- gewindeformende Schrauben

In Kraftfahrzeugen verwendet man **Schrauben mit metrischem Gewinde oder Whitworth-Gewinde**.

Die Schrauben mit metrischem Gewinde oder mit Whitworth-Gewinde haben Spitzgewinde. Dabei ist das metrische Gewinde ein Befestigungsgewinde mit den Maßen in mm; beim Whitworth-Gewinde sind die Maße in Zoll angegeben.

Die Schrauben werden durch Vorspannkraft und Betriebskraft so beansprucht, dass sie sich ausschließlich elastisch verformen (nicht plastisch). Deshalb müssen Schrauben so ausgewählt werden, dass sie der Belastung standhalten, also:
- bei kleiner Belastung: Schrauben mit geringer Festigkeit
- bei großer Belastung: Schrauben mit hoher Festigkeit

Nach EN ISO 898-1 gibt es für Schrauben neun Festigkeitsklassen, ➔ **1**.

Gewindeformende Schrauben sind Schrauben mit Blechschraubengewinde. Sie formen ihre Gewindegänge beim Einschrauben selbst. Es werden keine Späne abgeschnitten, das Metall wird kaltverfestigt.

2

Bei Metall, das kaltverfestigt ist, reißt das Gewinde nicht aus.

Weil sich die Schraube das Gewinde selbst formt, ist die Gewindepassung eng, bei Belastung lockert sich die Schraube nicht und es kann auf eine zusätzliche Schraubensicherung verzichtet werden.

Gewindeformende Schrauben für Metallverbindungen können in zwei Gruppen unterschieden werden:
- Blechschrauben
- Bohrschrauben

Für **gewindeformende Blechschrauben** wird ein Kernloch gebohrt. Der Durchmesser kann aus Tabellen entnommen werden. Für die Praxis ist im Allgemeinen folgende Faustformel ausreichend:

$$d_k = 0{,}8 d_N$$

d_k Kernlochdurchmesser in mm
d_N Nenndurchmesser der Blechschraube in mm

Blechschrauben sind entweder einsatzgehärtet oder bestehen aus kaltverfestigtem hochlegierten Stahl. Die Kopfform und das Schraubenende sind für verschiedene Anwendungen unterschiedlich, ➔ **2**.

Gewindeformende Blechschrauben werden nach ISO 1481 bezeichnet.

Festigkeitsklasse	Nennzugfestigkeit[1] R_m in N/mm²	Streckgrenze[2] R_{eL} bzw. $R_{p\,0,2}$ in N/mm²
3.6	300	160
4.6	400	240
4.8	400	320
5.6	500	300
5.8	500	400
6.8	600	480
8.8	800	640
10.9	1000	900
12.9	1200	1080

[1] Die Nennzugfestigkeit R_m lässt sich berechnen:

$R_m = 100x$ x erste Zahl der Festigkeitsklasse

[2] Streckgrenze R_{eL} bzw. 0,2%-Dehngrenze $R_{p\,0,2}$ lassen sich berechnen:

$R_{eL} = 10xy$ x erste Zahl der Festigkeitsklasse
y zweite Zahl der Festigkeitsklasse

1 Festigkeitsklassen von Schrauben

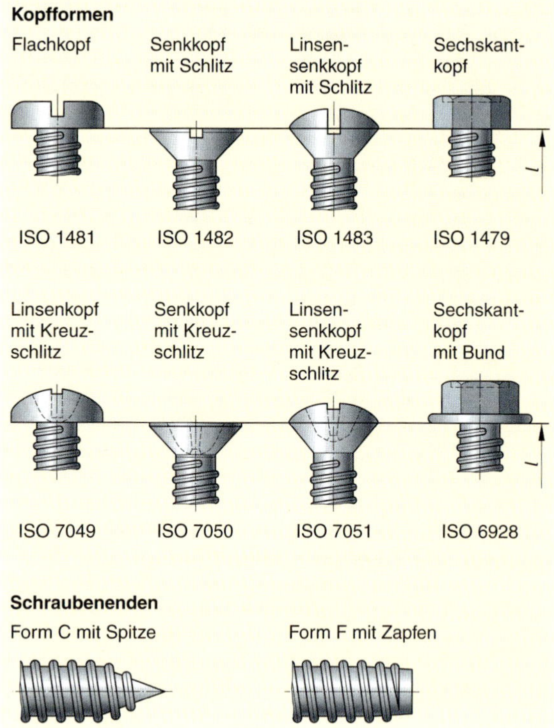

2 Arten von Blechschrauben

Beispiel:
Blechschraube ISO 1481 – ST 3,5 x 19 – C

ISO 1481	Flachkopf-Blechschraube
ST 3,5	Gewinde ST 3,5 (Nenndurchmesser 3,5 mm)
19	Länge (Nennmaß) 19 mm
C	Form C (mit Spitze)

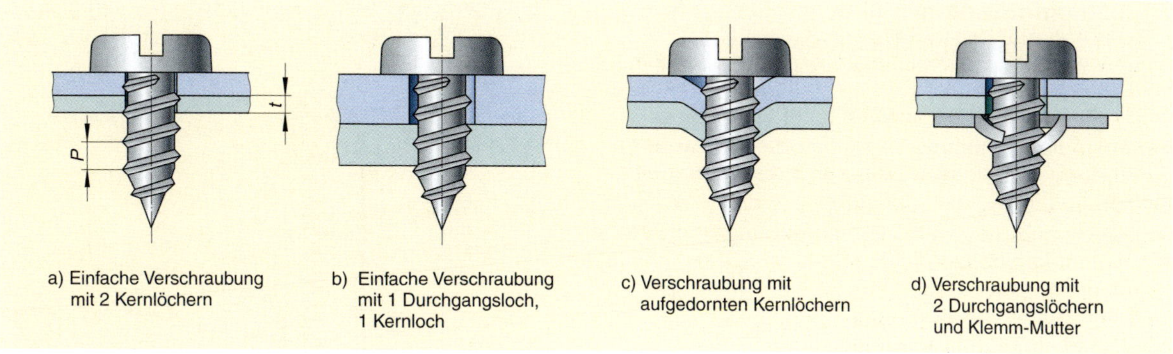

1 Anwendung von gewindeformenden Blechschrauben

Im Karosserie- und Fahrzeugbau werden folgende gewindeformende Blechschrauben eingesetzt:

- einfache Verschraubung mit zwei Kernlöchern: für Blechdicke *t* kleiner als die Steigung *P* ($t \leq P$), Bild ➔ **1a**, es kommt nicht zur Verspannung zwischen den Blechen
- einfache Verschraubung mit Durchgangsloch: für $t > P$ ist, ➔ **1b**, es kommt zur Verspannung zwischen den Blechen
- Verschraubung mit aufgedorntem Kernloch: für $t \leq P$, ➔ **1c**, beide Bleche zusammen müssen $t > P$ sein, es kommt zur Verspannung zwischen den Blechen
- Verschraubung mit Klemm-Mutter: für $t < P$, Bild ➔ **1d**, es kommt zur Verspannung zwischen den Blechen

Bohrschrauben sind gewindeformende Schrauben, die das Kernloch bohren und zusätzlich ihr Gewinde spanlos formen. Sie sind aus gleichen Werkstoffen hergestellt wie die gewindeformenden Blechschrauben, auch zum Teil wärmebehandelt. Bohrschrauben gibt es für Blechdicken von 0,7 mm bis 6 mm, ➔ **2**.

Die Bohrschraube vereint die drei Arbeitsgänge, Bild ➔ **3**:

- Vorbohren
- Gewindeformen
- Schrauben

Flügel-Bohrschrauben werden im Fahrzeugbau eingesetzt, wenn Holz auf Stahl geschraubt wird.

Beispiel:
Ladefläche von Nkw
Die Flügel-Bohrschraube hat zwischen Bohrerspitze und Gewindeanfang einen Schneidflügel; damit bohrt sie sich im Holz ein Durchgangsloch, ➔ **4**. Das Durchgangsloch ist erforderlich, um Holz und Stahlblech zu verspannen. Beim Auftreffen auf das Stahlblech wird der Schneidflügel abgesprengt, dann formt die Bohrschraube Gegengewinde ins Blech.

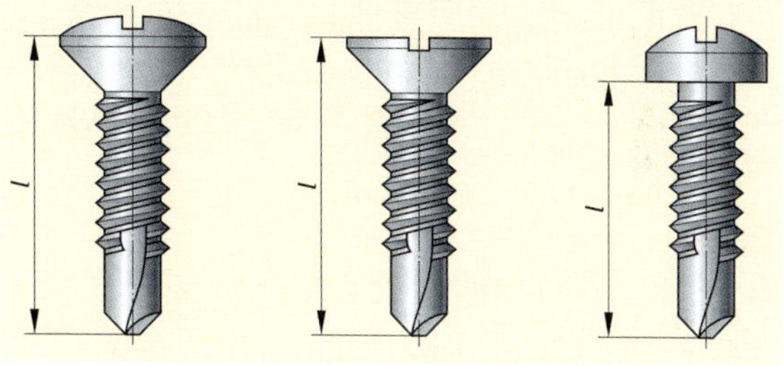

2 Bohrschrauben

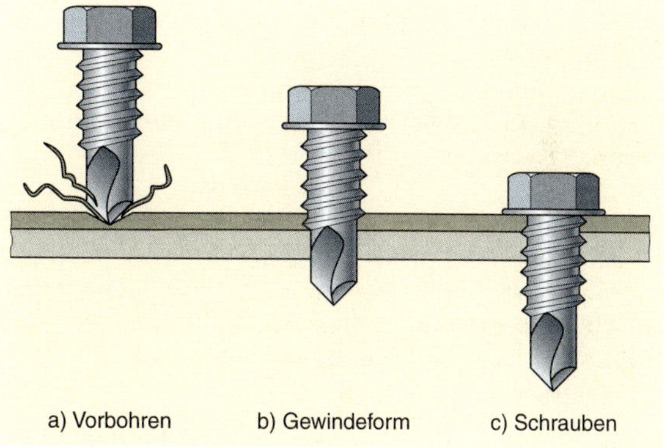

3 Bohrschraube einschrauben

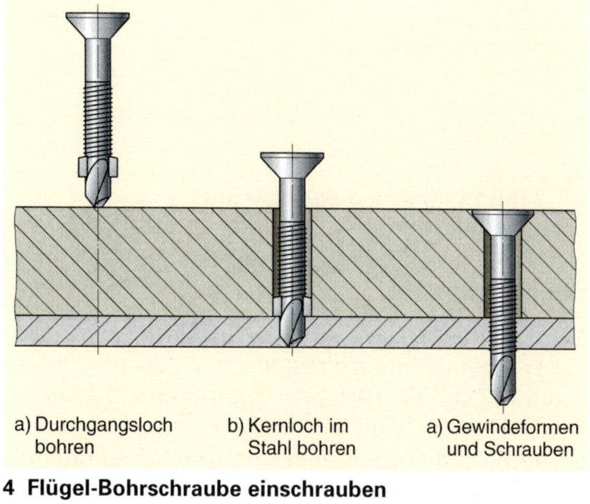

4 Flügel-Bohrschraube einschrauben

2

2.1.3.10 Informationen über Schraubensicherungen

Schraubensicherungen sollen verhindern, dass sich Schraubenverbindungen lockern oder gar lösen.

Bei normaler Belastung kann sich die Schraubenverbindung nicht lösen, dafür sorgt die **Selbsthemmung**.

Selbsthemmung entsteht bei Schraubenverbindungen durch Reibkräfte:
- in den Gewindegängen
- an den Auflageflächen

Die Reibkräfte vermindern sich:
- wenn dynamische Belastungen in Achs- oder in Querrichtung der Schraube wirken
- bei Stößen und Vibrationen
- wenn bei Wärme die Schraube sich mehr ausdehnt als die Bauteile, die verbunden sind

Dann lockert sich die Schraubenverbindung, sie kann sich sogar lösen.

Das kann verhindert werden durch
- konstruktive Maßnahmen zur Schraubensicherung
- externe Schraubensicherungen

Konstruktive Maßnahmen zur Schraubensicherung heißt, besondere Schrauben auszuwählen.

2

Solche besonderen Schrauben
- haben eine bestimmte Form,
- können mit großer Vorspannung angezogen werden.

Beispiele:
- Schrauben mit großem Klemmlängenverhältnis, Bild ➔ **1a**:
  Das Maß der elastischen Ausdehnung wird vergrößert und die Vorspannung der Schraube gesichert.
- Schrauben mit hoher Festigkeitsklasse:
  Sie können mit großer Vorspannung angezogen werden; das erhöht die Reibkraft.
- Schrauben mit Gewindeüberhöhung, ➔ **1b**:
  Sie furchen sich in das Muttergewinde, dadurch entsteht große Reibung.
- Sperrzahnschrauben und –muttern, ➔ **1c**:
  Sie drücken sich mit der Verzahnung in die Werkstückoberfläche ein.

Bei **externen Schraubensicherungen** sollen zusätzliche Bauteile oder Stoffe verhindern, dass sich Schraubenverbindungen lockern oder lösen.

Externe Schraubensicherungen können nach ihrer Funktion unterteilt werden:
- externe formschlüssige Schraubensicherung, Bild ➔ **93.1a**
- externe kraftschlüssige Schraubensicherung, Bild ➔ **93.1b**
- externe Schraubensicherung durch Gewindebeschichtung

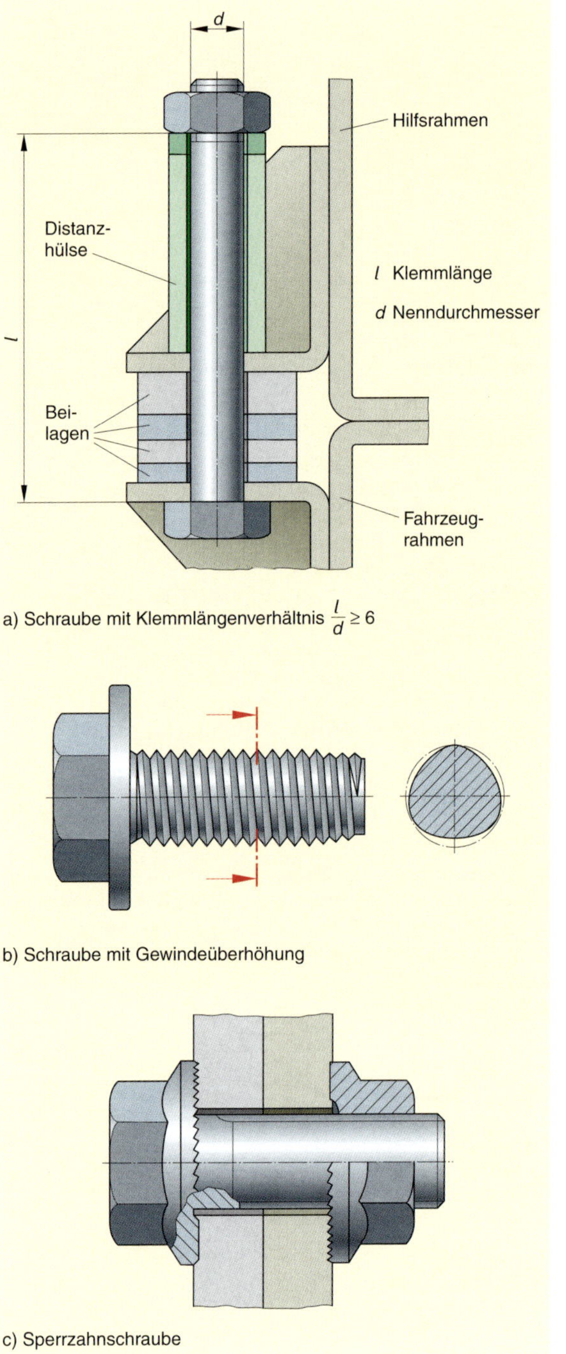

a) Schraube mit Klemmlängenverhältnis $\frac{l}{d} \geq 6$

b) Schraube mit Gewindeüberhöhung

c) Sperrzahnschraube

1 Konstruktive Maßnahmen zur Schraubensicherung

Externe Schraubensicherungen durch Gewindebeschichtung werden unterschieden in klemmende und klebende Beschichtungen:
- klemmende Gewindebeschichtung: auf das Schraubengewinde wird ein Kunststoff aufgebracht, zwischen Bolzen- und Muttergewinde eine Klemmwirkung erzeugt, ➔ **93.2**.
- klebende Gewindebeschichtung: auf das Gewinde der Schrauben wird Klebstoff aufgebracht.

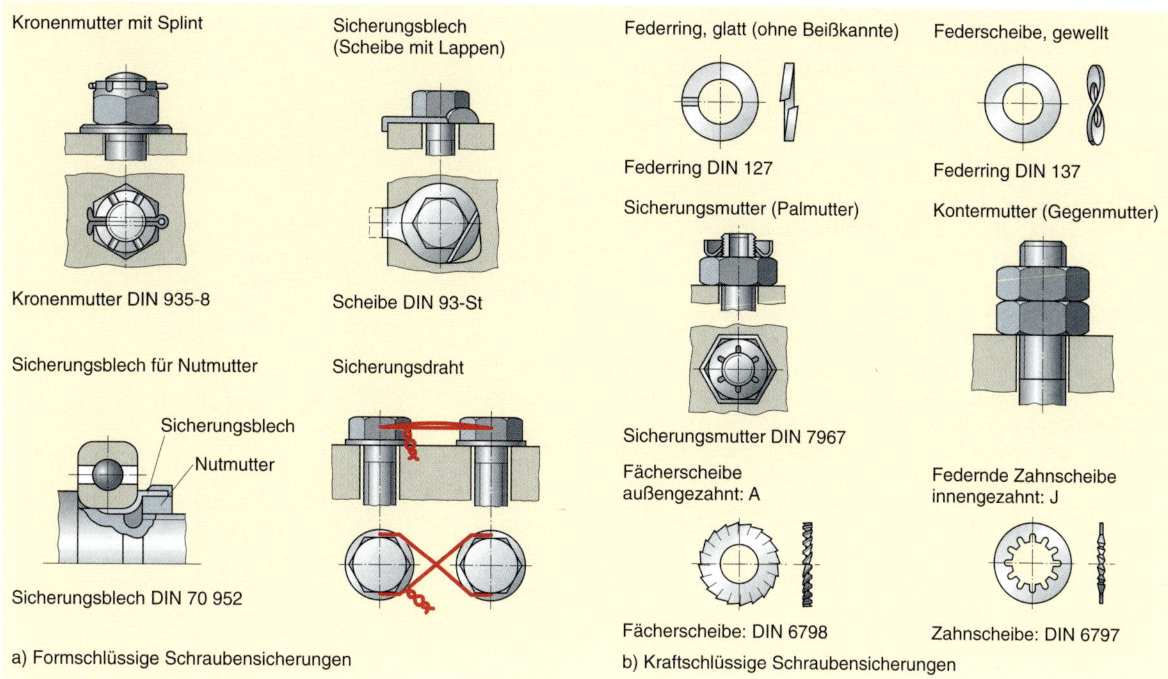

1 Externe Schraubensicherung

Als Kleber können verwendet werden:

- Einkomponentenkleber, der bei Metallberührung unter Luftabschluss aushärtet.
- Mehrkomponentenkleber: Die Schraube ist mit einem so genannten Klebstoffträgermaterial vorbeschichtet, ➔ **3**; beim Verschrauben platzen die Microkapseln mit dem Härter auf und vermischen sich mit dem Klebstoffträgermaterial; jetzt setzt die chemische Reaktion ein und es kommt zur Klebstoffaushärtung.

2.1.3.11 Informationen über Korrosion und Korrosionsschutz

Das Wort Korrosion kommt vom lateinischen corrodere (= zerfressen, zernagen) und beschreibt die Reaktion eines Metalls mit seiner Umgebung. Es kommt zur Veränderung der Metalloberfläche, die schädlich sein kann aber nicht schädlich sein muss.

So denkt man bei Korrosion sofort an Rost oder Patina (Edelrost). Rost zerstört Metall, Patina schützt Metall, z. B. grüne Patina auf Kupferdächern.

Korrosion ist ein natürlicher Vorgang. Viele Metalle kommen in der Natur nicht in reiner Form vor, sondern als Erz. Mit viel Aufwand und Energie wird aus Erz das reine Metall gewonnen.

Beispiele:
Aus Eisenerz entsteht im Hochofen Eisen.

Das reine Metall will aber in seinen ursprünglichen Zustand zurück, es will sich mit anderen Stoffen verbinden; dieser Vorgang heißt Korrosion.

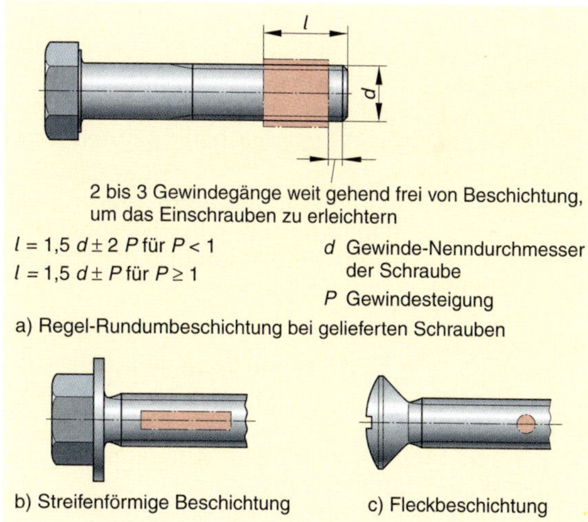

2 Klemmende Gewindebeschichtung

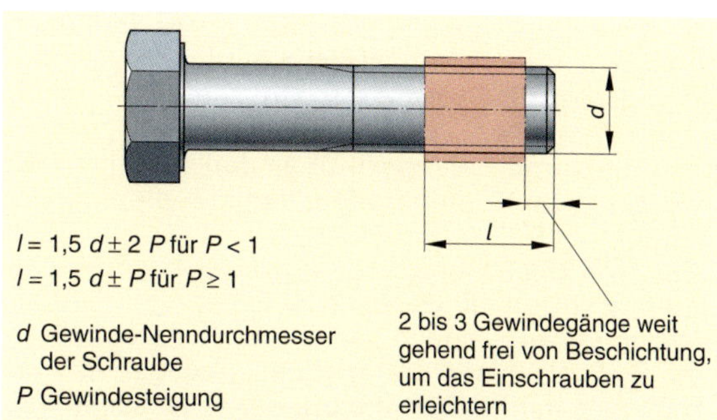

3 Vorbeschichtete Schrauben zur Schraubensicherung durch klebende Gewindebeschichtung

Zur Korrosion ist Sauerstoff notwendig, Wasser und Salz beschleunigen die Korrosion. Es können z. B. Radschrauben korrodieren, wenn das Fahrzeug am Nordseestrand geparkt wird oder nach einer Fahrt auf winterlichen Straßen, die mit Salz gestreut sind.

Bei Fahrzeugen sind bedeutend:
- Korrosion durch reaktionsfreudige Stoffe
- Korrosion durch galvanische Elemente

Die **Korrosion durch reaktionsfreudige Stoffe** wird auch **chemische Korrosion** genannt.

Zu den reaktionsfreudigen Stoffen zählen z. B. Sauerstoff, Salze und Säuren, aber auch Abgase bilden in Verbindung mit Wasserdampf Säuren. Reaktionsfreudige Stoffe lassen Metalle korrodieren. Am heftigsten korrodieren unedle Metalle. Welche Metalle unedel sind, zeigt die elektrochemische Spannungsreihe, ➔ **1**. Gold ist ein sehr edles Metall, es korrodiert nicht, es bleibt immer glänzend hell und wird nicht einmal von den meisten Säuren angegriffen.

Schutz vor Korrosion durch reaktionsfreudige Stoffe:
- Oberfläche mit Öl, Fett, Farben, Kunststoffe, Metalle (Zink, Zinn) beschichten, um den Zutritt der Luftatmosphäre zu verhindern.
- Hochlegierte Stähle verwenden; Cr-Ni bildet auf Stahl eine dichte Schicht, die vor Korrosion schützt.

Die **Korrosion durch galvanische Elemente** wird auch als **elektrochemische Korrosion** bezeichnet. Die Korrosion durch galvanische Elemente kann ebenfalls mit der elektrochemischen Spannungsreihe erklärt werden:

Ein galvanisches Element entsteht, wenn zwei verschiedenen Metalle in eine elektrisch leitende Flüssigkeit (**Elektrolyt**) eintauchen und die Metalle elektrisch miteinander verbunden sind.

Beispiel:
Ein Streifen aus Zink und ein Streifen aus Kupfer tauchen in salzhaltiges Wasser. Zink ist das unedle Metall und bildet die so genannte Kathode, Kupfer ist das edle Metall und wird zur Anode. Das salzhaltige Wasser ist der Elektrolyt.

Werden beide Metallstreifen elektrisch verbunden, oder berühren sie sich, passiert Folgendes, ➔ **2**:
- Die Zinkatome geben Elektronen ab, es entstehen Zn^{2+}-Ionen, Elektronenabgabe wird als **Oxidation** bezeichnet, Zink korrodiert, wird zerstört.
  $Zn \rightarrow Zn^{2+} + 2e^-$
- Die Elektronen wandern über den metallischen Kontakt zum Kupferstreifen; es fließt elektrischer Strom.
- Die Zn^{2+}-Ionen werden vom Elektrolyt aufgenommen, ersetzen teilweise die H^+-Ionen.
- Die ersetzten H^+-Ionen nehmen am Kupferstreifen die Elektronen auf, die vom Zink abgegeben wurden. Es entsteht Wasserstoff, der in Bläschen aus dem Elektrolyt entweicht.
  $2\,H^+ + 2e^- \rightarrow H_2$

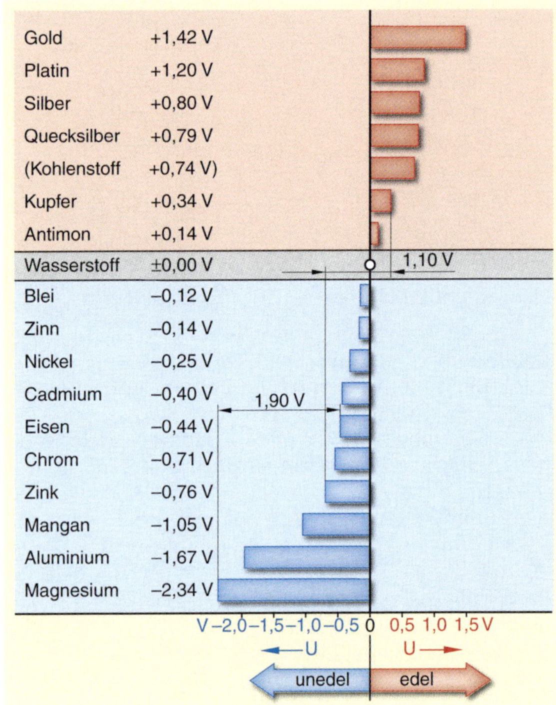

1 Elektromechanische Spannungsreihe

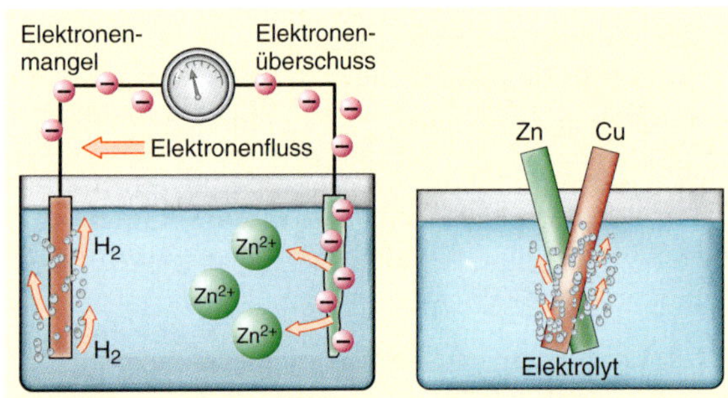

a) Metallstreifen werden elektrisch verbunden
b) Metallstreifen berühren sich

2 Galvanisches Element

Je weiter zwei Metalle in der elektrochemischen Spannungsreihe auseinander liegen, umso stärker ist die Korrosion.

Man unterscheidet bei der Korrosion durch galvanische Elemente:
- Korrosion zweier Metalle, die über einen Elektrolyt verbunden sind
- Kontaktkorrosion
- interkristalline Korrosion

Korrosion zweier Metalle, die über einen Elektrolyt verbunden sind, tritt auf z. B. bei Stahlwasserboilern mit Kupferleitungen. Das Wasser ist der Elektrolyt und verbindet Stahl und Kupfer. Es würde der Stahlboiler durch Korrosion zerstört werden.

Kontaktkorrosion kann an der Leichtmetallfelge auftreten, wenn die Radschraube aus Stahl mit der Leichtmetallfelge direkt in Berührung kommt und ein Elektrolyt hinzukommt. Als Elektrolyt genügt schon die Luftfeuchtigkeit.

Interkristalline Korrosion tritt bei Legierungsmetallen zwischen den Korngrenzen unterschiedlicher Metallkristallite auf, wenn ein Elektrolyt hinzukommt, ➔ **1**.

Korrosion durch galvanische Elemente kann behindert werden:

- Oberfläche mit Öl, Fett, Farben, Kunststoffe, Metalle (Zink, Zinn) beschichten, um Zutritt des Elektrolyts zu verhindern.
- Elektrisch nicht leitende Zwischenlagen verwenden, z. B. Kunststoff, ➔ **2**.
- Metalle auswählen, die gleich sind oder in der elektrochemischen Spannungsreihe nahe beieinander liegen.
- Opferanoden anbringen: Ein drittes unedles Metall ist verbunden mit den zu schützenden Metallen. Kommen jetzt alle drei Metalle mit dem Elektrolyt in Berührung, wird nur das unedle Metall zerstört. Dieses unedle Metall nennt man **Opferanode**. Die Opferanode kann z. B. bei einer Stahl-Aluminium-Verschraubung eine Magnesiumscheibe sein.

2.1.4 Arbeitsplanung und Arbeitsauftrag durchführen

2.1.4.1 Arbeitsplanung

Die Montage- und Demontageanweisungen der Hersteller sind nach Baugruppen des Fahrzeugs gegliedert und auf Datenträger gespeichert. Diese Datenträger können über den Computer ausgelesen werden. Hierbei findet man Räder und Radbefestigung in der Baugruppe Fahrwerk. Dann wird ein **Arbeitsplan** erstellt, z. B. ➔ **96.1**.

Die Arbeitsschritte der Arbeitsplanung werden zusammengefasst in:

- Sommerräder demontieren, Kap. 2.1.4.2
- Sommerreifen kontrollieren, Kap. 2.1.4.3
- Sommerräder lagern, Kap. 2.1.4.4
- abgescherte Radschraube entfernen und Gewinde nachschneiden, Kap. 2.1.4.5
- Winterräder kontrollieren, Kap. 2.1.4.6
- Winterräder auswuchten, Kap. 2.1.4.7
- Winterräder montieren, Kap. 2.1.4.8
- Aufkleber am Armaturenbrett anbringen, Kap. 2.1.4.9

2.1.4.2 Sommerräder demontieren

Folgende Vorgehensweise ist geplant:

- Radkappen entfernen
- Radschrauben der Sommerräder säubern und mit Rostlöser einsprühen
- Reifen kennzeichnen und Sommerräder abbauen

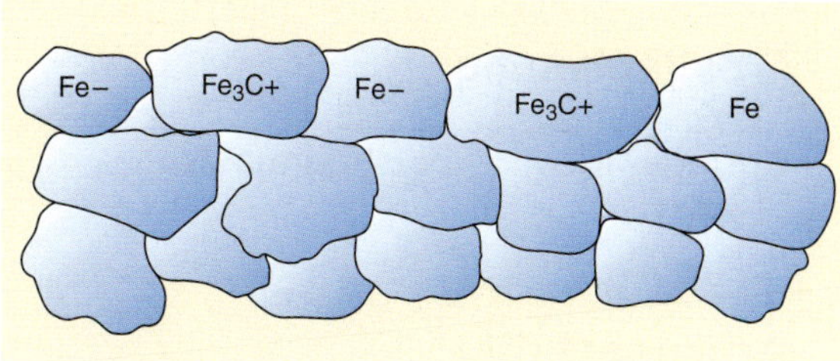

1 Oberfläche mit Fe- und Fe_3C-Kristallite

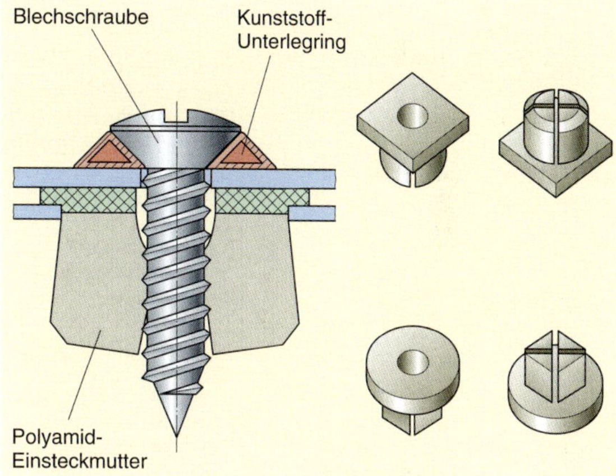

2 Elektrisch nicht leitende Zwischenlage

2

Radkappen entfernen

Die Sommerräder haben Leichtmetallfelgen mit einer kleinen Radkappe, welche die Radschrauben abdecken. Zum Lösen wird ein Schraubendreher in die Abflachung gesteckt, die dafür vorgesehen ist. Damit können die Radkappen abgehebelt werden.

Radschrauben der Sommerräder säubern und mit Rostlöser einsprühen

Die Radschrauben werden mit Bürste und Putzlappen gesäubert. Nach dem Säubern der Radschrauben sind deutliche Spuren von Korrosion zu erkennen. Korrodierte Radschrauben lassen sich schwer lösen und es besteht die Gefahr, dass sie abscheren.

Der Meister hat einen Tipp:
Für das Lösen von fest gerosteten Schrauben verwendet man Rostlöser.

Der **Rostlöser** ist ein Universalmittel, es wird verwendet:

- zum Lösen von Schrauben, Muttern und Scharnieren
- Lockern von Rost
- Schutz vor Rostfraß
- Schutz der Zündanlage vor Feuchtigkeit
- Reinigung und Pflege von Metallen
- Beseitigung von Quietschen an beweglichen Teilen

Es werden die Radschrauben mit Rostlöser eingesprüht, um das Lösen zu erleichtern.

Arbeitsplanung			**Datum** 19.05.
Autrags- Nr. 1234-55	**Zeichnungs- Nr.**	**Benennung** Abgescherte Radschraube entfernen Pkw-Räder wechseln Sommerräder einlagern	**Mitarbeiter** Mager, Klaus

Arbeitsschritt lfd. Nr.	Vorbereitung	Trennen	Umformen	Fügen		**Betriebsmittel** **Werkzeuge** **Werkzeugmaschine**	**Bemerkung** **Prüfmittel** **Einstellwerte**
1	x	x			Radkappe entfernen	Schraubendreher	
2	x	x			Radschrauben der Sommerräder säubern mit Rostlöser einsprühen. Rostlöser einwirken lassen	Putzlappen Schraubendreher Rostlöser	
3	x				Reifen kennzeichnen	Kreide	VL, HL, HR, VR
4		x			Radschrauben der Sommerräder lösen und entsorgen	Pneumatischer Schlagschrauber	schwergängige und angerostete Radschrauben müssen ausgetauscht werden!
5	x				Sommerräder für Einlagerung vorbereiten: Profiltiefe an der mittleren Lauffläche messen		Profiltiefen-Prüfer mind. 1,6 mm, ein guter Reifen hat mindestens 3 mm!
6					Luftdruck der Reifen erhöhen	Kompressor	Erhöhung um 30.... 50 kPa
					Reifenoberfläche auf Schäden untersuchen	Sichtkontrolle	
7					Fremdkörper aus dem Profil entfernen	Spitzzange Schraubendreher	
8					Sommerräder ins Lager bringen		Sachgerechte Lagerung!
9	x				abgescherte Radschraube zentrisch körnen	Hammer Körner	M 12 x 1,25
		x			Radschraube bohren	Handbohrmaschine Spiralbohrer 5,5 mm	ca. 30 mm tief bohren
		x			mit Schraubenausdreher abgescherte Radschraube ausdrehen	Schraubenausdreher Nr. 4 Windeisen	Linksgewinde
10		x			Gewinde in Radflansch nachschneiden	2-teiliger Gewindebohrersatz M 12 x 1,25	
11	x				Luftdruck der Winterräder prüfen	Kompressor	vorgeschriebenen Luftdruck einstellen
12	x				Profiltiefe an der mittleren Lauffläche messen		Profiltiefen-Prüfer mind. 1,6 mm, ein guter Reifen hat mehr als 4 mm!
13	x				Winterräder auswuchten	Auswuchtmaschine	
14				x	Winterräder montieren Radschrauben mit vorgeschriebenem Drehmoment nachziehen	Pneumatischer Schlagschrauber Drehmomentschlüssel	auf Reifenkennzeichnung achten! neue Radschrauben verwenden 9 ± 1 daNm
15				x	Aufkleber für Höchstgeschwindigkeit anbringen		Armaturenbrett

1 Arbeitsplan

Reifen kennzeichnen und Sommerräder abbauen

Vor dem Abbauen werden die Sommerräder mit Kreide gekennzeichnet, damit sie in gleicher Laufrichtung und Position wieder montiert werden können. Es können auch bei der nächsten Montage die Räder der Vorderachse mit denen der Hinterachse getauscht werden, je nach Profiltiefe.

Für die Markierung verwendet man üblicherweise:
- VL: vorn links
- HL: hinten links
- HR: hinten rechts
- VR: vorn rechts

Dann werden die Radschrauben mit dem pneumatischen Schlagschrauber gelöst. **Der pneumatische Schlagschrauber** kann mit Schlag ein maximales Drehmoment von 700 Nm erreichen. Die Radschrauben lassen sich dennoch auch nach dem Einwirken des Rostlösers nur schwergängig abschrauben.

Radschrauben müssen gegen neue Radschrauben ausgetauscht werden, wenn sie sich schwergängig lösen lassen und angerostet sind.

Die alten Radschrauben werden in einem Behälter entsorgt, der für Altmetalle vorgesehen ist.

2.1.4.3 Sommerreifen kontrollieren

Vor der Einlagerung der Sommerräder müssen die Reifen kontrolliert werden.

Hierbei kontrolliert man:
- Profiltiefe
- Luftdruck
- Lauffläche und Seitenwände der Reifen

Die **Profiltiefe** wird an der mittleren Lauffläche gemessen. Hierzu verwendet man einen Profiltiefen-Prüfer oder ein Strichmaßstab, vgl. ➔ **82.2**. Außerdem haben Reifen an einigen Stellen in den Längsrillen des Profils Verschleißanzeiger (TWI = **T**read **W**ear **I**ndikator). Bei einer Profiltiefe von 1,6 mm erscheinen sie als Querstege in der Profiloberfläche.

Die Profiltiefe in der mittleren Lauffläche muss bei Sommerreifen mindestens 1,6 mm betragen, ein guter Reifen hat mindestens 3 mm.

Die Sommerreifen des Kundenfahrzeugs haben eine durchschnittliche Profiltiefe von 4 mm.

Der **Luftdruck** der Reifen wird kontrolliert. Vor dem Einlagern erhöht man den Luftdruck um 30 kPa bis 50 kPa. Durch die Erhöhung des Drucks verhindert man Formveränderungen, die durch einseitige Belastung beim Lagern entstehen können. In der Zeit der Lagerung entweicht Luft, selbst aus einem intakten Reifen, und die tiefe Lagertemperatur bewirkt, dass der Reifeninnendruck sinkt.

Die **Lauffläche und Seitenwände der Reifen** müssen auf Schäden untersucht werden.

Hierbei achtet man auf:
- Beschädigungen
- Fremdkörper
- ungleichmäßige Abnutzung

Nach dem Ausmaß der **Beschädigung des Reifens** muss entschieden werden, ob eine Reparatur möglich ist oder ein neuer Reifen erforderlich wird.

Beschädigungen können sein:
- Schnitte
- Risse
- heraus gebrochene Profilteile
- Beulen

Ins Reifenprofil eingedrungene **Fremdkörper** müssen entfernt werden, z. B. Split oder Nägel.

Ungleichmäßige Abnutzung wie Bremsplatten oder auch einseitiger Abrieb und blanke Stellen sind Schäden, hervorgerufen durch:
- die Fahrweise
- Unwucht der Räder
- das Fahrwerk

Hier muss gegebenenfalls das Rad ausgewuchtet werden oder Einstellungen am Fahrwerk vorgenommen werden, sonst haben neue Reifen schon bald wieder den gleichen Schaden.

Die Sommerreifen unseres Fahrzeuges haben keine Schäden und können eingelagert werden.

2.1.4.4 Sommerräder lagern

Die Sommerräder des Kunden werden ins Lager gebracht.

Für eine fachgerechte Lagerung der Reifen und Kompletträdern ist zu beachten:
- Der Lagerraum muss kühl, trocken, dunkel und nur gering belüftet sein; Sonneneinstrahlung, Wärmeeinwirkung und Zugluft haben einen Einfluss auf die Alterung der Reifen.
- Kontakt mit Öl und Fett, Kraftstoffen, Lösungsmittel und Chemikalien sind zu vermeiden.
- Bestimmte Metalle, insbesondere Kupfer und Mangan, wirken auf Gummierzeugnisse schädigend.
- Reifenhersteller empfehlen:
  - Kompletträder liegend stapeln oder hängen.
  - Reifen ohne Felge stehend lagern und alle vier Wochen drehen, um markierte Standflächen zu vermeiden.
- Werden entgegen dieser Empfehlung:
  - Kompletträder stehend gelagert, müssen sie alle vier Wochen gedreht werden, um markierte Standflächen zu vermeiden,
  - Reifen ohne Felge liegend gelagert, darf die Stapelhöhe 1,2 m nicht überschreiten, um Deformationen der untersten Reifen zu vermeiden.

2.1.4.5 Abgescherte Radschraube entfernen und Gewinde nachschneiden

Beim Entfernen der abgescherten Radschraube müssen Trennarbeiten wie Bohren und Gewindeschneiden durchgeführt werden und es muss das Gewinde in Stand gesetzt werden.

Informationen zu den Themen Bohren, Gewinde und Gewindeschneiden finden Sie in den Kapiteln 2.1.3.6 und 2.1.3.8.

Die Radschraube ist so tief im Gewinde abgebrochen; sie muss ausgebohrt werden.

Der Meister erklärt, dass es zum Herausdrehen der abgebrochenen Radschraube zwei Verfahren gibt:
- Ausdrehstift mit Ausdrehmutter, ➔ **1**
- Schraubenausdreher

Beide Werkzeuge sind in unserem Instandhaltungsbetrieb vorhanden. Der Meister rät zum Schraubenausdreher, weil damit größere Losdrehmomente übertragen werden können.

Arbeiten mit dem Schraubenausdreher, ➔ **2**:
- Die abgescherte Radschraube wird zentrisch angekörnt und mit einem Spiralbohrer mit d = 5,5 mm gebohrt.
- Danach dreht man den Schraubenausdreher Nr. 4 mit dem Linksgewinde in die Bohrung.
- Durch weiteres Drehen des Schraubenausdrehers kann die abgescherte Radschraube entfernt werden.
- Das Gewinde im Radflansch wird mit einem zweiteiligen Gewindebohrersatz M12 × 1,25 (Feingewinde) nachgeschnitten.

2

2.1.4.6 Winterräder kontrollieren

Die Winterräder werden nochmals kontrolliert, bevor sie montiert werden.

Besonders werden die Reifen begutachtet:
- Luftdruck
- Profiltiefe

Der **Luftdruck** der Winterreifen wurde vor dem Lagern um 30 kPa bis 50 kPa erhöht, vgl. Kap. 2.1.4.3. Während der Lagerung kann Luft aus dem Reifen entweichen. Deshalb wird der Luftdruck kontrolliert und nach der Herstellerangabe angeglichen. Bei dem Kundenfahrzeug sollen alle Reifen einen Druck von 250 kPa haben.

Die **Profiltiefe der Winterreifen** sollte schon überprüft sein, bevor die Reifen gelagert werden. Zur Sicherheit ist aber dieser kleine Arbeitsgang mit zu erledigen. So wird mit dem Profiltiefenprüfer an der mittleren Lauffläche gemessen, vgl. ➔ **82.2**.

Die Profiltiefe in der mittleren Lauffläche muss bei Winterreifen mindestens 1,6 mm betragen, ein guter Reifen hat mehr als 4 mm.

Die Winterreifen des Kundenfahrzeuges haben eine durchschnittliche Profiltiefe von 7 mm.

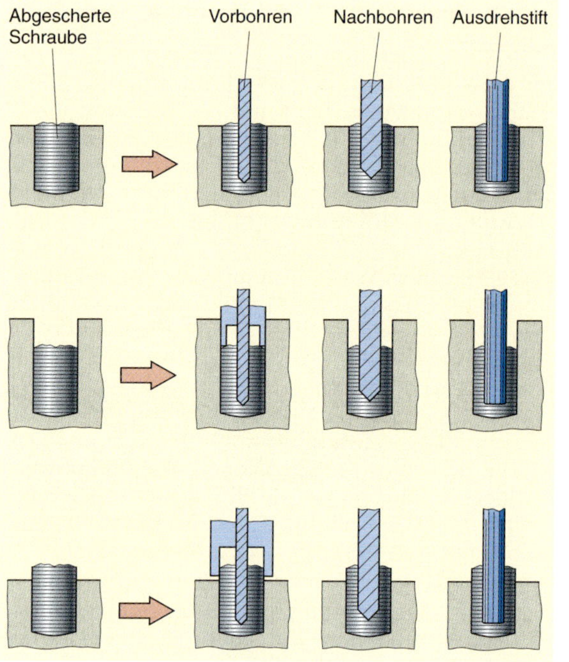

1 Ausdrehstift mit Ausdrehmutter

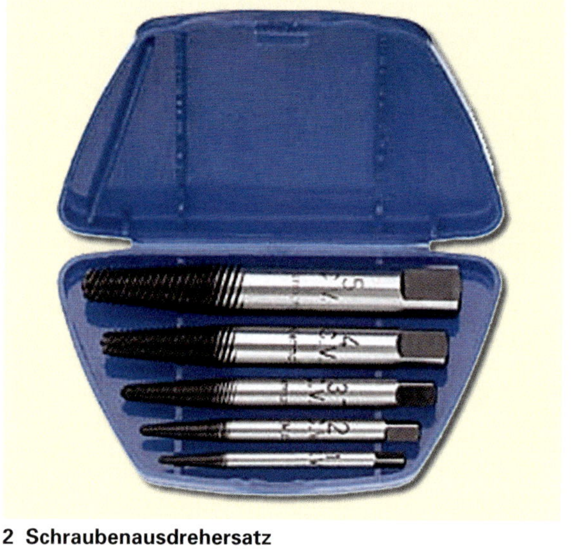

2 Schraubenausdrehersatz

2.1.4.7 Winterräder auswuchten

Unwucht entsteht durch ungleichmäßige Verteilung der Masse.

Bei Unwucht ist zu unterscheiden:
- statische Unwucht
- dynamische Unwucht

Statische Unwucht ist, wenn das Rad eine einseitige mittige Massenverteilung hat, die eine Unwucht in radialer Richtung erzeugt. Das Rad springt.

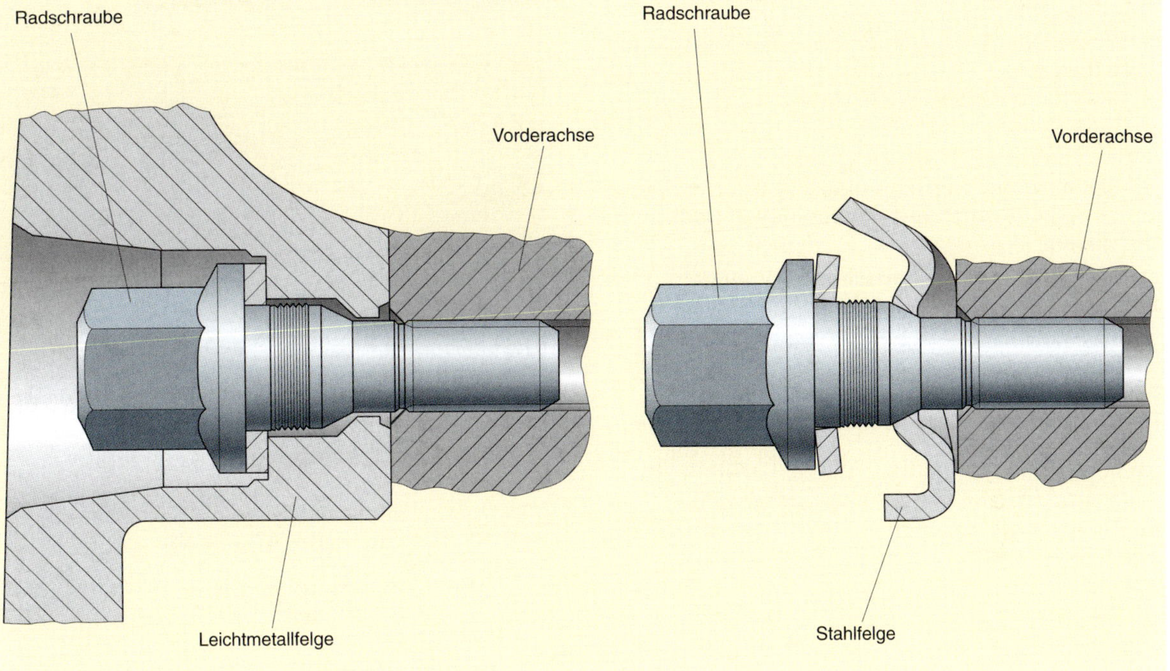

a) Flachsitzbefestigung

b) Konische Befestigung

1 Radschraube am Kundenfahrzeug

Bei der **dynamischen Unwucht** hat das Rad innen und außen eine ungleiche Massenverteilung, die eine Unwucht in radialer und in Querrichtung erzeugt. Das Rad taumelt.

Diese Unwuchten werden jeweils durch Auswuchtgewichte ausgeglichen. Diesen Vorgang nennt man **Auswuchten**. Dabei werden die Auswuchtgewichte mit gebogenen Heftklammern oder durch Klebestreifen an der Felge befestigt. Informationen zum Biegen finden Sie im Kap. 2.2.3.9.

Das Auswuchten der Winterkompletträder ist erforderlich, weil eine Unwucht von wenigen Gramm durch die Fliehkraft im Fahrbetrieb

- zu ungewohnten Vibrationen des Fahrzeuges und zum Flattern des Lenkrades führt,
- zu ungleichmäßigem Reifenabrieb, starker Belastung der Stoßdämpfer und reduziertem Fahrkomfort führt.

Daher sollten die Reifen ca. alle 10 000 km nachgewuchtet werden.

Das Gleiche gilt beim Wechsel von Sommerkompletträdern auf eingelagerte schon benutzte Winterkompletträder und umgekehrt.

Die Winterräder werden zum stationären Auswuchten auf eine Auswuchtmaschine gespannt und dynamisch ausgewuchtet. Auf diese Art können ungleiche Masseverteilungen von den Winterreifen und den Felgen ausgeglichen werden.

2.1.4.8 Winterräder montieren

Die Sommerreifen des Kundenfahrzeuges sind auf Leichtmetallfelgen aufgezogen. Die Leichtmetallfelgen werden durch **Flachsitz** der Radschraube mit dem Radflansch verbunden.

Die Winterreifen sind auf Stahlfelgen aufgezogen und werden mit **konischer Befestigung** der Radschraube mit dem Radflansch verbunden.

Aus den Unterlagen des Fahrzeugherstellers entnimmt man, ➔ **1**:

Für die Befestigung der Winterräder mit Stahlfelgen können dieselben Radschrauben verwendet werden wie für die Befestigung der Sommerräder mit Leichtmetallfelgen.

Das ist möglich, weil die Radschrauben zwei Sitzbefestigungen haben:

- eine Flachsitz-Befestigung für Leichtmetallfelgen
- eine konische Befestigung für Stahlfelgen

Gleichzeitig weist der Meister darauf hin:
Schwer gängige und angerostete Radmuttern und Radschrauben dürfen nicht wieder verwendet werden; sie müssen gegen Neue ausgetauscht werden.

Das bedeutet für diesen Auftrag, dass sehr wahrscheinlich alle Radschrauben durch Neue ersetzt werden müssen.

Arbeitsschritte zum Montieren der Winterräder:
- Winterräder aufsetzen und mit den Radschrauben fixieren
- Radschrauben anziehen
- Radschrauben festziehen

Die Winterräder werden entsprechend der Reifenkennung **aufgesetzt** und mit den neuen **Radschrauben fixiert**.

Danach zieht man die Radschrauben mit dem pneumatischen Schlagschrauber an, ohne Schlag gleichmäßig über kreuz und stufenweise. Dabei erzeugt der Schlagschrauber ohne Schlag ein Drehmoment von maximal 50 Nm.

Dann werden die **Radschrauben festgezogen**. Beim Kundenfahrzeug ist vom Hersteller für die Radschrauben ein Drehmoment von 9 daNm ± 1 daNm (= 90 Nm ± 10 Nm) vorgeschrieben. Mit einem Drehmomentschlüssel zieht man jetzt die Radschrauben mit dem vorgeschriebenen Drehmoment an.

Die Fahrzeughersteller schreiben für viele Schraubenverbindungen im Fahrzeug ein Anzugsdrehmoment vor, damit sichere Verbindungen entstehen.

Radschrauben dürfen sich unter Fahrbedingungen nicht selbstständig lösen, aber auch nicht so fest angezogen werden, dass sie reißen.

2

Das Drehmoment wird am Drehmomentschlüssel eingestellt. Bei Erreichen des eingestellten Drehmomentes rastet der Drehmomentschlüssel hör- und fühlbar aus.

2.1.4.9 Aufkleber am Armaturenbrett anbringen

StVZO § 36 schreibt vor, dass die Höchstgeschwindigkeit der Reifen der Höchstgeschwindigkeit des Fahrzeuges entsprechen muss. Winterreifen dürfen eine niedrigere Höchstgeschwindigkeit haben; dann muss ein Aufkleber mit der Höchstgeschwindigkeit der Winterreifen im Blickfeld des Fahrzeugführers angebracht sein, z. B. am Armaturenbrett.

Am Kundenfahrzeug haben die Winterreifen das Geschwindigkeitssymbol H, sie sind für eine Höchstgeschwindigkeit von 210 km/h ausgelegt. Das Kundenfahrzeug hat eine zugelassene Höchstgeschwindigkeit von 240 km/h. Daher wird am Armaturenbrett ein Aufkleber mit 210 km/h angebracht, → **1**.

1 Aufkleber am Armaurenbrett des Kundenfahrzeugs

2.1.5 Qualitätssicherung

Ist der Arbeitsauftrag durchgeführt, erfolgt die Qualitätssicherung.
Dazu gehören:
- vorgesehene Arbeitsschritte mit der durchgeführten Arbeit vergleichen
- Auftrag abzeichnen
- Probefahrt

Es wird festgelegt, das Kundenfahrzeug noch vor der Übergabe an den Kunden zu waschen.

Weiterhin soll der Kunde die folgenden wichtigen Informationen erhalten:
- die ersten 100 km mit gemäßigter Geschwindigkeit fahren
- Radschrauben nach 50 km bis 100 km mit dem vorgeschriebenen Drehmoment nachziehen lassen
- Luftdruck der Winterreifen regelmäßig prüfen; die Reifen müssen kalt sein
- Rädertausch achsweise nach 6000 km bis 8000 km; so gleicher Abrieb an allen vier Reifen

Weitere Informationen zur Qualitätssicherung finden Sie im Kap. 0.3.4.4.

2.1.6 Fahrzeug an den Kunden übergeben

Dem Kunden wird das saubere Fahrzeug mit den aufgezogenen Winterreifen übergeben. Der Meister teilt dem Kunden die vorher festgelegten Informationen mit und macht gleich einen Termin aus für das Nachziehen der Radschrauben.

Weitere Informationen zur Fahrzeugübergabe finden Sie im Kapitel 0.3.2.3.

2.2 Instandsetzen einer Konsolen-Befestigung des Montagerahmens am Fahrzeugrahmen

2.2.1 Lernsituationen und Vorgehensweise

Der Lkw des Kunden hatte einen Unfall. Dabei ist die Konsolenbefestigung des Kofferaufbaues am Fahrzeugrahmen beschädigt, ➔ **1**. Deshalb fährt der Kunde seinen Lkw zur Instandsetzung in einen Fahrzeugbaubetrieb.

Der Auftrag wird nach folgender Vorgehensweise ausgeführt:
- Fahrzeugannahme und Schaden begutachten, Kap. 2.2.2
- Informationsbeschaffung, Kap. 2.2.3
- Arbeitsplanung und Arbeitsauftrag durchführen, Kap. 2.2.4
- Qualitätssicherung, Kap. 2.2.5
- Fahrzeug an den Kunden übergeben, Kap.2.2.6

1 Beschädigte Konsole

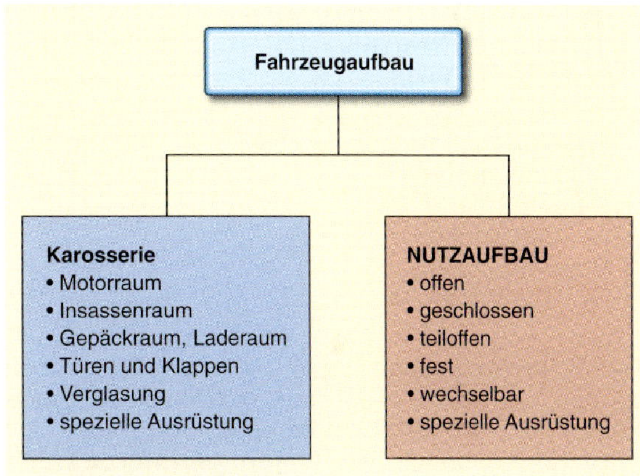

2 Die Baugruppe Fahrzeugaufbau

2.2.2 Fahrzeugannahme und Schaden begutachten

Am beschädigten Lkw wird im Fahrzeugbaubetrieb durch den Meister der Schaden begutachtet und ein Angebot erstellt zur Instandsetzung der Konsolen-Befestigung. Der Kunde ist mit dem Angebot einverstanden und erteilt den Arbeitsauftrag. Weitere Informationen zur Fahrzeugannahme, siehe Kapitel 0.3.2.2. und Kap. 0.3.2.3.

Die Begutachtung des Schadens hat ergeben, dass die vier hinteren Konsolen zur Befestigung des Kofferaufbaus verformt und die Schweißnähte eingerissen sind. Die verformten Konsolen müssen entfernt und durch neue ersetzt werden.

2.2.3 Informationsbeschaffung

Um den Auftrag ausführen zu können, benötigt der Lehrling Informationen zu:
- Nutzaufbau in der Baugruppe der Fahrzeuge, Kap. 2.2.3.1
- Nutzaufbauten, Kap. 2.2.3.2
- Fahrzeugrahmen, Kap. 2.2.3.3
- Aufbaurichtlinien zur Verbindung des Nutzaufbaus mit dem Fahrzeugrahmen, Kap. 2.2.3.4
- Thermisches Trennen, Kap. 2.2.3.5
- Schleifen, Kap. 2.2.3.6
- Zerteilen, Kap. 2.2.3.7
- Sägen, Kap. 2.2.3.8
- Biegen, Kap. 2.2.3.9

Weitere Informationen finden Sie im Teillernfeld 2.1 zu:
- Druck, Kap. 2.1.3.3
- Drehmoment und Hebel, Kap. 2.1.3.4
- Prüfen, Kap. 2.1.3.5
- Bohren, Kap. 2.1.3.6
- Schrauben, Kap. 2.1.3.9
- Schraubensicherungen, Kap. 2.1.3.10
- Korrosion und Korrosionsschutz, Kap. 2.1.3.11

2.2.3.1 Der Nutzaufbau in der Baugruppe der Fahrzeuge

Das Gesamtsystem Fahrzeug besteht aus den Baugruppen:
- Fahrzeugaufbau
- Triebwerk
- Fahrwerk
- Elektrik/Elektronik

Die Baugruppe Fahrzeugaufbau ist nochmals unterteilt in, ➔ **2**:
- Karosserie
- Nutzaufbau

2.2.3.2 Nutzaufbauten

Nutzaufbauten sind unterteilt nach:
- der Form des Aufbaus
- der Verbindung des Aufbaus mit dem Fahrzeug
- der Art der Be- und Entladung des Aufbaus

Nutzaufbauten nach Form des Aufbaus

Nach der Form des Aufbaus unterscheidet man:
- offene Aufbauten
- geschlossene Aufbauten
- teiloffene Aufbauten

Offene Aufbauten haben einen festen Boden und feste Bordwände, die klappbar sein können. Sie haben kein festes Dach, ein Spriegelgestell mit Plane ist möglich. Die offenen Aufbauten sind verwindungsweich bzw. bedingt verwindungsweich. Sie lassen sich im Allgemeinen gut verdrehen, ohne Schaden zu nehmen.

Zu den offenen Aufbauten zählen:
- Pritschenaufbau
- Kipperaufbau
- Muldenaufbau
- Rungenaufbau
- Tiefladeaufbau

Der **Pritschenaufbau** ist ein offener Aufbau mit Boden und Bordwänden aus Holz oder Leichtmetallprofilen, ➔ **1**. Zur Be- und Entladung können die Bordwände seitlich und hinten geöffnet und heruntergeklappt werden. Lkws mit Pritschenaufbau können Schütt- und Stückgüter transportieren. Der Pritschenaufbau kann offen sein oder ein Spriegelgestell und Plane haben.

Der **Kipperaufbau** hat einen nach drei Seiten kippbaren Aufbau, deshalb wird er auch **Dreiseitenkipper** genannt, ➔ **2**. Das Kippen des Aufbaus erfolgt über eine hydraulische Kippeinrichtung. Lkws mit Kippaufbau werden hauptsächlich auf Baustellen für den Transport von Schüttgütern verwendet.

Der **Muldenaufbau** hat einen stabilen nach hinten kippbaren Aufbau. Er wird auch als **Hinterkipper** bezeichnet, ➔ **3**. Die hydraulische Kippeinrichtung kann über ein oder mehrere Arbeitszylinder verfügen. Er wird überwiegend auf Baustellen für den Transport von Schüttgütern verwendet.

Ein **Rungenaufbau** besteht aus einem Tragboden, mehreren festen, steckbaren, klapp- und/oder verschiebbaren Rungen und diversen Zurrvorrichtungen, ➔ **4**. Lkws mit Rungenaufbau eignen sich für den Transport von langen Stückgütern.

Tiefladeaufbauten sind Anhängefahrzeuge und bestehen aus einem ebenen oder gestuften Tragboden und diversen Zurreinrichtungen, ➔ **5**. Zum leichteren Be- und Entladen können Auffahrrampen montiert sein.

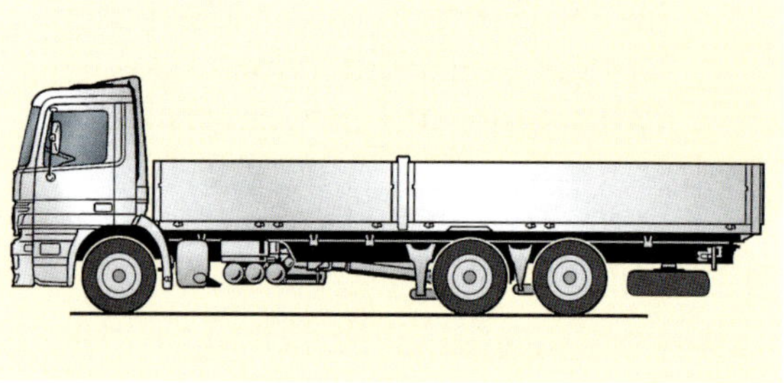

1 Lkw mit Pritschenaufbau

2 Lkw mit Dreiseitenkipper-Aufbau

3 Lkw mit Kippmuldenaufbau

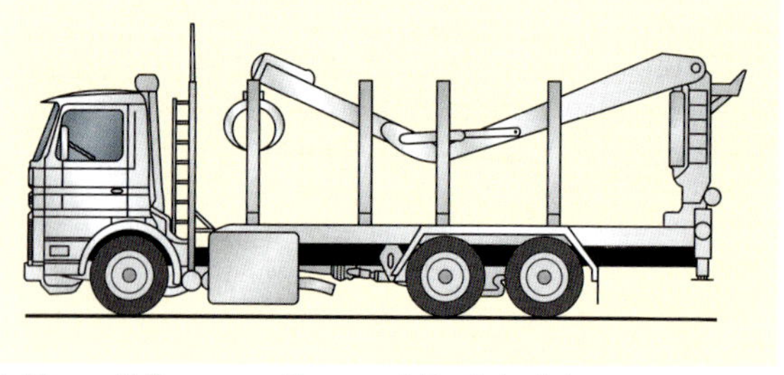

4 Lkw mit Rungenaufbau und Heck-Ladekran

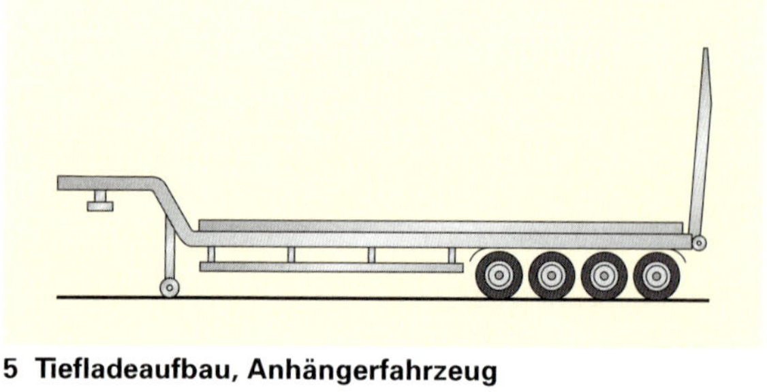

5 Tiefladeaufbau, Anhängerfahrzeug

Geschlossene Aufbauten sind Güterbehälter, die allseitig geschlossen sind. Sie sind fest mit dem Lkw verbunden. Zum Be- und Entladen werden die geschlossenen Aufbauten durch Türen oder Klappen geöffnet oder es wird eine Bordwand herunter geklappt.

Die geschlossenen Aufbauten sind verwindungssteif. Sie sind so ausgelegt, dass sich der Aufbau nicht verdreht; so können Türen und Klappen einwandfrei funktionieren.

In Lkws mit geschlossenem Aufbau können Stückgüter, Flüssigkeiten, Rieselgüter und Gase transportiert werden.

Zu den geschlossenen Aufbauten zählen, ➔ **1**:
- Kastenaufbau
- Kofferaufbau
- Containeraufbau
- Tankaufbau
- Siloaufbau

Teiloffenen Aufbauten sind eine Kombination zwischen einem offenen und einem geschlossenen Aufbau. Sie sind nur bedingt verwindungsweich, lassen sich bedingt verdrehen, ohne Schaden zu nehmen.

Zu den teiloffenen Aufbauten zählen:
- Kofferaufbau mit Heckwandplane
- Kofferaufbau mit Ladebordwand

Der Lkw unseres Kunden hat einen Kofferaufbau mit Ladebordwand. Damit zählt dieser Kofferaufbau zu den teiloffenen Aufbauten.

Nutzaufbauten nach der Verbindung des Aufbaus mit dem Fahrzeug

Nach der Verbindung des Aufbaus mit dem Fahrzeug unterscheidet man:
- feste Aufbauten
- wechselbare Aufbauten

Der **feste Aufbau** ist fest am Lkw montiert: auf dem Fahrzeugrahmen oder auf einem zusätzlichen Montagerahmen. Der Lkw bildet mit dem festen Aufbau eine Einheit. Für Umbauten oder Reparaturen kann eine Demontage des festen Aufbaus möglich sein. Das zur Reparatur vorgesehen Kundenfahrzeug hat einen festen Aufbau mit Montagerahmen.

Ein **wechselbarer Aufbau** kann gewechselt werden, d. h. der Aufbau wird vom Fahrzeug aufgenommen und er kann auch wieder abgesetzt werden. Man nennt solche Aufbauten auch **Wechselbehälter**.

Das Aufnehmen und das Absetzen der Wechselbehälter kann erfolgen:
- durch Fremdhilfe
- durch Eigenhilfe

Zu den Wechselbehältern, die **durch Fremdhilfe** aufgenommen und abgesetzt werden, zählen hauptsächlich Container.

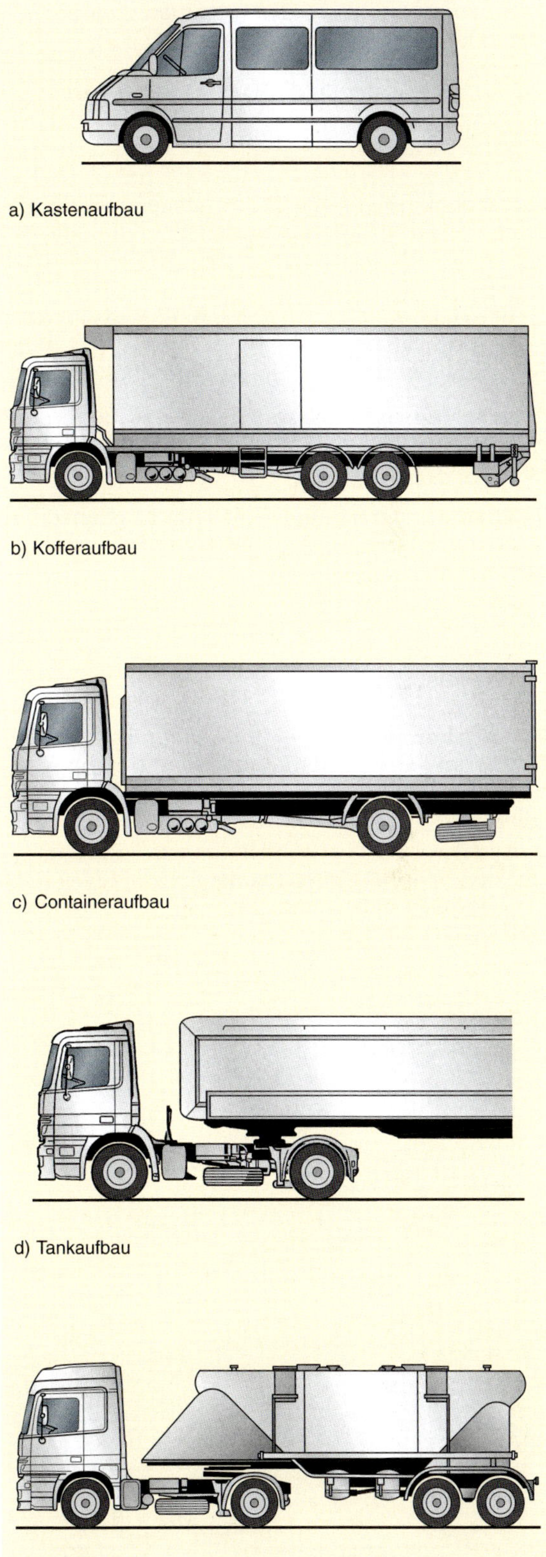

a) Kastenaufbau

b) Kofferaufbau

c) Containeraufbau

d) Tankaufbau

e) Siloaufbau

1 Geschlossene Nutzfahrzeugaufbauten

2

Wechselbehälter, die **durch Eigenhilfe** aufgenommen und abgesetzt werden, verfügen über ausfahrbare oder ausklappbare Stützen, ➔ **1**.

Zu den wechselbaren Aufbauten zählen auch:
- Absetzbehälter
- Abrollbehälter

Absetzbehälter werden durch fahrzeugeigene vorrichtungen vom Lkw aufgenommen oder abgesetzt. Bild ➔ **2** zeigt das Beispiel des Schwenkarmsystems.

Abrollbehälter haben am hinteren Ende Rollen. Sie werden durch fahrzeugeigene Vorrichtungen auf den Lkw gezogen oder nach hinten abgeschoben, ➔ **3**.

Nutzaufbauten nach Art der Be- und Entladung des Aufbaus

Meist erfolgt die Be- und Entladung des Fahrzeugs durch den Fahrer. Dazu gibt es spezielle Ausrüstungen am Fahrzeug.

Zu diesen speziellen Ausrüstungen zählen:
- Ladebordwand
- Ladekran

2

Die **Ladebordwand** ist eine Verladeplattform, auf der Waren zur Aufnahme oder Abgabe abgestellt werden. Gleichzeitig wird die Ladebordwand als Hubeinrichtung verwendet, ➔ **4**.

Ein **Ladekran** wird verwendet, um das Fahrzeug mit Stückgut oder mit einem Kleincontainer zu beladen. Der Ladekran kann hinter der Fahrerkabine angebracht sein oder am Heck des Fahrzeugs, ➔ **5**.

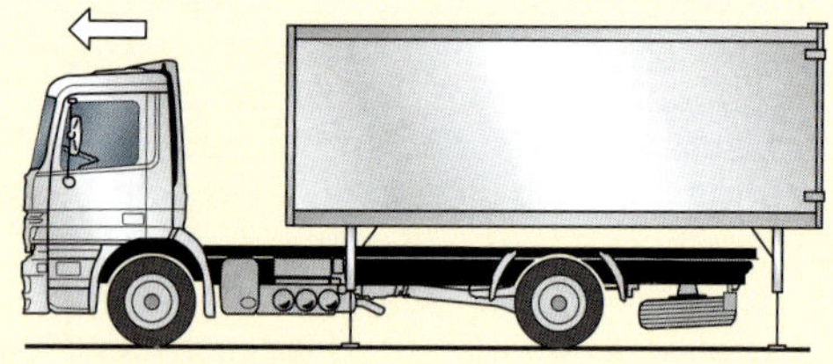

a) Wechselbehälter abgesetzt

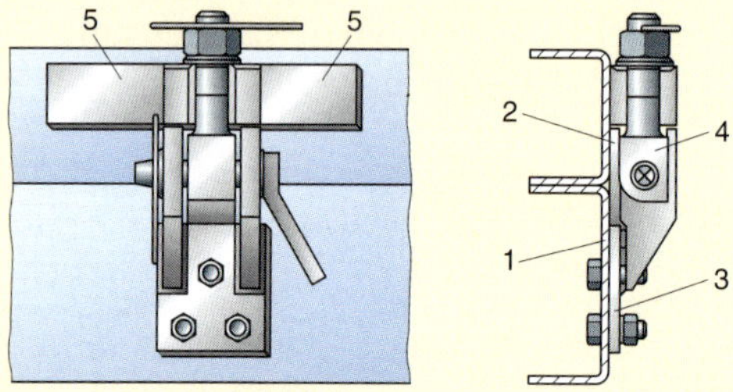

1 Fahrzeugrahmen
2 Montagerahmen
3 Befestigungsplatte
4 Schnellverschluss
5 Aufnahmevorrichtung

b) Schnellverschluss für Wechselbehälter

1 Absetzen eines Wechselbehälters

2 Schwenkarm-Absetzsystem

3 Hakengerät für Abrollbehälter

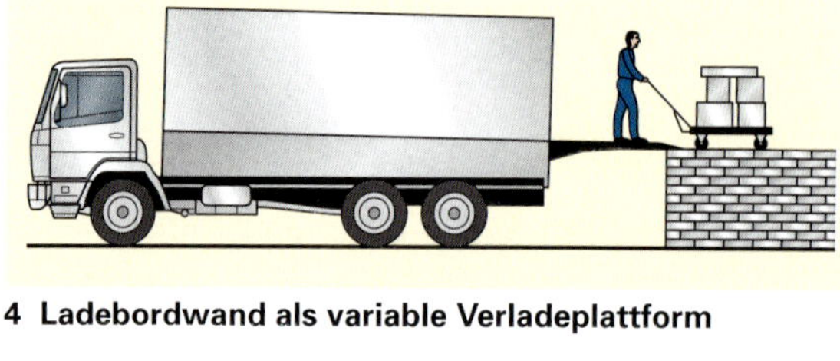

4 Ladebordwand als variable Verladeplattform

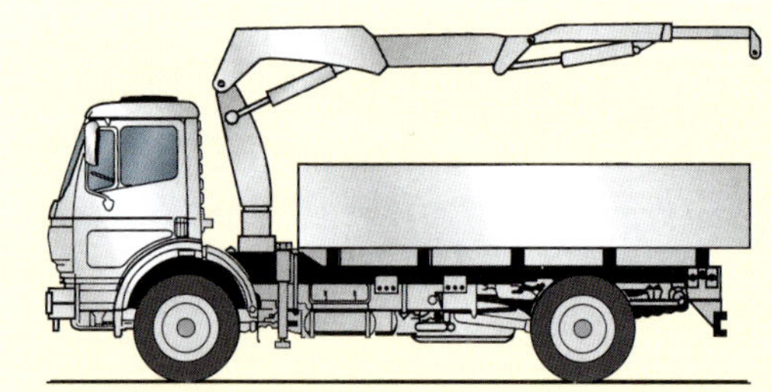

a) Frontladekran

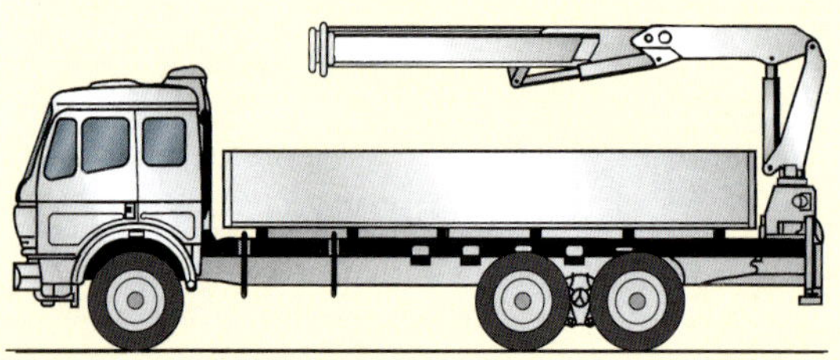

b) Heckladekran

5 Ladekran am Lkw

2.2.3.3 Fahrzeugrahmen

Der Fahrzeugrahmen wird auch als **Chassis** oder **Fahrgestell** bezeichnet. Wir verwenden die Bezeichnung Fahrzeugrahmen.

Bei Lkws hat der Fahrzeugrahmen die hauptttragende Funktion, deshalb ist der Fahrzeugrahmen auch das Tragsystem für den Aufbau.

Der Fahrzeugrahmen kann nach zwei unterschiedlichen Prinzipien konstruiert sein:
- verwindungssteif
- verwindungsweich

Der **verwindungssteife Fahrzeugrahmen** verwindet sich nicht, wenn das Fahrzeug auf einer unebenen Fahrbahn fährt. Verwindungssteife Fahrzeugrahmen werden eingesetzt in kurzen Lkws, die überwiegend auf der Straße betrieben werden. Die auftretenden Fahrbahnunebenheiten müssen allein von den Reifen und der Federung aufgenommen werden.

Kennzeichen verwindungssteifer Fahrzeugrahmen ist ihre geschlossenen Bauweise mit:
- geschlossenen Profilen
- Rohrkonstruktionen
- verwindungssteifen Knoten, ➔ **1**

Der **verwindungsweiche Fahrzeugrahmen** verwindet sich, wenn das Fahrzeug auf unebener Straße oder im Gelände betrieben wird, ➔ **2**. Verwindungsweiche Fahrzeugrahmen sind eingebaut in langen Lkws und in Lkws, die überwiegend im Gelände betrieben werden. Hierbei übernimmt der verwindungsweiche Fahrzeugrahmen ca. 50 % der Gesamtverwindung. Den Rest der Gesamtverwindung übernehmen Reifen und Federung. Daher können Federwege und Raumbedarf relativ klein gehalten werden, trotz starker Verwindung.

Kennzeichen dieser Fahrzeugrahmen ist ihre offene Bauweise mit:
- offenen Profilen
- verwindungsweichen Knoten, ➔ **3**
- Gelenken

Der Lkw unseres Kunden ist mit einem verwindungsweichen Fahrzeugrahmen ausgestattet.

2.2.3.4 Aufbaurichtlinien zur Befestigung des Nutzaufbaus auf dem Fahrzeugrahmen

Für die Verbindung des Nutzaufbaus mit dem Fahrzeugrahmen werden von den Fahrzeugherstellern Aufbaurichtlinien über das Internet zur Verfügung gestellt.

Die Fahrzeughersteller schreiben zwingend vor, dass die Montage des Nutzaufbaus auf den Fahrzeugrahmen nach den Aufbaurichtlinien des Fahrzeugherstellers erfolgen muss.

Macht der Aufbauhersteller Fehler bei der Montage, schließt der Fahrzeughersteller die Produkthaftung für die Folge dieser Fehler aus.

1 Verwindungssteifer Knoten eines Lkw-Fahrzeugrahmens

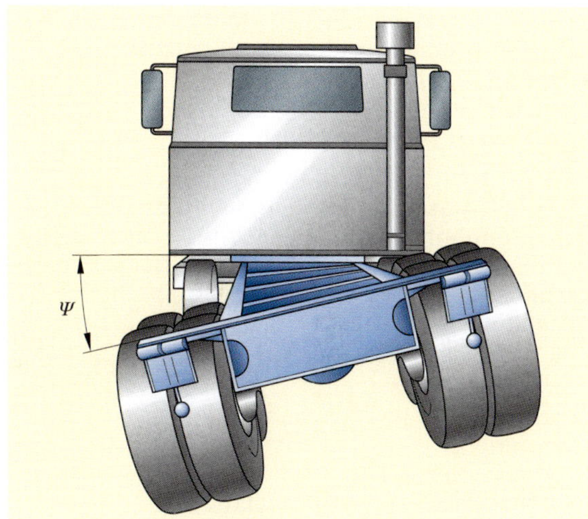

2 Verwindungsweicher Lkw-Fahrzeugrahmen

3 Verwindungsweicher Knoten eines Lkw-Fahrzeugrahmens

Aus den Aufbaurichtlinien erhält der Aufbauhersteller Informationen über:
- die Befestigung des Nutzaufbaus auf dem Fahrzeugrahmen
- Korrosionsschutz

Befestigung des Nutzaufbaus auf dem Fahrzeugrahmen

Für die einwandfreie Befestigung des Nutzaufbaus auf dem Fahrzeugrahmen ist ein **Montagerahmen** erforderlich. Ausgenommen sind hiervon nur Nutzaufbauten, deren Unterbau die Funktion des Montagerahmens übernimmt oder selbsttragende Aufbauten, deren Bodengruppe als Montagerahmen ausgebildet ist. Der Montagerahmen ist fest mit dem Nutzaufbau verbunden. Damit erfolgt die Befestigung des Nutzaufbaus am Fahrzeugrahmen immer über den Montagerahmen.

Der Nutzaufbau kann über den Montagerahmen auf dem Fahrzeugrahmen befestigt werden durch:
- kraftschlüssige Verbindungen
- formschlüssige Verbindungen
- gemischte Verbindungen

Als **kraftschlüssige Verbindung** wird eine Schraubverbindung mit Konsolen verwendet. Diese Verbindung lässt eine gewisse Bewegung des Montagerahmens gegenüber dem Fahrzeugrahmen zu; die Befestigung ist elastisch.

In ➔ **1** sind vier Möglichkeiten zur elastischen Befestigung angegeben:
- Verbindung ohne Zwischenlage
- Verbindung mit Zwischenlage
- Verbindung mit langer Schraube
- Verbindung mit Federungselement

Die Schrauben werden im Fahrbetrieb durch Kräfte zwischen Montagerahmen und Fahrzeugrahmen auf Zug belastet. Je länger die Schrauben sind, umso größer ist der gesamte elastische Bereich, ➔ **1b**, **1c**. Dabei darf das zulässige Anzugsdrehmoment nicht überschritten werden, da sich die Schraube dann plastisch verformt. Dann ist die Verbindung nicht mehr kraftschlüssig.

Der erforderliche Federweg der elastischen Befestigung ist abhängig von Verdrehsteifigkeit von Fahrgestell und Montagerahmen und vom Einsatz des Fahrzeugs (Gelände):
- geringe Verdrehsteifigkeit und Einsatz im Gelände → großer Federweg erforderlich
- große Verdrehsteifigkeit und Einsatz auf der Straße → kleiner Federweg erforderlich

Ist ein großer Federweg erforderlich, werden zusätzliche Federungselemente eingesetzt, ➔ **1d**.

Kraftschlüssige und damit elastische Verbindungen werden eingesetzt, wenn ein verwindungsweicher Fahrzeugrahmen verbunden wird mit einem verwindungssteifen Nutzaufbau.

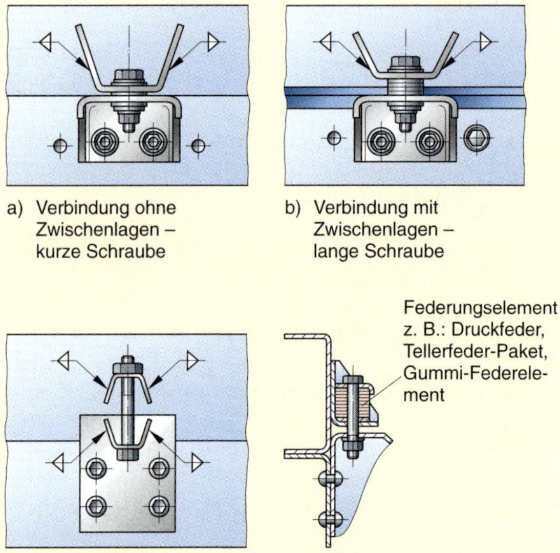

a) Verbindung ohne Zwischenlagen – kurze Schraube
b) Verbindung mit Zwischenlagen – lange Schraube
c) Verbindung mit langer Schraube
d) Verbindung mit Federungselement

1 Kraftschlüssige Verbindung mit Konsolen zur elastischen Befestigung

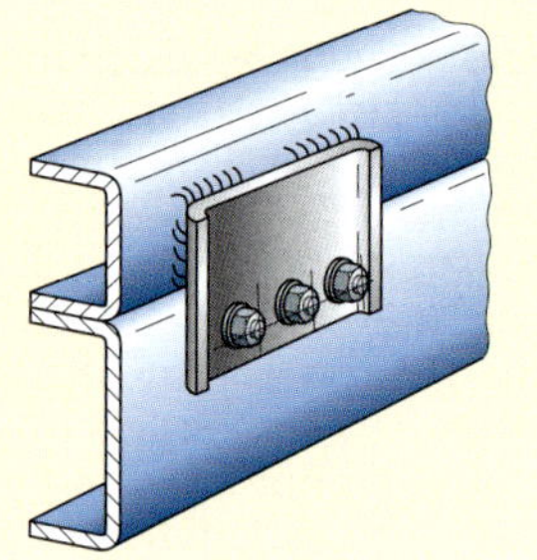

2 Formschlüssige Verbindung mit Laschen

Anzahl, Abmessung und Ausführung der Befestigungselemente richten sich nach der Länge des Montagerahmens. Für die kraftschlüssige Verbindung werden verwendet:
- Schrauben mit der Festigkeitsklasse 8.8 oder höher
- selbstsichernde Muttern

Die Seitenführung des Nutzaufbaus erreicht man durch Konsolen, die über die Fahrzeugrahmenoberkante hinausragen, oder über zusätzliche Seitenführungsplatten.

Formschlüssige Verbindungen mit Laschen sind steif und schubfest in Längs- und Querrichtung, ➔ **2**. Sie ergeben eine feste Befestigung des Montagerahmens auf dem Fahrzeugrahmen. Die Laschen werden auch als **Schubbleche** bezeichnet.

Achtung:
- Der Montagerahmen darf nicht mit dem Fahrzeugrahmen verschweißt werden.
- Es darf nicht in den Ober- und Untergurt des Fahrzeugrahmens gebohrt werden.

Deshalb werden die Schubbleche befestigt:
- an den Montagerahmen geschweißt
- an den Fahrzeugrahmen geschraubt

Die formschlüssige Verbindung mit Laschen verwendet man:
- bei der Verbindung eines verwindungsweichen Fahrzeugrahmens mit einem verwindungsweichen Nutzaufbau
- bei der Verbindung eines verwindungssteifen Fahrzeugrahmens mit einem verwindungssteifen Nutzaufbau

Bei **gemischten Verbindungen** werden elastische Befestigungen (Konsolen) zusammen mit steifen Befestigungen (Schubbleche) verwendet.

Dabei sind
- im vorderen Bereich des Nutzaufbaus: Konsolen (mind. zwei je Seite)
- im hinteren und mittleren Bereich: die Schubblechbefestigungen

Gemischte Verbindungen verwendet man bei:
- Fahrzeugen, deren Fahrzeugrahmen besonderen Belastungen ausgesetzt sind, wie Kipper, Ladekran und Betonmischer
- der Kombination von einem verwindungsweichen Fahrzeugrahmen mit einem bedingt verdrehbaren Nutzaufbau wie Kofferaufbau mit Ladebordwand

Der Lkw unseres Kunden hat einen Kofferaufbau mit Ladebordwand, daher sind bei diesem Fahrzeug gemischte Verbindungen vorhanden.

Korrosionsschutz

Zum Korrosionsschutz bei der Befestigung des Montagerahmens auf dem Fahrzeugrahmen wird in den Aufbaurichtlinien auf folgende Maßnahmen hingewiesen:
- Schweißarbeiten an unzugänglichen Hohlräumen vermeiden
- nach Bohrarbeiten die Bohrspäne entfernen
- Kanten entgraten
- verbrannte Lacke entfernen
- alle blanken Teile grundieren und lackieren oder pulverbeschichten
- Hohlräume konservieren

2.2.3.5 Informationen über thermisches Trennen

Beim thermischen Trennen wird der Werkstoff durch Wärmeeinbringung geschmolzen, teilweise verdampft und anschließend aus der Schnittfuge geblasen.

Als thermische Trennverfahren setzt man ein:
- Brennschneiden
- Plasmaschneiden

Unter **Brennschneiden** versteht man das Trennen von Metallen durch einen Sauerstoffstrahl.

Dabei muss das zu trennende Material
- eine Verbindung mit Sauerstoff eingehen (brennbar sein),
- eine Entzündungstemperatur unterhalb des Schmelzpunktes haben,
- schmelzen,
- eine Verbrennungstemperatur haben, die höher ist als der Schmelzpunkt des Metalloxids.

Unter **Plasmaschneiden** versteht man das Trennen von Metallen durch einen Plasmastrahl. Der Plasmastrahl entsteht durch einen Lichtbogen, der zwischen einer Wolframelektrode und dem Werkstück brennt. Plasma ist ein durch den Lichtbogen hoch erhitztes Gas.
Voraussetzung für das Plasmaschneiden ist, dass der zu schneidende Werkstoff elektrisch leitend ist, sonst kann der zur Plasmabildung erforderliche Lichtbogen nicht entstehen.

Als Plasmagas wird verwendet:
- reiner Stickstoff
- Mischgas Stickstoff/Wasserstoff
- Luft
- reiner Sauerstoff

Bei der Instandsetzung der Konsolenbefestigung soll mit dem Plasmaschneider getrennt werden.

2.2.3.6 Informationen über Schleifen

Beim Instandsetzen der Konsolenbefestigung soll mit einem Winkelschleifer getrennt werden. Das Trennschleifen gehört zu den Trennverfahren „Spanen".

Schleifen ist ein Spanen mit geometrisch unbestimmten Schneiden, weil sich die Anzahl, Lage und Form der Schneiden beim Schleifen ständig ändert.

Damit ist die Schleifscheibe selbst schärfend. Während des Schleifens erhöht sich die Schnittkraft an den stumpf werdenden Schneiden und bricht die stumpfen Schneiden heraus, dadurch werden neue scharfe Schneiden freigelegt.

Die Schleifscheibe besteht aus:
- Schleifmittel
- Bindung

Die **Schleifmittel** sind die Schleifkörner. Die Schleifkörner müssen härter sein, als der zu trennende Werkstoff, damit Späne abgetrennt werden können. Übliche Werkstoffe für die Schleifmittel sind Korunde (Aluminiumoxid), Siliziumkarbid und synthetische Diamanten.

Die Schleifkorngröße wird **Körnung** genannt, sie beeinflusst die Zerspanungsleistung und die Oberflächengüte.

Beispiele:
Als Schleifmittel wird verwendet:
- für weiche Werkstoffe: ein grobes Korn
- für harte Werkstoffe: ein feines Korn

Unter **Bindung** versteht man das Bindemittel, das die Schleifkörner zusammenhält. Es werden keramische, mineralische, metallische, kunstharz- und gummiartige Bindemittel verwendet. Der Werkstoff der Bindemittel bestimmt den Widerstand gegen das Herausbrechen des Schleifkorns aus der Bindung. Die Festigkeit der Bindung bestimmt die Härte der Schleifscheibe.

Beispiele:
Für das Schleifen verwendet man:
- für harte Werkstoffe: eine weiche Schleifscheibe, weil dadurch ständig neue scharfe Schleifkörner im Eingriff sind
- für weiche Werkstoffe: eine harte Schleifscheibe, da zum Trennen nicht nur scharfe Schleifkörner erforderlich sind; dadurch verlängert sich die Standzeit der Schleifscheibe

Das Gefüge der Schleifscheibe ergibt sich aus der Verteilung der Schleifkörner im Bindemittel.

Dadurch entstehen große oder kleinere Poren in unterschiedlicher Anzahl:
- Viele kleine Poren ergeben ein geschlossenes Gefüge.
- Große Poren ergeben ein offenes Gefüge.

2

Je größer die zu erwartende Spanleistung ist, umso offener muss das Gefüge zur Spanaufnahme sein.

Trennschleifen

Zum Trennschleifen wird ein Winkelschleifer mit einer dünnen Trennscheibe bestückt. Die Schnittbewegung der Trennscheibe erzeugt durch Schleifen eine dünne Schnittfuge. Das Trennschleifen mit dem Winkelschleifer dient zum Trennen von Werkstückteilen, die auch besonders hart sein können, ➔ 1.

Die **Trennscheibe** ist für den radialen Druck auf die Schnittfläche ausgelegt.

Die Trennscheibe darf nicht auf axialen Druck belastet werden, da sie dann brechen könnte.

Bei den hohen Schnittgeschwindigkeiten von bis zu 120 m/s sind die Folgen eines Scheibenbruches besonders gefährlich. Die einzelnen Teile der zerbrochenen Scheibe fliegen mit hoher Geschwindigkeit durch die Luft und können so schlimme Verletzungen hervorrufen. Die Trennscheibe muss nach der Zugänglichkeit der Trennstelle (Scheibendurchmesser), der Schnittbreite (Scheibendicke), der zu trennenden Werkstoffart und der Standzeit (Scheibenwerkstoff) ausgewählt werden.

1 **Trennschleifen**

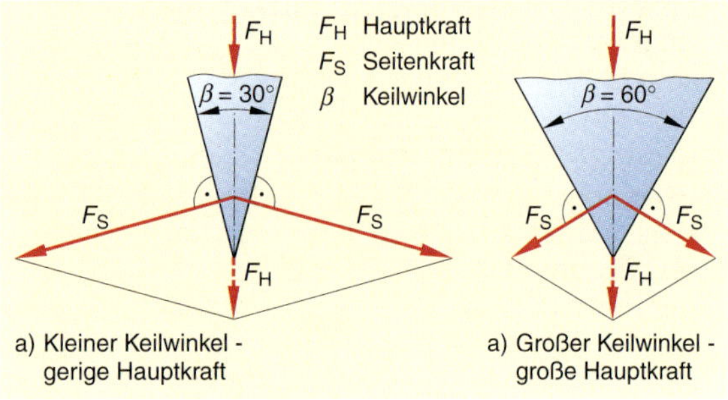

2 **Keil als Kraftübersetzer**

Arbeitssicherheit beim Trennschleifen:
- Nie ohne angebaute Schutzhaube arbeiten.
- Augen- und Gehörschutz tragen.
- Handschuhe und Schutzkleidung tragen.
- Umgebung (Personen und Bauteile) vor Schleifstrahl schützen.
- Nicht in der Nähe explosiver Stoffe schleifen.
- Elektrische Kabel nicht beschädigen.

2.2.3.7 Informationen über Zerteilen

Durch Zerteilen werden Werkstücke spanlos getrennt. Dabei muss die Zusammenhangskraft (Kohäsion) des Werkstoffes überwunden werden. Hierbei wirkt der Keil als Kraftübersetzer, ➔ 2.

Die Hauptkraft F_H wird mit Hilfe des Kräfteparallelogramms in zwei Seitenkräfte F_S zerlegt. Die Seitenkräfte F_S stehen senkrecht zu den Keilflächen. Die Größe der Seitenkräfte F_S wird beeinflusst durch die Hauptkraft F_H und den Keilwinkel β: Je kleiner der Keilwinkel β ist, desto größer sind die Seitenkräfte F_S und damit die Trennkräfte.

Das würde bedeuten, dass der Keilwinkel β sehr klein gewählt werden sollte. Man muss jedoch einen Kompromiss eingehen.

Je höher die Festigkeit der zu trennenden Werkstoffe, desto größer muss der Keilwinkel β sein.

Der größere Keilwinkel erhöht die Werkzeugeinsatzzeit (**Standzeit**). Gleichzeitig erhöht sich allerdings die Hauptkraft F_H.

Beim Zerteilen werden zwei Arbeitstechniken unterschieden:
- Scherschneiden
- Keilschneiden

Scherschneiden ist das Zerteilen zwischen zwei Schneiden, die sich aneinander vorbeibewegen, **➔ 1.**

Durch Scherschneiden werden Blechzuschnitte in der Karosseriebearbeitung hergestellt mit Handblechscheren, Maschinenblechscheren, Handknabber oder Maschinenknabber. Zum Aufbringen der erforderlichen hohen Scherkräfte nutzt man die Hebelkraft, **➔ 2.**

Arbeitssicherheit beim Scherschneiden:
- Lederhandschuhe benutzen.
- Schnittrichtung immer vom Körper weg.
- Bei Abschneiden kleiner Blechecken Schutzbrille tragen.
- Schnittkanten entgraten.
- Schutz anderer Mitarbeiter beachten.

Keilschneiden ist das Zerteilen durch ein keilförmiges Werkzeug (**Meißel**), das in das Werkstück hineingetrieben wird, bis das Werkstück entlang der vorgesehenen Trennungslinie zerteilt ist, **➔ 3.**

Durch Keilschneiden werden Karosserieteile oder Schweißpunkte getrennt mit einem Karosseriemeißel. Dabei dringt die Werkzeugschneide senkrecht in die Oberfläche des Werkstücks ein und verdichtet den Werkstoff so weit, bis er durch die Keilwirkung bricht.

Die zu bearbeitenden Werkstoffe am Fahrzeug haben eine große Kohäsion, deshalb sind zum Zerteilen Werkzeuge mit keilförmigen Schneiden erforderlich.

Bei der Instandsetzung der Konsolenbefestigung sollen mit einem Meißel Trennarbeiten durchgeführt werden.

Arbeitssicherheit beim Meißeln:
- Meißelhaltung und Hammerführung beachten.
- Hammer auf festen Sitz prüfen.
- Schutzbrille tragen.
- Meißelkopf darf keinen Bart haben.
- Schutzwände verwenden, um andere Personen zu schützen.
- Schutzhandschuhe tragen.

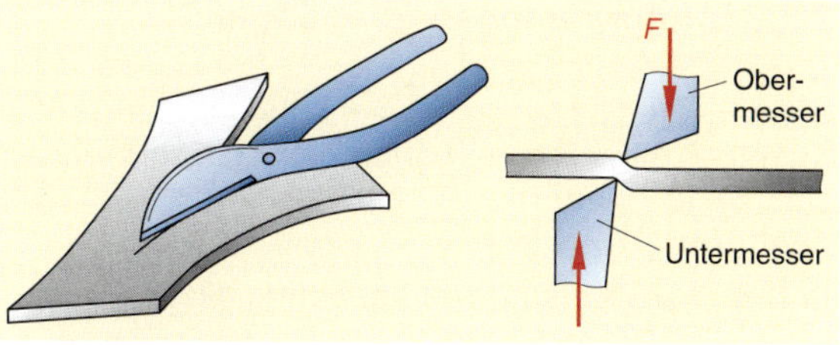

1 Scherschneiden

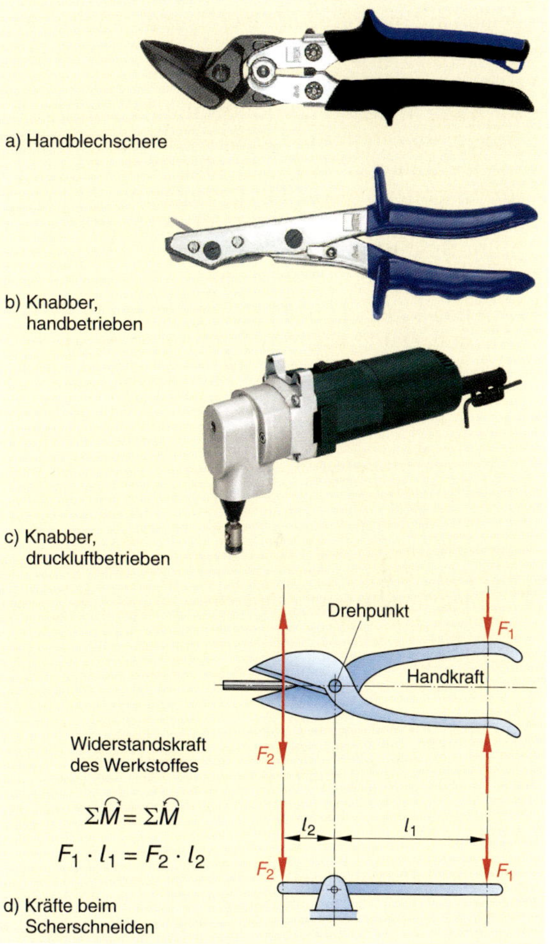

2 Werkzeuge zum Scherschneiden

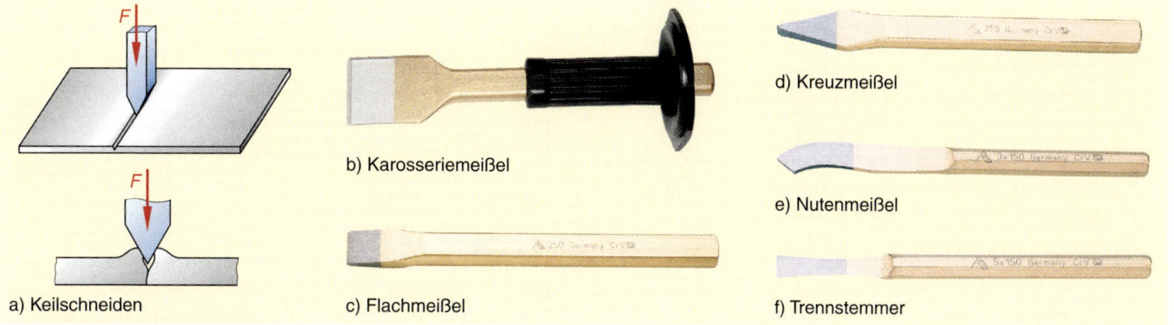

3 Keilschneiden und Meißel

2.2.3.8 Informationen über Sägen

Beim Instandsetzen der Konsolenbefestigung sollen mit einer Säge Trennarbeiten durchgeführt werden. Das Sägen gehört zu dem Trennverfahren „Spanen".

Bild ➔ **1** zeigt die Winkel am Schneidkeil.

Bei einem Sägeblatt sind viele Schneidkeile aneinander gereiht, ➔ **2**. Dadurch tragen mehrere Zähne gleichzeitig Späne ab. Die gesamte Schnittbelastung teilt sich auf mehrere Zähne und sorgt für eine hohe Standzeit des Sägeblattes.

Es werden verwendet:
- für harte Metalle und dünnwandige Werkstücke: Sägeblätter mit kleinerer Zahnteilung, weil dann mehr Zähne gleichzeitig im Eingriff sind
- für weiche Metalle (Aluminium), Holz und Kunststoffe: Sägeblätter mit grober Zahnteilung, weil mehr Späne anfallen, die in den Zahnlücken aufgenommen werden müssen

Damit das Sägeblatt nicht klemmt, muss es sich freischneiden. Der **Freischnitt** bedeutet, dass der Sägeschnitt breiter wird als das Sägeblatt dick ist, ➔ **3.**

Sägen, die oft verwendet werden:
- Handbügelsäge
- Handstichsäge
- elektrische Stichsäge
- Kurzhub-Karosseriesäge
- oszillierende Karosseriesäge
- Hubsäge
- Kreissäge

Die **Handbügelsäge** ist vielseitig einsetzbar. Das Sägeblatt ist beidseitig fest eingespannt und ermöglicht damit eine große Schnittlänge. Durch den Bügel sind die Schnitttiefe und das Sägen in Öffnungen begrenzt.

Eine **Handstichsäge** wird eingesetzt zum Erweitern kleiner Öffnungen. Das Sägeblatt ist nur einseitig eingespannt, daher muss die Schnittkraft so dosiert werden, dass es nicht zum Bruch des Sägeblattes kommt.

Mit einer **elektrische Stichsäge** können große Öffnungen ausgesägt und dickwandige Halbzeuge bearbeitet werden.

Die **Kurzhub-Karosseriesäge** dient zum schnellen Heraussägen von Karosserieteilen.

Bei **oszillierenden Karosseriesägen** ist die Schnitttiefe einstellbar. Damit eignen sie sich für das Sägen von doppelwandigen Karosserieteilen.

Die **Hubsäge** ist eine stationäre Säge. Sie eignet sich für dickwandige Halbzeuge.

Die **Kreissäge** ist ebenfalls eine stationäre Säge. Sie ist für dickwandige Halbzeuge geeignet.

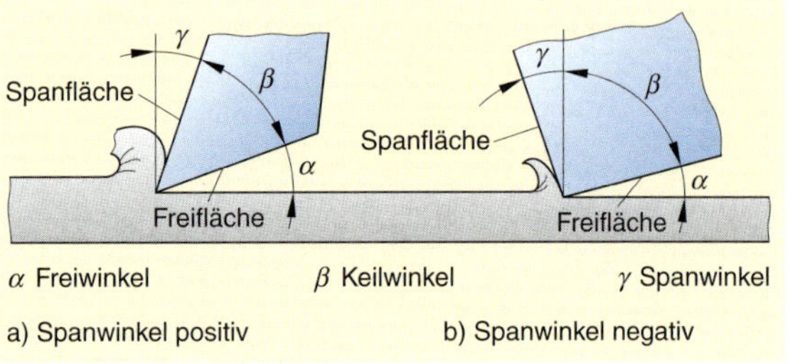

1 Winkel am Schneidkeil

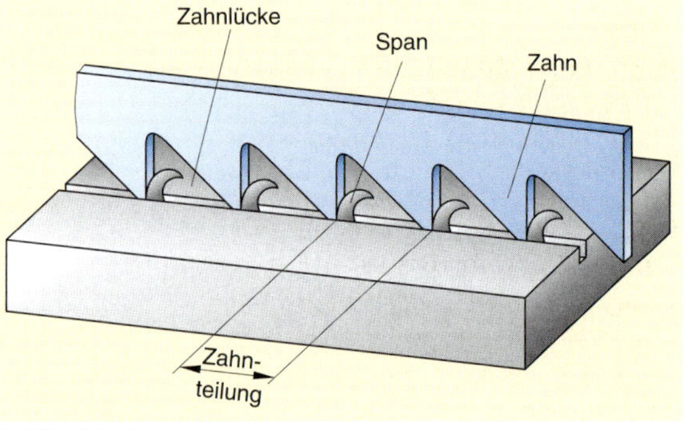

2 Sägeblatt

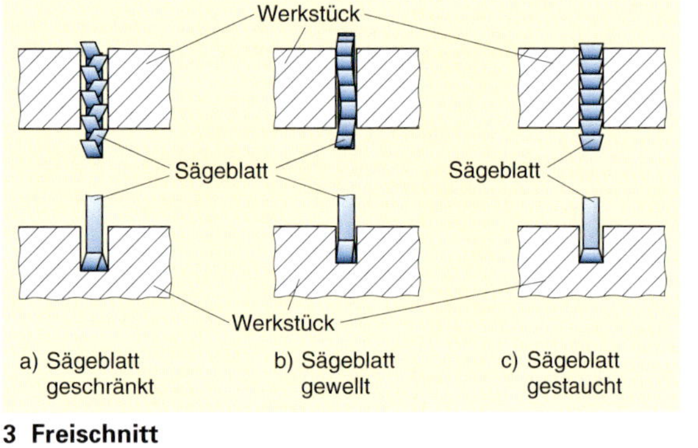

3 Freischnitt

Arbeitssicherheit beim Sägen:
- Werkstücke nahe der Schnittstelle einspannen.
- Sägeblatt in Richtung Arbeitshub einspannen.
- Gegen Schnittende den Druck auf das Sägeblatt verringern.

2.2.3.9 Informationen über Biegen

Das Biegen bedeutet, die Form eines festen Körpers plastisch zu ändern. Masse und Zusammenhalt des festen Körpers bleiben dabei erhalten.
Soll ein Werkstück gebogen werden, muss in einem Abstand von der Biegestelle eine Kraft wirken. Dadurch entsteht ein Biegemoment.

Die Berechnung des Biegemoments erfolgt so, dass ein Bauteil als Träger betrachtet wird. Der Träger kann eingespannt sein oder auf Fest- und Loslager abgestützt.

Bild ➔ **1** zeigt die beiden Fälle:
- einseitig eingespannter Träger
- Träger auf zwei Stützen (ein Fest- und ein Loslager)

Beispiel:
Ein Blech wird in einem Schraubstock eingespannt, und man lässt in dem Abstand l = 10 cm = 0,1 m eine Kraft F = 50 N wirken, vgl. ➔ **1a**.

Das Biegemoment wird berechnet mit $M_b = F \cdot l$
- am rechten Ende des Trägers $l_1 = 0$:
  $M_b = 0$
- in der Mitte des Trägers $l_2 = 5$ cm:
  $M_b = 50\ \text{N} \cdot 0{,}05\ \text{m} = 2{,}5\ \text{Nm}$
- an der Einspannung $l_3 = 10$ cm:
  $M_b = 50\ \text{N} \cdot 0{,}1\ \text{m} = 5\ \text{Nm}$

Das zeigt:
Bei dem Lastfall einseitige Einspannung ist am freien Ende, wo die Kraft angreift, das Biegemoment $M_b = 0$, in Richtung Einspannung wird das Biegemoment immer größer und erreicht an der Einspannung seinen höchsten Wert.

Achtung:
Das gilt nur für den einseitig eingespannten Träger.

Das Biegemoment erzeugt Biegespannungen, die den Werkstoff verformen.

Die **Biegespannung** ist abhängig von:
- Biegemoment
- Widerstandsmoment

$$\sigma_b = \frac{M_b}{W}$$

σ_b	Biegespannung in $\frac{\text{N}}{\text{mm}^2}$
M_b	Biegemoment in Nm
W	axiales Widerstandsmoment in m^3

Das axiale Widerstandsmoment entnimmt man Tabellen, z. B. ➔ **2**. Für einfache Profile kann man es auch mit Formeln errechnen.

Hier erkennt man:
- Die Biegespannung ist umso größer, je größer das Biegemoment ist.
- Die Biegespannung ist umso kleiner, je größer das axiale Widerstandsmoment ist.

Damit ein Werkstück lange hält, ist es gut, wenn die Biegespannung klein ist.

Will man aber ein Bauteil umformen, benötigt man eine große Biegespannung. Das soll am Beispiel Biegen eines Bleches nach ➔ **1a** gezeigt werden.

Beim Biegen des Bleches können drei Bereiche festgestellt werden:
- elastischer Bereich
- plastischer Bereich
- Bruch

Im **elastischen Bereich** federt das Blech bei Entlastung zurück, ohne bleibende Verformung.

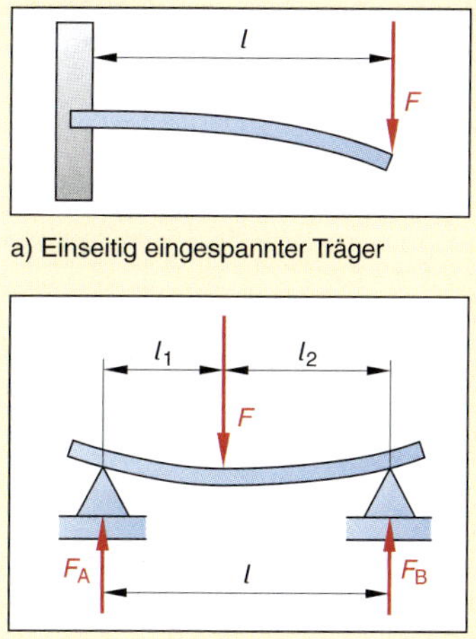

a) Einseitig eingespannter Träger

$M_b = F \cdot l$

b) Träger auf zwei Stützen

$M_b = F_A \cdot l_1$

oder

$M_b = F_B \cdot l_2$

Für $l_1 = l_2 = \frac{l}{2}$ gilt $M_b = \frac{F \cdot l}{4}$

Weitere Formeln finden Sie in Tabellenbüchern.

1 Biegemoment

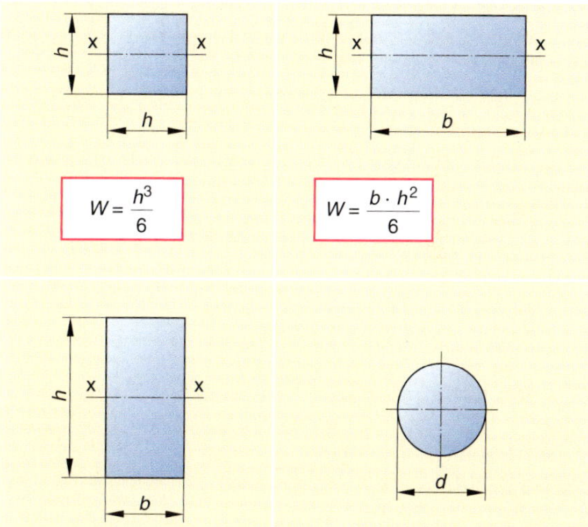

$W = \frac{h^3}{6}$ $W = \frac{b \cdot h^2}{6}$

$W = \frac{b \cdot h^2}{6}$ $W = \frac{\pi \cdot d^3}{32}$

2 Axiales Widerstandsmoment

Vergrößert man die Kraft, biegt sich das Blech noch mehr. Das Blech verformt sich bis in den **plastischen Bereich**: Bei Entlastung gibt es zwar auch eine Rückfederung, aber nicht mehr bis zum Ausgangspunkt. Das Blech hat sich plastisch verformt. Die größte Verformung ist an der Einspannung im Schraubstock, nicht am freien Ende, wo die Kraft angreift; Erklärung siehe Beispiel oben.

Der **Bruch** zeigt sich an der Seite des Bleches, wo die Zugspannung auftritt. Beim Biegen geht das Bauteil immer zuerst auf der Zugseite kaputt, und zwar dort, wo die Zugkräfte am größten sind, also an der Randfaser.

Deshalb muss bei Festigkeitsuntersuchungen an Biegeteilen die Randfaser der Zugseite besonders beachtetet werden. Hierfür kann man das Spannungs-Dehnungs-Diagramm vom Zugversuch verwenden, ➔ **1.**

Zum Biegen müssen Biegemomente aufgebracht werden, die Spannungen im plastischen Bereich erzeugen.

Und man erkennt, dass beim Biegen, ➔ **2,**
- sich der Außenbereich verlängert,
- sich der Innenbereich verkürzt,
- dazwischen eine neutrale Faser liegt.

Der **Außenbereich verlängert sich**, er wird gezogen: Es entstehen Zugspannungen. Dabei verringert sich der Querschnitt im Außenbereichl, ➔ **2b**.

Die höchste zulässige Zugspannung σ_{zul} in der Randfaser der Zugseite muss immer kleiner sein als die Zugfestigkeit R_m.

Dann kommt es nicht beim Umformen zur Materialzerstörung, vgl. ➔ **1**.

Der **Innenbereich verkürzt sich**, er wird zusammengedrückt: Es entstehen Druckspannungen. Dabei vergrößert sich der Querschnitt im Innenbereich, ➔ **2b**.

Zwischen dem Außen- und Innenbereich liegt eine Faser, die weder gestreckt noch gestaucht wird. Man nennt sie die **neutrale Faser**. Die Länge der neutralen Faser ändert sich nicht und auch der Querschnitt bleibt erhalten. Deshalb wird bei der Ermittlung der gestreckten Länge von Biegeteilen immer die Länge der neutralen Faser berechnet.

Für das Umformen durch Biegen ist von Bedeutung:
- Gefügeveränderung
- Biegeradius
- Verformungswiderstand
- Erhaltung der Querschnittsform beim Profilbiegen
- Abkanten

Gefügeveränderung beim Biegen

Jede plastische Verformung führt zu einer Gefügeveränderung, ➔ **2.**

Durch die beim Biegen entstehenden Zug- und Druckspannungen werden innerhalb der Kristallite Metallionen auf Gleitebenen verschoben. Die Verschiebung der Metallionen hat als Folge, dass die Raumgitter verzerren. Die Raumgitter nehmen eine ähnlich verzerrte Form an, wie bei der Martensitbildung durch das Stahlhärten. Dadurch ergibt sich eine Kaltverfestigung.

Im Karosserie- und Fahrzeugbau ist diese Kaltverfestigung häufig erwünscht. Man nutzt sie als Blechversteifung, spart dadurch Material und somit Masse.

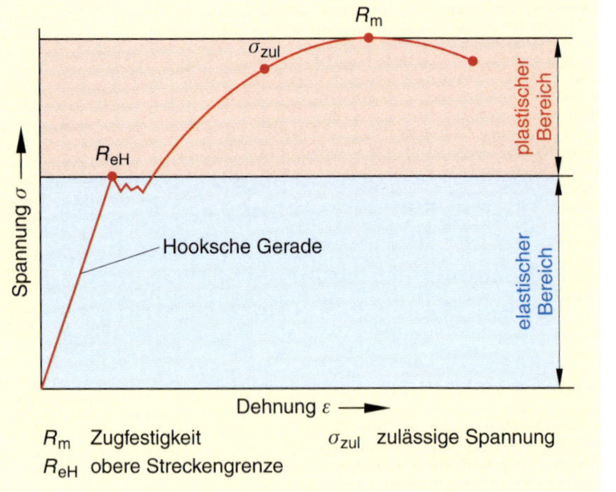

1 Spannungs-Dehnungs-Schaubild von Stahl

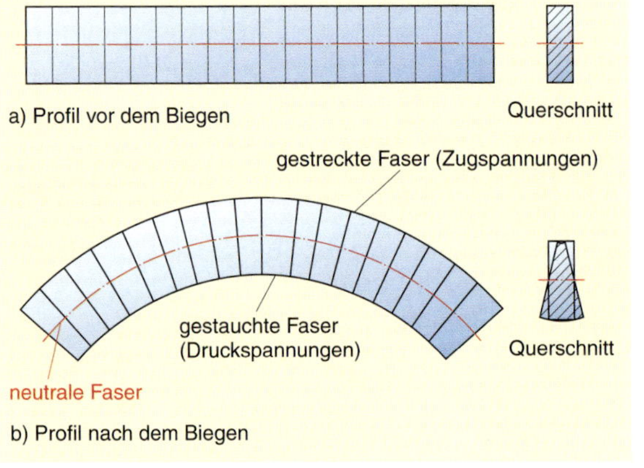

2 Gefügeveränderung beim Biegen

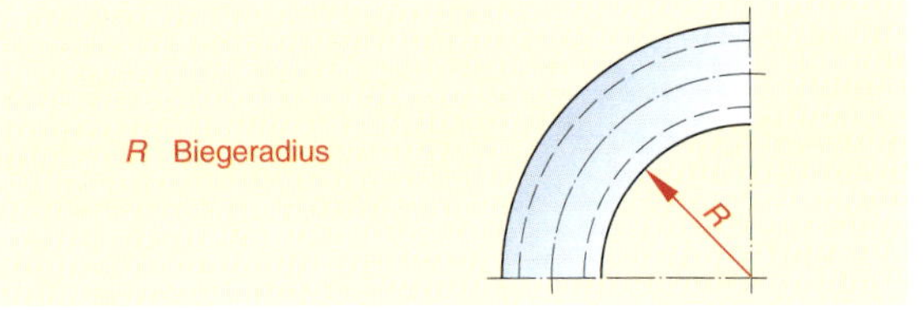

3 Biegeradius

Bei Instandsetzungsarbeiten ist besonders darauf zu achten, dass im tragenden Bereich keine Wärme in die erwünschten Kaltverfestigungsbereiche gelangt. Schon bei ca. 500 °C bis 600 °C setzt bei Stahl die Rekristallisation ein und die Kaltverfestigung wird wieder abgebaut.

Biegeradius

Der Biegeradius ist der Innenradius des gebogenen Bauteils, ➔ **3.**

Das Biegen mit kleinem Biegeradius (scharfkantig) lässt sich von Hand und mit Maschinen einfach durchführen. So hergestellte Karosseriebauteile haben eine hohe Kaltverfestigung und damit eine gute Steifigkeit.

Je kleiner der Biegeradius ist, desto weiter verlagert sich die neutrale Faser nach innen. Der Biegeradius darf allerdings nicht zu klein gewählt werden, weil sonst in dem verformten Gefüge die Zug- und Druckspannungen die Bruchgrenze des Werkstoffs überschreiten und Risse entstehen. Deshalb sind Mindestbiegeradien festgelegt, ➔ **1**.

Die Größe des zulässigen kleinsten Biegeradius ist auch von der Lage der Biegeachse zur Walzrichtung des Blechs abhängig. Durch das Blech-Herstellungsverfahren Walzen bilden sich Fasern in Längsrichtung mit linienartigen Randbereichen, die geringere Festigkeit haben, ➔ **2**.

Deshalb sollte die Biegeachse möglichst rechtwinklig zur Walzrichtung liegen oder es muss ein größerer Biegeradius gewählt werden.

Werkstoff	Blechdicke in mm									
	1	1,5	2,5	3	4	5	6	7	8	10
Stahl $R_{eH} \leq 235 \frac{N}{mm^2}$	1,0	1,6	2,5	3	5	6	8	10	12	16
Stahl $R_{eH} \leq 275 \frac{N}{mm^2}$	1,2	2,0	3,0	4	5	8	10	12	16	20
Stahl $R_{eH} \leq 355 \frac{N}{mm^2}$	1,6	2,5	4,0	5	6	8	10	12	16	20
Reinaluminium (kaltverfestigt)	1,0	1,6	2,5	4	6					
AlCuMg-Legierung (ausgehärtet)	2,5	4,0	6,0	10						
CuZn-Leg. (kaltverfestigt)	1,6	2,5	4,0	6						
Kupfer (weichgeglüht)	1,6	2,5	4,0	4						

1 Mindestbiegeradius in mm

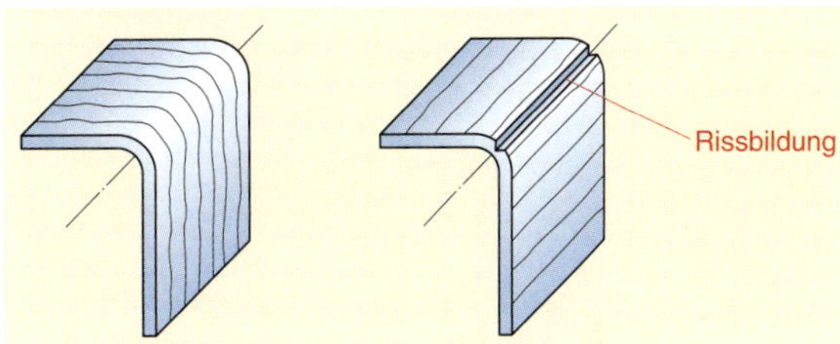

2 Lage der Biegeachse zur Walzrichtung

Verformungswiderstand beim Biegen

Ein Bauteil möchte sich nicht verformen lassen; es setzt der Verformung einen Widerstand entgegen, den Verformungswiderstand.
Je mehr Fasern (ausgerichtete Kristallite) beim Umformvorgang gestreckt bzw. gestaucht werden, desto größer ist der Verformungswiderstand. Die Anzahl der verformten Fasern und ihr Verformungsgrad richten sich ausschließlich nach dem Abstand der Fasern von der Verformungsachse.

Beispiel Biegen:
Der Verformungswiderstand ist abhängig von:
- Größe des Biegeradius, ➔ **3a**
- Größe und Form des Materialquerschnitts, ➔ **3b**
- Lage des Querschnitts zur Biegeachse, ➔ **3c**

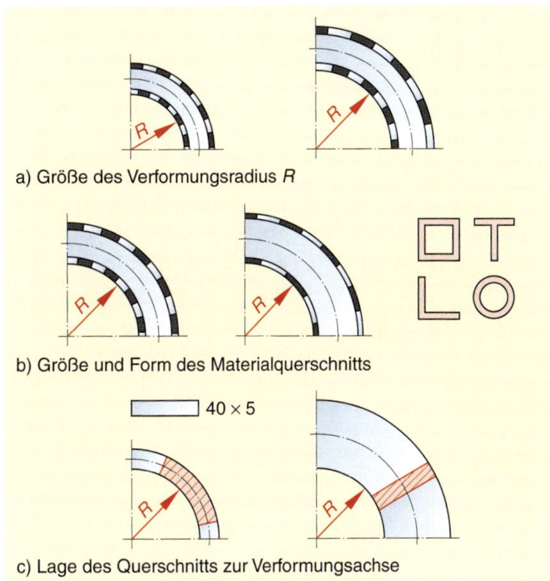

3 Verformungswiderstand beim Biegen

Erhaltung der Querschnittsform beim Profilbiegen

Die durch Zug- und Druckbeanspruchung belasteten Fasern versuchen in Richtung der neutralen Faser auszuweichen. Die neutrale Faser liegt bei offenen und geschlossenen Profilen meistens außerhalb des Materialquerschnittes; deshalb kommt es zum Einknicken der Werkstücke und somit zu unerwünschten Verformungen. Verstärkt wird dieser unerwünschte Vorgang, wenn das Werkstück an der Biegestelle eingespannt wird: Die Stauchung an dem inneren Faserbereich wird dann gehemmt, die äußeren Fasern mehr gestreckt und die neutrale Faser verschiebt sich zur Biegeachse, ➔ **4**.

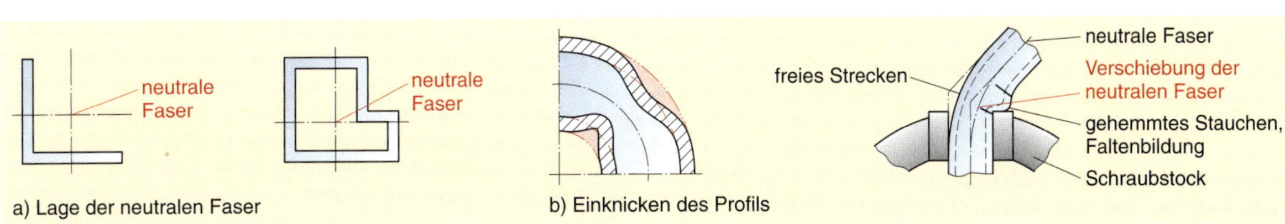

4 Profilbiegen

Die Erhaltung der Querschnittsform beim Profilbiegen kann man erreichen:
- ohne Füllstoffe mit Profilwalzen
- durch Verwendung von Füllstoffen
- durch Verwendung von Formteilen

Profilbiegen mit Profilwalzen ohne Füllstoff

Offene Profile können ohne Füllstoff mit Profilwalzen gebogen werden, wenn die Profilwalzen verhindern, dass die Profile einknicken, ➔ **1a.**

Profilbiegen mit Hilfe von Füllstoffen

Als Füllstoff verwendet man:
- Sand
- Spiralfeder
- Blechstreifen

Sand als Füllstoff muss vollkommen trocken sein. Das ist wichtig beim Warmbiegen: Wasser dehnt sich bei Erwärmung aus; bildet sich Wasserdampf, kann es sogar zur Explosion kommen.
Ein Ende des Hohlprofils wird verschlossen und der Sand durch Klopfen von außen verdichtet. Danach wird das andere Ende des Hohlprofils verschlossen, ➔ **2a**.

Eine **Spiralfeder** kann bei kreisförmigen Rohren als Füllstoff verwendet werden, ➔ **2b**.

Blechstreifen eignen sich als Füllstoffe für offene Profile, ➔ **2c**.

2

Profilbiegen mit Hilfe von Formteilen

Formteile als Füllstoff werden beim Biegen von Hand und beim Biegen mit Maschinen benutzt, um das Verformen der Profile durch Abstützung von außen zu verhindern, ➔ **1b**.

In ➔ **3** sind Formteile für offene und geschlossene Profile dargestellt und ➔ **4** zeigt Profilbiegemaschinen.

Es ist darauf zu achten, dass die Naht von geschweißten Profilen immer in der neutralen Faser liegt, damit sie nicht durch Streck- und Stauchbeanspruchung aufplatzt.

Abkanten

Abkanten ist das scharfkantige Biegen eines Bleches entlang einer Geraden.

Das Abkanten kann von Hand und mit Maschinen erfolgen. In jedem Fall sollte die Kerbwirkung vermieden werden, die durch den Anriss entstehen kann.

Achtung Kerbwirkung:
Zum Anreißen bei dünnen Stahlblechen und bei Blechen aus Aluminiumlegierungen Blei-, Filzstift o. Ä. verwenden.

Verwendet man zum Anreißen dünner Bleche oder bei Blechen aus Aluminiumlegierungen eine Stahlreißnadel, entsteht Kerbwirkung, ➔ **5.**

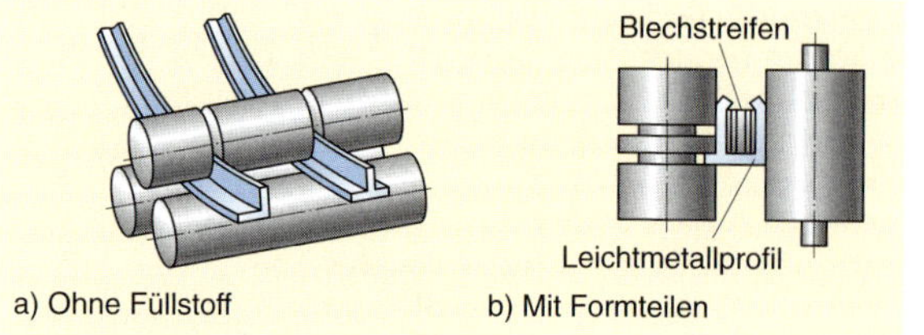

1 Profilbiegen mit Profilwalzen

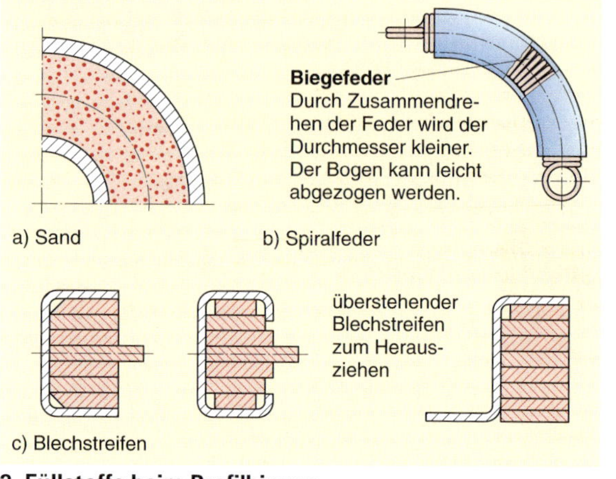

2 Füllstoffe beim Profilbiegen

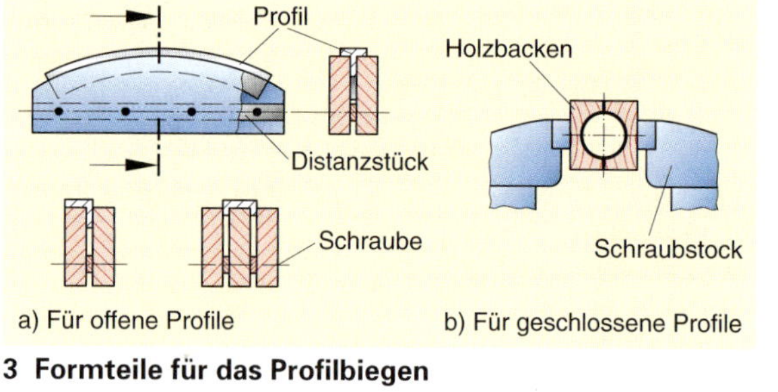

3 Formteile für das Profilbiegen

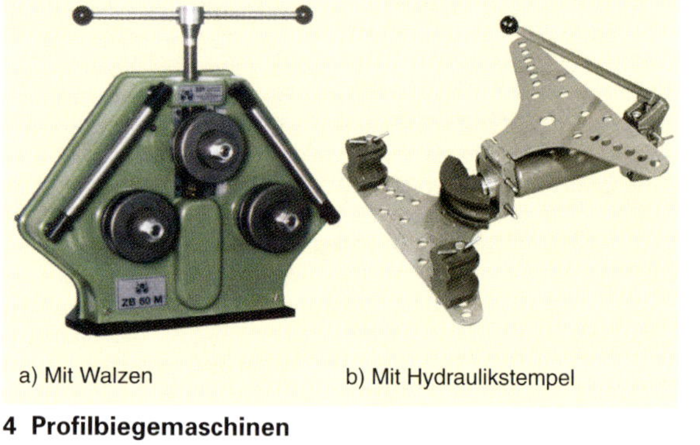

4 Profilbiegemaschinen

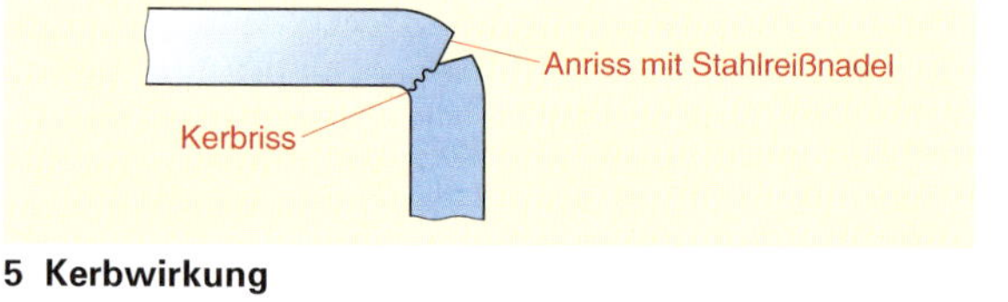

5 Kerbwirkung

Die Länge der Kantungslinien und die Zuschnittslänge lassen sich nach folgenden Faustformeln berechnen:

$K = l_a - 1 \cdot t \cdot n$

$Z = \sum l_a - 2 \cdot t \cdot n$

K	Kantungslänge
Z	Zuschnittslänge
l_a	Außenmaß
t	Blechdicke
n	Anzahl der Kantungen

Bild → **1** zeigt ein Beispiel für die Berechnung der Kantungslängen und der Zuschnittslänge.

Bei zusammenstoßenden Abkantungen kommt es im Eckbereich zur Materialanhäufung. Das kann zur Rissbildung führen, die noch durch die Kerbwirkung der Scherschnitte verstärkt wird. Deshalb müssen die Ausschnitte vor dem Abkanten an den Ecken abgebohrt werden, → **2**.

Das **Abbohrloch** kann nach dem Abkanten wieder zugeschweißt werden.

2.2.4 Arbeitsplanung und Arbeitsauftrag durchführen

2.2 4.1 Arbeitsplanung

Die Verbindung des Montagerahmens mit dem Fahrzeugrahmen ist in den Aufbaurichtlinien des Fahrzeugherstellers vorgeschrieben.

Bei dem Fahrzeug unseres Kunden handelt es sich um einen Lkw mit folgenden Merkmalen:

- Teiloffener Aufbau bestehend aus Kofferaufbau mit Ladebordwand.
- Feste Verbindung des Aufbaus mit Montagerahmen an den Fahrzeugrahmen.
- Fahrzeug mit verwindungsweichem Fahrzeugrahmen.
- Gemischte Verbindungen des Montagerahmens mit dem Fahrzeugrahmen, und zwar
  - im vorderen Bereich: vier elastische Verbindungen mit Konsolen,
  - im hinteren und mittleren Bereich: Schubblechbefestigungen.

Die beschädigten vier Konsolen der elastischen Verbindung am Montagerahmen sollen erneuert werden. Es wird ein **Arbeitsplan** erstellt, → **116.1**.

Die Arbeitsschritte der Arbeitsplanung werden zusammengefasst in:

- Konsolenverbindungen lösen, Kap. 2.2.4.2
- beschädigte Konsolen entfernen und entsorgen, Kap. 2.2.4.3
- Konsolen anfertigen, Kap. 2.2.4.4
- Konsolen am Montagerahmen anbringen, Kap. 2.2.4.5
- Konsolen mit dem Fahrzeugrahmen verschrauben, Kap. 2.2.4.6

Beispiel:
Für das skizzierte Profil sind die Kantungslängen und die Zuschnittslänge zu errechnen und in eine Abwicklungsskizze einzutragen.

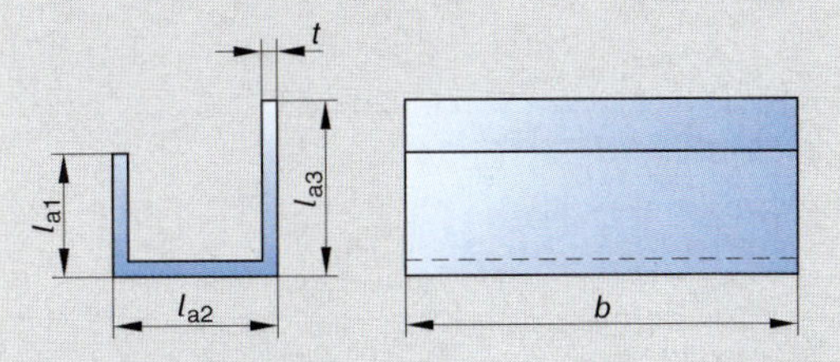

geg.: $l_{a1} = 20$ mm; $l_{a2} = 25$ mm; $l_{a3} = 30$ mm; $b = 50$ mm; $t = 1$ mm;

ges.: K_1; K_2; K_3; Z

Lösung: $K_i = l_{ai} - 1 \cdot t \cdot n$

$K_1 = l_{a1} - 1 \cdot t \cdot n$
$K_1 = 20 \text{ mm} - 1 \cdot 1 \text{ mm} \cdot 1$
$K_1 = 19 \text{ mm}$

$K_2 = l_{a2} - 1 \cdot t \cdot n$
$K_2 = 25 \text{ mm} - 1 \cdot 1 \text{ mm} \cdot 2$
$K_2 = 23 \text{ mm}$

$K_3 = l_{a3} - 1 \cdot t \cdot n$
$K_3 = 30 \text{ mm} - 1 \cdot 1 \text{ mm} \cdot 1$
$K_3 = 29 \text{ mm}$

$Z = \Sigma l_{ai} - 2 \cdot t \cdot n$
$Z = l_{a1} + l_{a2} + l_{a3} - 2 \cdot t \cdot n$
$Z = 20 \text{ mm} + 25 \text{ mm} + 30 \text{ mm} - 2 \cdot 1 \text{ mm} \cdot 2$
$Z = 71 \text{ mm}$

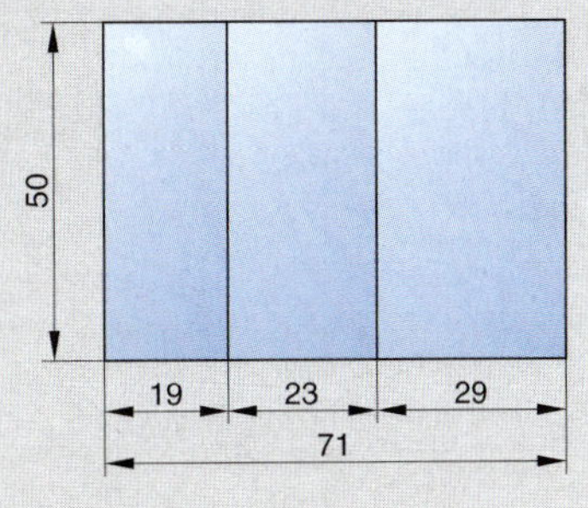

1 Zuschnitts- und Kantungslängen

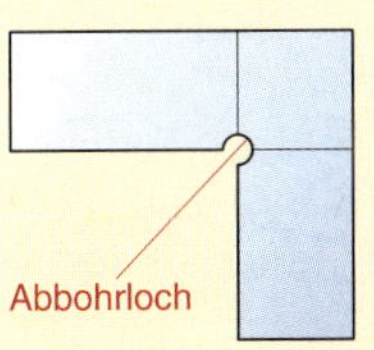

R in mm	0,6	1,0 1,5	2,5
d in mm	2,0	3,0	4,0

R Biegeradius
d Durchmesser des Abbohrloches

2 Richtwerte für Abbohrlöcher

Arbeitsplanung

Datum 22.06.

Autrags- Nr. 357-22

Zeichnungs- Nr.

Benennung Instandsetzen einer Konsolenbefestigung

Mitarbeiter Dick, Peter

lfd. Nr.	Vorbe-reitung	Tren-nen	Um-formen	Fügen	Arbeitsschritt	Betriebsmittel Werkzeug Werkzeugmaschine	Bemerkungen Prüfmittel Einstellwerte
1	x				4 Konsolenbefestigungen lösen	Ringschlüssel Pneumatischer Schlagschrauber	22 mm
2		x			4 beschädigte Konsolen entfernen	Plasmaschneider	Funkenschutz vorsehen
3		x			Konsolenreste entfernen	Trennschleifer, Hammer, Meißel	Funkenschutz vorsehen
4	x				4 Konsolenzuschnitte auf Flachstahl anreißen	Gliedermaßstab, Anschlagwinkel, Reißnadel	
5		x			4 Konsolenzuschnitte auf Maß sägen	Maschinensäge	Zuschnittslänge bestimmen 220 mm × 60 mm × 6 mm
6		x			4 Konsolenzuschnitte entgraten	Bandschleifer	
7			x		4 Konsolen nach Modell biegen	Handbiegemaschine	Biegelängen bestimmen, Schenkelmaß 80 mm
8		x			4 Konsolen bohren und Langlöcher herstellen	Stationäre Bohrmaschine Spiralbohrer 6,5 mm, 17 mm, Hammer, Meißel, Halbrundfeile	17 mm × 30 mm
9				x	4 Konsolen an Montagerahmen anschweißen	MAG-Schweißgerät	Platzierung nach Gegenkonsolen am Fahrzeugrahmen
10	x				4 Konsolen grundieren, lackieren und mit Unterbodenschutz versehen	Grundierfarbe, Chassislack, Pinsel, Unterbodenschutz-Spraydose	
11				x	Verschrauben der Konsolen	4 Sechskantschrauben ISO 4014 - M 14 x 60 - 8.8, 4 Sechskantmuttern mit Klemmteil ISO 10511 - M 14 - 8, 8 Scheiben DIN 7349 - 15 Pneumatischer Schlagschrauber Drehmomentschlüssel Ringschlüssel	Max. Drehmoment: 135 Nm 22 mm

1 Arbeitsplan

2.2.4.2 Konsolenverbindungen lösen

Das Lösen der Konsolenverbindung erfolgt in den Schritten:
- Schraubenköpfe und Muttern säubern
- Verschraubung lösen
- Schrauben und Muttern entsorgen

Die Sechskantschraubenköpfe und die Sechskantmuttern werden zuerst mit einer Drahtbürste **gesäubert.**

Danach **löst** man die Verschraubung mit dem pneumatischen Schlagschrauber. Der pneumatische Schlagschrauber kann mit Schlag ein maximales Drehmoment von 700 Nm erreichen. Als Gegenhalter wird ein Ringschlüssel 22 mm verwendet.

Die alten Sechskantschrauben M14 × 60 und die selbstsichernden Sechskantmuttern M14 werden in einem Behälter **entsorgt**, der für Altmetalle vorgesehen ist. Die alten Sechskantschrauben und die alten Sechskantmuttern dürfen nicht wieder verwendet werden. Durch die Belastung im Fahrzeugeinsatz und durch die Konsolenbeschädigung könnten die Sechskantschrauben plastisch verformt sein, dann kann mit ihnen keine elastische Verbindung mehr hergestellt werden.

Selbstsichernde Muttern dürfen nur einmal verwendet werden.

Sie können sonst die Selbstsicherung nicht mehr gewährleisten.

2.2.4.3 Beschädigte Konsolen entfernen und entsorgen

Das Entfernen der Konsolen erfolgt mit:
- Plasmaschneider
- Trennschleifer und Meißel

Mit dem **Plasmaschneider** wird der größte Anteil der beschädigten Konsolen vom Montagerahmen getrennt.

Hierbei ist unbedingt ein Funkenschutz vorzusehen.

Der Funkenschutz soll vermeiden, dass durch Funken Menschen verletzt oder Bauteile beschädigt werden.

Mit dem Funkenschutz werden vor allem geschützt:
- der Arbeiter am Plasmaschneider
- andere Mitarbeiter
- empfindliche Bauteile wie Bremsleitungen und elektrische Leitungen

Mit dem **Trennschleifer und dem Meißel** werden die Reste der beschädigten Konsolen entfernt. Beim Trennschleifen ist ebenfalls ein Funkenschutz vorzusehen.

Zusätzlich sind die Ausführungen zur Arbeitssicherheit in Kap. 2.2.3.6 und Kap. 2.2.3.7 zu beachten.

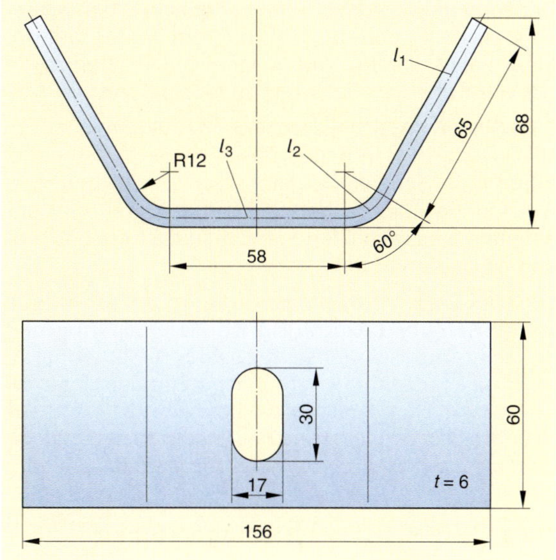

1 Konsole

2.2.4.4 Konsolen anfertigen

Die Konsolen sollen nach Bild ➔ **1** angefertigt werden. Eine fertige Konsole ist als Modell vorhanden.

Die Konsole wird angefertigt in den Schritten:
- Länge des Konsolenzuschnitts bestimmen
- Konsolenzuschnitt abschneiden
- Konsolenzuschnitt biegen
- Langloch fertigen

Für die **Länge des Konsolenzuschnitts** L wird die gestreckte Länge über die neutrale Faser ermittelt:

$$L = 2l_1 + 2l_2 + l_3$$

$$l_1 = 65{,}0 \text{ mm}$$

$$l_2 = \frac{d \cdot \pi \cdot \alpha}{360°}$$

$$l_2 = \frac{30 \text{ mm} \cdot \pi \cdot 60°}{360°}$$

$$l_2 = 15{,}7 \text{ mm}$$

$$l_3 = 58{,}0 \text{ mm}$$

$$L = 2 \cdot 65{,}0 \text{ mm} + 2 \cdot 15{,}7 \text{ mm} + 58{,}0 \text{ mm}$$

$$L = 219{,}4 \text{ mm}$$

Die Länge der neutralen Faser beträgt 219,4 mm.

Danach wird die Länge des Konsolenzuschnitts gewählt:

$$L = 220{,}0 \text{ mm}$$

Für den Konsolenzuschnitt wird aus der errechneten Länge der neutralen Faser 219,4 mm die Länge L = 220,0 mm gewählt, weil das Messen dadurch einfacher ist. Der Maßunterschied von 0,6 mm ist im Fahrzeugbau unerheblich. Die anderen vorgegebenen Maße werden beibehalten.

2

Der **Konsolenzuschnitt wird abgeschnitten** von einem Flachstahl 60 mm × 6 mm, am besten mit der Maschinenkreissäge. Für unseren Auftrag benötigen wir vier Konsolenzuschnitte zu je 220,0 mm.

Zum **Biegen des Konsolenzuschnitts** verwendet man am besten die Handbiegemaschine, ➔ **1**. Durch das Biegen der Schenkel entsteht die Konsole. Hierbei werden die Kontrollmaße 68 mm und 156 mm eingehalten. Zusätzlich vergleicht man die Konsolen mit dem Konsolenmodell.

Um ein **Langloch zu fertigen**, werden die Bohrungen angerissen und gekörnt. Die Konsolen spannt man in den Bohrmaschinenschraubstock der stationären Bohrmaschine und bohrt zunächst mit dem 6,5-mm-Bohrer vor. Dann werden die Löcher auf 17 mm aufgebohrt. Das verbleibende Restmaterial im Langloch wird mit dem Meißel getrennt und befeilt.

2.2.4.5 Konsolen am Montagerahmen anbringen

Die Konsolen werden am Montagerahmen angebracht:
- Konsole anschweißen
- Schutzschicht gegen Korrosion wieder herstellen

Das **Anschweißen der Konsolen** wird von einem Gesellen ausgeführt, der dazu berechtigt ist; zum Schweißen ist eine entsprechende Ausbildung notwendig. Die Konsolen werden entsprechend der Gegenkonsolen des Fahrzeugrahmens an den Montagerahmen angeschweißt.

Der Geselle schweißt
- die schrägen Schenkel: von beiden Seiten
- den waagerechten Steg: nur von innen

Der Grund ist:
Die Schweißnaht stört nicht beim Zusammenschrauben mit den Gegenkonsolen, ➔ **2**.

Der Abstand zwischen den Konsolen am Fahrzeugrahmen und den Gegenkonsolen am Fahrzeugrahmen beträgt dabei 10 mm, damit die geforderte elastische Verbindung über die Elastizität der Schraubenlänge entstehen kann.

Dann muss die **Schutzschicht gegen Korrosion wieder hergestellt** werden. Nachdem die Konsolen angeschweißt sind, wird der instand gesetzte Bereich grundiert, lackiert und mit Unterbodenschutz versehen.

2.2.4.6 Konsolen mit dem Fahrzeugrahmen verschrauben

Sind die Konsolen am Montagerahmen angebracht, können die Konsolen mit dem Fahrzeugrahmen verbunden werden. Das geschieht mit Schraubenverbindungen.

1 Handbiegemaschine

2 Angeschweißte Konsole

Bei Schraubenverbindungen ist darauf zu achten: Das zulässige Anzugsdrehmoment darf nicht überschritten werden.

Die Schraube darf unter Belastung nur im elastischen Bereich beansprucht werden. Bei plastischer Verformung der Schraube ist die elastische Verbindung nicht mehr vorhanden.

Deshalb schreiben einige Fahrzeughersteller in ihren Aufbaurichtlinien vor, dass das Anzugsdrehmoment der Befestigungsschrauben nach Schraubenherstellervorgaben einzuhalten ist.

Bei unserem Auftrag werden für jede Schraubenverbindung verwendet:
- 1 Sechskantschraube ISO 4014 – M14 × 60 – 8.8
- 2 Scheiben DIN 7349 – 15
- 1 Sechskantmutter mit Klemmteil ISO 10511 – M14 – 8
- 1 Beilage 9 mm zum Ausgleich des Abstandes zwischen den Konsolen

Beim Verbinden der Konsolen mit dem Fahrzeugrahmen wird die Schraubenverbindung
- erst angezogen,
- dann festgezogen.

Die **Schraubenverbindung wird angezogen** mit dem pneumatischen Schlagschrauber ohne Schlag. Der Schlagschrauber erzeugt ohne Schlag ein Drehmoment von maximal 50 Nm. Als Gegenhalter wird ein Ringschlüssel 22 mm verwendet.

Dann wird die **Schraubenverbindung festgezogen**. Dies erfolgt mit einem Drehmomentschlüssel. Das Drehmoment darf hierbei maximal 135 Nm betragen, denn die Norm ISO 4014 fordert:
Für die Sechskantschraube ISO 4014 – M14 mit der Festigkeitsklasse 8.8 darf das maximale Anzugsdrehmoment 135 Nm betragen.

Beim Festziehen werden die Konsolen mit der Beilage zusammengezogen, ➔ **1**. Das zulässige Drehmoment wird am Drehmomentschlüssel eingestellt. Bei Erreichen des eingestellten Drehmoments rastet der Drehmomentschlüssel hör- und fühlbar aus.

2.2.5 Qualitätssicherung

Ist der Arbeitsauftrag durchgeführt, erfolgt die Qualitätssicherung.

Dazu gehören:
- durchgeführte Arbeit vergleichen mit den vorgesehen Arbeitsschritten
- Auftrag abzeichnen
- Probefahrt

Anhand des Arbeitsplanes wird die **durchgeführte Arbeit kontrolliert**. Bei dieser umfangreichen Reparatur wird zusätzlich der Meister das Arbeitsergebnis begutachten. Er vergleicht noch einmal den erteilten Auftrag des Kunden mit der ausgeführten Arbeit.

1 Konsolen, verschraubt mit dem Fahrzeugaufbau

Nach eingehender Kontrolle **zeichnet der Meister den Auftrag ab** als ausgeführt.

Vor der Übergabe des Fahrzeugs an den Kunden macht der Meister noch eine **Probefahrt**, um die sicherheitsrelevanten Funktionen zu überprüfen.

Weitere Informationen zur Qualitätssicherung finden Sie im Kap. 0.3.4.4.

2.2.6 Fahrzeug an den Kunden übergeben

Der Meister zeigt dem Kunden die instand gesetzte Konsolenbefestigung und erläutert die durchgeführten Arbeiten. Danach übergibt der Meister dem Kunden das instand gesetzte Fahrzeug.

Weitere Informationen zur Fahrzeugübergabe finden sie im Kap. 0.3.2.3.

2

2.3 Instandsetzen einer Anhängevorrichtung mit Nebenarbeiten

2.3.1 Lernsituationen und Vorgehensweise

Der Pkw des Kunden hatte einen Auffahrunfall. Dabei ist die Anhängevorrichtung beschädigt, ➔ 1.

Deshalb fährt der Kunde seinen Pkw zur Instandsetzung in einen Karosserie-Instandhaltungsbetrieb und erteilt den Auftrag zur Instandsetzung.

Der Auftrag wird nach folgender Vorgehensweise ausgeführt:

- Fahrzeugannahme und Schaden begutachten, Kap. 2.3.2
- Informationsbeschaffung, Kap. 2.3.3
- Arbeitsplanung und Arbeitsauftrag durchführen, Kap. 2.3.4
- Qualitätssicherung, Kap. 2.3.5
- Fahrzeug an den Kunden übergeben, Kap. 2.3.6

1 Beschädigtes Heck des Pkw nach einem Auffahrunfall

2

2.3.2 Fahrzeugannahme und Schaden begutachten

Im Karosserie-Instandhaltungsbetrieb wird mit dem Kunden ein Annahmegespräch durchgeführt. Es kommt zum Arbeitsauftrag durch Direktannahme.

Weitere Informationen zur Fahrzeugannahme, siehe Kap. 0.3.2.3.

Die Begutachtung des Schadens hat ergeben, dass durch den Auffahrunfall der Stoßfänger, das Abschlussblech und auf jeden Fall auch die Anhängevorrichtung erneuert werden müssen.

Der Meister hat festgestellt, dass durch den Aufprall auf die Kupplungskugel der Anhängevorrichtung die zwei Befestigungsschrauben an der rechten Seite der Halterung abgeschert wurden, ➔ 2.

Auch wenn die Überprüfung der Maße an der Anhängevorrichtung keine Abweichungen ergibt, können Risse oder Anfänge von Rissen durch die Überlast vorhanden sein. Die Dauerfestigkeit wird dadurch deutlich herabgesetzt. Anrisse können im Laufe der Zeit bei Anhängerbetrieb zum völligen Versagen der Anhängevorrichtung führen. Eine Rissprüfung, z. B. durch Röntgen oder Farbeindringverfahren, ist sehr aufwendig und kann nur in speziellen Instituten durchgeführt werden.

Deshalb wird bei solchen Schäden generell die Anhängevorrichtung ausgetauscht. Zusätzlich ist der rechte Längsträger leicht verformt und muss gerichtet werden.

2 Abgescherte Schraube der Halterung für die Anhängevorrichtung

2.3.3 Informationsbeschaffung

Um den Auftrag ausführen zu können, benötigt der Lehrling Informationen zu:
- Einordnung der Anhängevorrichtung ins Gesamtsystem Fahrzeug, Kap. 2.3.3.1
- Technische Daten der Anhängevorrichtung, Kap. 2.3.3.2
- Montageanleitung der Anhängevorrichtung, Kap. 2.3.3.3
- Bedienungsanweisung der Anhängevorrichtung, Kap. 2.3.3.4
- Betriebserlaubnis der Anhängevorrichtung, Kap. 2.3.3.5
- Fräsen zum Trennen von Schweißpunkten, Kap. 2.3.3.6

Weitere Informationen finden Sie in den Teillernfeldern 2.1 und 2.2 zu:
- Druck, Kap. 2.1.3.3
- Drehmoment und Hebel, Kap. 2.1.3.4
- Prüfen, Kap. 2.1.3.5
- Bohren, Kap. 2.1.3.6
- Schraubenverbindungen, Kap. 2.1.3.9
- Schraubensicherungen, Kap. 2.1.3.10
- Korrosion und Korrosionsschutz, Kap. 2.1.3.11
- Schleifen, Kap. 2.2.3.6
- Sägen, Kap. 2.2.3.8
- Biegen, Kap. 2.2.3.9

2.3.3.1 Einordnung der Anhängevorrichtung ins Gesamtsystem Fahrzeug

Das Gesamtsystem Fahrzeug besteht aus den Baugruppen:
- Fahrzeugaufbau
- Triebwerk
- Fahrwerk
- Elektrik/Elektronik

Die Baugruppe Fahrzeugaufbau ist nochmals unterteilt in, ➔ **1**:
- Karosserie
- Nutzaufbau

Die Anhängevorrichtung wird der speziellen Ausrüstung in der Untergruppe Karosserie zugeordnet.

2.3.3.2 Technische Daten der Anhängevorrichtung

Die Anhängevorrichtung besteht aus der Kupplungskugel mit Halterung. Der Kugeldurchmesser beträgt 50 mm und entspricht DIN 74 058 und ISO 1103. Bei max. beladenem Gespann (zul. Gesamtmasse) beträgt der Abstand zwischen Kugelmitte und Fahrbahn 350 mm bis 420 mm.

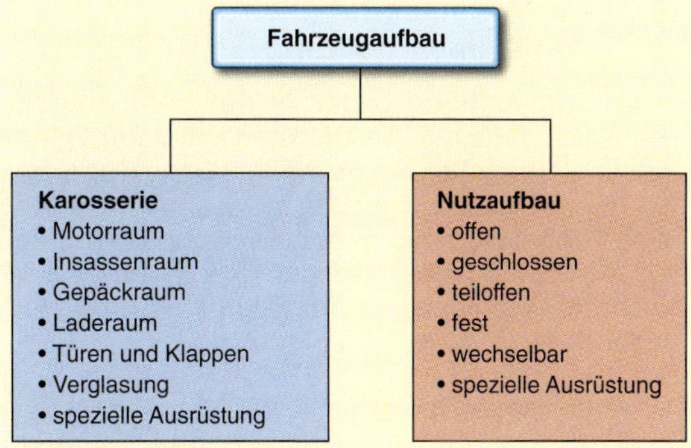

1 Die Baugruppe Fahrzeugaufbau

Weitere technische Daten für die Verwendung der Anhängevorrichtung werden vom Hersteller mitgeliefert:
- Stützlast
- D-Wert

Die zulässige **Stützlast** wird vom Fahrzeughersteller vorgegeben. Sie richtet sich nach der Bauweise des Zugfahrzeugs.

Der **D-Wert** ist eine Vergleichskraft für die Zugkraft der Deichsel. Die Berechnung des D-Wertes erfolgt nach der Richtlinie 94/20 EG des Europäischen Parlamentes und des Rates der Europäischen Union:

$$D = g \cdot \frac{T \cdot R}{T + R}$$

- D Zugkraft in der Deichsel in kN
- T technisch zulässige Gesamtmasse des Zugfahrzeuges in t
- R technisch zulässige Gesamtmasse des Anhängers in t, das entspricht hier der zulässigen Anhängelast des Zugfahrzeugs
- g Erdbeschleunigung ($g = 9{,}81\ \frac{\text{m}}{\text{s}^2}$)

Der so errechnete D-Wert darf den D-Wert, den der Hersteller vorgibt, nicht überschreiten.

Beispiel:
An einen Pkw soll eine Anhängevorrichtung montiert werden; der Hersteller gibt den Maximalwert für die Stützlast mit 75 kg an, für den D-Wert 10,2 kN.
Die zulässige Gesamtmasse
- des Pkws: $T = 2171\ \text{kg} = 2{,}171\ \text{t}$
- des Anhängers: $R = 1300\ \text{kg} = 1{,}3\ \text{t}$

D-Wert:

$$D = g \cdot \frac{T \cdot R}{T + R}$$

$$D = 9{,}81\ \frac{\text{m}}{\text{s}^2} \cdot \frac{2{,}171\ \text{t} \cdot 1{,}3\ \text{t}}{(2{,}171\ \text{t} + 1{,}3\ \text{t})}$$

$$D = 8\ \text{kN}$$

Der errechnete D-Wert ist kleiner als der vom Hersteller vorgesehene Maximalwert von 10,2 kN.

2.3.3.3 Montageanleitung der Anhängevorrichtung

Die Montageanleitung der Anhängevorrichtung bezieht sich auf einen bestimmten Fahrzeugtyp und wird vom Hersteller der Anhängevorrichtung bzw. vom Hersteller des Kraftfahrzeugs zur Verfügung gestellt. Dabei wird immer der maximale D-Wert und die maximale Stützlast angegeben, vgl. Kap. 2.3.3.2. Manchmal wird auch auf die maximale Stützlast im Fahrzeugbrief bzw. -schein hingewiesen.

Die Anhängevorrichtung ist ein Sicherheitsteil, darum darf sie nur von Fachpersonal montiert werden.

Sofern Ersatzteile erforderlich sind, dürfen diese auch nur vom Fachpersonal verbaut werden. Das ist nur am unbeschädigten Originalteil zulässig.

Die Montageanleitung der Anhängevorrichtung ist unterteilt in:
- Montage der Elektroanlage
- Montage der mechanischen Teile

Die **Montage der Elektroanlage** ist eine Aufgabe für Kraftfahrzeugmechatroniker; deshalb soll sie nicht in diesem Teillernfeld behandelt werden.

Die **Montageanleitung für die mechanischen Teile** der Anhängevorrichtung besteht entweder aus Zeichnungen und Fotografien mit kurzen Hinweisen und Angabe des Anzugsdrehmomentes oder aus einer Explosionszeichnung mit Beschreibung, ➔ **1**.

In unserem Fall liegt eine Montageanleitung nach Bild 1 vor.

Lieferbare Ersatzteilumfänge der Kupplungskugel mit Halterung

Ersatzteil-Nr.:	**Bezeichnung:**
904 054 650 001	VPE. Befestigungsteile Pos. 5 - 18

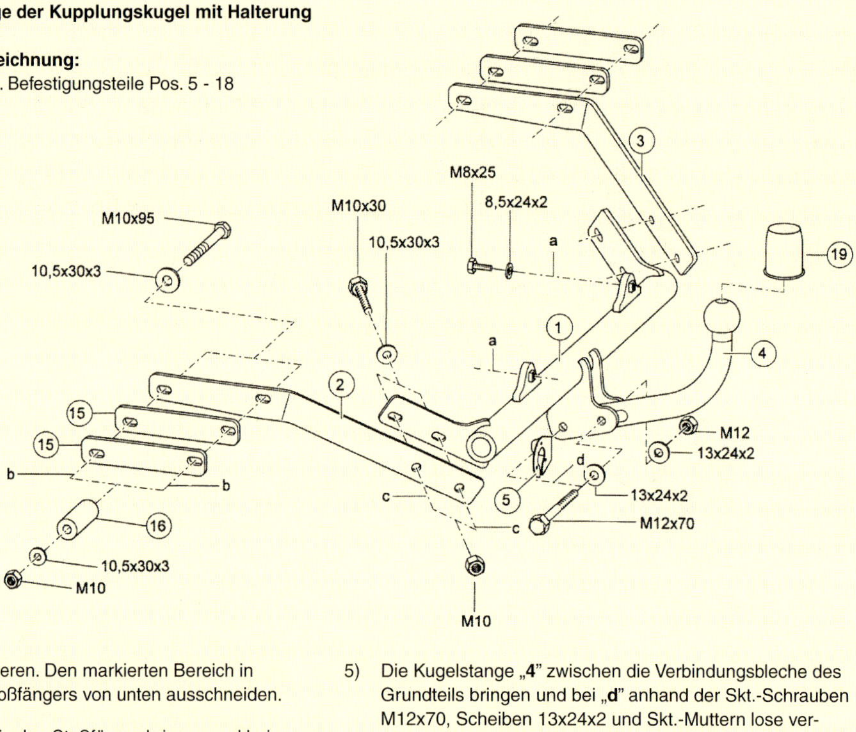

Montageanleitung:

1) Das Reserverad demontieren. Den markierten Bereich in der Mitte des hinteren Stoßfängers von unten ausschneiden.

2) Das KmH - Grundteil „**1**" in den Stoßfänger bringen und bei „**a**" lose mit dem Heckabschlussblech anhand der Skt.-Schrauben M8x25 und Scheiben 8,5x24x2 verschrauben.

3) Die Distanzrohre „**16**" von außen in die Längsträger bei „**b**" einsetzen und mit den Skt.-Schrauben M10x95, Scheiben 10,5x30x3 und Skt.-Muttern M10 von innen lose mit den Distanzplatten „**15**" und den Streben „**2**" links und „**3**" rechts verschrauben.

4) Die Streben „**2**" und „**3**" von außen lose mit den Seitenteilen des Grundteils bei „**c**" anhand der Skt.-Schrauben M10x30, Scheiben 10,5x30x3 und Skt.-Muttern M10 verschrauben.

5) Die Kugelstange „**4**" zwischen die Verbindungsbleche des Grundteils bringen und bei „**d**" anhand der Skt.-Schrauben M12x70, Scheiben 13x24x2 und Skt.-Muttern lose verschrauben. Der Steckdosenhalter „**5**" ist auf der linken Seite wahlweise vorne oder hinten mit anzuschrauben.

6) Die KmH mit den Einzelkomponenten ausrichten und alle Schrauben bzw. Muttern gleichmäßig fest anziehen.

Anzugsdrehmoment bei „**d**" für	M12 = 115 Nm, (Fertigkeitsklasse 10.9/10)
Anzugsdrehmoment bei „**b**" und „**c**" für	M10 = 46 Nm, (Fertigkeitsklasse 8.8/8)
Anzugsdrehmoment bei „**a**" für	M8 = 33 Nm, (Fertigkeitsklasse 10.9/10)

7) Reserverad wieder einsetzen.

Änderungen vorbehalten

1 Montageanleitung für mechanische Teile einer Anhängevorrichtung an einem Pkw (Auszug)

2.3.3.4 Bedienungsanweisung der Anhängevorrichtung

Anhängevorrichtungen gibt es als Kupplungskugel mit Halterung in einer festen Einheit oder mit abnehmbarer Kupplungskugel. Unser Kundenfahrzeug hat eine abnehmbare Kupplungskugel.

In der Bedienungsanweisung der Anhängevorrichtung findet man:
- Montage- und Demontagehinweise der Kupplungskugel
- Pflegehinweise
- Kontrollhinweise

Aus den **Montage- und Demontagehinweise** der Kupplungskugel entnimmt man:
- Aufnahmehülse muss frei von Verschmutzung sein, um eine sichere Verriegelung der Kupplungskugel zu gewährleisen.
- Kupplungskugel muss vor dem Einbauen vorgespannt werden.
- Kupplungskugel ist richtig eingerastet, wenn
  - die Markierung die richtige Lage hat,
  - kein Spalt zwischen Handrad und Kupplungskugel ist,
  - der Schlüssel sich abziehen lässt.
- Zum Abnehmen der Kupplungskugel das Schloss aufschließen und mit dem Handrad die Verriegelung lösen.
- Die Aufnahmehülse mit der Abdeckkappe verschließen, um diese vor Verschmutzung zu schützen.
- Die Kupplungskugel sicher im Fahrzeug aufbewahren. Eine unbefestigte Kupplungskugel im Fahrzeug gefährdet Fahrzeuginsassen und kann zu Beschädigungen im Fahrzeug führen.

In den **Pflegehinweisen** ist aufgeführt:
- Die Kupplungskugel ist sauber zu halten und zu fetten, um den Verschleiß zu mindern.
- Anlage- und Gleitflächen mit harzfreiem Fett regelmäßig fetten.
- Schloss mit Graphit behandeln.
- Kupplungskugel nicht mit dem Dampfstrahler reinigen, da hierbei das Fett im Inneren ausgewaschen wird, das zur Schmierung notwendig ist.

Die **Kontrollhinweise** sollen gewährleisten, dass die Anhängevorrichtung sicher betrieben werden kann. Daher sind folgende Angaben gemacht:
- Sämtliche Befestigungsschrauben der Anhängevorrichtung sind nachzuziehen nach ca. 1000 km Fahrt mit einem Anhänger; dabei vorgeschriebene Anzugsdrehmomente beachten!
- Regelmäßig den Durchmesser der Kugel überprüfen! Sobald der Durchmesser an einer Stelle nur noch 49 mm beträgt, darf aus Sicherheitsgründen die Kupplungskugel nicht mehr benutzt werden.

2.3.3.5 Betriebserlaubnis der Anhängevorrichtung

Wird eine Anhängevorrichtung am Fahrzeug angebracht, muss der Fahrzeughalter nachweisen, dass die Montage ordnungsgemäß durchgeführt wurde, so dass die Betriebs- und Verkehrssicherheit nicht beeinträchtigt ist. Dieser Nachweis ist die Betriebserlaubnis.

Für die Betriebserlaubnis der Anhängevorrichtung gelten folgende Voraussetzungen:
- Die Montage- und Bedienungsanleitung der Anhängevorrichtung ist den Kfz-Papieren beizufügen. Sie dient der TÜV-Abnahme als Betriebserlaubnis.
- Ein gesondertes Gutachten ist nur notwendig, wenn die Anhängevorrichtung keine Bauartgenehmigung besitzt und im Einzelverfahren abgenommen wurde.
- An einer gut sichtbaren Stelle des Zugfahrzeugs ist ein Schild aufzukleben mit Angabe der zulässigen Stützlast. Diese Stelle kann auch die Innenseite des Kofferraums sein.
- Das Leermasse des Fahrzeugs erhöht sich nach der Montage der Anhängevorrichtung. Damit vermindert sich die zulässige Zuladung.

Jegliche Änderungen bzw. Umbauten an der Anhängevorrichtung sind unzulässig. Sie führen zum Erlöschen der Betriebserlaubnis

Bei unserem Kundenfahrzeug beträgt die Masse der Anhängevorrichtung 18 kg.

2.3.3.6 Informationen über das Fräsen zum Trennen von Schweißpunkten

Im Karosseriebau ist das Widerstandspunktschweißen bei überlappenden Blechverbindungen ein häufig verwendetes Fügeverfahren. Sollen bei Karosserie-Instandsetzungsarbeiten beschädigte Karosserieteile ausgetauscht werden, müssen diese Schweißpunkte getrennt werden. Hierbei wird das Fräsen angewendet, um die Schweißpunkte zu entfernen, ➔ **1**.

Die verwendete Werkzeugmaschine wird **Schweißpunktfräser** genannt.

1 Schweißpunkte entfernen mit dem Schweißpunktfräser

2

Der Schweißpunktfräser hat ein Aufnahmefutter; in ihm wird der Schaftfräser eingespannt. Dieser Schaftfräser ist ein bohrerähnliches Werkzeug mit zwei Schneiden und einem Spitzenwinkel von ca. 180° und einer Zentrierspitze, ➔ **1**. Durch die Zentrierspitze ist es möglich, den Fräser im Mittelpunkt des Schweißpunktes aufzusetzen.

Der Schweißpunktfräsers wird mit Druckluft angetrieben (pneumatisch). Bei Betätigung des Einschalthebels muss zuerst eine Federkraft überwunden werden, die bewirkt, dass die Zentrierspitze des Schaftfräsers fest an den Schweißpunkt gedrückt wird. Als Gegenhalter hat der Schweißpunktfräser einen beweglichen u-förmigen Anschlagbügel. Die Frästiefe lässt sich genau einstellen über die Einspanntiefe des Schaftfräsers im Aufnahmefutter und mit einer Stellschraube am Einschalthebel.

So kann man den Schweißpunkt im Oberblech trennen, ohne das Unterblech durchzufräsen. Damit steht das unbeschädigte Blech für die weitere Instandsetzung zur Verfügung.

Zum Trennen von Schweißpunkten, die von beiden Seiten zugänglich sind, eignet sich der Schweißpunktfräser mit dem beweglichen u-förmigen Anschlagbügel. Bei zu trennenden Schweißpunkten, die nur von einer Seite zugänglich sind, muss der bewegliche u-förmige Anschlagbügel abgenommen werden. Damit fehlen dann der Gegenhalter und die Begrenzung der Frästiefe. Für diese von nur einer Seite zugänglichen Fräsarbeiten sind Schweißpunktfräser mit verstellbarem Anschlag entwickelt worden. Damit lässt sich dann ebenfalls die Frästiefe begrenzen.

Arbeitssicherheit beim Fräsen:
- Augen- und Gehörschutz tragen.
- Erforderlichen Luftdruck einstellen.
- Frästiefe einstellen.
- Zentrierspitze fest im Mittelpunkt des Schweißpunktes ansetzen.
- Beim Lösen des Oberblechs Handschuhe tragen.

2.3.4 Arbeitsplanung und Arbeitsauftrag durchführen

2.3.4.1 Arbeitsplanung

Durch den Auffahrunfall wurden beschädigt:
- Stoßfänger
- Abschlussblech
- Anhängevorrichtung

Diese Teile müssen erneuert werden.

Die Montage der Anhängevorrichtung muss nach der mitgelieferten Montageanleitung erfolgen. Hierbei sind die Schrauben mit den vorgeschriebenen Anzugsdrehmomenten zu befestigen.

Die Rückverformung des Längsträgers erfolgt auf der Richtbank mit dem Zuggerät nach Symmetriemessung. Es wird ein **Arbeitsplan** erstellt, ➔ **125.1**.

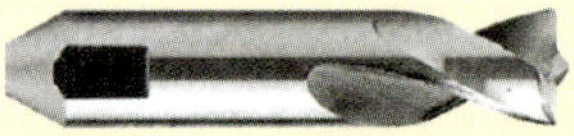

a) kurze Ausführung

b) Form DIN 1897, hier zusätzlich mit Titan-Nitrid beschichtet

1 Schaftfräser

Die Arbeitsschritte der Arbeitsplanung werden zusammengefasst in:
- Anhängevorrichtung erneuern, Kap. 2.3.4.2
- Beschädigtes Abschlussblech erneuern, Kap. 2.3.4.3
- Stoßfänger erneuern, Kap. 2.3.4.4

2.3.4.2 Anhängevorrichtung erneuern

Schritte, um die Anhängevorrichtung zu erneuern:
- beschädigte Anhängevorrichtung demontieren
- Längsträger richten
- neue Anhängevorrichtung montieren

Beschädigte Anhängevorrichtung demontieren

Aufgrund des Unfallschadens muss die Anhängevorrichtung erneuert werden. Durch den Aufprall auf die Kupplungskugel sind die zwei Befestigungsschrauben an der hinteren re

Für die Demontage der Anhängevorrichtung müssen die hinteren Räder und Radhausschalen demontiert werden, um die Verschraubung der Halterung zugänglich zu machen.

Längsträger richten

Durch den Aufprall ist der Längsträger hinten rechts leicht verformt, weil die Halterung am Längsträger verschraubt war. Der Längsträger muss vor der Montage einer neuen Anhängevorrichtung erst gerichtet werden. Da es nur eine leichte Verformung war, wird kein Richtsatz verwendet. Es wird nur nach der Symmetriemessung mit dem linken Längsträger die Rückverformung mit dem Zuggerät der Richtbank vorgenommen.

Arbeitsplanung							**Datum** 26.07.
Autrags- Nr. 453-23			**Zeichnungs- Nr.**			**Benennung** Instandsetzen einer Anhängevorrichtung mit Nebenarbeiten	**Mitarbeiter** Dünn, Karl
Arbeitsschritt lfd. Nr.	Vorbe-reitung	Tren-nen	Um-formen	Fügen		**Betriebsmittel Werkzeug Werkzeugmaschine**	**Bemerkungen Prüfmittel Einstellwerte**
1	x				Fahrzeug auf Richtbank mit Scherenhebebühne setzen	Richtbank mit Scherenhebebühne	
2		x			Kupplungskugel abnehmen	Schlüssel für Kupplungshebel	Aufnahmehülse mit Abdeckkappe verschließen
3	x				Räder hinten links u. hinten rechts kennzeichnen	Kreide	HL, HR
4		x			Räder hinten links und hinten rechts ausbauen	Pneumatischer Schlagschrauber	Schwergängige und angerostete Radschrauben müssen ausgetauscht werden!
5		x			Radhausschale hinten links und hinten rechts ausbauen	Kreuzschlitz-Schraubendreher Blechschraube ST4,2 × 9,5	
6		x			Stoßfänger ausbauen	Pneumatischer Schlagschrauber Sechskantschraube M8 × 20	
7		x			Anhängevorrichtung ausbauen	Pneumatischer Schlagschrauber Sechskantschraube M12 × 35	
8		x			Abschlussblech ausfräsen	Schweißpunktfräser	Unterblech richten und reinigen
9			x		Längsträger hinten rechts rückverformen	Zuggerät der Richtbank	Symmetriemessung nach Längsträger hinten links
10				x	Neues Abschlussblech einschweißen	Widerstandspressschweißgerät	Schweißpunktfarbe aufbringen
11		x			Loch für Kabelführung in Abschlussblech sägen	Lochsäge	Durchmesser 35 mm
12				x	Anhängevorrichtung montieren	Pneumatischer Schlagschrauber Drehmomentschlüssel	Schrauben gleichmäßig anziehen 115 Nm
13				x	Korrosionsschutz im Bereich Abschlussblech aufbringen	Unterbodenschutz	
14				x	Neuen Stoßfänger einbauen	Pneumatischer Schlagschrauber Drehmomentschlüssel Sechskantschraube M8 × 20	20 Nm
15				x	Radhausschale hinten links und hinten rechts anbringen	Kreuzschlitz-Schraubendreher Blechschraube ST4,2 × 9,5	
16				x	Räder hinten links und hinten rechts montieren	Pneumatischer Schlagschrauber Drehmomentschlüssel	Auf Reifenkennzeichnung achten 9 ± 1 daNm

1 Arbeitsplan

2

Neue Anhängevorrichtung montieren

Die neue Anhängevorrichtung wird nach der mitgelieferten Montageanleitung angebaut, siehe Kap. 2.3.3.3. Zunächst wird die Anhängevorrichtung mit den Schrauben nur fixiert. Danach gleichmäßig mit dem Drehmomentschlüssel mit 115 Nm angezogen. Das zulässige Drehmoment darf nicht überschritten werden, damit die Schraube unter Belastung nur im elastischen Bereich beansprucht wird. Das zulässige Drehmoment wird am Drehmomentschlüssel eingestellt. Bei Erreichen des eingestellten Drehmomentes rastet der Drehmomentschlüssel hör- und fühlbar aus. Danach erfolgt wieder die Montage der hinteren Radhausschalen und Räder, siehe Kap. 2.1.4.8.

2.3.4.3 Beschädigtes Abschlussblech erneuern

Das Abschlussblech ist so stark verformt, dass es erneuert werden muss.

Dazu werden:
- beschädigtes Abschlussblech entfernen
- Unterblech instand setzen
- neues Abschlussblech einsetzen
- Öffnung für die Kabelführung sägen
- Korrosionsschutz aufbringen

2

Zuerst muss das **beschädigte Abschlussblech entfernt** werden. Dazu werden die Widerstandspressschweißpunkte ausgefräst. Hierfür verwendet man den Schweißpunktfräser, siehe Kap. 2.3.3.6. Die Frästiefe wird so eingestellt, dass das verbleibende Unterblech nicht mit durchgefräst wird.

Nach dem Ausfräsen wird das **Unterblech instand gesetzt**: es wird gerichtet, gereinigt und mit Schweißpunktfarbe eingestrichen.

Danach kann dann das **neue Abschlussblech eingesetzt** werden; das geschieht mit Widerstandspressschweißen.

Das neue Abschlussblech hat noch **keine Öffnung für die Kabelführung** der elektrischen Leitung der Anhängevorrichtung. Die Öffnung wird jetzt mit einer Lochsäge mit dem Durchmesser von 35 mm in das Abschlussblech eingesägt, ➔ **1**. Weitere Informationen zum Sägen siehe Kap. 2.2.3.8.

Zum Schluss wird im Bereich des Abschlussbleches zum **Korrosionsschutz** der Unterbodenschutz aufgebracht, siehe dazu Kap. 2.1.3.11.

a) Arbeiten mit der Lochsäge

b) Sägeblätter für die Lochsäge

1 Lochsäge

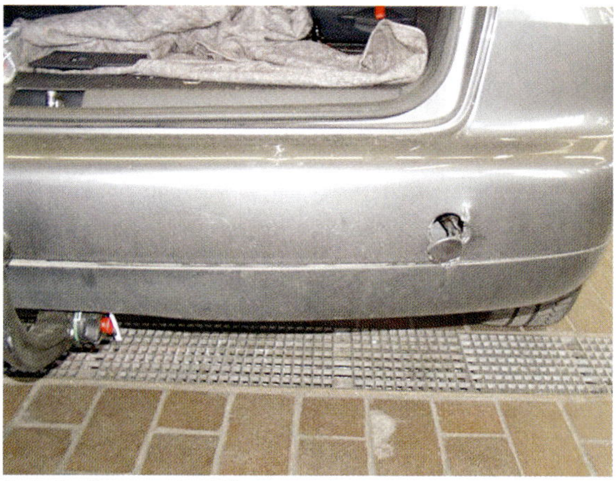

2 Schaden am Stoßfänger

2.3.4.4 Stoßfänger erneuern

Der Stoßfänger ist durch den Auffahrunfall stark beschädigt. Dadurch, dass die zwei Befestigungsschrauben an der hinteren rechten Halterung der Anhängevorrichtung abgeschert sind, hat die Halterung den Stoßfänger von hinten durchgeschlagen, ➔ **2**.

Daher muss der Stoßfänger erneuert werden. Der Stoßfänger ist an die Karosserie geschraubt und kann deshalb leicht ausgetauscht werden.

Das erfolgt in den Schritten:
- neuen Stoßfänger in Fahrzeugfarbe lackieren
- beschädigten Stoßfänger abschrauben
- neuen Stoßfänger nach der Trocknung montieren

Zum Montieren werden die Schrauben mit dem Drehmomentschlüssel angezogen. Das zulässige Drehmoment beträgt 20 Nm und wird am Drehmomentschlüssel eingestellt.

2.3.5 Qualitätssicherung

Ist der Arbeitsauftrag durchgeführt, erfolgt die Qualitätssicherung.

Dazu gehören:
- durchgeführte Arbeit mit den vorgesehenen Arbeitsschritten vergleichen
- Auftrag abzeichnen
- Probefahrt

Anhand des Arbeitsplanes wird die durchgeführte Arbeit kontrolliert. Bei dieser umfangreichen Reparatur wird zusätzlich der Meister das Arbeitsergebnis begutachten.

Es wird festgelegt, das Fahrzeug noch vor der Übergabe an den Kunden zu waschen.

Weitere Informationen zur Qualitätssicherung finden Sie im Kap. 0.3.4.4.

2.3.6 Fahrzeug an den Kunden übergeben

Dem Kunden wird das saubere instand gesetzte Fahrzeug übergeben. Vom Meister werden die durchgeführten Arbeiten erläutert.

Dabei weist er besonders auf folgende Sicherheitsvorkehrungen für den Anhängebetrieb hin:
- Nach 1000 km Anhängebetrieb Befestigungsschrauben im Fachbetrieb nachziehen lassen.
- Den Kugeldurchmesser regelmäßig überprüfen. Sobald der Kugeldurchmesser an einer Stelle nur noch 49 mm beträgt, darf die Kupplungskugel nicht mehr benutzt werden.

Weitere Informationen zur Fahrzeugübergabe finden sie im Kap. 0.3.2.3

Übungen

Kap. 2.1

1. Wann sind Winterreifen erforderlich und warum ist das so?
2. Auf einem Reifen finden Sie folgende Aufschrift: 205/55R 16 91W Tubeless DOT ... 0206. Was bedeutet diese Aufschrift?
3. Welche Profiltiefen sind für Winter- und Sommerreifen vorgeschrieben und welche empfohlen? Begründen Sie die für den Winter erforderliche Profiltiefe.
4. Was machen Sie mit den alten Reifen, wenn Sie neue Reifen wechseln?
5. Ein Wischgummi wird mit $F = 6$ N auf die Frontscheibe gedrückt. Die Wischgummilänge beträgt 670 mm.
   a) Berechnen Sie die Flächenpressung in MPa bei einer Wischgummibreite von 0,5 mm?
   b) Wie groß wird die Flächenpressung, in MPa, wenn sich bei abgenutztem Wischgummi die Wischgummibreite auf 1,1 mm vergrößert hat?
6. Der Luftdruck in einem Pkw-Reifen beträgt p_e = 235 kPa, der gemessene atmosphärische Druck p_{amb} = 975 hPa. Wie groß ist im Reifen der absolute Druck p_{abs} in kPa?
7. Ein Richtgerät kann am Druckzylinder mit 60 kN belastet werden. Wie groß ist die Zugkraft an der Kette in kN?

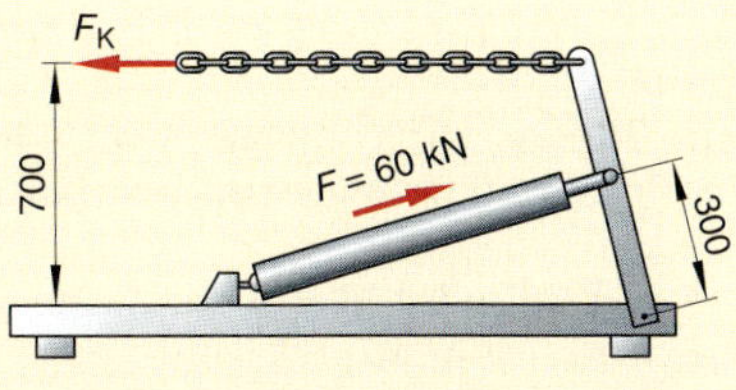

8. Unterscheiden Sie Lehren und Messen.
9. Beschreiben Sie beim Messschieber mit linearer Skala das Messen mit dem 1/20-Nonius.
10. Beschreiben Sie eine Lehre, die man im Karosseriebaubetrieb verwendet.
11. Welche Wirkungen haben beim Bohrer Freiwinkel und Keilwinkel?
12. Mit welcher Drehzahl darf mit einem Bohrer (d = 6 mm) Aluminium gebohrt werden?
13. Nennen Sie die einzelnen Bereiche des Schneidenteils eines Spiralbohrers und erklären Sie deren Wirkungen.
14. Erklären Sie die folgenden Gewindebezeichnungen: M12 LH, M12 RH.
15. Wie wird ein Innengewinde M6 in ein 4 mm dickes Stahlblech geschnitten?
16. Was bedeuten auf einem Schraubenkopf die lesbaren Zahlen 8.8?
17. Beschreiben Sie das spanlose Gewindeformen am Beispiel einer einfachen Verschraubung mit einem Durchgangsloch und einem Kernloch.
18. Nennen Sie konstruktive Maßnahmen zur Schraubensicherung.
19. Erklären Sie die chemische Korrosion am Beispiel einer Pkw-Karosserie.
20. An welchen Bauteilen eines Pkws kann es zur Kontaktkorrosion kommen und warum ist das so?
21. Wie lassen sich fest gerostete Radschrauben fachmännisch lösen?
22. Warum ist es erforderlich, demontierte Räder zu kennzeichnen?
23. Beim Wechsel von Sommer- auf Winterreifen müssen die Winterreifen vor dem Einlagern einer Kontrolle unterzogen werden. Was wird kontrolliert und warum ist das notwendig?
24. Was ist beim fachgerechten Lagern von Reifen zu beachten?
25. Wie können abgebrochene Radschrauben fachgerecht aus dem Gewinde herausgedreht werden?
26. Welche Kontrollen sollen durchgeführt werden, bevor eingelagerte Winterreifen montiert werden?
27. Unterscheiden Sie statische Unwucht und dynamische Unwucht von Rädern.
28. Wie werden Reifen fachmännisch montiert?

2

Kap. 2.2

1. Nennen Sie zwei offene Aufbauten und beschreiben Sie diese.
2. Wie unterscheiden sich offene und geschlossene Aufbauten in Bezug auf ihre Verwindungsfähigkeit?
3. Zu welchen Nutzaufbauten zählen die Container?
4. Wozu werden Ladebordwände verwendet?
5. Unterscheiden Sie einen verwindungssteifen Fahrzeugrahmen von einem verwindungsweichen Fahrzeugrahmen.
6. Welche Bedeutung haben Aufbaurichtlinien für den Fahrzeugbauer?
7. Beschreiben Sie eine gemischte Verbindung des Nutzaufbaus mit dem Montagerahmen.
8. Auf welche Korrosionsschutzmaßnahmen wird in den Aufbaurichtlinien hingewiesen?
9. Welche Werkstoffe lassen sich durch Plasmaschneiden trennen?
10. Beschreiben Sie das Selbstschärfen einer Schleifscheibe.
11. Warum verwendet man zum Schleifen harter Werkstoffe eine weiche Schleifscheibe?
12. Nennen Sie Maßnahmen zur Arbeitssicherheit beim Trennschleifen.
13. Beschreiben Sie mit Hilfe des Kräfteparallelogramms die Kraftübersetzung des Keils.
14. Nennen Sie Maßnahmen der Arbeitssicherheit beim Scherschneiden und beim Meißeln.
15. Welcher Zusammenhang besteht zwischen der Zahnteilung einer Säge und dem Werkstoff, der mit der Säge zu trennen ist?
16. Nennen Sie Maßnahmen der Arbeitssicherheit beim Sägen.
17. Ein 3 mm dickes Blech aus S 235 mit einer Breite von 30 mm soll auf eine Länge von 250 mm gebogen werden (R_{eH} = 235 N/mm²). Bei welcher Kraft F_{min} beginnt die plastische Verformung.

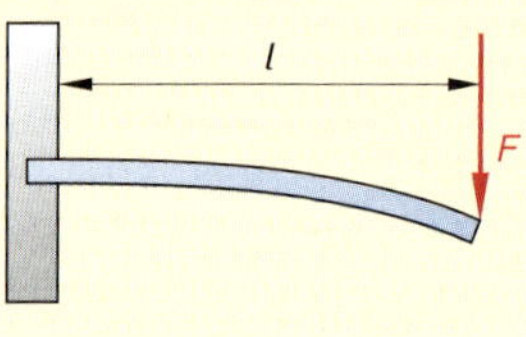

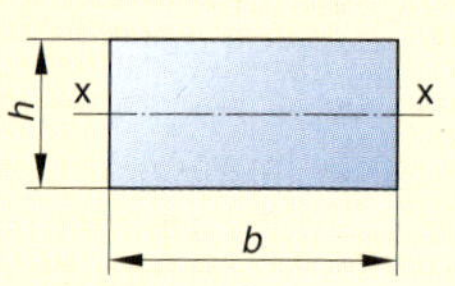

$M_b = F \cdot l$

$W = \frac{b \cdot h^2}{6}$

18. Wodurch kommt es zur Kaltverfestigung beim Biegen?
19. Warum muss beim Biegen mit kleinem Biegeradius die Walzrichtung beachtet werden?
20. Wie kann die Querschnittsform von Profilen beim Biegen erhalten bleiben?
21. Aluminiumbleche sollen abgekantet werden. Welche Anreißwerkzeuge eignen sich?
22. Berechnen Sie die Zuschnittslänge und die Kantungslängen für folgendes Profil.

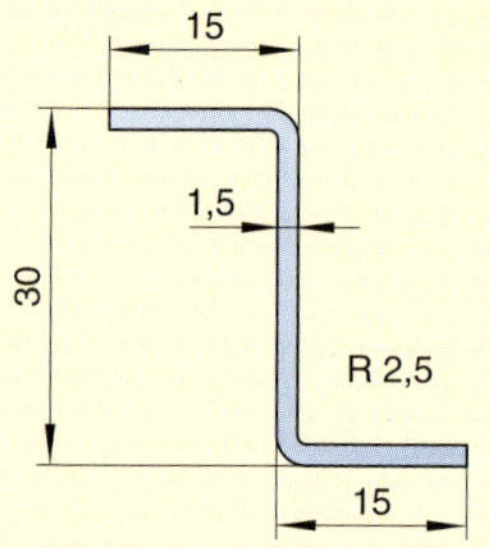

23. Es soll ein Bügel aus Flachstahl 50 mm × 8 mm hergestellt werden. Berechnen Sie den Bügelzuschnitt *L*.

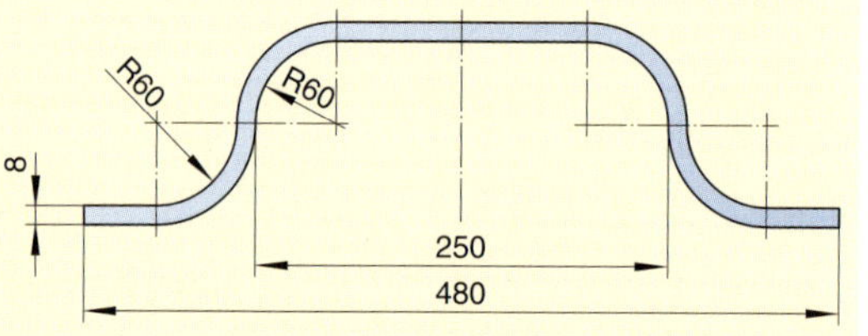

24. Wie wird die Schraubenverbindung der Konsolen mit dem Fahrzeugrahmen hergestellt?

Kap. 2.3

1. Wie wird die Anhängevorrichtung in das Gesamtsystem Fahrzeug eingeordnet?
2. Was versteht man unter dem D-Wert einer Anhängevorrichtung?
3. An einen Pkw soll eine Anhängevorrichtung montiert werden. Folgende Daten sind bekannt:
   - zulässige Stützlast = 75 kg
   - maximaler D-Wert = 7,63 kN
   - zulässige Gesamtmasse des Anhängers = 1320 kg; *R* = 1,32 t
   - zulässige Gesamtmasse des Pkws = 1880 kg; *T* = 1,88 t
   - zulässige Gesamtmasse des Zuges = 2600 kg; m_Z = 2,60 t

   a) Überprüfen Sie, ob der maximale D-Wert überschritten wird.

   b) Welche Kombinationen des Zuges mit der jeweils zulässigen Einzelgesamtmasse sind möglich?
4. Warum darf die Anhängevorrichtung nur von Fachpersonal montiert bzw. instand gesetzt werden?
5. Welche Pflege- und Kontrollhinweise findet man in Bedienungsanweisungen von Anhängevorrichtungen?
6. Welchen Einfluss hat die Montage einer Anhängevorrichtung auf die Leermasse des Fahrzeugs?
7. Nennen Sie Maßnahmen zur Arbeitssicherheit beim Fräsen.
8. Welchen Zweck erfüllt der Drehmomentschlüssel für eine Schraubenverbindung?

3 Prüfen und Instandsetzen elektrischer und elektronischer Systeme

Ziele und Inhalte des Lernfeldes

Ziele:
- elektrische und elektronische Systeme im Kraftfahrzeug kennen lernen
- Arbeitsplanung von Prüfung und Instandsetzung elektrischer und elektronischer Systeme
- Berechnung elektrischer Größen unter Anwendung von Tabellen und Formeln
- Demontage, Prüfen und Montage elektrischer und elektronischer Bauteile durchführen
- gesetzliche Vorschriften und Herstellerangaben berücksichtigen
- Technische Kommunikationsmittel verwenden
- Arbeitsergebnisse kontrollieren, bewerten und dokumentieren

Inhalte:
- elektrische und elektronische Systeme im Kraftfahrzeug
- elektrische Mess- und Prüfgeräte
- elektrische und elektronische Schaltungen
- Aufgabe, Aufbau und Arbeitsweise elektrischer und elektronischer Bauteile
- Bauteile prüfen und austauschen
- Arbeitssicherheit, Umweltschutz und Entsorgung

1 Elektrische und elektronische Komponenten in einem Pkw

3

Der Umfang an elektrischen und elektronischen Komponenten und Systemen an der Fahrzeugausrüstung hat in den letzten Jahren überdurchschnittlich zugenommen, ➔ **129.1**.

Die **elektrische Anlage** stellt elektrische Energie zur Verfügung und „transportiert" sie.

So ist elektrische Energie im Kfz verfügbar, damit
- ein Kraftfahrzeug zu jeder Zeit startfähig ist,
- während des Betriebs eine ausreichende Stromversorgung gewährleistet ist,
- auch bei nicht laufendem Motor die elektrischen Geräte noch eine angemessene Zeit zu betreiben sind, ohne dass ein nachfolgender Start des Motors unmöglich wird.

Die traditionellen elektrischen Bauteile im Fahrzeug sind:
- Batterie als Energiespeicher
- Generator als Energieerzeuger
- Starter
- Bordnetz

Diese müssen für das jeweilige Fahrzeug aufeinander abgestimmt sein.

Elektronische Systeme sind im Kraftfahrzeug für die schnelle Verarbeitung von eingehenden Daten, der Datenverarbeitung, bis hin zur exakten Datenausgabe in Form von Steuerungen verantwortlich. Dies ist aus dem Trend zum High-Tech-Kfz mit seinem hohen Anteil an computer- und mikro-elektronisch gesteuerten Anlagen notwendig.

Elektronische Systeme sind z. B.:
- Management für 4-Takt-Motoren
- anpassungsfähige Scheinwerfersysteme
- raffinierte Diebstahlschutzsysteme
- Komfortsysteme für den Fahrer
- Informations- und Navigationssysteme zur sicheren Orientierung
- Einparksysteme zum Parken und Rangieren
- Fahrsicherheitssysteme (ABS, ASR, ESP)

Der größte Teile der Pannenhilfe ist auf Störungen der elektrischen und elektronischen Anlage zurückzuführen, so die aktuelle Pannenhilfestatistik.

Speziell der zunehmende Einsatz elektrischer und elektronischer Bauteile in Kraftfahrzeugen führt zu Störungen im Gesamtsystem Kfz. Der Verband der Technischen Überwachungsvereine (VdTÜV) veröffentlichte im Jahr 2003 die Ergebnisse von Hauptuntersuchungen (HU).

Bei den untersuchten Fahrzeugen zur HU waren folgende Baugruppen fehlerhaft:
- Motorsteuerung: bei 25 % der Fahrzeuge
- Antiblockiersystem (ABS): bei 16 % der Fahrzeuge
- Airbag: bei 12 % der Fahrzeuge

Diese Entwicklung erfordert ein ausgeprägtes Systemwissen und Systemverständnis bei der Diagnose, der Reparatur und dem Service.

1 Kundenfahrzeug MB 220 TE

Fazit:
Elektrische und elektronische Bauteile sind die häufigsten Fehlerquellen bei Pannen von Straßenfahrzeugen. Jedoch überwiegen die Vorteile der Steuerungs- und Regelungssysteme. Deshalb werden sie in den kommenden Jahren weiterhin eingesetzt; ihr Anteil wird sogar steigen.

Im Lernfeld 3 werden behandelt:
- Starterbatterie prüfen und wechseln, Kap. 3.1
- Drehstromgenerator prüfen, Kap. 3.2
- Bordnetz eines Anhängers prüfen und instand setzen, Kap. 3.3

3.1 Starterbatterie prüfen und wechseln

3.1.1 Lernsituationen und Vorgehensweise

Ein Kunde hat seinen Pkw, einen Mercedes Benz 220 TE, mit seinem Freund in den Karosseriebaubetrieb abgeschleppt, ➔ **1**.
Er beschreibt den Fehler:
- Sein Auto ist in den vergangen Tagen schwer angesprungen.
- Am heutigen Morgen war lediglich noch ein Klacken zu hören, als der Zündschalter betätigt wurde.
- Parallel dazu wurden sämtliche Kontrolllampen dunkler und zuletzt sind sie ganz ausgegangen.

Der Kunde bittet, das Auto instand zu setzen und erteilt den Auftrag.

Um diesen Auftrag auszuführen, muss der Lehrling wie folgt vorgehen:
- Fahrzeugannahme, Kap. 3.1.2
- Informationsbeschaffung, Kap. 3.1.3
- Arbeitsplanung und Arbeitsauftrag durchführen, Kap. 3.1.4
- Qualitätssicherung, Kap. 3.1.5
- Fahrzeug an den Kunden übergeben, Kap. 3.1.6

3.1.2 Fahrzeugannahme und Schaden begutachten

Der Annahmemeister vermutet, dass die Starterbatterie entladen ist oder defekt.

Er bespricht mit dem Kunden die möglichen Ursachen und grenzt den Auftrag ein:
- Die Starterbatterie prüfen und ggf. wechseln.
- Wenn die Starterbatterie in Ordnung ist, ist das Fahrzeug zu prüfen, um die Ursache für eine eventuelle Entladung der Starterbatterie festzustellen.

Mithilfe des Annahmeformulars und eines Gesprächs mit dem Kunden erfährt der Lehrling:
- Das Auto ist neun Jahre alt und die Starterbatterie wurde zuletzt vor vier Jahren gewechselt.
- Es kann ausgeschlossen werden, dass Verbraucher wie Licht oder Radio längere Zeit eingeschaltet waren.
- Das Fahrzeug ist überwiegend im Langstreckenbereich eingesetzt.
- Der Kunde wünscht **keine** wartungsfreie Starterbatterie.

Bei der Fahrzeugannahme geht der Lehrling vor, wie in Kapitel 0.3.2.3 beschrieben.

3.1.3 Informationsbeschaffung

Um den Arbeitsauftrag auszuführen, muss der Lehrling Informationen beschaffen zu:
- Grundlagen der Elektrotechnik, Kap. 3.1.3.1
- Starterbatterie und Batterie für den Fahrantrieb, Kap. 3.1.3.2
- Aufgaben der Starterbatterie, Kap. 3.1.3.3
- Aufbau einer Starterbatterie, Kap. 3.1.3.4
- Arbeitsweise der Starterbatterie, Kap. 3.1.3.5
- Kennzeichnung der Starterbatterie, Kap. 3.1.3.6
- Prüfen einer Starterbatterie, Kap. 3.1.3.7
- Nachladen einer Starterbatterie, Kap. 3.1.3.8
- Ersatzbatterien, Kap. 3.1.3.9
- Warten der Starterbatterie, Kap. 3.1.3.10
- Entsorgen der Starterbatterie, Kap. 3.1.3.11
- Erweiterte Prüfung des Bordnetzes, Kap. 3.1.3.12

3.1.3.1 Informationen zu den Grundlagen der Elektrotechnik

Beim Prüfen und Instandsetzen elektrischer und elektronischer Systeme werden Messgeräte eingesetzt. Dabei ist es wichtig, über den elektrischen Stromkreis Bescheid zu wissen.

Der **elektrische Strom** fließt immer in einem geschlossenen Kreis. Vom Erzeuger (Generator/Batterie) zum Verbraucher, durch den Verbraucher hindurch, zurück zum Erzeuger und durch ihn hindurch, ➔ **1**.

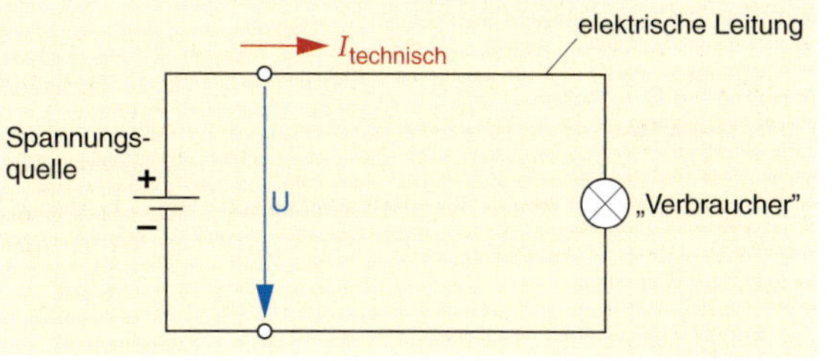

1 Stromkreis

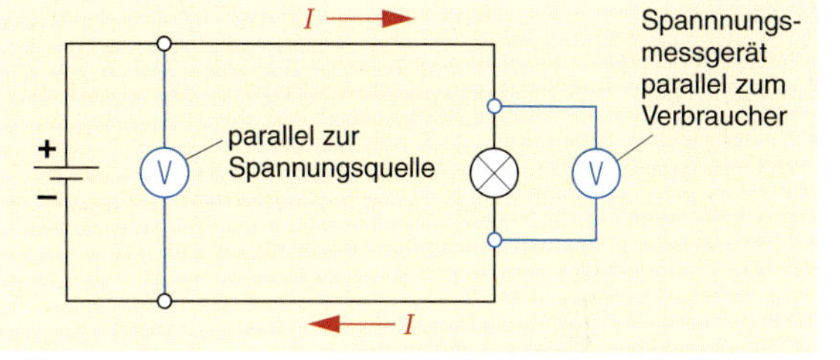

2 Spannungsmessung im elektrischen Stromkreis

Im Kraftfahrzeug wird in aller Regel die Masse (Karosserie) als Rückleitung benützt. Die Verbraucher benötigen deshalb eine leitende Verbindung zur Fahrzeugmasse.

Der **elektrische Stromkreis** besteht aus:
- Spannungsquelle
- Verbraucher
- Schalter
- Verbindungsleitungen

Strom fließt nur, wenn elektrische Spannung vorhanden ist und wenn der Stromkreis geschlossen ist.

Die drei wichtigsten Grundgrößen der Elektrotechnik sind:
- elektrische Spannung
- elektrische Stromstärke
- elektrischer Widerstand

Elektrische Spannung

Eine Spannungsquelle (Starterbatterie) hat zwei Anschlüsse:
- Pluspol
- Minuspol

Die Besonderheit liegt darin, dass die Elektronen von einem Anschluss zum anderen Anschluss befördert werden. Die Kraft, die diese Elektronenbewegung verursacht, heißt elektrische Spannung.
Symbol der elektrischen Spannung: U
Einheit der elektrischen Spannung: V (**Volt**)

Die elektrische Spannung wird mit dem Spannungsmesser (Voltmeter) gemessen. Er wird an die Klemmen des Spannungserzeugers oder beim Messen der Verbraucherspannung an die Klemmen des Verbrauchers angeschlossen. Der Spannungsmesser liegt **parallel** zum Verbraucher, ➔ **2**.

3

Elektrische Stromstärke

Metalle verfügen über so genannte „freie" Elektronen, die leicht beweglich sind. Von der elektrischen Kraft einer Spannungsquelle angetrieben, bewegen sich diese durch einen Leiterwerkstoff fort. Die Fortbewegung heißt elektrische Stromstärke, kurz: **elektrischer Strom**.

Symbol des elektrischen Stroms: I
Einheit des elektrischen Stroms: A (**Ampere**)

Die Stärke des elektrischen Stromes wird mit dem Strommesser (Amperemeter) gemessen. Der zu messende Strom muss durch das Messinstrument fließen. Der Strommesser misst die Elektronenströmung. Dazu wird der Stromkreis an einer Stelle aufgetrennt und vom Strommesser mit seinen beiden Messleitungen wieder geschlossen. Man sagt: Der Strommesser wird **in Reihe** geschaltet, ➔ **1**.

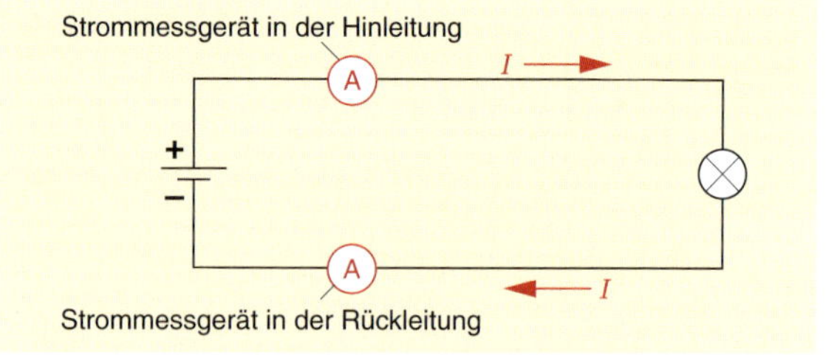

1 Strommessung im elektrischen Stromkreis

Elektrischer Widerstand

Bauteile, die nicht von sich aus elektrische Spannung abgeben, sind passive Bauteile. Sie wirken hemmend auf die sich fortbewegenden Elektronen. Sie setzen der Elektronenströmung einen Widerstand entgegen, den elektrischen Widerstand. Von Bedeutung ist der Widerstand zwischen dem Eingang des Bauteils und seinem Ausgang.

Symbol des elektrischen Widerstands: R
Einheit des elektrischen Widerstands: Ω (**Ohm**)

Der elektrische Widerstand wird mit dem Widerstandsmesser gemessen:
- Eine Messleitung wird immer an den Eingang angeschlossen,
- die andere an den Ausgang des zu prüfenden Bauteils angeschlossen.

Besondere Beachtung gilt dem Messobjekt:
Es muss spannungsfrei sein.

Der elektrische Widerstand lässt sich aber auch berechnen, vgl. ➔ **2**.

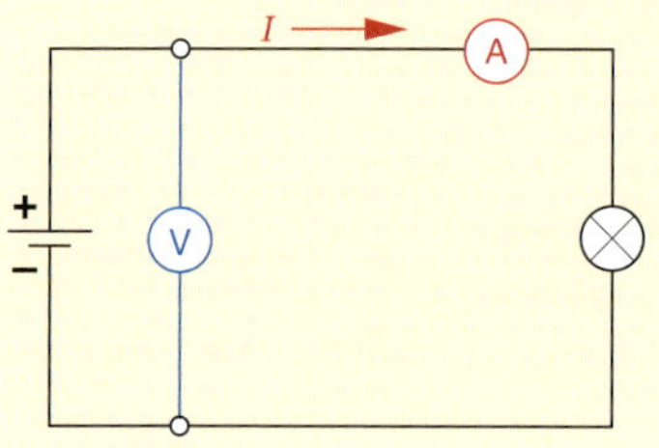

Messergebnisse:
$I = 4$ A
$U = 12$ V

Berechnung des Widerstandes:

$R = \frac{U}{I}$ $\quad R = \frac{12\text{ V}}{4\text{ A}}$

$\underline{\underline{R = 3\ \Omega}}$

2 Widerstandsmessung im elektrischen Stromkreis

3.1.3.2 Informationen zur Starterbatterie und zur Batterie für den Fahrantrieb

Die Batterie speichert Energie und gibt sie bei Bedarf wieder ab.

Im Kraftfahrzeug gibt es unterschiedliche Batterien:
- Starterbatterie
- Batterie für den Fahrantrieb

Die **Starterbatterie** ist in jedem Kraftfahrzeug vorhanden. Sie liefert Strom zum Starten des Verbrennungsmotors. Bei stehendem Motor und beim Starten liefert die Starterbatterie die erforderliche elektrische Energie.

Ist der Motor angesprungen, übernimmt der Generator die Stromversorgung und lädt zusätzlich die Starterbatterie wieder auf.

Eine **Batterie für den Fahrantrieb** ist in Fahrzeugen notwendig, die mit Elektroantrieb oder Hybridantrieb (Verbrennungsmotor + Elektromotor) ausgestattet sind. Speziell Fahrzeuge mit Elektroantrieb sollen die Umwelt schonen, weil sie keine Schadstoffe am Einsatzort freisetzen. Weiterhin haben Elektromotoren einen hohen Wirkungsgrad und bieten zusätzlich die Möglichkeit der Energierückgewinnung bei Bremsvorgängen.

Derzeit gibt es aber noch Nachteile bei Fahrzeugen mit Elektroantrieb:
- Die Reichweite ist eingeschränkt.
- Das Netz zum Wiederaufladen muss ausgebaut werden.
- Die notwendigen Batterien habe eine hohe Eigenmasse.

3.1.3.3 Informationen zu Aufgaben der Starterbatterie

Die Aufgaben der Starterbatterie sind:
- elektrischen Strom liefern
- Spannungsspitzen im Bordnetz aufnehmen

Starterbatterien **liefern elektrischen Strom** vor allem für das Starten des Motors, deshalb auch: **Starterbatterie**. Zum Starten des Motors wird kurzzeitig Strom mit großer Stromstärke benötigt.
Außerdem muss das Bordnetz teilweise oder vollständig mit elektrischem Strom versorgt werden, meist über einen langen Zeitraum, allerdings mit geringer Stromstärke.

Heutige Starterbatterien können außerdem **Spannungsspitzen im Bordnetz aufnehmen** und so die empfindlichen elektronischen Bauteile vor Überspannung schützen.

3

3.1.3.4 Informationen zum Aufbau einer Starterbatterie

Eine Starterbatterie besteht aus, ➔ **1**:
- Plusplatten
- Minusplatten
- Separatoren
- Elektrolyt
- Blockdeckel
- Pol-Abdeckkappe
- Direkt-Zellenverbinder
- Endpol
- Plattenverbinder
- Blockkasten
- Bodenleiste
- Stopfen zur Erstbefüllung

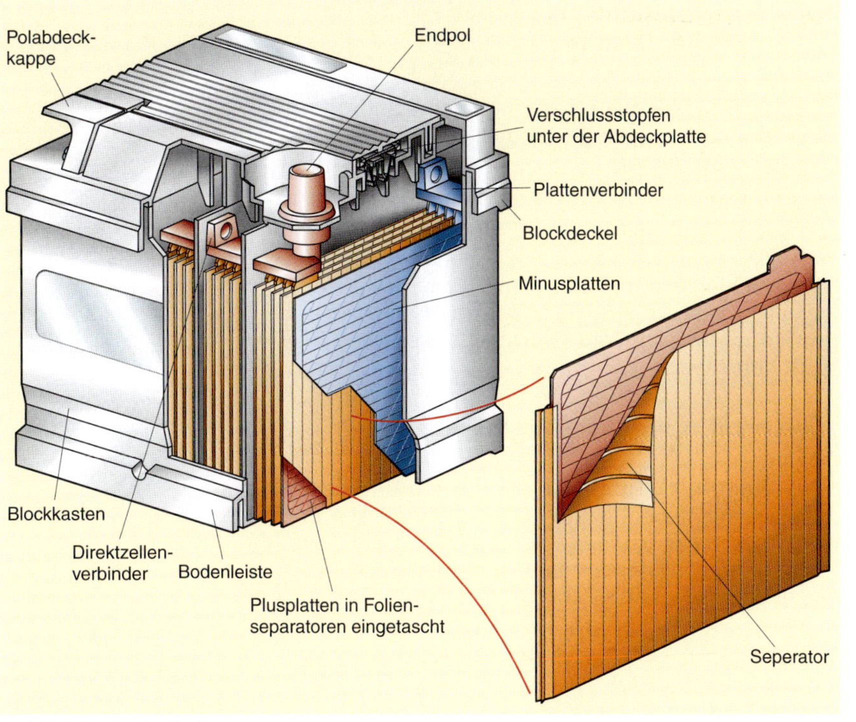

1 12-V-Starterbatterie

Die **Plusplatten** werden miteinander verbunden und ergeben den positiven Plattensatz. Sie enthalten als aktive Masse
- im geladenen Zustand: Bleidioxid (PbO_2)
- im entladenen Zustand: Bleisulfat ($PbSO_4$)

Die **Minusplatten** werden ebenfalls miteinander verbunden und ergeben den negativen Plattensatz. Sie enthalten als aktive Masse
- im geladenen Zustand: Blei (Pb)
- im entladenen Zustand: Bleisulfat ($PbSO_4$)

Zwischen den unterschiedlichen Werkstoffen befindet sich der **Elektrolyt**, eine Strom leitende Flüssigkeit. Der Elektrolyt besteht aus verdünnter Schwefelsäure, eine Mischung aus destilliertem Wasser und reiner Schwefelsäure (H_2SO_4). Die Schwefelsäure ist durch die Verdünnung mit Wasser in bewegliche elektrisch geladene Teilchen, die Ionen, aufgespalten. Die Wasserstoff-Ionen sind positiv (H^+) geladen, die Säurerest-Ionen negativ (SO_4^-).

Die **Separatoren** trennen die Platten des positiven Plattensatzes von den Platten des negativen Plattensatzes. Der Separator ist eine mikroporöse Isolierplatte oder eine Folientasche, die durchlässig ist für den Elektrolyt. Feste Partikel werden zurückgehalten. Separatoren verhindern einen Kurzschluss zwischen den einzelnen Plus- und Minusplatten.

Die zusammengebaute Einheit aus Plusplattensatz, Minusplattensatz und Separatoren bildet einen Plattenblock, der mit dem eingefüllten Elektrolyt eine Batteriezelle ergibt.

Jede Batteriezelle liefert eine Nennspannung von 2 V. Zum Erreichen der unterschiedlichen Batterie-Nennspannungen werden mehrere Zellen in Reihe geschaltet:
- Drei Zellen ergeben eine Nennspannung von 6 Volt.
- Sechs Zellen ergeben eine Nennspannung von 12 V.

Die Batterie wird oben durch den **Blockdeckel** verschlossen, der im Heißsiegelverfahren aufgebracht wird.

Die **Pol-Abdeckkappe** verhindert ein zufälliges und unbeabsichtigtes Berühren von elektrisch leitenden Materialien wie zum Beispiel beim Ablegen von Werkzeugen im Motorraum.

Direkt-Zellenverbinder, Endpol und Plattenverbinder bestehen aus Blei. An je einem Plattensatz der ersten und letzten Zelle sind die Endpole angeschweißt.

Der **Blockkasten** besteht aus säurefestem, dichtem Isolierstoff, z. B. Polypropylen. Der Blockkasten ist bei einer 12-Volt-Batterie in sechs Zellen unterteilt, die gegeneinander dicht abgeschlossen sind.

Die **Bodenleiste** dient zum sicheren Einbau in das Fahrzeug. Da der Blockkasten selbst sehr empfindlich ist, werden die notwendigen Kräfte zur Befestigung von der Bodenleiste aufgenommen.

In handelsüblichen Batterien besitzt jede Zelle einen **Stopfen zur Erstbefüllung**. Er dient der Wartung und der Ableitung der Ladegase.

3.1.3.5 Informationen zur Arbeitsweise der Starterbatterie

In einer Batteriezelle wird chemische Energie in elektrische Energie umgewandelt. Sie wirkt wie ein galvanisches Element.

Bei der Batterie wird zur Speicherung der Energie die elektrochemische Spannungsreihe ausgenützt, → 1.

Die verschiedenen metallischen Werkstoffe werden jeweils in einer Lösung ihrer Salze von bestimmter Konzentration gegen eine Normalelektrode (Wasserstoff) gemessen.

Wasserstoff hat das Potenzial Null.

Je weiter zwei Metalle in der Spannungsreihe auseinander stehen, desto höher ist die Spannung. Analog dazu gilt, je weiter zwei Metalle in der Spannungsreihe auseinander stehen, desto stärker wird das unedlere Metall zerstört (Korrosion).

In der Starterbatterie wird als Lösung zwischen den Werkstoffen in der Regel Schwefelsäure in einer 33%-Konzentration verwendet.

Bei der Arbeitsweise der Batterie ist zu unterscheiden:
- Entladevorgang
- Ladevorgang

Entladevorgang

Minusplatte:
Durch die Abwanderung von Elektronen entsteht zweiwertiges positives Blei Pb^{++}, dass sich mit dem zweiwertig negativen $SO4^{--}$ zu Bleisulfat verbindet.

Plusplatte:
Durch die Zufuhr von Elektronen entsteht aus dem vierwertig positiven Blei Pb^{++++} des Bleioxids zweiwertig positives Pb^{++}. Die Bleidioxidverbindung PbO_2 wird aufgehoben und eine Verbindung mit SO_4 zu Bleisulfat $PbSO_4$ entsteht. Die frei gewordenen Ionen O^{-} reagieren mit den H^{+}-Ionen zu Wasser H_2O, die Säuredichte nimmt ab.

Ladevorgang

Beim Ladevorgang werden die Elektronen durch den Generator vom Plus- zum Minuspol gedrückt. Die $PbSO_4$-Verbindung wird an beiden Polen aufgelöst.

Minusplatte:
Aus Bleisulfat wird Blei.

Plusplatte:
Das vierwertig gewordene Blei-Ion Pb^{++++} verbindet sich mit zwei zweiwertigen Sauerstoff-Ionen O^{-} zu Bleidioxid. Die SO_4-Ionen reagieren mit zwei H^{+}-Ionen zu Schwefelsäure H_2SO_4, die Säuredichte nimmt zu.

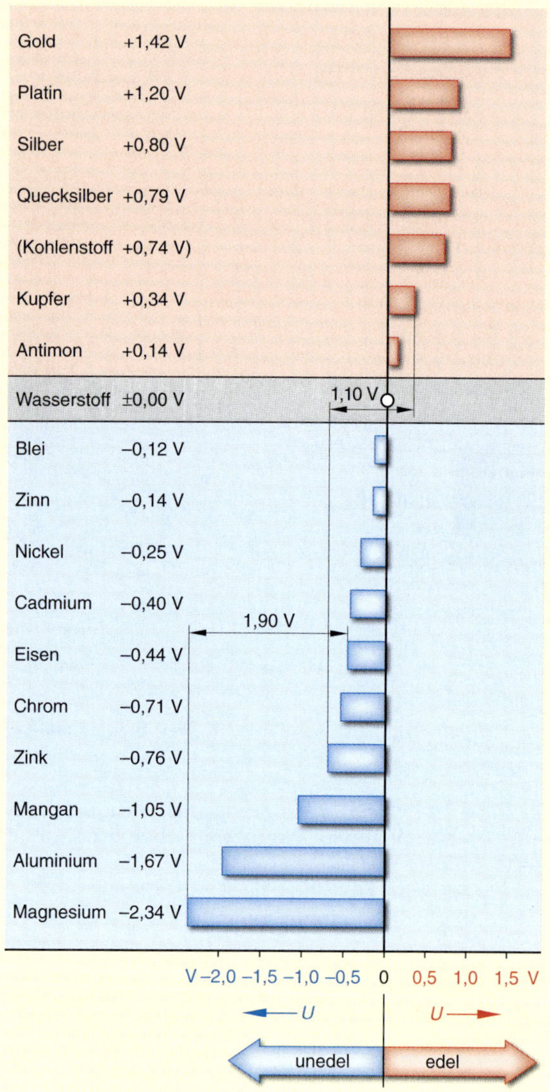

1 Elektrochemische Spannungsreihe

Gasung:
Wird nach vollzogener Umwandlung der Elektrodenmasse (Plus-, Minusplatten) weiter geladen, dann wird Wasser elektrolytisch zerlegt:
- An der Minuselektrode entsteht Wasserstoff.
- An der Pluselektrode entsteht Sauerstoff (Knallgas).

Achtung!
Funken können zur Explosion in der Zelle führen.

Im Zusammenwirken mit dem Elektrolyt wandelt sich die aktive Masse beider Plattensätze langsam in Bleisulfat um, wenn die Batterie nicht nachgeladen wird. Beide Plattensätze bestehen dann aus dem gleichen Werkstoff und es wird keine Spannung mehr abgegeben.

3.1.3.6 Informationen zur Kennzeichnung der Starterbatterie

Für jedes Fahrzeug ist in seinem Fahrzeugschein vorgeschrieben, welche Starterbatterie eingebaut werden darf. Sollte der Fahrzeugschein nicht vorhanden sein, können die Angaben auch direkt am Fahrzeug abgelesen werden.

Achtung!
Niemals darauf verlassen, dass die defekte Starterbatterie die Richtige ist; die defekte Starterbatterie könnte schon einmal von einem „Hobby-Mechaniker" gewechselt worden sein.

Ein bestimmter Batteriehersteller ist nicht vorgeschrieben. Deshalb sollten mehrere Unterlagen von Batterieherstellern verglichen werden. Aus Erfahrung haben sich allerdings die meisten Werkstätten auf ein oder zwei Batteriehersteller festgelegt, oft auch einen gewissen Vorrat an Starterbatterien angeschafft.

Nach diesen Vorgaben kann die Starterbatterie ausgewählt werden; die Kennzeichnung befindet sich auf dem Typschild.

Die Kennzeichnung der Starterbatterie enthält die Angaben, ➔ **1**:
- Nennspannung
- Nennkapazität
- Kälteprüfstrom
- Europäische Typnummer ETN

Die **Nennspannung** einer Starterbatterie, hier 12 V, ergibt sich aus der Anzahl der in Reihe geschalteten Zellen, die je Zelle eine Spannung von 2,0 V erzeugen.

Die **Nennkapazität**, hier 55 Ah, ist die Strommenge in Amperestunden (Ah), die innerhalb von 20 Stunden bei einer Temperatur von +27 °C und konstanter Stromstärke bis zu einer Entladeschluss-Spannung von 1,75 V je Zelle (10,5 V gesamt) entnommen werden kann.

Der **Kälteprüfstrom**, hier 420 A, kennzeichnet die Startfähigkeit der Batterie bei tiefen Außentemperaturen. Der angegebene Kälteprüfstrom ist die Stromstärke, die eine voll geladene Batterie bei –18 °C abgeben kann, ohne dass die Zellenspannung nach 30 s Entladezeit unter 1,5 V (9 V gesamt) bzw. nach 180 s Entladezeit unter 1,0 V (6 V gesamt) absinkt.

Die **Europäische Typnummer ETN** ersetzt in Deutschland seit 1998 die DIN-Nummer. Die Typnummer gibt genauen Aufschluss von Daten nach der europäischen Norm EN 60 095 über die Nennspannung, Nennkapazität, Kälteprüfstrom und die genauen Abmessungen der Starterbatterie.

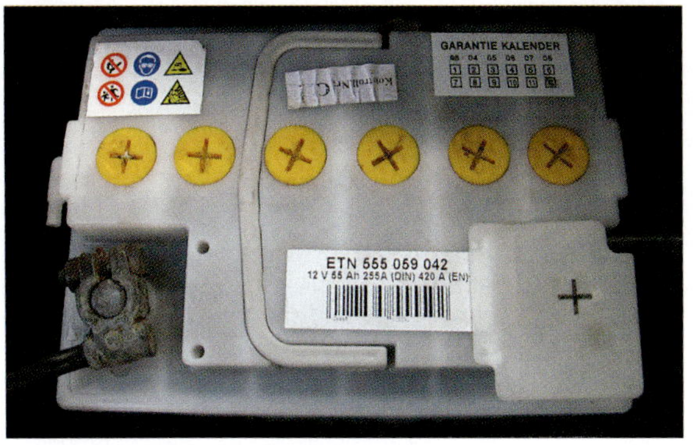

1 Typschild einer Starterbatterie

Die ETN-Nummer ist neunstellig:
- 1. Stelle: Batterietyp/Batteriespannung
  es bedeuten:
  - 1 bis 4: 6-Volt-Batterien
  - 5 bis 7: 12-Volt-Batterien
  - 8: Sonderbatterien
  - 9: Kleintraktionsbatterien
- 2. und 3. Stelle: Kapazität (20-stündig) in Ah
- 4., 5. und 6. Stelle: Zählnummer
- 7., 8. und 9. Stelle: Kältprüfstrom; die Zahl gibt 1/10 des Stroms an

Beispiel:
In ➔ **1** lautet die ETN-Nummer: 555 059 042.
Es bedeuten:
- 5: 12-V-Batterie
- 55: 55 Ah
- 059: Zählnummer
- 042: 420 A

3.1.3.7 Informationen zum Prüfen einer Starterbatterie

Die Prüfung der Starterbatterie beginnt immer an der Zelle, die dem Pluspol am nächsten liegt.

Dies ermöglicht in der späteren Dokumentation gegenüber dem Kunden eine genaue Aussage, in welcher Zelle ein abweichendes Ergebnis vorlag.

Im Folgenden gibt es Informationen zu:
- Prüfen der Starterbatterie mit dem Säureprüfer
- Belastungsprüfung einer Starterbatterie

Prüfen der Starterbatterie mit dem Säureprüfer

Die Prüfung des Ladezustandes einer Starterbatterie in der Werkstatt geschieht am besten und zuverlässigsten mit dem Säureprüfer.

Der Säureprüfer besteht aus, ➔ **136.1**:
- Glaskörper
- Gummiball zum Hochsaugen der Säure
- Schwimmkörper (Aräometer[1]), an dessen Skala man die Säuredichte direkt ablesen kann

[1] Aräometer: Gerät zur Bestimmung der Dichte von Flüssigkeiten und festen Stoffen.

Beim Säureprüfer werden zwei physikalische Gesetze ausgenutzt:

- Die Säuredichte nimmt zu, je mehr die Batterie geladen ist, ➔ **2**.
- Flüssigkeiten mit großer Dichte „schwimmen" unten, Flüssigkeiten mit geringer Dichte „schwimmen" oben.

Die Säuredichte soll bei einer gut geladenen Starterbatterie in allen Zellen gleich sein. Die maximal zulässige Toleranz zwischen höchstem und niedrigstem Messwert der sechs Zellen darf 0,03 kg/l nicht überschreiten.

Andrerseits:
Mit zunehmender Entladung der Starterbatterie nimmt die Säuredichte ab. Dadurch verändert sich der Gefrierpunkt des Elektrolyts, ➔ **2**.

Es kann zum „Einfrieren" der Starterbatterie kommen. Eine „eingefrorene" Starterbatterie ist bei der Fehlersuche ein klarer Hinweis auf eine entladene Batterie.

Zum Prüfen der Starterbatterie sind folgende Vorschriften zu beachten:

- Unfallverhütungsvorschriften
- Erste-Hilfe-Maßnahmen

Aus den **Unfallverhütungsvorschriften**:

- Laderäume für Starterbatterien sind gut zu lüften; es besteht Explosionsgefahr wegen des Wasserstoffs, der beim Laden entsteht.
- Vorrichtungen bereitstellen und benutzen, die das Verspritzen und Verschütten der Schwefelsäure verhindern.
- Vorsicht beim Umgang mit Schwefelsäure! Unbedingt Schutzausrüstungen benutzen, z. B. Handschuhe, Schürzen und insbesondere eine Schutzbrille. Gefahr von Verätzungen.
- Beim Herstellen von Batteriesäure stets konzentrierte Schwefelsäure in Wasser gießen – niemals umgekehrt, da sonst Säure aus dem Mischgefäß herausgeschleudert werden kann.

Kommt trotz aller Vorsicht Schwefelsäure mit der Haut in Berührung, sind **Erste-Hilfe-Maßnahmen** erforderlich:

- Sofort die betroffenen Hautstellen mit klarem Wasser abwaschen.
- Anschließend Hautcreme auftragen.
- Bei Kontakt mit den Augen, diese sofort mit der Flüssigkeit aus einer Augenspülflasche ausspülen und anschließend einen Augenarzt aufsuchen.

Von der Berufsgenossenschaft ist eine Augenspülflasche vorgegeben. Wasser aus der Leitung ist lediglich eine Notlösung für den Fall, dass die besagte Augenspülflasche nicht vorhanden ist.

Belastungsprüfung einer Starterbatterie

Die Hauptaufgabe der Starterbatterie ist, einen sehr hohen Strom beim Starten zu liefern. Das wird mit der Belastungsprüfung simuliert. So kann ermittelt werden, ob der Fehler bei der Starterbatterie oder beim Drehstromgenerator liegt.

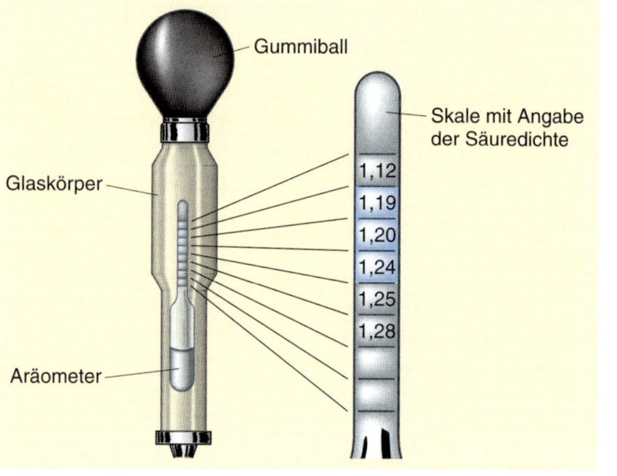

1 Säureprüfer

Ladezustand der Batterie	Säuredichte in kg/l	Gefrierschwelle in °C	Massenanteile konzentr. Schwefelsäure - Wasser		
			in %	in g/l	in g/l
Geladen	1,28	-68	37,4	478	802
Halb geladen	1,20	-27	27,7	332	868
Entladen	1,12	-11	17,4	195	925

2 Säuredichte und Massenanteile der Batterie

Eine Batterie auf Verdacht auszutauschen, ist nicht fachgerecht.

Dazu wird der Belastungsprüfer mit zuschaltbaren Widerständen verwendet. Hier handelt es sich um ein spezielles Prüfgerät.
Durch das Zuschalten von eingebauten Widerständen werden elektrische Verbraucher des Fahrzeugs simuliert, z. B. Heckscheibenheizung im ausgebauten Zustand.

Für Belastungsprüfer mit zuschaltbaren Widerständen gilt:
Batterie mit dem ca. 3fachen Wert der Nennkapazität ca. 10 Sekunden belasten.

Achtung!
Die Belastungsprüfung nur dann durchführen, wenn die Säuredichte gleichmäßig ist und eine Mindestdichte von 1,24 kg/l aufweist.

Dabei dürfen folgende Werte der Säuredichte nicht unterschritten werden:

- bei 1,28 kg/l: 10 V
- bei 1,24 kg/l: 9 V

Die Belastungsprobe kann ergeben:

- Die Säuredichte erreicht nicht diese Werte.
- Die Werte für die Säuredichte sind größer.

Werden diese **Werte nicht erreicht**, muss die Batterie erneuert werden.

3

Ursache könnte sein, dass sich grobkristallines Bleisulfat auf den Minusplatten abgelagert hat. Das geschieht bei Batterien, die längere Zeit im entladenen Zustand stehen.

Merkmale für diese Ursache sind:
- keine Startleistung
- Säuredichte zu niedrig
- geringe Stromaufnahme
- starke Erwärmung beim Laden

Sind die **Werte für die Säuredichte größer** als oben angegeben, ist die Batterie in Ordnung. Dann muss als nächstes der Generator geprüft werden. Ist auch der Generator in Ordnung, ist das Fahrzeug auf Kriechstrom und Kurzschluss prüfen, siehe dazu Kap. 3.1.3.12.

3.1.3.8 Informationen zum Nachladen der Starterbatterie

Eine voll geladene Batterie hat eine Säuredichte von 1,28 kg/l. Die Dichte der Batteriesäure ist stets auf 30 °C bezogen. Wird die Säuredichte von 1,12 kg/l gemessen, ist die Batterie entladen und muss nachgeladen werden. Eine entladene Batterie muss sofort geladen werden, um ein Sulfatieren der Bleiplatten zu verhindern. Weiterhin besteht bei einer entladenen Batterie die Gefahr des Einfrierens. Dadurch würden die Zellen zerstört werden.

Die Batterie sollte zum Nachladen ausgebaut werden.

Wird die Batterie im Fahrzeug nachgeladen, müssen unbedingt die Batteriekabel abgeklemmt werden. Insbesondere müssen die Herstellerangaben beachtet werden. Diese können im Einzelfall von der oben genannten Regel abweichen.

Hinweise:
- Batterien dürfen nur mit Gleichstrom geladen werden.
- Normalladestrom etwa 1/10 des Zahlenwertes der Nennkapazität.
- Ladezeit etwa 12 Stunden.
- Die Säuretemperatur darf während des Ladens 55 °C nicht übersteigen. Bei Überschreitung ist die Ladung zu unterbrechen.
- Schnellladung 5- bis 10facher Wert des Normalladestroms.
- Beim Laden sind die Bestimmungen der UVV einzuhalten, insbesondere sind die Arbeitsräume gut zu lüften und eine persönliche Schutzausrüstung zu tragen.

Bei der Ladung dauert es eine gewisse Zeit, bis sich die Säure über den Platten mit der Säure zwischen und in den Platten ausgeglichen hat. Die Prüfung mit einem Säureheber soll daher frühestens 30 Minuten nach dem Laden der Starterbatterie erfolgen. Es ist darauf zu achten, dass das Aräometer im Glaskörper frei schwimmt.

3.1.3.9 Informationen über Ersatzbatterien

Es ist vom Fahrzeughersteller vorgeschrieben, welche Starterbatterie eingebaut werden darf. Wird eine andere Batterie eingebaut, kann es zu folgenden Schäden oder Mängeln kommen:
- Kurzschluss durch Berührung des Plus- und Minuspol, z. B. an der Motorhaube
- Abmessungen falsch
- zu geringe Startfähigkeit durch geringeren Kälteprüfstrom
- zu kurze Standzeiten bei stehendem Motor durch zu geringe Nennkapazität

Bei Ersatzbatterien sind zu unterscheiden:
- gefüllte Starterbatterien
- ungefüllt, geladene Starterbatterien
- ungefüllte, ungeladene Starterbatterien

Gefüllt gelieferte Starterbatterien sind betriebsbereit.

Ungefüllte, geladene Starterbatterien sind nach dem Füllen mit Batteriesäure ohne besondere Ladung betriebsbereit. Beim Füllen sollte die Temperatur der Batterie und der Säure mindestens 10 °C betragen.

Für das **Füllen** gibt der Batteriehersteller einen speziellen „Säurepack“ mit. Der Säurepack enthält die entsprechenden Einzelflaschen in der genauen Dosierung.

Ersatzbatterie füllen:
- Verschlussstopfen abnehmen. Die einzelnen Zellen der Batterie mit Schwefelsäure nach VDE 0510 der Dichte 1,28 kg/l bis zur max. Säurestandsmarke bzw. 15 mm über die Plattenoberkante füllen.
- Batterie 15 Minuten stehen lassen, mehrmals leicht ankippen und, falls notwendig, Säure nachfüllen.
- Die Verschlussstopfen fest aufschrauben bzw. eindrücken.
- Vorhandene Säurespritzer entfernen.

Ungefüllte, ungeladene Starterbatterien müssen außerdem geladen werden. Dies geschieht, bevor die Ersatzbatterie eingebaut wird.

Laden der Starterbatterie außerhalb des Fahrzeugs:
- Pluspol der Batterie mit Plusanschluss des Ladegerätes und Minuspol der Batterie mit dem Minusanschluss des Ladegerätes verbinden.
- Das Ladegerät erst nach Anschluss der Batterie einschalten; als Ladestrom wird 1/10 der Kapazität empfohlen.
- Der Vollladezustand ist erreicht, wenn die Säuredichte und die Ladespannung innerhalb von 2 Stunden nicht mehr ansteigt.
- Bei Ende der Ladung erst das Ladegerät abschalten, dann Batterie abklemmen.
- Nach der Ladung den Säurestand kontrollieren und falls erforderlich destilliertes Wasser bis zur max. Säurestandsmarke bzw. 15 mm über die Plattenoberkante auffüllen.

Es sind die Hinweise zum Laden aus Kapitel 3.1.3.8 zu beachten.

3.1.3.10 Informationen zum Warten der Starterbatterie

Um eine lange Lebensdauer der Batterie zu erreichen, sollten Sie folgende Hinweise beachten:
- Die Oberfläche der Batterie sauber und trocken halten.
- Den Säurestand regelmäßig kontrollieren und, falls erforderlich, destilliertes Wasser nachfüllen. Niemals Säure nachfüllen!
- Bei hohem Wasserverlust sollte die Reglerspannung von einem Fachmann überprüft werden.
- Keine so genannten Aufbesserungsmittel verwenden.
- Liegt die Säuredichte unter 1,21 kg/l, ist die Batterie nachzuladen, vgl. Kap. 3.1.3.8.

3.1.3.11 Informationen zum Entsorgen der Starterbatterie

Batterien für Kraftfahrzeuge enthalten Blei und sind bei der Abfallentsorgung ein großes Problem: Sie führen auf einer normalen Hausmülldeponie bzw. bei der Müllverbrennung zu Umweltbelastungen.

Andererseits ist Blei ein wertvoller Rohstoff, der wieder aufbereitet werden kann.

Das **Kreislaufwirtschafts- und Abfallgesetz** von 1998 ordnet an,
- natürliche Ressourcen zu schonen,
- Abfälle umweltverträglich zu beseitigen.

So müssen Hersteller und Importeure (Händler) von Altbatterien diese unentgeldlich zurücknehmen, sortieren und entsorgen.

Achtung:
Altbatterien nie über den Hausmüll entsorgen, sondern bei einer Sammelstelle oder direkt beim Händler abgeben.

Bei Zuwiderhandlung drohen empfindliche Strafen.

3

3.1.3.12 Informationen zur erweiterten Prüfung des Bordnetzes

Haben die Messungen ergeben, dass die Starterbatterie und der Drehstromgenerator in Ordnung sind, ist das Fahrzeug auf Kriechstrom und auf Kurzschluss zu prüfen.

Kriechstrom ist ein Strom, der nicht gewollt und somit unkontrolliert fließt. Meist tritt Kriechstrom in einem elektrischen Verbraucher oder an dessen Anschlüssen auf.

Bei einem **Kurzschluss** werden Plus und Minus in einer elektrischen Anlage direkt ohne einen Verbraucher miteinander verbunden. Dies führt zu massiven Schäden am Verbraucher, an deren Zuleitungen oder Anschlüssen.

Es ist darauf zu achten, dass die Anschlüsse der Starterbatterie nicht oxidiert sind; das hätte ein falsches Messergebnis zur Folge.

3.1.4 Arbeitsplanung und Arbeitsauftrag durchführen

3.1.4.1 Arbeitsplanung

Im folgenden Arbeitsplan ist eine erweiterte Prüfung berücksichtigt: Ergibt diese Prüfung, dass die Batterie in Ordnung ist, muss das Bordnetz auf Kriechstrom und Kurzschluss geprüft werden. Dazu wird ein Arbeitsplan erstellt, ➔ **139.1**.

Die Arbeitsschritte der Arbeitsplanung werden zusammengefasst in:
- Starterbatterie nachladen, Kap. 3.1.4.2
- Starterbatterie prüfen, Kap. 3.1.4.3
- Starterbatterie wechseln, Kap. 3.1.4.4
- alte Starterbatterie entsorgen, Kap. 3.1.4.5
- erweiterte Prüfung des Bordnetzes, Kap. 3.1.4.6

3.1.4.2 Starterbatterie nachladen

Vorbereitung zum Laden:
- Sichtprüfung und Reinigung der Oberflächen.
- Verschlussstopfen lösen und Flüssigkeitsstand kontrollieren.
- Ladezustand mit Säureheber prüfen und die der einzelnen Zellen festhalten.

Ladevorgang:
- Ladegerät: Netzschalter aus.
- Wenn vorhanden, Nennspannung einstellen.
- Einstellen von Schnell- oder Normalladung.
- Anklemmen der Ladeleitungen.
- Ladegerät: Netzschalter ein.

3.1.4.3 Starterbatterie prüfen

Die Starterbatterie wird mit dem Säureheber geprüft, vgl. Kap. 3.1.3.7.

Das Ergebnis der Prüfung kann in einer Tabelle zusammengefasst werden. Im Beispiel unseres Mercedes 220 TE ergab die Messung die Werte nach ➔ **1**.

Zelle bei + beginnen	**Zelle 1**	**Zelle 2**	**Zelle 3**	**Zelle 4**	**Zelle 5**	**Zelle 6**
Abgelesener Wert	1,28	1,20	1,06	1,28	1,28	1,22
Ermittelter Ladezustand (ankreuzen)	Geladen		Halb geladen		X Entladen	
Die Batterie ist (Toleranz 0,03 kg/l)	Brauchbar			X Unbrauchbar		

1 Tabelle zur Prüfung der Batterie des Mercedes 220 TE

ARBEITSPLANUNG							Datum 02.10.05
Autrags- Nr.			Zeichnungs- Nr. 2			Benennung Prüfen und Instandsetzen einer Anhängerbeleuchtung	Mitarbeiter Moosbauer, Thomas
ARBEITSSCHRITT							
lfd. Nr.	Vorbe-reitung	Durch-führung	Fehlerhaftes Bauteil lokalisieren	Repa-ratur	Arbeitsschritt	Betriebsmittel Werkzeuge Werkzeugmaschine	Bemerkung Prüfmittel Einstellwerte
1	x				Starterbatterie vollständig laden	Batterieladegerät	Herstellervorschrift beachten
2	x				Messgerät vorbereiten	Spannungsprüfer	Messleitungsverlängerungen für Spannungsverlustprüfung vorbereiten
3	x				Werkzeuge für Leitungsreparatur bereitlegen	Abisolierzange, Schraubendreher, Quetschzange für Flachstecker / Aderendhülsen / Schrumpfschlauch / Rundhülsen	
4		x			Anhängersteckdose am Zugfahrzeug prüfen	Prüflampe, Spannungsprüfer oder Prüfgerät	U = Batteriespannung
5		x			Sichtprüfung Anhängerstecker	Schraubendreher	Oxidation, Scheuerstellen
6		x			Sichtprüfung Verteilerkasten	Schraubendreher	Oxidation, Scheuerstellen
7		x			Sichtprüfung Leuchteinheiten	Schraubendreher	Oxidation, Scheuerstellen
8			x		Verkabelung Anhänger prüfen		Scheuerstellen, Schnittstellen
9			x		Spannungsverlustprüfung durchführen	Spannungsprüfer	Messmethode 1 / 2 Ladegerät
10				x	Wenn Fehler bei Punkt 4 Sicherung prüfen	Sicherungen / Ohmmeter	Sichtprüfung / Durchgangsprüfung
11				x	Wenn Fehler bei Punkt 5, 6, 7 Endverbinder erneuern	Werkzeuge siehe Punkt 3	
12				x	Wenn Fehler bei Punkt 9 Leitung / Endverbinder instand setzen	Werkzeug siehe Punkt 3	

1 Arbeitsplan

3

Das Ergebnis kann nach folgendem Schema ausgewertet werden:

B1 Ist die Säuredichte einer Zelle stark abgefallen?
ja → Batterie erneuern
nein → weiter mit B2

B2 Ist die Säuredichte in zwei benachbarten Zellen stark abgefallen?
ja → Batterie erneuern
nein → weiter mit B3

B3 Ist die Säure stark bräunlich und besteht laufend hoher Wasserverbrauch?
ja → Reglereinstellung prüfen
nein → weiter mit B4

B4 Sofern die Dichte in allen Zellen kleiner als 1,12 kg/l ist, Batterie laden. Beträgt die Stromaufnahme mindestens 1/20 der Nennkapazität?
ja → Batterie volladen; ergibt eine Volladung nur eine Dichte von 1,24 kg/l oder weniger, muss die Batterie erneuert werden (Alterung)
nein → Batterie erneuern (Tiefentladung)

B5 Ist nach dem Laden der Batterie in allen Zellen die Säuredichte gleichmäßig größer 1,24 kg/l?
→ Prüfung nach C

C Belastungsprüfung (siehe Kap. 3.1.3.7)

Auswertung des Beispiels unseres Mercedes 220 TE, vgl. **➔ 138.1**:

- Die Zellen 1, 4 und 5 sind in Ordnung.
- Bei Zelle Nummer 3 liegt die Säuredichte deutlich unter den Werten der anderen Zellen.
- Die Säuredichten in den Zellen 2 und 6 liegen weit unter der Säuredichte der Zellen 1, 4 und 5; die Abweichungen sind größer als die zulässige Toleranz von 0,03 kg/l.

Fazit:
Die Starterbatterie hat aufgrund von altersbedingten Ablagerungen einen Zellenschluss in Zelle 3. Auch das erneute Laden kann bei den Zellen 2 und 6 kein zufriedenstellendes Ergebnis bewirken. Die Starterbatterie muss ausgetauscht werden.

3.1.4.4 Starterbatterie austauschen

Ersatzbatterie auswählen

Beim Wechseln der Starterbatterie ist wie folgt vorzugehen:
- Ersatzbatterie auswählen
- Ersatzbatterie füllen und laden
- defekte Starterbatterie ausbauen
- Ersatzbatterie einbauen

In den Herstellerunterlagen des Fahrzeugherstellers ist angegeben, mit welcher Starterbatterie das Fahrzeug ab Werk ausgestattet wurde, vgl. Kap. 3.1.3.6.

In unserem Fall wurde das Fahrzeug von Werk aus mit einer wartungsfreien Starterbatterie ausgestattet. Diese Angabe ist im Wartungsheft zu finden.

Der Kunde wünscht jedoch **keine** wartungsfreie Starterbatterie. Zur Bestellung müssen nun die notwendigen Angaben des Fahrzeugs gesucht und festgehalten werden.

Typ-Nummer	Nennspannung in V	Nennkapazität in Ah	Kälteprüfstrom in A	Länge in mm	Breite in mm	Höhe in mm	Masse in kg
562 019 048	12	62	480	242	175	190	14
562 103 060	12	62	600	242	175	190	23
566 101 064	12	66	640	278	175	190	19
574 012 068	12	74	680	278	175	190	16,5

1 Katalog eines Herstellers für Batterien - Auszug

Dazu dient als Informationsquelle der Fahrzeugschein. In diesem sind alle notwendigen Angaben enthalten, hierzu siehe Kap. 0.3.4.1.

Dies sind im Einzelnen:
- Fahrzeughersteller Nr.2
- Fahrzeug-Typ Nr.3
- Fahrzeug-Ident.-Nr. Nr.4
- Leistung kW Nr.7
- Hubraum Nr.8
- Tag der ersten Zulassung Nr.32
- eventuell Zusatzangaben Nr.33

Mit den folgend genannten Daten wurde folgende Starterbatterie ermittelt:
Mercedes Benz (D) 124 T WDB1240821F342069
110 kW 2199 cm³

Tag der ersten Zulassung 21.12.1995

Batterie: Typ-Nr.: 562 019 048 12 V 62 Ah 480 A

Nach der Europäischen Typ-Nummer kann nun die Ersatzbatterie unabhängig vom Batteriehersteller beschafft werden. Die Europäische Typ-Nummer ETN der Ersatzbatterie gewährleistet, dass die Kenngrößen wie Nennspannung, Nennkapazität und Kälteprüfstrom für das Fahrzeug übereinstimmen. Weiterhin ist gewährleistet, dass die Einbaumaße der Starterbatterie exakt eingehalten werden.

Ersatzbatterie füllen und laden

Die ausgewählte Starterbatterie ist im Lager als ungefüllte, ungeladene Batterie vorrätig. Jetzt muss sie gefüllt und geladen werden, siehe dazu Kap. 3.1.3.9.

Defekte Starterbatterie ausbauen

Die Starterbatterie ist auszubauen in der Reihenfolge:
- Alle elektrischen Verbraucher ausschalten.
- Die Abdeckung der Batterie (so vorhanden) und die Batteriehalterung abschrauben.
- Anschlussklemmen lockern und abnehmen.
- Batterie aus dem Fahrzeug nehmen.

Achtung:
Zuerst das Massekabel (–) abnehmen. Kurzschlussgefahr!

Bei Kurzschluss erhitzt sich die Batterie sehr schnell und kann platzen. Außerdem können unter Umständen Funken das Knallgas entzünden, das während des Ladens entstanden ist.

3

Ersatzbatterie einbauen

Bevor die Starterbatterie eingebaut werden kann, sind folgende Arbeiten zu erledigen:
- Alle Stromverbraucher ausschalten.
- Den frei gewordenen Platz reinigen.
- Befestigungsmechanismen prüfen.
- Anschlussklemmen säubern (Korrosionsreste) und reinigen (Fettrückstände).

Dabei sind Kurzschlüsse durch Werkzeuge zu vermeiden.

Der Einbau erfolgt in den Schritten:
- Zuerst die Plusleitung am Pluspol, dann die Minusleitung am Minuspol anklemmen; auf festen Sitz der Polklemmen achten.
- Batteriepole und Polklemmen mit säurefreiem Fett leicht einfetten.
- Starterbatterie fest verspannen.
- Funktionsprüfung durchführen.

3.1.4.5 Alte Starterbatterie entsorgen

Die alte Starterbatterie muss fachgerecht entsorgt werden. Dafür steht im Kraftfahrzeugbaubetrieb ein Sammelcontainer. In regelmäßigen Abständen wird dieser Container von einer Recyclingfirma abgeholt.

Weitere Informationen zur Entsorgung der Starterbatterie finden Sie in Kap. 3.1.3.11.

3.1.4.6 Erweiterte Prüfung des Bordnetzes

Arbeitsschritte für die erweiterte Prüfung des Bordnetzes:
- Fahrzeug auf die Prüfung vorbereiten
- Messgerät einstellen
- Prüfung durchführen und auswerten

Fahrzeug auf die Prüfung vorbereiten

Um das Fahrzeug auf die Prüfung auf Kriechstrom bzw. Kurzschluss vorzubereiten, sind folgende Arbeitsschritte notwendig:
- Starterbatterie wieder vollständig laden (nachladen) und überprüfen, Nachladen siehe Kap. 3.1.3.8.
- Sämtliche elektrischen Verbraucher abschalten.
- Türen des Fahrzeugs schließen.
- Massekabel von der Starterbatterie ordnungsgemäß abklemmen.

Es ist darauf zu achten, dass die Anschlüsse der Starterbatterie nicht oxidiert sind; das hätte ein falsches Messergebnis zur Folge.

Eine aussagefähige Messung kommt nur dann zustande, wenn zwischen den Messstellen und der Messleitung ein einwandfreier Kontakt hergestellt ist.

Messgerät einstellen

Die Prüfung wird mit einem Universalmessgerät durchgeführt. Universalmessgeräte haben mehrere Anschlussbuchsen zur Aufnahme der Messleitungen. Es werden zur Durchführung von Messungen immer nur zwei Buchsen benötigt, um die richtige Messgröße zu erfassen.

Beispiel:
Messung der Stromstärke:
- Das Messgerät auf Stromprüfung eingestellt.
- Die rote Messleitung wird in die Buchse mit 20 A eingesteckt; die schwarze Leitung an die Buchse mit der Bezeichnung COM.
- Am Amperemeter den größten Messbereich einstellen und zwischen Batterie-Minuspol und Massekabel schalten.
- Amperemeter Plus Anschluss (rot) an Massekabel und Amperemeter-Minus-Anschluss (schwarz) an Batterie-Minuspol. Darauf achten, dass keine der Messleitungen versehentlich Kontakt mit dem Fahrzeug erhält.
- Messbereich so weit zurückschalten, bis ein ablesbarer Wert vorhanden ist.

Achtung:
Die elektrische und insbesondere die elektronische Anlage können zerstört werden, wenn das Amperemeter versehentlich wie ein Spannungsmesser angeschlossen wird.

Weitere Informationen zu Grundlagen der Elektrotechnik finden Sie im Kap. 3.1.3.1.

Prüfung durchführen und auswerten

Sind die vorbereitenden Arbeiten durchgeführt und das Messgerät eingestellt, kann der Wert für die elektrische Stromstärke abgelesen werden.

Mögliche Fehler sind:
- korrodierte und verschmutzte Kontakte
- durchgescheuerte Leitungen
- interner Schluss in Aggregaten

Vorgehen bei der Fehlersuche:
- Wenn der abgelesene Wert größer als 3 mA ist, sind durch Herausnehmen der Sicherungen nacheinander die verschiedenen Stromkreise zu unterbrechen.
- Wenn bei einem der unterbrochenen Stromkreise der zu hohe Wert auf Null zurückgeht, ist hier der Fehler zu suchen.
- Wird in den abgesicherten Stromkreisen kein Fehler gefunden, so sind die Leitungen an den nicht abgesicherten Aggregaten (Generator, Anlasser, Zündanlage) abzuziehen.

Die Überprüfung zu unserem Beispiel Mercedes 220 TE hat ergeben:
Es wurde ein Strom unter dem zulässigen Wert von 3 mA abgelesen. Es liegt also kein Fehler im Bordnetz des Fahrzeugs vor.

3.1.5 Qualitätssicherung

Zum Abschluss der Arbeiten, muss bei der Abnahme geprüft werden, ob die erforderlich gewordenen Arbeiten alle ordnungsgemäß durchgeführt und dokumentiert wurden.

Folgende Punkte sind zu beachten:
- Wurden alle Punkte gemäss dem Arbeitsplan eingehalten und abgearbeitet?
- Wurden alle Prüfungsergebnisse ordnungsgemäß dokumentiert?
- Wurden alle Ersatzteile bzw. Betriebsmittel festgehalten?
- Sind die angefallenen Reststoffe ordnungsgemäß entsorgt?
- Welche Informationen müssen an den Kunden weiter gegeben werden?
- Wurden weitere Mängel am Fahrzeug festgestellt?

3.1.6 Fahrzeug an den Kunden übergeben

Bei der Übergabe des Fahrzeuges an den Kunden wird die Prüftabelle (vgl. Kap. 3.1.4.3) mit übergeben. Anhand der Messergebnisse ist eindeutig zu erkennen, dass der Schaden an der Starterbatterie aufgrund ihres Alters lag. Die Übergabe der Prüftabelle schafft beim Kunden Vertrauen und ist ein wesentlicher Bestandteil der Qualitätssicherung.

Weitere Informationen zur Qualitätssicherung finden Sie in Kap. 0.3.4.4.4.

3.2 Fehlerprüfung an der elektrischen Stromversorgung/Drehstromgenerator

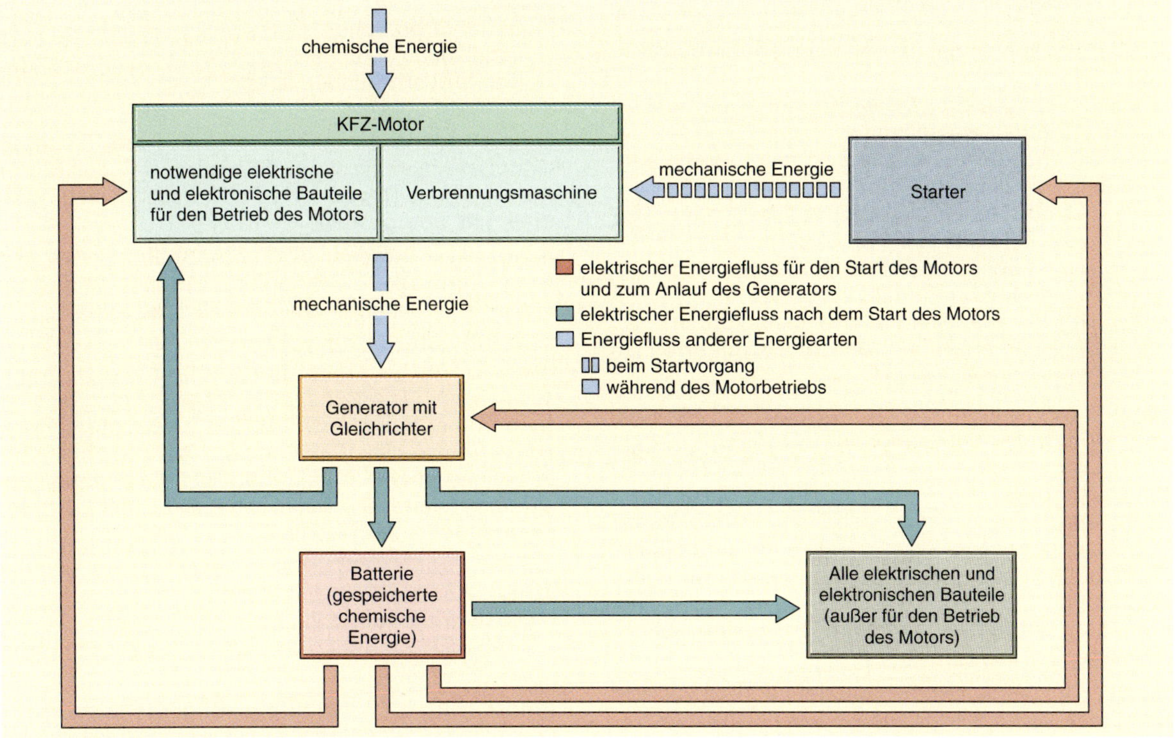

1 Energieversorgung im Kraftfahrzeug

Die Energieversorgung eines Kraftfahrzeuges wird unter allen Betriebsbedienungen sichergestellt durch das Zusammenwirken von Batterie und Generator.

Vorrausetzung dafür ist eine genaue Abstimmung zwischen, ➔ **1**:

- Generatorleistung
- Batteriekapazität
- Leistungsbedarf aller elektrischen Verbraucher, einschließlich des Starters

Bei Motorstillstand muss die Batterie ausreichend elektrische Energie gespeichert haben, um den Motor des Fahrzeuges zu starten und andere elektrische Verbraucher für eine gewisse Zeit mit Energie zu versorgen. Nach dem Start übernimmt der Generator die Energieversorgung der Verbraucher und lädt gleichzeitig die Batterie auf.

3.2.1 Lernsituationen und Vorgehensweise

Ein Kunde kommt mit seinem Lkw mit Pritschenaufbau in den Fahrzeugbaubetrieb. Der Kunde gibt an, dass an seinem Lkw sich während der Fahrt die Starterbatterie entlädt. Insbesondere nach mehrmaligem Betätigen der Ladebordwand springt der Motor des Fahrzeugs immer schwer an.

Das Fahrzeug, das ständig im Einsatz ist, wird behelfsmäßig über Nacht mit Hilfe eines Batterieladegeräts einsatzbereit gehalten. Es muss nun geklärt werden, welches Bauteil der Stromversorgung defekt ist. Ein Austauschen der Bauteile, Starterbatterie oder Drehstromgenerator soll aus Kostengründen nur dann erfolgen, wenn der Fehler eindeutig gefunden ist.

Der Meister in der Fahrzeugannahme bespricht mit dem Kunden die möglichen Ursachen und grenzt den Auftrag ein:

- Die Starterbatterien am Zugfahrzeug müssen auf Funktion geprüft werden.
- Der Drehstromgenerator muss auf seine Funktion geprüft werden.
- Wenn die Starterbatterien sowie der Drehstromgenerator in Ordnung sind, muss das elektrische Bordnetz geprüft werden.

Um diesen Auftrag auszuführen, muss der Lehrling wie folgt vorgehen:

- Fahrzeugannahme und Schaden begutachten, siehe Kap. 3.2.2
- Informationen beschaffen, siehe Kap. 3.2.3
- Arbeitsplanung und Arbeitsauftrag durchführen, siehe Kap. 3.2.4
- Qualitätssicherung, siehe Kap. 3.2.5
- Fahrzeug an den Kunden übergeben, siehe Kap. 3.2.6

3.2.2 Fahrzeugannahme und Schaden begutachten

Aus dem Gespräch mit dem Kunden erfährt der Lehrling:

- Am Lkw sind bisher keine Mängel in der elektrischen Anlage aufgefallen.
- Die Ladebordwand wurde von einem Fahrzeugbaubetrieb nachträglich eingebaut.
- Die Ladebordwand arbeitet zuverlässig ohne Ausfälle und ist bereits seit vier Jahren in Betrieb.
- Der Lkw ist überwiegend im Kurzstreckenbereich zur Anlieferung an Kunden eingesetzt.
- Der angegebene Mangel tritt insbesondere im Kurzstreckenbereich auf. Bei Überlandfahrten ist das Startverhalten besser.

Mithilfe des Annahmeformulars beschafft sich der Lehrling weitere Informationen:

- Der Lkw ist vier Jahre alt und zeigt normale Gebrauchsspuren.
- Der abgelesene Kilometerstand beträgt 140 000 km.
- Die Ladebordwand ist in den Papieren eingetragen. Die notwendigen Prüfarbeiten wurden durchgeführt.
- Bei dem Bordnetz handelt es sich um eine 12-Volt-Anlage.

Bei der Fahrzeugannahme geht der Lehrling vor wie in Kapitel 0.3.2.3 beschrieben.

3.2.3 Informationen beschaffen

Um die Funktionsweise der elektrischen Stromversorgung zu verstehen, muss sich der Lehrling Informationen beschaffen:

- über Verbraucherleistungen an einem Kraftfahrzeug, Kap. 3.2.3.1
- zur Aufgabe des Drehstromgenerators, Kap. 3.2.3.2
- über den Aufbau des Drehstromgenerators, Kap. 3.2.3.3
- zum Prinzip des Drehstromgenerators, Kap. 3.2.3.4
- über die Stromkreise des Drehstromgenerators, siehe Kap. 3.2.3.5
- über Ausführungen von Drehstromgeneratoren, siehe Kap. 3.2.3.6
- zum Spannungsregler, siehe Kap. 3.2.3.7
- zu Dioden, siehe Kap. 3.2.3.8

Weitere Informationen finden Sie zu:

- Grundlagen der Elektrotechnik, Kap. 3.1.3.1
- erweiterte Prüfung des Bordnetzes, Kap. 3.1.3.12

3.2.3.1 Informationen über Verbraucherleistungen an einem Kraftfahrzeug

Die verschiedenen elektrischen Verbraucher haben eine typische unterschiedliche Einschaltdauer.

Bei elektrischen Verbrauchern werden unterschieden:

- Dauerverbraucher
- Langzeitverbraucher
- Kurzzeitverbraucher

Unter **Dauerverbraucher** versteht man Zündung, Kraftstoffeinspritzung und Steuergeräte des Motormanagement. Der Bedarf an elektrischer Leistung ist in ➔ **145.1** dargestellt.

Langzeitverbraucher sind unter anderem Beleuchtung, Autoradio und Wagenheizer. Der Bedarf an elektrischer Leistung ist in ➔ **145.1** dargestellt.

Kurzzeitverbraucher sind elektrische Verbraucher, die nur kurz zu einem bestimmten Zweck eingeschaltet oder zugeschaltet werden. Als Auszug sind zu nennen: Blinkleuchten, Bremsleuchten, Rückfahrscheinwerfer, Schiebedach, elektrisches Kühlergebläse sowie Anbaugeräte wie die angebrachte Ladebordwand. Der Bedarf an elektrischer Leistung ist in ➔ **145.1** dargestellt.

Die Benutzung einiger Verbraucher ist auch von der Jahreszeit abhängig, z. B.

- im Sommer: Klimaanlage
- im Winter: Standheizung, Sitzheizung und heizbare Heckscheibe

Die Heizung im Fahrzeug benötigt viel elektrische Leistung, vgl. ➔ **145.1**. Deshalb ist im Winter der Energiebedarf im Fahrzeug besonders hoch.

Durch den erhöhten Energiebedarf in der kalten Jahreszeit resultieren auch die überdurchschnittlichen Ausfälle in der Energieversorgung eines Fahrzeuges. Schlechte oder mangelhafte Wartung tun ihr Übriges dazu.

3.2.3.2 Informationen zur Aufgabe des Drehstromgenerators

Die Anforderungen an die Energieversorgung in den Kraftfahrzeugen nehmen ständig zu. Allein zwischen 1950 und 1980 musste die erforderliche Generatorleistung um das Fünffache gesteigert werden. Zwischen 1980 und 2000 hat sich dann der Bedarf nochmals mehr als verdoppelt.

Der Bedarf an elektrischer Energie wird auch in Zukunft weiter stark zunehmen, da die Anzahl der elektrischen Geräte im Kraftfahrzeug ständig zunimmt. Dies ist insbesondere zurückzuführen auf die Gesamtheit der Sicherheits- und Komfortelektronik mit ihren Komponenten.

Das „Elektrizitätswerk" eines Kraftfahrzeuges ist der Generator. Durch die modernen zusätzlichen elektrischen Verbraucher steigt dementsprechend die notwendige Stromabgabe bei gleichzeitiger geringerer Einbaugröße und Masse. Weiterhin müssen die heutigen Generatoren langlebig, leise und belastbar sein.

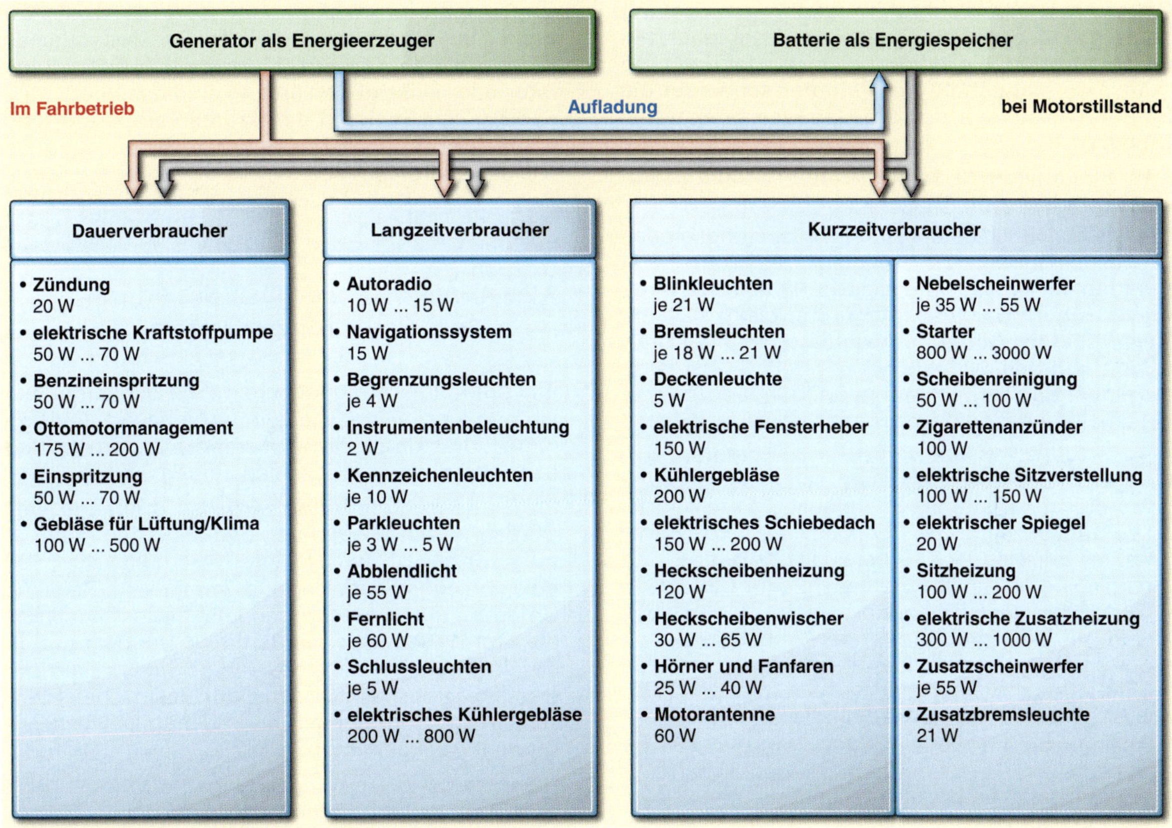

1 Leistungsbedarf der elektrischen Verbraucher in Kfz

Die im Fahrzeugbetrieb auftretenden Drehzahländerungen und Belastungsschwankungen werden über verschleißfreie elektronische Regler zuverlässig eingeregelt.

3.2.3.3 Informationen über den Aufbau des Drehstromgenerators

Die wesentlichen Bauteile des Drehstromgenerators sind ➔ **2**:
- Riemenscheibe
- Läuferwelle
- Polrad
- Erregerwicklung
- Kohlebürsten
- Schleifringe
- Gehäuse
- Ständer
- Lüfter
- Gleichrichter
- elektronischer Regler

Der Generator wird durch den Motor über die **Riemenscheibe** angetrieben. Mit der Riemenscheibe ist die **Läuferwelle** verbunden, auf der die beiden **Polradhälften** befestigt sind.

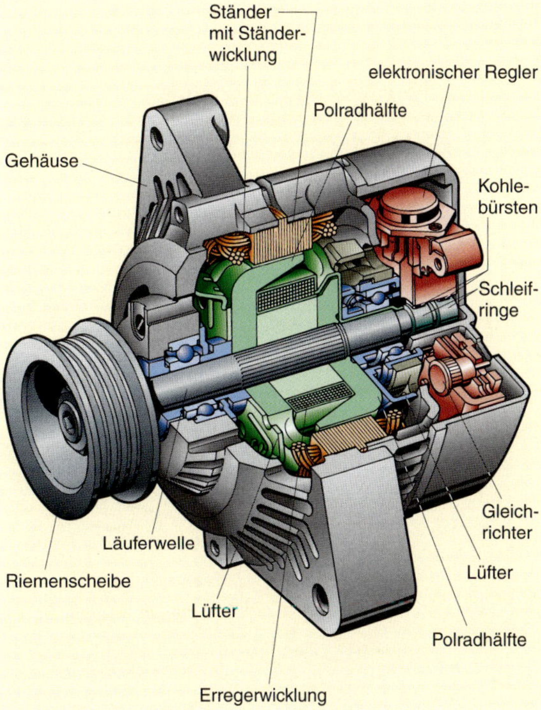

2 Drehstromgenerator

3

Dazwischen liegt die ringförmige **Erregerwicklung**, deren elektrischer Kontakt über zwei **Kohlebürsten** hergestellt wird, die auf die beiden **Schleifringe** drücken. Das Magnetfeld der Polräder schneidet die Ständerwicklungen des am **Gehäuse** befestigten **Ständers**.

Zwei innen liegende **Lüfter** sorgen für eine ausreichende Kühlung der Bauteile.

Der **Gleichrichter** besteht aus sechs Leistungsdioden zur Gleichrichtung des erzeugten Drehstromes. Zur Kühlung der Dioden sind diese in Kühlbleche eingepresst. Ein im Gehäuse integrierter **elektronischer Regler** hält die Generatorspannung bei allen Drehzahlen und Belastungsfällen konstant. Meist ist er auf einem Bürstenhalter montiert. Damit entfällt die Verkabelung mit dem Generator.

Anforderungen an den Drehstromgenerator:

- Hohe Drehzahl des Generators schon bei niedriger Motordrehzahl, da die Energieerzeugung mit der Drehzahl ansteigt. Das optimale Übersetzungsverhältnis zwischen der Kurbelwelle des Motors und dem Generator liegt zwischen 1:2 und 1:3.
- Gute Kühlung der Generatorbauteile, dadurch besserer Wirkungsgrad und längere Lebensdauer.
- Schutz der elektronischen Bauteile vor äußeren Einflüssen.
- Geringe Masse und kleine Abmessungen.
- Geringe Geräuschentwicklung während des Betriebes.
- Leistungsabgabe bereits im Leerlauf.
- Wartungsarm.

Einflussgrößen auf den Generator sind:
- Drehzahl
- Temperatur

Mit steigender **Drehzahl** nimmt die Ausnutzung eines Generators (erzeugbare Energie pro kg Masse) zu. Daher ist ein möglichst hohes Übersetzungsverhältnis zwischen Kurbelwelle des Motors und Generator anzustreben.

Die **Temperatur** im Generator steigt durch die Verluste: Das führt zum Aufheizen der wesentlichen Komponenten. Die Frischluftzufuhr für den Generator oder Flüssigkeitskühlung sind geeignete Maßnahmen zur Senkung der Bauteiletemperatur und damit zur Erhöhung der Generatorlebensdauer sowie der Energieabgabe.

3.2.3.4 Informationen über das Prinzip des Drehstromgenerators

Ein drehendes magnetisches Feld schneidet umlaufend eine elektrische Leiterschleife (Spule). Dort induziert es durch die sich ständig ändernde Magnetfeldstärke eine Wechselspannung, ➔ **1**.

Im Drehstromgenerator wird das drehende elektromagnetische Feld durch den Klauenpolläufer erzeugt. Er besitzt jeweils sechs Nord- und sechs Südpole, die auf seinem Umfang verteilt sind. Bei jeder Umdrehung des Läufers schneidet sein Magnetfeld die drei Wicklungen (Spulen) des Ständers und induziert somit (3 mal 6) vollständige Sinuswellen. Der erzeugte Drehstrom wird in einer elektrischen Sternschaltung zusammengeführt und mithilfe von sechs Dioden gleichgerichtet, ➔ **147.1**.

Die in den drei Wicklungssträngen erzeugten negativen Halbwellen werden von den „Minusdioden" durchgelassen, die positiven Halbwellen von den „Plusdioden". Somit werden für die Erzeugung des Gleichstromes sowohl die negativen als auch die positiven Halbwellen berücksichtigt. Als Folge entsteht eine Gleichspannung geringer Welligkeit.

Die vorliegende Anordnung der Gleichrichterdioden verhindern zusätzlich, dass bei stehendem Motor oder geringer Motordrehzahl ein Strom von der Batterie zu den Phasenwicklungen im Ständer fließen kann (Rückstromschutz).

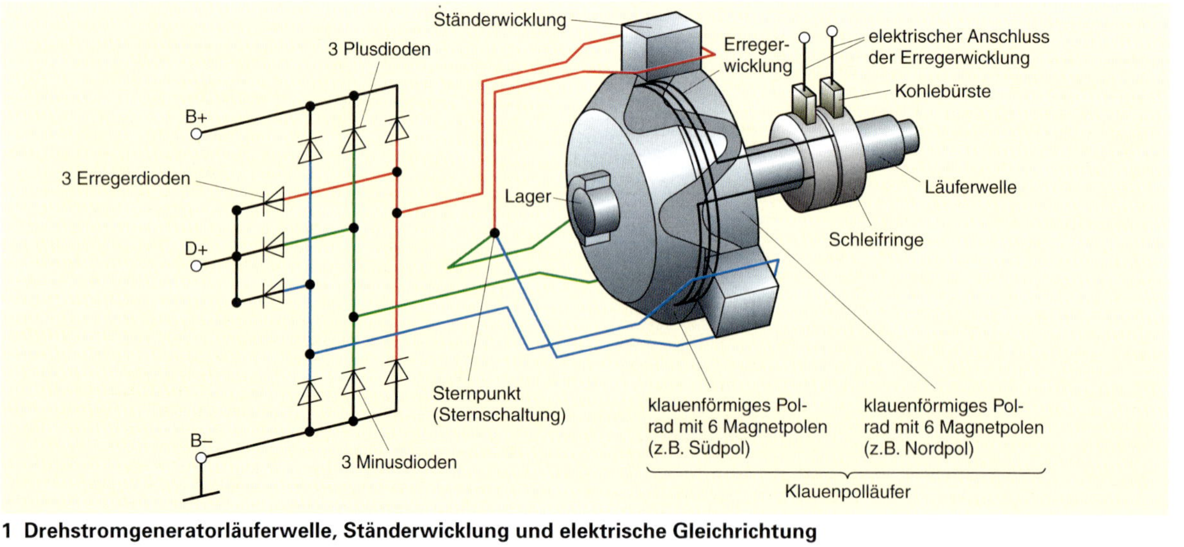

1 Drehstromgeneratorläuferwelle, Ständerwicklung und elektrische Gleichrichtung

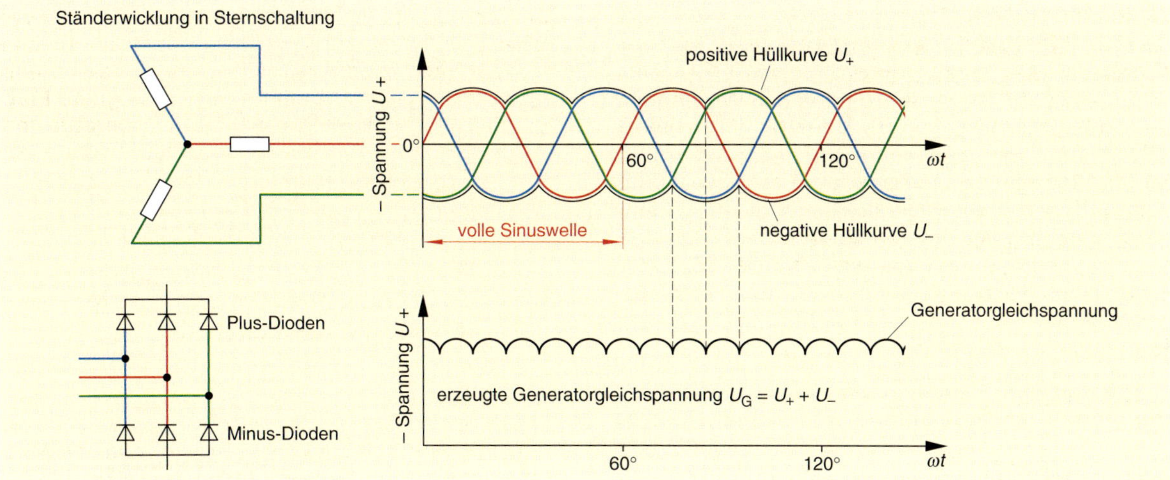

1 **Gleichrichtung des Drehstroms**

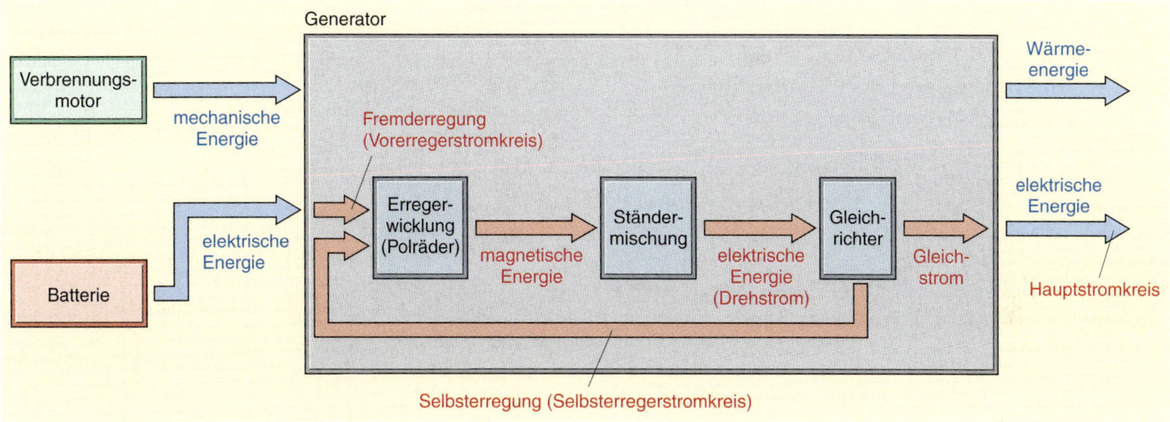

2 **Stromkreis im Drehstromgenerator**

3.2.3.5 Informationen über die Stromkreise des Drehstromgenerators

Drehstromgeneratoren haben in der Standardausführung drei Stromkreise, ➔ **2**:
- Vorerregerstromkreis
- Erregerstromkreis
- Generator- oder Hauptstromkreis

Vorerregerstromkreis, ➔ 3

Nach Betätigung des Zündschalters baut der Batteriestrom im Läufer ein Magnetfeld auf (Fremderregung durch Batteriestrom). Das Magnetfeld induziert beim Starten des Motors in den Ständerwicklungen eine Spannung. Die Spannung muss so hoch sein, dass sie den Spannungsfall an beiden Dioden (2 × 0,7 V) im Erregerstromkreis übersteigt. Die Höhe des Vorerregerstromes wird durch die Leistung der Generatorkontrolllampe (= elektr. Widerstand) bestimmt. Sie erlischt, sobald die erzeugte Spannung des Generators höher ist als die Batteriespannung.

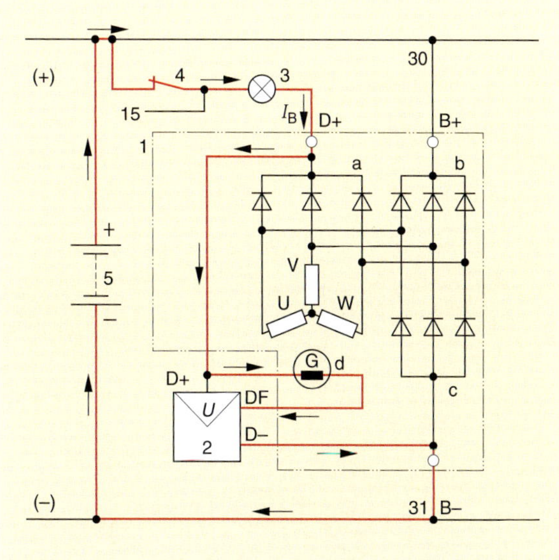

3 **Vorerregerstromkreis eines Drehstromgenerators**

Erregerstromkreis, ➔ 1

Während der Generator angetrieben wird, baut der Erregerstrom in der Erregerwicklung des Läufers ein Magnetfeld auf. Dieses induziert in den Wicklungen des Ständers die Generatorspannung. Die dabei erzeugte Strommenge ist um ein Vielfaches größer als die Strommenge, die in der Erregerwicklung zum Aufbau des Magnetfeldes benötigt wird. Somit kann der Erregerstrom kontinuierlich aus der eigenen Stromerzeugung abgezweigt werden (Selbsterregung). Es wird keine andere Stromquelle hierzu benötigt.

Generatorstromkreis, ➔ 2

Die in den drei Phasen des Drehstromgenerators induzierte Drehspannung muss gleichgerichtet an die Batterie und die Verbraucher weitergeleitet werden. Damit der Strom in die beschriebene Richtung fließen kann, muss die erzeugte Spannung des Generators geringfügig höher sein als die Batteriespannung.

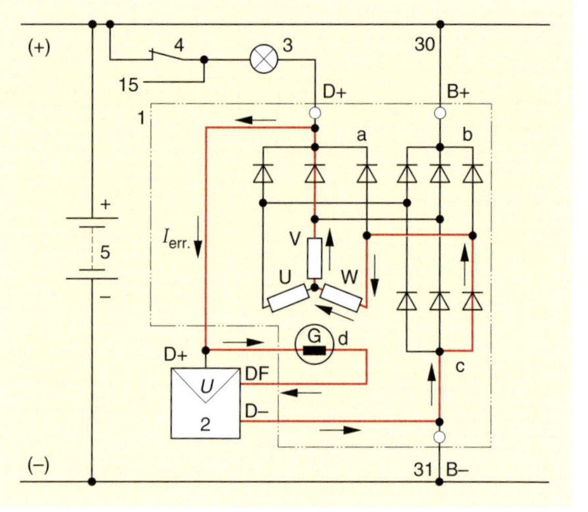

1 Erregerstromkreis eines Drehstromgenerators

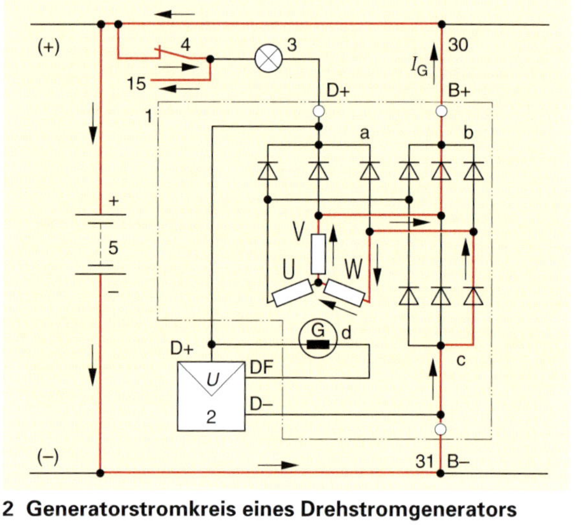

2 Generatorstromkreis eines Drehstromgenerators

3.2.3.6 Informationen über Ausführungen von Drehstromgeneratoren

Drehstromgeneratoren gibt es in verschiedenen Ausführungen. Als Kennzeichnung für die Baugrößen der Drehstromgeneratoren stehen Buchstaben oder Ziffern, ➔ **3**.

Die alphabetische Reihenfolge gibt die steigende Generatorgröße an. Ein weiteres Merkmal ist das Generator- bzw. Läufersystem. Dieses Merkmal hat für die unterschiedlichen Generatorenarten eine alphanumerische Kennung für Pkw (z. B. GC, KC, NC, G1, K1, N1) sowie für Nkw und Busse (z. B. K1, N1, T1). Weitere Variationsmöglichkeiten sind z. B. durch die Art der Befestigung, die Lüfterform, die Riemenscheibe und die elektrischen Anschlüsse gegeben.

Baureihe	Baugrößen	Polzahl	Verwendung
Topf-Generator	G1 K1, N1 N3 T1	12 12 12 16	Motorrad Pkw, Nkw, Shlepper Langstrecken – Lkw, Baumaschinen Busse
Compact-Generator (LCI)	GC, KC, NC	12	Pkw, Nkw, Schlepper, Motorrad
Compact-Generator Baureihe B (LIC-B)	GCB1, GCB2, KCB1, KCB2, NCB1, NCB2	12	Pkw, Nkw, Schlepper Langstrecken – Lkw
Compact-Generator Baureihe E und P (LI-E und LI-P)	E4, E6, E8, E10 P4, P6, P8, P10	12	Pkw, Nkw, Langstrecken – Lkw
Compact-Generator Baureihe L (LI-L)	NCB2	12	Langstrecken – Lkw, Baumaschinen
Compact-Generator Baureihe X (LI-X)	C, M, H	16	Pkw, Nkw

3 Generatoren – Ausführungen

Kriterien für die Auswahl von Drehstromgeneratoren:

- Fahrzeugart, Betriebsbedingungen
- Drehzahlbereich des jeweiligen Verbrennungsmotors
- Batteriespannung des Bordnetzes
- Strombedarf möglicher Verbraucher
- Lebenserwartung
- Einbauverhältnisse und Abmessungen
- Beanspruchung des Generators durch Umwelteinflüsse wie Wärme und Verschmutzung

Je nach Anwendung und den gegebenen Kriterien sind die Anforderungen an einen Generator sehr unterschiedlich. Auch die Kriterien für die Wirtschaftlichkeit wechseln mit den Anwendungsgebieten. Deshalb kann es keinen Universalgenerator geben, der allen Forderungen gerecht wird.

Die erforderliche Generatorleistung ist ausschließlich von den im Fahrzeug verwendeten Verbrauchern abhängig:

- die Generatorspannung (14 V / 28 V)
- die mögliche Leistungsabgabe als Produkt aus Spannung und Strom über den gesamten Drehzahlbereich
- den Maximalstrom

3.2.3.7 Informationen zum Spannungsregler

Der Spannungsregler hat die Aufgabe, die Generatorspannung (zwischen den Klemmen B+ und B-) zu begrenzen und über den gesamten Drehzahlbereich des Motors und unter allen Belastungszuständen konstant zu halten. Die Batterie und die angeschlossenen Verbraucher werden so vor einer möglichen Zerstörung geschützt. Bei einer Bordnetzspannung von 12 V arbeitet der Regler in einem Toleranzfeldbereich von 14 V. Die Regelzyklen liegen im Bereich von wenigen Millisekunden.

Bild ➔ **1** stellt den Ablauf des Regelkreises zur Spannungsstabilisierung dar.

Treten elektrische Störungen am Generator auf, können diese meist schnell gefunden werden.

Für eine Überprüfung werden benötigt:

- Zündoszilloskop
- Spannungs-Tester
- Widerstandsmessgerät

Zündoszilloskop

Ein charakteristisches Fehleroszillogramm entsteht bei Unterbrechung einer Plusdiode, Erregerdiode, Minusdiode und bei Kurzschluss einer Minus- bzw. Plusdiode.

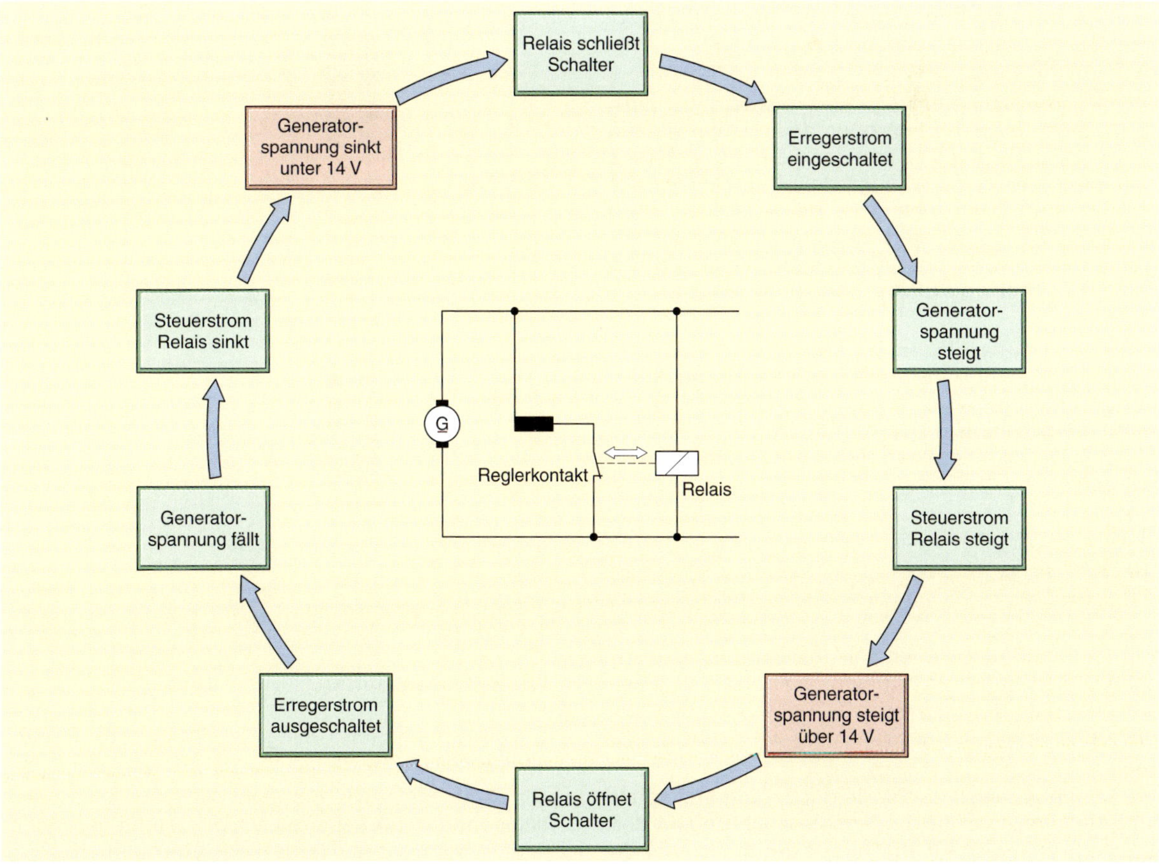

1 Regelkreis zur Spannungsstabilisierung

3

Spannungs–Tester

Anschluss erfolgt über die Anschlüsse D+ und Masse.
Die abgegebene Spannung muss bei allen Drehzahlen konstant im Toleranzfeldbereich liegen.

Achtung:
Überprüfung der Plusdioden:
Bei stehendem Motor darf kein Strom von der Batterie zum Generator fließen.

Widerstandsmessgerät

Die Sperrwirkung aller Dioden lässt sich im ausgebauten Zustand durch zwei Messungen überprüfen, bei denen die Anschlüsse vertauscht werden.

Achtung:
Die Widerstandsmesswerte der Erreger- und Ständerwicklung müssen mit den Angaben des Herstellers verglichen werden.

3.2.3.8 Informationen zur Diode

Dioden sind Halbleiter-Bauteile mit einem PN-Übergang (einer Grenzschicht). Ihr Grundwerkstoff ist im Regelfall Silicium.

An der Grenzfläche eines p- und n-Leiters wandern die überschüssigen Elektronen des n-Leiters in die grenznahen positiven Löcher des p-Leiters. Im Grenzbereich entsteht eine ladungsträgerfreie Schicht, die von weiteren Elektronen nicht überwunden werden kann. Diese Schicht bezeichnet man als **Sperrschicht**. Somit bleiben in den Bereichen außerhalb der Sperrschicht Löcher und Elektronen weiterhin getrennt, ➔ **1a**.

3

Die zwangsweise Trennung von Ladung bedeutet aber auch, dass hierdurch eine elektrische Spannung aufgebaut wird. Sie wird als **Diffusionsspannung oder Schleusenspannung** bezeichnet. Ihre Höhe ist von dem benutzten Halbleitergrundwerkstoff abhängig.

Beispiel:
Bei Silicium beträgt die Diffusionsspannung ungefähr 0,7 V.

Wird von außen an einen PN-Übergang eine elektrische Gleichspannung angelegt, so wirkt sich diese auf die Breite der Sperrschicht aus. Dabei spielt die gewählte Polarität der Spannung eine sehr große Rolle.

Im Schaltplan wird die Diode durch eine Pfeilspitze eingezeichnet, welche die Durchlassrichtung für den Stromfluss angibt, ➔ **1b**. Daraus ergibt sich die Zuordnung der Kathode und Anode.

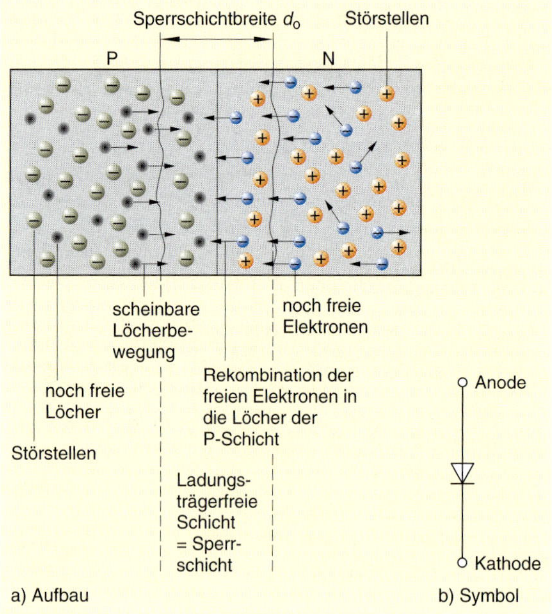

1 Diode

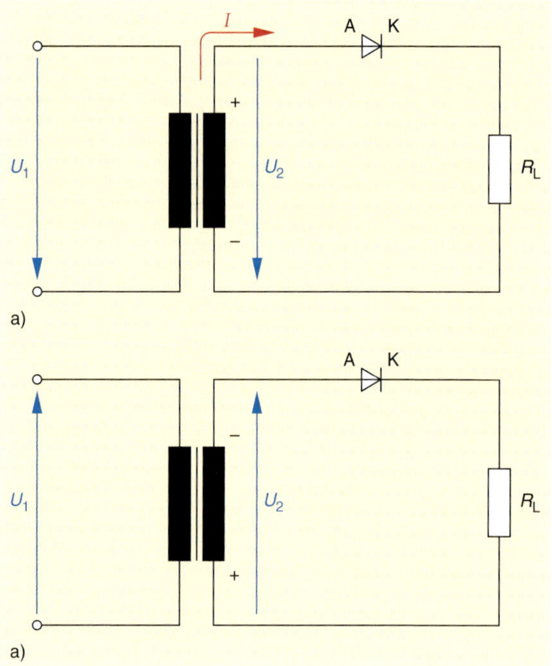

2 Einpulsschaltung

Gleichrichterdiode

Die einfachste Gleichrichterschaltung ist die Einpulsschaltung, ➔ **2**:

Die Diode wird zwischen dem Ausgang einer Wechselspannung und einem Lastwiderstand geschaltet. Am Ausgang des Trafos liegt eine sinusförmige Wechselspannung U_2 an.

Die Wechselspannung besteht aus einer
- positiven Halbwelle
- negativen Halbwelle

Während der **positiven Halbwelle** der Wechselspannung
- liegt ihr Pluspol an der Anodenseite der Diode an,
- liegt ihr Minuspol an der Kathode der Diode an.

Die Diode ist in Durchlassrichtung geschaltet, ein Strom fließt, ➔ **1.**

Während der **negativen Halbwelle** tauscht die Polarität an der Anode bzw. Kathode. Die Diode ist in Sperrrichtung geschaltet, es fließt kein Strom, ➔ **1.**

Die Wechselspannung des Transformators ist gleichgerichtet worden.

Es entsteht eine pulsierende Gleichspannung, da nur eine Halbwelle der Wechselspannung ausgenutzt werden kann, ➔ **1.**

Zur Ausnutzung beider Halbwellen der Wechselspannung wird eine **Zweipulsschaltung** benötigt, ➔ **2.**

Der Strom weist gegenüber der Einpulsschaltung eine höhere Leistung und eine geringere Welligkeit der Gleichspannung auf.

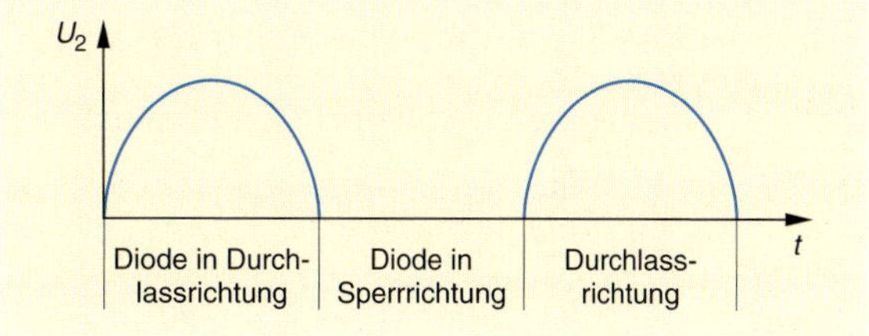

1 Gleichrichtung einer Wechselspannung

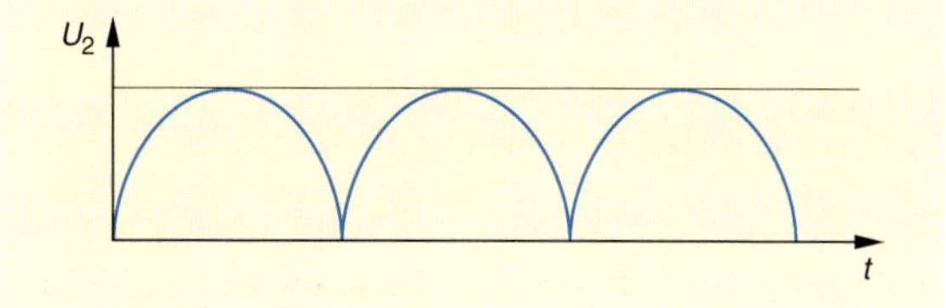

2 Zweipulsschaltung

3.2.4 Arbeitsplanung und Arbeitsauftrag durchführen

3.2.4.1 Arbeitsplanung

Nachdem der Lehrling sich allseitig informiert hat, muss er seine Arbeit planen. Er erstellt einen Arbeitsplan, z. B. wie in ➔ **3.**

ARBEITSPLANUNG							**Datum**
Autrags- Nr.		**Zeichnungs- Nr. 3**				**Benennung** Drehstromgenerator prüfen	**Mitarbeiter**
ARBEITSSCHRITT							
lfd. Nr.	Vorbereitung	Durchführung	Fehlerhaftes Bauteil lokalisieren	Reparatur	**Arbeitsschritt**	**Betriebsmittel Werkzeug Werkzeugmaschine**	**Bemerkungen Prüfmittel Einstellwerte**
1	x				Starterbatterien vollständig laden und prüfen	Batterieladegerät	Herstellervorschrift beachten
2	x				Messgeräte vorbereiten	Spannungsprüfer, Batterie-Prüfgerät, Aerometer, Strommesszange	
3	x				Zahnriemenspannung überprüfen und einstellen	Ringschlüssel, Steckschlüsselsatz	Herstellervorschriften zur Riemenspannung beachten
4		x	x		Prüfung Drehstromgenerator	Spannungsprüfer, Abgasabsauganlage	Siehe Prüfanweisung Motor an
5					Wenn Fehler bei Punkt 3,4: Instandsetzung gemäß Prüfanweisung. Ansonsten weiter mit Punkt 6		Instandsetzung bzw. Austauschen Generator mittels Kostenanalyse
6		x	x		Prüfung Regelspannung	Spannungsprüfer, Strommesszange, Absauganlage	Siehe Prüfanweisung Regelspannung
7			x		Wenn Fehler bei Punkt 6: Regler erneuern und erneute Prüfung ab Punkt 3.		

3 Arbeitsplan

3

Die Arbeitsschritte der Arbeitsplanung werden zusammengefasst in:
- Zahnriemenspannung überprüfen und einstellen, Kap. 3.2.4.2
- Fehlersuche am Drehstromgenerator, Kap. 3.2.4.3
- Prüfen der Regelspannung, Kap. 3.2.4.4

3.2.4.2 Zahnriemen überprüfen und einstellen

Der Zahnriemen hat keilrippenförmige Zähne, deshalb auch **Keilrippenriemen**. Er läuft über die Kurbelwellenriemenscheibe und treibt sämtliche Zusatzaggregate des Motors an wie Kältekompressor, Drehstromgenerator, Lenkhilfspumpe, Kühlmittelpumpe. Auch die Klimaanlage wird über den Zahnriemen angetrieben. So gibt es Zahnriemen mit unterschiedlichen Längenmaßen.

Eine eingebaute automatische Spannvorrichtung sorgt dafür, dass der Zahnriemen gleichmäßig gespannt bleibt:
- Eine zu hohe Spannung würde die Lager der Zusatzaggregate unnötig belasten und vorzeitig beschädigen.
- Bei einer zu geringen Spannung rutscht der Zahnriemen hörbar durch, insbesondere bei Drehzahlerhöhung.

Der Zahnriemen muss im Rahmen der regelmäßigen Wartung oder bei speziellen Arbeiten auf Beschädigungen geprüft werden.

Vorgehen:
- Der Zahnriemen wird mittels einer Stecknuss abgenommen. Dazu wird die Stecknuss an der Spannrolle angesetzt und entgegen dem Uhrzeigersinn geschwenkt wird.
- Danach werden die Riemenscheibenprofile sowie die Spannvorrichtung auf Beschädigungen und Verschmutzungen geprüft. Dabei muss insbesondere auf ausgeschlagene Lagerstellen der Spannvorrichtung und Verformungen an den Riemenscheiben geachtet werden.
- Der Zahnriemen selbst wird auf Schmutzeinlagerungen zwischen den Rippen, gelöste Rippen, Ausfransungen und Risse untersucht. Ist dies der Fall, muss der Zahnriemen erneuert werden.

Es sind keine Fehler erkennbar; deshalb den Zahnriemen nach Herstellerangaben wieder einbauen und die korrekte Spannung per Sichtprüfung nachkontrollieren. Die korrekte Spannung wird automatisch eingestellt.

Befindet sich die Kontrollmarkierung am Spannarm nicht im Toleranzbereich am Träger, kann der Fehler an einer defekten Spannvorrichtung oder an der falschen Länge des Zahnriemens liegen.

3.2.4.3 Fehlersuche am Drehstromgenerator

Die Fehlersuche am Drehstromgenerator wird nach Prüfanweisungen durchgeführt, siehe ➔ **153.1**.
Es wird kein Fehler festgestellt.

3.2.4.4 Prüfen der Regelspannung

Ist der Drehstromgenerator in Ordnung, muss die Regelspannung geprüft werden. Die Prüfung erfolgt nach Prüfanweisungen, siehe ➔ **1**.

1 Motor an Prüfen der Regelspannung: Voltmeter an D- und B+ des Generators Drehzahl langsam steigern bis auf 5000 1/min	$U_{Batterie}$ = **13,5 V ... 14,5 V** U_{Regel} = V ... V
Bemerkung: Vor den nächsten Prüfungen muss der Zustand des Keilriemens und die korrekte Riemenspannung geprüft werden. Nicht eingelaufene Riemenscheiben und ein einwandfreier Keilriemen sind unbedingt Voraussetzung.	
2 Motor an Prüfen des Höchststroms des Generators: Strommesszange über B+ Kabel Voltmeter an B+ und D+ Motordrehzahl 2000 1/min ... 3000 1/min sämtliche elektr. Verbraucher einschalten	I_{max} = A U_{min} = V I_{max}: siehe Typenschild, bei Mindestregelwert 13,5 V
Fehler: • Ursachen für ein Übersteigen von I_{max}.: - zu hohe Regelspannung (siehe Punkt 1) - falsch ausgewählte Bauteile (z. B. Stator eingebaut für mehr als I_{max} als Typenschildangabe) - falsches Typenschild des Generators • Ursachen für Nicht-Erreichen von I_{max}, wenn Prüfpunkte 1 bis 6 i. O. ergeben: - mangelndes Schaltvermögen des Reglers (voller Erregerstromfluss nicht möglich) - starker Windungsschluss der Läuferwicklung (dadurch Stromaufnahme des Läufers zu hoch)	
3 Motor an Prüfen des Spannungsfalls der Ladeleitung Strommesszange über B+ Voltmeter zwischen B+ Generator und + der Starterbatterie	**bei 20 A Belastung:** $U_{B+} \leq 0{,}2$ V U_V = V
Fehler: schlechte Leitungsverbindung, zu geringer Querschnitt der Ladeleitung, beschädigte Ladeleitung	

1 Anweisung zum Prüfen der Regelspannung

3

1 Motor aus / Zündung aus Voltmeter an B+ des Generators und an Masse Ladekontrolllampe völlig aus	$U_{Batterie}$ = V U_{B+} = V
Fehler: U = 0 Volt: Leitungsunterbrechung zwischen Batterie und Anschluss B+ des Generators	
2 Motor aus / Zündung aus Voltmeter an D+ des Generators und an Masse Ladekontrolllampe völlig aus	**$U_{Batterie}$ = 0 V** U_{D+} = V
Fehler: $U_{D+} > 0$: Kurzschluss einer Plus-Diode oder Leitung 61 (D+) steht in Verbindung zur B+ Leitung	
3 Motor aus / Zündung ein Voltmeter an D+ und D- des Generators Ladekontrolllampe leuchtet hell	**$U_{Batterie}$ = 0,5 V ... 2,5 V** U_{D+} = V
Fehler: • Ladeanzeige aus und $U_{D+} = 0$: - Fahrtschalter oder Lampe defekt - Leitung von 61 zu D+ ist unterbrochen • Ladeanzeige leuchtet schwach oder gar nicht und U_{D+} = 0,5 V ... 2,5 V: - Unterbrechungen des Reglers an D+ oder DF-Kabel des Reglers oder Kohlen-Schleifring-Kontakt der Läuferwicklung - kein Kontakt zwischen Federbügel der Diodenplatte und Kohlehalter - schlechte Masseverbindung zwischen Generator und Motormasse • Ladeanzeigelampe leuchtet hell ($U_{D-} - U_{D+}$) = 0 V ... < 0,5 V: Masseschluss der Leitung 61 zu - D+ oder - der Klemme D+ oder - DF des Reglers oder - der + Bürste oder - der Läuferwicklung	
4 Motor an Voltmeter an D+ und D-	**Bei leicht erhöhter Leerlaufdrehzahl** **$U_{Batterie}$ = 13 V ... 14 V** U_{D+} = V
Fehler: $U_{D+} > 0$: • Schwerer Schaden an Stator- oder Dioden, z. B. Unterbrechung aller Minus- oder Erregerdioden oder • Totalunterbrechung des Stators (Ständerwicklung)	
5 Motor an Voltmeter noch an D+ und D- Spannung erreicht vorgeschriebenen Wert Vergleich U_{D+} zu U_{B+}: Drehzahl und Belastung müssen gleich sein.	**$U_{Batterie}$ = 13 V ... 14 V** U_{D+} = V U_{B+} = V
Fehler: • ($U_{D+} - U_{B+}$) > 5 V: Stator- oder Diodenschäden, diese Schäden können erst nach Ausbau und Zerlegen des Generators durch weitere Messungen genauer bestimmt werden • ($U_{D+} - U_{B+}$) = 0,5 V ... 5 V: Messungen bei mittlerer und hoher Drehzahl **ohne besondere Bordnetzlast** wiederholen. - bei 2500 1/min: U_{B+} = V U_{D+} = V - bei 5000 1/min: U_{B+} = V U_{D+} = V • ($U_{D+} - U_{B+}$) < 0,5 V Ergeben sich auch hier keine großen Differenzen, die Messungen bei mittlerer und hoher Drehzahl mit großer **Verbraucherlast** wiederholen - bei 2500 1/min: U_{B+} = V U_{D+} = V - bei 5000 1/min: U_{B+} = V U_{D+} = V Entstehen hierbei wiederum keine größeren Differenzen, so arbeiten Dioden und Statorsystem einwandfrei.	

1 Anweisung zum Prüfen eines Drehstromgenerators

3

Bei Prüfung der Regelspannung wird unter Punkt 3 „Prüfen des Spannungsfalls der Ladeleitung" ein Wert zwischen B+ Generator und + der Starterbatterie von 0,5 V gemessen. Daraufhin wird die Ladeleitung auf äußere Beschädigungen kontrolliert. Nachdem hier kein Mangel erkennbar ist, wird die Starterbatterie ordnungsgemäß abgeklemmt und die Ladeleitung vom Generator zur Starterbatterie ausgebaut. Schon beim Entfernen der +Polklemme ist eine deutliche Oxidationsschicht am Pluspol und an der Polklemme erkennbar. Dies ist auf mangelnde Pflege und Wartung der Starterbatterie zurückzuführen. Die Polklemme im inneren Bereich sowie der +Pol wird nun mit einem extra dafür vorgesehenen Spezialwerkzeug gereinigt. Der elektrische Anschluss B+ am Generator zeigt keine Oxidationsspuren und hat einen festen Sitz. Eine erneute Prüfung wie unter Punkt 3 beschrieben, zeigt nun den vorgeschriebenen Messwert von ≤ 0,2 V an.

3.2.5 Qualitätssicherung

Zur Qualitätssicherung werden
- die Prüfergebnisse dokumentiert, Kap. 3.2.5.1,
- die durchgeführten Arbeiten abgenommen, Kap. 3.2.5.2.

3.2.5.1 Prüfergebnisse dokumentieren

Angelegt an den Arbeitsplan, müssen die Prüfpunkte, die Prüfergebnisse und die notwendigen Instandsetzungsschritte für den Nachweis zur Rechnungserstellung und für den Kunden dokumentiert werden.

3.2.5.2 Abnahme der durchgeführten Arbeien

Zum Abschluss der Arbeiten erfolgt die Abnahme. Es muss geprüft werden, ob alle erforderlich gewordenen Arbeiten ordnungsgemäß durchgeführt und dokumentiert sind.
Dazu wird folgendermaßen vorgegangen:
- Wurden alle Punkte gemäß dem Arbeitsplan eingehalten und abgearbeitet?
- Wurden alle Prüfungsergebnisse ordnungsgemäß dokumentiert?
- Wurden alle Ersatzteile bzw. Betriebsmittel festgehalten?
- Sind die angefallenen Reststoffe ordnungsgemäß entsorgt?
- Welche Informationen müssen an den Kunden weitergegeben werden?
- Wurden weitere Mängel festgestellt?

Dann kann das Fahrzeug an den Kunden übergeben werden.

Weitere Informationen zur Qualitätssicherung finden Sie in Kap. 0.3.4.4.

3.2.6 Fahrzeug an den Kunden übergeben

Bei der Übergabe des Fahrzeugs an den Kunden wird eine Durchschrift der Arbeitsdokumentation (vgl. Kap. 3.2.5.2) mit übergeben. Anhand der Dokumentation und der Messergebnisse ist für den Kunden eindeutig zu erkennen, welche Arbeiten notwendig waren und durchgeführt wurden. Dies schafft beim Kunden Vertrauen und ist ein wesentlicher Bestandteil der Qualitätssicherung.

3.3 Anhängerbeleuchtung prüfen und instand setzen

3.3.1 Lernsituationen und Vorgehensweise

Ein Kunde kommt mit seinem Pkw und Lastanhänger in den Karosserie-Instandhaltungsbetrieb. Dem Kunden ist nach dem Ankuppeln des Anhängers aufgefallen, dass die Begrenzungsleuchten und die Nummerntafelbeleuchtung am Anhänger nicht funktionieren:

Der Kunde beschreibt:
- Bei der Signaleinrichtung am Anhänger leuchten die Bremsleuchten sehr schwach.
- Die Blinkleuchte rechts leuchtet gar nicht auf.

Der Meister in der Fahrzeugannahme bespricht mit dem Kunden die möglichen Ursachen und grenzt den Auftrag ein:
- Die Anhängersteckdose am Zugfahrzeug muss auf Funktion geprüft werden.
- Der Anhängerstecker am Anhänger muss auf seine Funktion geprüft werden.
- Wenn der Anhängerstecker sowie die Steckdose des Zugfahrzeugs in Ordnung sind, müssen die Leuchtmittel auf Funktion und die Verkabelung auf ordnungsgemäßen Durchgang geprüft werden.

Um diesen Auftrag auszuführen, muss der Lehrling wie folgt vorgehen:
- Fahrzeugannahme und Schaden begutachten, Kap. 3.3.2
- Informationen beschaffen, Kap. 3.3.3
- Arbeitsplanung und Arbeitsauftrag durchführen, Kap. 3.3.4
- Qualitätssicherung, Kap. 3.3.5
- Fahrzeug an den Kunden übergeben, Kap. 3.3.6

3.3.2 Fahrzeugannahme und Schaden begutachten

Aus dem Gespräch mit dem Kunden erfährt der Lehrling:
- Am Zugfahrzeug sind keine Mängel in der Beleuchtungs- und Signaleinrichtung aufgefallen.
- Der Anhänger selbst wurde zuletzt auf einer Baustelle eingesetzt, dabei stark beansprucht und von verschiedenen Nutzern verwendet.
- Der Anhänger wurde seitdem vom Kunden über ein Jahr lang nicht mehr benützt und stand im Freien.

Mithilfe des Annahmeformulars beschafft sich der Lehrling weitere Informationen:
- Der Anhänger ist vier Jahre alt und zeigt starke Gebrauchsspuren.
- An dem Anhänger wurden augenscheinlich keine Pflege- und Wartungsarbeiten durchgeführt.
- Am Anhänger ist ein 7-poliger Anhängerstecker angebracht. Der Kunde verwendet zum Betrieb des Anhängers eine Adapterleitung von einem 13-poligen auf einen 7-poligen Stecker.

Bei der Fahrzeugannahme geht der Lehrling vor wie in Kap. 0.3.2.3 beschrieben.

3.3.3 Informationsbeschaffung

Um die Funktionsweise der Beleuchtungs- und Signalanlage zu verstehen, muss der Lehrling sich Informationen beschaffen über:
- Anhängerfahrzeug, Kap. 3.3.3.1
- Gesetzliche Vorschriften, Kap. 3.3.3.2
- Beleuchtungs- und Signalanlage am Kraftfahrzeug, Kap. 3.3.3.3
- Beleuchtungs- und Signalanlage am Anhänger, Kap. 3.3.3.4
- Lichtquellen an Straßenfahrzeugen, Kap. 3.3.3.5
- Klemmenbezeichnungen der Licht- und Signalanlage, Kap. 3.3.3.6
- Kontaktbelegung des Anhängersteckers 13-polig, Kap. 3.3.3.7
- Kontaktbelegung des Anhängersteckers 7-polig, Kap. 3.3.3.8
- Schaltplan, Kap. 3.3.3.9
- Leitungen, Kap. 3.3.3.10
- Spannungsverlust, Kap. 3.3.3.11
- Sicherungen, Kap. 3.3.3.12

Weitere Informationen finden Sie zu:
- Grundlagen der Elektrotechnik, Kap. 3.1.3.1
- Verbraucherleistungen, Kap. 3.2.3.1
- Dioden, Kap. 3.2.3.8

3.3.3.1 Informationen zum Anhängefahrzeug

Das Anhängefahrzeug ist ein nicht selbst fahrendes Straßenfahrzeug. Es wird von einem Kraftfahrzeug mitgeführt.

Das Kap. 0.2 zeigt die Einteilung der Kraftwagen.

Danach werden folgende Arten von Anhängern unterschieden:
- Gelenk-Deichselanhänger
- Zentralachsanhänger
  Starr-Deichselanhänger
- Sattelanhänger

Vom Verwendungszweck wird unterschieden zwischen:
- Lastanhänger für den Transport von Gütern
- Busanhänger für den Transport von Personen, jedoch in Deutschland nicht zugelassen
- Caravan ist ein Zentralachs-Deichselanhänger, ausgerüstet zum Wohnen
- Spezialanhänger, z. B. Tieflader, Tank-, Schausteller-Anhänger

Je nach Art und Verwendungszweck ist die elektrische Ausrüstung der Anhänger unterschiedlich.

3.3.3.2 Gesetzliche Vorschriften zu Anhängern

Die wesentlichen gesetzlichen Vorschriften für Anhänger sind:
- StVZO
- EG-Richtlinien

StVZO, § 53:
Beim Mitführen von Anhängern müssen die Schluss- sowie die Bremsleuchten, soweit diese für das ziehende Fahrzeug vorgeschrieben sind, auch am Ende des Zuges angebracht sein. Mehrspurige Kraftfahrzeuge müssen immer mit zwei Rückleuchten und zwei Bremsleuchten ausgerüstet sein.

Anhänger werden nach den **EG-Richtlinien** in folgende Klassen eingeteilt:
- Klasse 0 : Anhänger, einschließlich Sattelanhänger
- Klasse 01: Anhänger mit einer zulässigen Gesamtmasse bis zu 0,75 Tonnen
- Klasse 02: Anhänger mit einer zulässigen Gesamtmasse von mehr als 0,75 Tonnen bis 3,5 Tonnen
- Klasse 03: Anhänger mit einer zulässigen Gesamtmasse von mehr als 3,5 Tonnen bis 10 Tonnen
- Klasse 04: Anhänger mit einer zulässigen Gesamtmasse von mehr als 10 Tonnen

3.3.3.3 Informationen über die Beleuchtungs- und Signalanlage am Kraftfahrzeug

Beleuchtungsanlage

Zur Beleuchtungsanlage gehören, ➔ **1**:
- Fernscheinwerfer
- Abblendscheinwerfer
- Schlussleuchte
- Parkleuchte
- Begrenzungsleuchten
- Kennzeichenleuchte
- Nebelscheinwerfer
- Nebelschlussleuchte
- Zusatzfernlichtscheinwerfer
- Rückfahrscheinwerfer
- Arbeitsscheinwerfer
- Suchscheinwerfer

Mit den **Fernscheinwerfern** wird die Fahrbahn ausgeleuchtet, ➔ **1**. Fernscheinwerfer befinden sich an der Fahrzeugfront. Die Anordnung muss paarweise symmetrisch zur Fahrzeugmitte und auf gleicher Höhe sein. Sie müssen gleichzeitig und gleich stark leuchten und ständig betriebsbereit sein.
Das Fernlicht wird durch eine Lichtquelle erzeugt, die im Brennpunkt des Reflektors angeordnet ist. Dadurch wird das Licht so reflektiert, dass es in Richtung der Reflektorachse austritt. Bei der heutigen Verkehrsdichte kann das Fernlicht nur noch in Ausnahmefällen verwendet werden.

Für **Abblendscheinwerfer** gilt das Gleiche wie für Fernscheinwerfer.
Das Abblendlicht ist das eigentliche Fahrlicht bei Nacht oder schlechter Sicht. In den nordeuropäischen Ländern ist die Benutzung von Abblendscheinwerfern auch am Tage Pflicht; das soll ein Fahrzeug auch am Tag besser erkennbar machen. Einige Fahrzeuge haben dafür spezielle **Tagfahrleuchten**. Polen und Ungarn verlangen tagsüber außerorts „Abblendlicht an“. Derzeit ist auch die Einführung in Deutschland geplant.

Am Fahrzeugheck befinden sich die **Schlussleuchten**. Diese müssen paarweise und symmetrisch zur Fahrzeugmitte auf gleicher Höhe angebracht sein. Sie müssen gleichzeitig in roter Farbe aufleuchten. Der Zusammenbau mit einer anderen Leuchte ist zulässig. Schlussleuchten müssen zusammen mit den Begrenzungsleuchten brennen.

Parkleuchten sollen ein parkendes Fahrzeug kenntlich machen, deshalb auch **Standlicht** genannt. Sie müssen leuchten können, ohne dass andere Leuchten oder Scheinwerfer eingeschaltet werden. In den meisten Fällen wird die Funktion der Parkleuchten von den Begrenzungsleuchten übernommen.

3

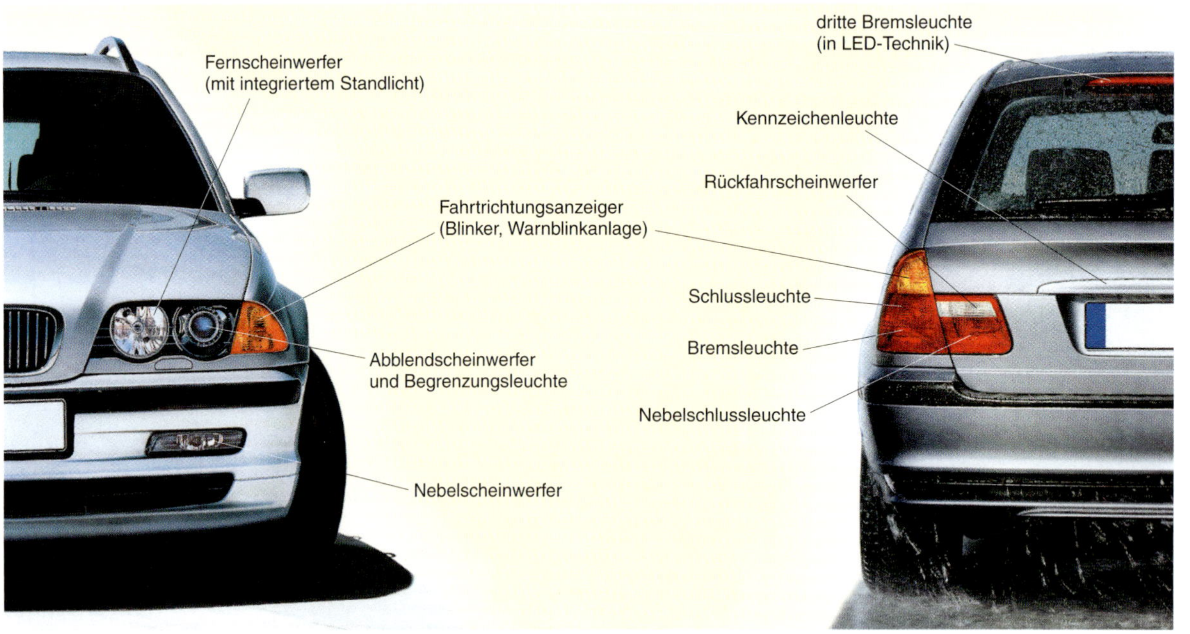

1 **Beleuchtungs- und Signalanlage an einem Pkw**

Es sind je zwei Parkleuchten vorn und hinten zulässig oder eine Parkleuchte auf jeder Seite. Die Farbe nach vorne ist weiß.

Am Fahrzeug sind zwei **Begrenzungsleuchten**, Farbe weiß, nach vorne vorgeschrieben. Der Zusammenbau und der Ineinanderbau mit jeder anderen vorderen Leuchte (Scheinwerfer) ist zulässig.

Gängig ist der Ineinanderbau mit dem Scheinwerfer. Begrenzungsleuchten dienen dazu, die Konturen des Fahrzeugs für andere Verkehrsteilnehmer sichtbar zu machen. Deshalb werden sie auch **Umrissleuchten** genannt. Sie befinden sich an der Fahrzeugfront und am Heck sowie z. T. zusätzlich seitlich. Dadurch kann der Gegenverkehr das Fahrzeug erkennen, auch bei Ausfall eines Abblendlichts.
Am Fahrzeugheck sind zwei Begrenzungsleuchten, Farbe Rot vorgeschrieben. Diese sollen das ungebremste Fahrzeug für die nachfolgenden Verkehrsteilnehmer rechtzeitig erkennbar machen.

Die **Kennzeichenleuchten** sind am Heck angebracht und werden mit dem Fahrlicht zusammen eingeschaltet, ➔ **156.1**.

Nebelscheinwerfer befinden sich an der Fahrzeugfront. Die Anordnung muss paarweise symmetrisch zur Fahrzeugmitte und auf gleicher Höhe sein. Sie müssen gleichzeitig und gleich stark leuchten und ständig betriebsbereit sein. Die Nebelscheinwerfer sollen die Fahrbahnbeleuchtung bei schlechter Sicht (Nebel, Schneefall, starkem Regen oder Staubwolken) verbessern.

Zwei Nebelscheinwerfer, Farbe weiß oder gelb, sind zulässig. Nebelscheinwerfer werden wie Hauptscheinwerfer eingestellt, wobei die Einstellmaße den Vorschriften zu entnehmen sind.

Nebelschlussleuchten dienen dazu, das ungebremste Fahrzeug bei schlechter Sicht für die nachfolgenden Verkehrsteilnehmer rechtzeitig erkennbar zu machen. Sie sind paarweise symmetrisch zur Fahrzeugmitte, auf gleicher Höhe angeordnet und müssen gleich stark leuchten, ➔ **156.1**. Sie leuchten in roter Farbe, heller als die Schlussleuchte.

Deshalb darf die Nebelschlussleuchte nur benutzt werden, wenn durch Nebel die Sichtweite weniger als 50 m beträgt. Bei solchen Witterungsverhältnissen darf nicht schneller als 50 km/h gefahren werden.

Zusatz-Fernlichtscheinwerfer befinden sich an der Fahrzeugfront. Die Anordnung muss paarweise symmetrisch zur Fahrzeugmitte und auf gleicher Höhe sein. Sie müssen gleichzeitig und gleich stark leuchten und ständig betriebsbereit sein. Zusatz-Fernlichtscheinwerfer dienen zur Verbesserung der Fernlichtwirkung. Sie erzeugen ein stark gebündeltes und daher weit reichendes Licht. Anbau, Lichttechnik und Einstellung entsprechen den Angaben für Fernlicht. Auch Zusatz-Fernlichtscheinwerfer unterliegen den Bestimmungen für maximal zulässige Lichtstärken am Fahrzeug.

Rückfahrscheinwerfer befinden sich am Fahrzeugheck und leuchten in weißem Licht. Meist ist nur ein Scheinwerfer eingebaut. Sind zwei Rückfahrscheinwerfer vorhanden, gilt: Sie müssen paarweise symmetrisch zur Fahrzeugmitte und auf gleicher Höhe angeordnet sein. Auch müssen sie gleichzeitig und gleich stark leuchten. Rückfahrscheinwerfer sollen die Fahrbahn beim Rückwärtsfahren beleuchten.

Die Schaltung muss sicherstellen, dass Rückfahrscheinwerfer nur bei eingelegtem Rückwärtsgang und eingeschalteter Zündung leuchten können.

Der **Arbeitsscheinwerfer** dient zur Beleuchtung von stationären oder mobilen Arbeitsstellen und zeichnet sich durch einen großflächigen, gleichmäßigen Lichtfächer aus. Wegen der robusten Ausführung eignen sich Arbeitsscheinwerfer besonders zur Befestigung an Nutzfahrzeugen und ermöglichen so einen vielseitigen Einsatz zum Beispiel in der Land- und Forstwirtschaft oder im Rettungswesen.

Suchscheinwerfer dürfen nur kurz und nicht zum Beleuchten der Fahrbahn benutzt werden. Der Suchscheinwerfer mit seinem scharf gebündelten Licht und hoher Lichtstärke eignet sich in jedem Bereich, in dem ein Gegenstand in größerer Entfernung erkennbar sein soll. Dies gilt insbesondere bei Rettungs-, Polizei-, Feuerwehreinsätzen oder bei Fahrzeuge des technischen Hilfswerks.

Siganalanlage

Zur Signalanlage eines Pkws gehören, ➔ **156.1**:
- Fahrtrichtungsanzeiger
- Warnblinkanlage
- Bremsleuchten
- Signalhorn

Fahrtrichtungsanzeiger dienen dazu, Bewegungsabsichten des Fahrers für andere Verkehrsteilnehmer anzuzeigen, ➔ **156.1**. Sie werden auch **Blinkleuchten** oder **Blinker** genannt. Die Fahrtrichtungsanzeiger befinden sich an der Fahrzeugfront und am Heck sowie z. T. zusätzlich seitlich, ➔ **156.1**. Sie leuchten in gelber Farbe.

Die **Warnblinkanlage** dient dazu, andere Verkehrsteilnehmer zu warnen. Warnblinken ist das synchrone Blinken aller Blinkleuchten eines Fahrzeuges, auch bei abgestelltem Motor und ausgeschalteter Zündung. Eine Kontrollleuchte im Fahrzeuginneren ist vorgeschrieben.

Bremsleuchten sollen die nachfolgenden Verkehrsteilnehmer darauf aufmerksam machen, dass das Fahrzeug abgebremst wird. Für jeden Pkw sind zwei Bremsleuchten vorgeschrieben. Sie befinden sich am Fahrzeugheck und müssen paarweise symmetrisch zur Fahrzeugmitte, auf gleicher Höhe angeordnet sein. Beim Ineinanderbau von Brems- und Schlussleuchte muss das tatsächliche Lichtstärkeverhältnis der Einzelfunktionen mindestens 5:1 betragen. Sie müssen gleichzeitig und gleich stark in roter Farbe leuchten.

In Europa ist für neue Fahrzeugtypen die Installation einer zusätzlichen (dritten) Bremsleuchte Pflicht, die zentrisch hoch angeordnet sein muss. Die zusätzlich hoch gesetzte Bremsleuchte muss zusammen mit den (Haupt-)Bremsleuchten brennen. Für ältere Fahrzeuge gibt es auch die Möglichkeit der Nachrüstung.

Das **Signalhorn** wird in der Umgangssprache auch **Hupe** genannt. Es muss nach den gesetzlichen Vorschriften einen bleibenden und gleichförmigen Klang abgeben. Dieser muss den Verkehrslärm auch auf große Entfernung durchdringen können.

3.3.3.4 Informationen über die Beleuchtungs- und Signalanlage am Anhänger

Die Ausstattung des Anhängers ergibt sich aus seinem Verwendungszweck. In unserem Fall handelt es sich um einen Lastanhänger bis 0,75 Tonnen, der ausschließlich zum Transport von Lasten eingesetzt wird.

Zur Beleuchtungseinrichtung am Anhänger gehören:
- Schlussleuchten
- Nummerntafelbeleuchtung
- Nebelschlussleuchte
- Rückfahrscheinwerfer
- eventuell seitliche Leuchten zur Kenntlichmachung

Zur Signalanlage am Anhänger gehören:
- Bremsleuchten
- Signaleinrichtung für Fahrtrichtungs- und Warnblinken

Die Stromversorgung sowie die Ansteuerung der Beleuchtungs- und Signaleinrichtung erfolgt über den Anhängerstecker vom Zugfahrzeug.

Der Anhängerstecker kann sein:
- 7-polig
- 13-polig

Für Anhänger, die ausschließlich für den Transport von Lasten ausgelegt sind, genügt ein **7-poliger Anhängerstecker**. Kontaktbelegung, siehe Kap. 3.3.3.8.

Caravans haben einen **13-poligen Anhängerstecker**. So stehen mehr Strom führende Kabel für zusätzliche Funktionen zur Verfügung, z. B. für die Batterie im Wohnwagen. Kontaktbelegung, siehe Kap. 3.3.3.7.

In der Praxis sieht es jedoch so aus: Neufahrzeuge werden bereits vom Hersteller mit einer 13-poligen Steckdose ausgeliefert.

Wird nun ein Anhänger angekoppelt, der noch mit einem 7-poligen Stecker ausgerüstet ist, wird eine Adapterleitung aus dem Zubehör verwendet, oder der Anhänger wird auf einen 13-poligen Stecker umgerüstet. Der 7-polige Anhängerstecker findet kaum noch Verwendung.

Der Anhängerstecker wird durch einfaches Einstecken angebracht und durch leichtes Drehen mit einer Arretierung gegen unbeabsichtigtes Lösen gesichert.

3.3.3.5 Informationen über Lichtquellen an Straßenfahrzeugen

Als Lichtquelle an Straßenfahrzeugen verwendet man:
- Temperaturstrahler
- Gasentladungslampen
- LED-Leuchten

Temperaturstrahler

Temperaturstrahler sind:
- Glühlampen
- Halogenlampen

Die **Glühlampe** besitzt eine Wendel aus Wolfram, die durch Strom zum Glühen und damit zum Leuchten gebracht wird, ➔ **1**.

Durch das allmähliche Verdampfen von Wolframpartikeln ist die Lebensdauer jedoch begrenzt. Verwendet wird sie heute noch für Blink-, Park-, Kennzeichen-, Brems-, Schluss- und Nebelschlussleuchten sowie für Rückfahrscheinwerfer.

Die **Halogenlampe** besitzt ebenfalls eine Wendel aus Wolfram, die durch Strom zum Glühen gebracht wird, ➔ **2**.

Jedoch besitzt die Halogenlampe eine Füllung aus Jod oder Brom. Die Füllung steht unter hohem Druck (bis 40 bar). So wird ein chemischer Kreislauf in Gang gesetzt, wodurch das verdampfte Wolfram sich immer wieder an der Wendel ablagert. Dadurch sind höhere Temperaturen an der Glühwendel möglich und damit eine höhere Lichtausbeute.

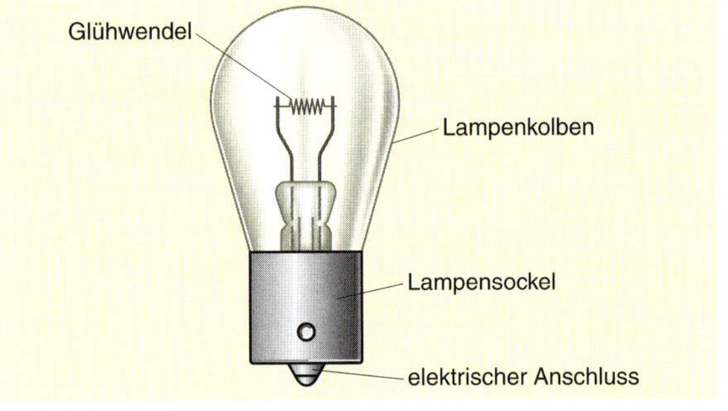

1 Glühlampe

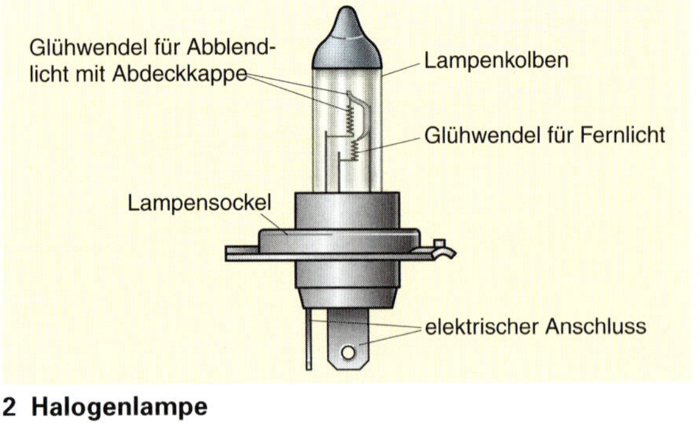

2 Halogenlampe

Es gibt Halogenlampen mit
- einer Glühwendel,
- zwei Glühwendeln.

Halogenlampen mit einer Glühwendel werden eingesetzt, wenn Abblendlicht und Fernlicht getrennt sind und bei Nebelscheinwerfern.

Halogenlampen mit zwei Glühwendeln werden verwendet für die Umschaltung von Abblend- auf Fernlicht, wenn diese in jeweils einem Scheinwerfer zusammengefasst sind. Durch die zusätzliche Abdeckkappe wird der blendende Lichtanteil beim Abblendlicht abgedeckt.

Gasentladungslampen

Gasentladungslampen werden auch als **Litronic**, **Xenonlicht** oder **D1-** bzw. **D2-Lampen** bezeichnet. Sie besitzen keine metallische Glühwendel. Im Entladungsraum befindet sich eine Mischung aus Edelgas (Xenon) und Metallhalogeniden; die wird durch Wechselstrom ionisiert und leitend, ➔ **1**.

Dadurch wird ein Lichtbogen erzeugt, der eine hohe Lichtausbeute liefert.
Gasentladungslampen benötigen ein elektronisches Vorschaltgerät, das eine Zündspannung zwischen 10 kV und 20 kV und eine Betriebsspannung von ca. 85 V erzeugt.

Auch bei der Gasentladungslampe kann eine Abdeckung für das Abblendlicht integriert sein. Ein Umschalten von Abblend- auf Fernlicht ist nicht möglich, da es einige Sekunden dauert, bis die Gasentladungslampe die volle Lichtausbeute erreicht.

Scheinwerfer mit Gasentladungslampen müssen wegen der hohen Lichtausbeute mit einer automatischen Leuchtweitenregelung und einer Scheinwerferreinigungsanlage kombiniert sein, um eine Blendung des Gegenverkehrs zu vermeiden.

LED-Leuchten

LED-Technik[1] kann für Blink- und Heckleuchten verwendet werden. Für die erforderliche Beleuchtungsstärke und gewünschte Lichtfarbe werden mehrere Leuchtdioden zu einer Baueinheit zusammengeschaltet.

3.3.3.6 Informationen über Klemmenbezeichnungen der Licht- und Signalanlage

In ➔ **2** sind die wichtigsten Klemmenbezeichnungen der Licht- und Signalanlage an einem Fahrzeug dargestellt.

Auf die Kabelfarben wird nicht eingegangen. Die Farben der Kabel sind von Fahrzeughersteller zu Fahrzeughersteller unterschiedlich; sie müssen vom Schaltplan entnommen werden, der für das Fahrzeug gültig ist.

[1] LED = light emitting diode <engl.>: Leuchtdiode

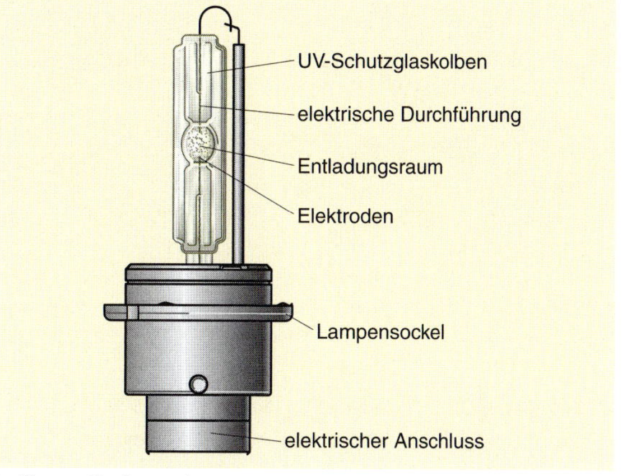

1 Gasentladungslampe

Stromversorgung	
15	Batterie Plus über Schalter
30	Eingang von Batterie + direkt
Fahrtrichtungsanzeige	
49	Eingang Blinkgeber
49a	Ausgang Blinkgeber
49b	Ausgang 2. Blinkkreis
49c	Ausgang 3. Blinkkreis
C	1. Anzeigelampe
C2	2. Anzeigelampe
C3	3. Anzeigelampe
L	Blinkleuchten links
R	Blinkleuchten rechts
Beleuchtung	
54	Bremslicht bei Leuchtkombinationen und Anhängersteckvorrichtungen
55	Nebelscheinwerfer
56	Scheinwerferlicht
56a	Fernlicht und Anzeigelampe
56b	Abblendlicht
56d	Lichtsignal (Lichthupe)
57	Standlicht Kraftrad
57a	Parklicht
57L/R	Parklicht links/rechts
58	Begrenzungs-, Schluss-, Kennzeichen-, Instrumentenleuchten
58b	Schlusslichtumschaltung bei Einachsschleppern
58c	Anhängersteckvorrichtung, einadrig verlegtes und im Anhänger abgesichertes Schlusslicht
58d	regelbare Instrumentenbeleuchtung

2 Klemmenbezeichnung

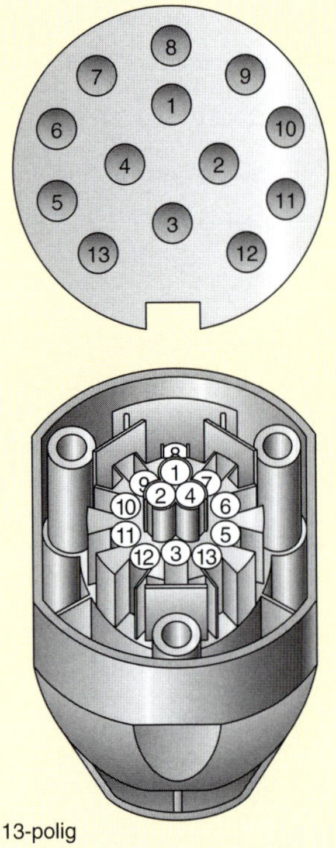

a) 13-polig

Kontakt-Nr.	Kontaktbelegung	Empfohlener Leiterquerschnitt in mm²
1	Fahrtrichtungsanzeige links	1,5
2	Nebelschlussleuchte	1,5
3	Masse (für Stromkreise 1 bis 8)	2,5
4	Fahrtrichtungsanzeige rechts	1,5
5	Rechte Schluss-, Umriss-, Begrenzungs- und Kennzeichenleuchte	1,5
6	Bremsleuchten	1,5
7	Linke Schluss-, Umriss-, Begrenzungs- und Kennzeichenleuchte	1,5
8	Rückfahrleuchte	1,5
9	Stromversorgung (Dauerplus)	2,5
10	Ladeleitung Plus für Batterie im Anhänger	1,5
11	Noch nicht zugeteilt	1,5
12	Noch nicht zugeteilt	1,5
13*	Masse für Stromkreiskontakte 9 bis 12	2,5

* Beide Masseleitungen dürfen anhängerseitig nicht elektrisch leitend verbunden werden.

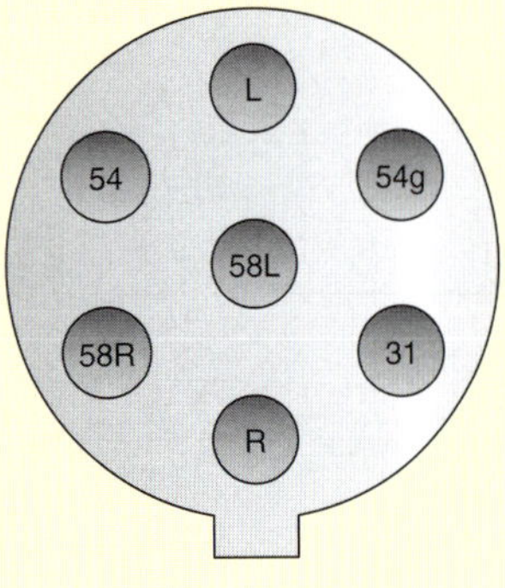

b) 7-polig

Klemmenbezeichnung	Kontaktbelegung	Farbe	Empfohlener Leiterquerschnitt in mm²
L	Fahrtrichtungsanzeige links	gelb	1,5
R	Fahrtrichtungsanzeige rechts	grün	1,5
58L	linke Schluss-, Umriss-, Begrenzungs- und Kennzeichenleuchte	schwarz	1,5
58R	rechte Schluss-, Umriss-, Begrenzungs- und Kennzeichenleuchte	braun	1,5
54	Bremsleuchten	rot	1,5
31	Masse	weiß	2,5
54g	zusätzliche Anlagen (im Regelfall Nebelschlussleuchte)	blau	1,5

1 Anhängersteckdose

3

3.3.3.7 Informationen über die Kontaktbelegung des Anhängersteckers 13-polig

Zum ordnungsgemäßen Anschließen eines Anhängersteckers müssen dringend die verschiedenen elektrischen Bauteile wie Fahrtrichtungsanzeige, Bremse auf die vorgeschriebenen Kontakte angeschlossen werden. Heute sind 13-poligen Anhängerverbindung üblich; die Kontakte sind mit Nummern gekennzeichnet.

Die Kontaktbelegung richtet sich nach EN ISO 11 446: Straßenfahrzeuge – Elektrische Steckverbindungen zwischen Zugfahrzeugen und Anhängern, ➔ **1a**.

3.3.3.8 Informationen über die Kontaktbelegung des Anhängersteckers 7-polig

Die 7-polige Anhängerverbindung findet kaum noch Anwendung.

Bei der 7-poligen Anhängerverbindung sind unmittelbar die Klemmenbezeichnungen angebracht, ➔ **1b**. Zusätzlich wird die jeweilige Kabelfarbe zur Klemmenbezeichnung angegeben.

3.3.3.9 Informationen zum Schaltplan

Arten von Schaltplänen

Bei der großen Anzahl der vorhandenen Systeme muss sich der Fachmann die benötigten Informationen zur Problemlösung aus den Unterlagen der Hersteller beschaffen, insbesondere bei der Fehlersuche.

Der Schaltplan ist bei der Fehlersuche die Hauptinformationsquelle.

Man erkennt die Zusammenhänge der eingebauten elektrischen Bauteile.

Es gibt verschiedene Schaltpläne:
- Übersichtsschaltplan
- Anschlussplan
- Stromlaufplan
- Stromlaufplan in aufgelöster Darstellung

Der **Übersichtsschaltplan** ist die vereinfachte Darstellung einer Schaltung, wobei nur die wesentlichen Teile berücksichtigt werden. Die Geräte werden durch Quadrate, Rechtecke oder Kreise mit eingezeichneten Kennzeichen dargestellt und mit ihrer Kennzeichnung beschriftet, ➔ **1**. Zweck dieser Darstellung ist die schnelle Übersicht.

Der **Anschlussplan** zeigt die Anschlussstellen elektrischer Geräte und die daran angeschlossenen Leitungen. Als Anschlussstellen dienen Kreise, Punkt, Steckverbindung oder einfach die herangeführte Leitung. Anschlussstellen werden mit den am Gerät vorhandenen Klemmenbezeichnungen beschriftet. Die einzelnen Geräte sind durch Quadrate, Rechtecke, Kreise, Schaltzeichen oder bildlich dargestellt und mit ihrer Kennzeichnung bestimmt, ➔ **2**. Zweck dieser Darstellung ist der Anschluss von elektrischen Geräten und Bauteilen.

Der **Stromlaufplan** ist die ausführliche Darstellung einer elektrischen Schaltung mit allen Einzelheiten und wird daher von den meisten Herstellern verwendet. Er zeigt durch die übersichtliche Darstellung der einzelnen Stromwege die Wirkungsweise einer elektrischen Anlage oder eines Gerätes, ➔ **3**. Der Stromlaufplan muss die Schaltung, Gerätekennzeichnung und Anschlussbezeichnung enthalten. Die Geräte werden meist mit ihrer Innenschaltung dargestellt, um Prüfung, Fehlersuche, Wartung und Austausch leichter zu ermöglichen. Zweck dieser Darstellung ist die erleichterte Reparatur.

Der **Stromlaufplan in aufgelöster Darstellung** ist die ausführliche Darstellung einer Schaltung mit allen Einzelheiten, ➔ **162.1**. Zum Auffinden von Schaltungs-teilen dient die am oberen Rand des Planes angegebene Abschnittskennzeichnung.

Sie bezeichnet definierte Bereiche (z. B. Zündung – Abschnitt 3) innerhalb der Stromlaufpläne, in denen eine bestimmte Anlage untergebracht ist. Die Kennzeichnung von elektrischen Geräten besteht aus einer Folge von Buchstaben und Zahlen (z. B. T1 bedeutet Zündspule).

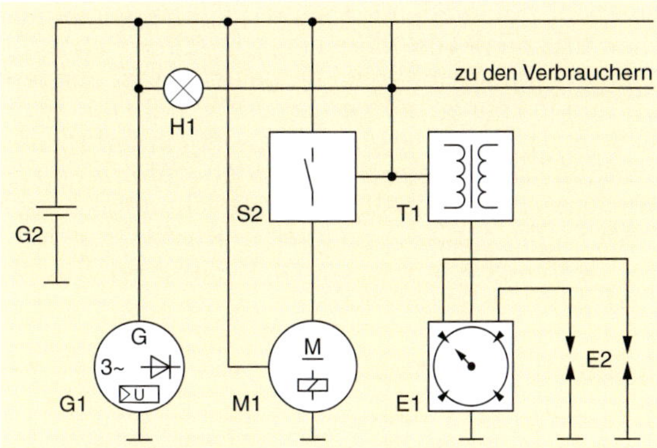

1 Übersichtsschaltplan

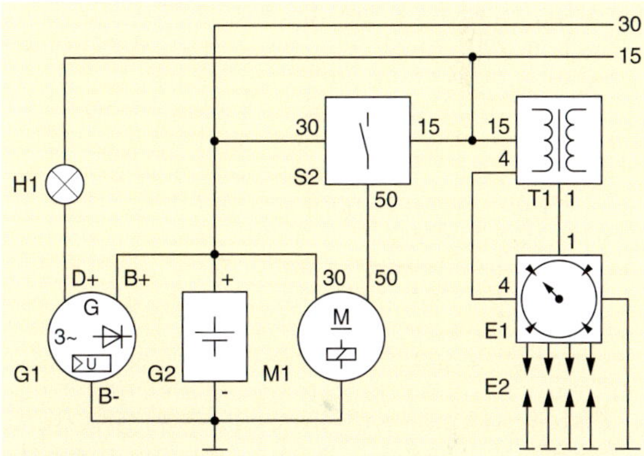

2 Anschlussplan

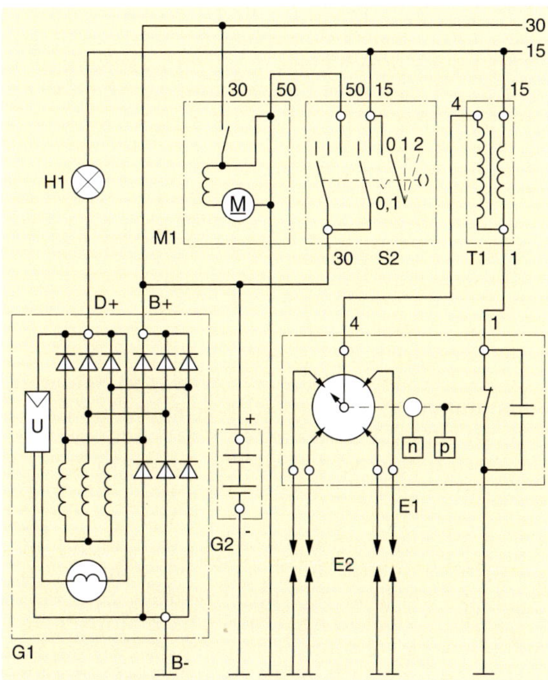

3 Stromlaufplan

Sie dient zum eindeutigen, international verständlichen Erkennen von Bauteilen, die durch Schaltzeichen in einem Schaltplan dargestellt sind. Längere Leitungen können zur Verbesserung der Übersichtlichkeit als Strichlinie gezeichnet oder unterbrochen werden. Als Kennung zusammen gehöriger Abbruchstellen dienen Klemmenbezeichnungen, auch in Verbindung mit einem in einer Klammer stehenden Zielhinweis (z. B. Klemme 15a liegt am Starter, ausgeführt im Abschnitt 2).

Lesen eines Schaltplans

Systematisches Vorgehen:

1. Beginnen Sie das Lesen eines Schaltplans stets bei der Spannungsquelle. Benützen Sie als Hilfsmittel verschiedene Farbstifte zum Einzeichnen der verschiedenen Stromlaufpfade.
2. Verfolgen Sie von der Klemme 30 (Starterbatterie) alle Leitungen des Stromkreises, die zu einem Schalter oder Bauteil mit der gleichen Klemmenbezeichnung führen (Farbvorschlag = Rot).
3. Die verschiedenen Schalter, Bauteile oder Relais verzweigen an ihren Ausgängen mit ihrem weiteren Stromverlauf zu dem von Ihnen zu prüfenden elektrischen Bauteil. Verfolgen Sie nun die einzelnen Stromwege bis hin zu dem elektrischen Verbraucher, der mit Strom versorgt werden soll. Achten Sie dabei auf die verschiedenen Schalterstellungen, die jeweils eine andere Funktion ausführen. Notieren Sie sich alle Schalter und Bauteile, die mit von Klemme 30 versorgt werden. Erstellen Sie dazu eine eigene Legende, in der die Bauteile und die von Ihnen verwendeten Farben eingetragen werden.
4. Verschiedene Bauteile werden mit der Klemme 15 (geschaltetes Plus) mit Strom versorgt. Das bedeutet, dass dieser Schalter erst mit Betätigen des Zündstartschalters mit Strom versorgt wird. Zeichnen Sie diese Stromlaufpfade mit einer anderen Farbe ein (Farbvorschlag = grün). Notieren Sie sich alle Bauteile, die erst mit eingeschalteter Zündung in Funktion treten.
5. Nach den Verbrauchern benötigen wir eine Rückleitung über die Karosserie oder über eine Rückleitung an Batterie Minus Direkt. Zeichnen Sie die Rückleitung oder Masseverbindung zur Karosserie mit einer gut erkennbaren Farbe ein (Farbvorschlag = gelb).
6. Bei komplizierten oder sehr umfangreichen Schaltungen sollten ab den verschiedenen Schaltern, Bauteilen oder Relais zur besseren Unterscheidung verschiedene Farben verwendet werden. Tragen Sie diese zur späteren Auswertung in der von Ihnen erstellten Legende mit der Bauteilbezeichnung ein.
7. Wurde diese Vorgehensweise von Ihnen berücksichtigt und ausgeführt, sind auch sehr umfangreiche Schaltpläne in ihrem Aufbau und deren Funktion leicht zu lesen. Bei einem auftretenden Fehler in der elektrischen Anlage ist die mögliche Ursache somit schnell eingekreist, gefunden und behoben.

3

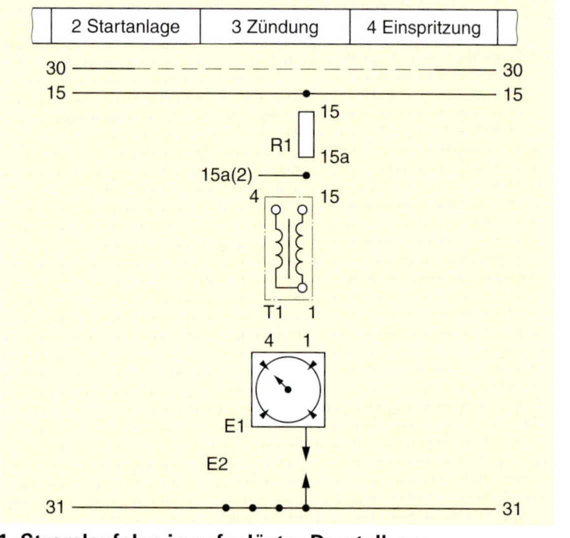

1 Stromlaufplan in aufgelöster Darstellung

Leiterquerschnitt in mm^2	Max. Dauerstrombelastung in A
1	10
1,5	20
2,5	25
4	35
6	50
10	65
16	85
25	120
35	160
50	200
70	250
95	300

2 Maximale Dauerstrombelastung von Kupferleitungen

Hinweis:
Am Anfang empfiehlt sich, die oben beschriebene Vorgehensweise an nur einem elektrischen Verbraucher zu üben. Hier eignet sich zum Beispiel das Bremslicht oder die Standlichtanlage.

3.3.3.10 Informationen zu Leitungen

Das Bordnetz eines Kraftfahrzeuges ist in den heutigen Fahrzeugen als Einleitersystem ausgeführt.

Der Elektronenfluss im Leitungssystem führt zu einer Temperaturerhöhung des elektrischen Leiters durch Reibungswärme.

Die Erwärmung des Leiters hängt vom Verhältnis der Stromstärke zum Leiterquerschnitt ab. Der Leiterquerschnitt wird anhand der höchstzulässigen Stromdichte bestimmt. Die maximale Dauerstrombelastung darf nicht überschritten werden. Die Abhängigkeit von Dauerstrombelastung und Leiterquerschnitt zeigt ➔ **2**.

3.3.3.11 Informationen über Spannungsverlust

Durch den Leiterwiderstand geht auch ein Teil der elektrischen Energie für den Verbraucher verloren. Die Differenz zwischen der Batteriespannung und der am Verbraucher anliegenden Spannung ergibt den **Spannungsfall** U_v.
Bei zu hohem Spannungsfall ist die ordnungsgemäße Funktion der nachgeschalteten Verbraucher nicht mehr gewährleistet. Dies ist insbesondere bei Steuergeräten in der Elektronik kritisch und kann zu Fehlfunktionen führen. Bei der Dimensionierung des Leiterquerschnitts muss der maximal zulässige Spannungsfall für die jeweiligen Verbraucherleitungen berücksichtigt werden, siehe ➔ **1**.

Der Spannungsfall kann gemessen werden nach zwei Messmethoden:
- Messmethode 1
- Messmethode 2

Messmethode 1 zum Messen des Spannungsfalls

Um den Spannungsfall exakt bestimmen zu können, wird ein Spannungsmesser benötigt. Dieser wird parallel zur Spannungsquelle und/oder zum Verbraucher betrieben.

Vorgehen:
- Nachdem das Messgerät zur Spannungsmessung vorbereitet ist, wird zuerst die Batteriespannung unbelastet gemessen. Dies bedeutet, dass keine Verbraucher eingeschaltet sind. Eine erste Aussage über den Ladezustand der Starterbatterie kann ermittelt werden.
- Dann wird der zu messende Verbraucher eingeschaltet. Da hierbei die Spannung etwas absinkt, soll bis zur nächsten Messung kurz gewartet werden.
- Nun wird die Batteriespannung belastet U_b geprüft und der Wert festgehalten.
- Danach wird die Spannung am Verbraucher geprüft und ebenfalls notiert.

Die Differenz zwischen U_b und der gemessenen Spannung am Verbraucher ist der Spannungsfall.

Beispiel:

Spannung Batterie unbelastet	12,8 V
Spannung Batterie belastet	12,2 V
Spannung Verbraucher	11,8 V
Spannungsfall	= 0,4 V

Merke:
In die Rechnung darf der Spannungsfall zwischen Batterie unbelastet und Batterie belastet nicht mit eingerechnet werden. Dies würde das Ergebnis verfälschen.

Leitung	Zulässiger Spannungsfall in V
Lichtleitung - Leistung ≤ 15 W: - Leistung ≥ 15 W:	 0,1 0,5
Scheinwerferleitung	0,5
Ladeleitung	0,4
Steuerleitung	0,5
Starterleitung	0,5

1 Zulässiger Spannungsfall U_v in Kupferleitungen bei 12 V Betriebsspannung

Hinweis:
Bei notwendigen sehr exakten Messungen zum Spannungsfall ist es ratsam, an die Spannungsquelle (Starterbatterie) ein geregeltes Ladegerät anzuschließen, da die Batteriespannung im Laufe der Messung naturgemäß abnimmt und somit ebenfalls das Messergebnis verfälscht.

Messmethode 2 zum Messen des Spannungsfalls

Bei Messmethode 1 müssen die Werte notiert und miteinander verrechnet werden. Um ein sehr genaues und Zeit sparendes Messergebnis zu erhalten, kann man sich die Eigenart des Messgerätes zu Nutzen machen und den Spannungsfall direkt am Gerät ablesen.

Vorgehen:
- Eine Messleitung wird an der Spannungsquelle direkt an PLUS angeschlossen. Die andere Messleitung wird an das PLUS des Verbrauchers gehalten.
- Nun zeigt das Messgerät den Spannungsfall direkt in Volt PLUSSEITIG an. Hierbei wurde die gesamte Plusleitung von der Spannungsquelle bis zum Verbraucher geprüft.
- Schließt man nun eine Messleitung an MINUS der Spannungsquelle und an das MINUS des Verbrauchers, wird der Spannungsabfall MINUSSEITIG angezeigt.
- Beide zusammen ergeben den gesamten Spannungsfall zum Verbraucher.

Die Vorteile dieser Messung:
- Es kann geprüft werden, ob es PLUSSEITIG oder MINUSSEITIG zum Spannungsfall kommt.
- Der Ort, also die Ursache, kann sehr schnell gefunden werden.
- Während man bei der Messmethode 1 nur sagen kann, dass ein Spannungsfall vorliegt, kann man mit der Messmethode 2 sehr schnell das „WO“ bestimmen.

3

Dazu geht man wie folgt vor.

- Zunächst wird die Messung wie oben beschrieben durchgeführt. Also PLUS an der Spannungsquelle und PLUS am Verbraucher.
- Wird der zulässige Spannungswert überschritten, tastet man sich vor, beginnend von der Spannungsquelle bis zum Verbraucher.
- Da der Wert des Spannungsfalls immer angezeigt wird, sieht man sofort, wo genau der größte Wert angezeigt wird und die Ursache dafür behoben werden muss.

3.3.3.12 Informationen über Sicherungen im Kraftfahrzeug

Die Sicherungen im Kraftfahrzeug schützen das Leitungsnetz vor unzulässig hoher Erwärmung und somit vor einem möglichen Kabelbrand. Ein Kabelbrand kann bei einem modernen Fahrzeug durchaus zu einem wirtschaftlichen Totalschaden führen.

Es werden meist Schmelzsicherungen verwendet. Sie bestehen aus einem Draht, der durch die Erwärmung bei zu großen Strömen schmilzt, ➔ **1**.

Die gebräuchlichste Leitungsschutzsicherung ist die Flachstecksicherung. Der Schmelzdraht ist in einem Kunststoffkopf eingelassen.

Die Nennströme für die jeweiligen Sicherungen werden auf den Sicherungen genannt oder durch eine Farbcodierung angegeben. Die gebräuchlichste Art ist eine Kombination aus Nennung und Farbcodierung, ➔ **2**.

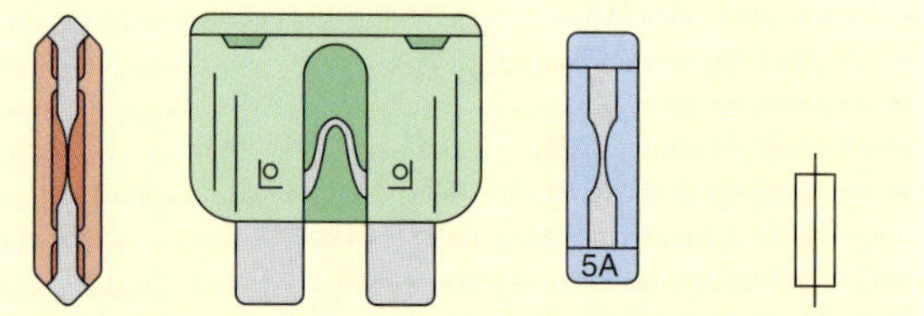

1 Schmelzsicherungen

Nennstrom in A	Kennfarbe
3	violett
4	rosa
5	hellbraun
7,5	braun
10	rot
15	hellblau
20	gelb
25	weiß

2 Sicherungen für Bordnetz und Geräte im Fahrzeug

3.3.4 Arbeitsplanung und Arbeitsauftrag durchführen

3.3.4.1 Arbeitsplanung

Nachdem der Lehrling sich allseitig informiert hat, muss er seine Arbeit planen. Er erstellt einen Arbeitsplan, wie er vorgeht, um die Anhängerbeleuchtung zu prüfen, ➔ **165.1**.

Die Arbeitsschritte der Arbeitsplanung werden zusammengefasst in:

- Anhängersteckdose am Zugfahrzeug prüfen, Kap. 3.3.4.2
- Sichtprüfung des Anhängersteckers und der elektrischen Verbindungen am Anhänger, Kap. 3.3.4.3
- Sichtprüfung des Verteilerkastens, Kap. 3.3.4.4
- Prüfung der Leuchteinheiten, Kap. 3.3.4.5
- Verkabelung am Anhänger prüfen, Kap. 3.3.4.6
- Komponenten des elektrischen Stromkreises überprüfen, Kap. 3.3.4.7

3.3.4.2 Anhängersteckdose am Zugfahrzeug prüfen

In unserem Fall hat der Kunde an seinem Zugfahrzeug eine 13-polige Anhängersteckdose montiert. Diese muss nun auf ihre ordnungsgemäße Funktion geprüft werden.

Die Anhängersteckdose kann geprüft werden

- mit der Prüflampe,
- mit einem Prüfgerät.

Prüfung mit der Prüflampe

Bei der Prüfung mit der Prüflampe kann wie folgt verfahren werden:

- Am Fahrzeug wird das Standlicht (Klemme 58) ohne Zündung eingeschaltet.
- Mithilfe einer Prüflampe mit Glühlampeneinsatz wird nun der Stecker, Anschluss 5 und 7 gegen Masse geprüft. Die Prüflampe muss nun ständig auf dem jeweiligen Anschluss hell aufleuchten.
- Als Nächstes wird die Warnblinkanlage am Fahrzeug eingeschaltet. Die Prüflampe leuchtet an den Anschlüssen 1 und 4 im Takt der Warnblinkanlage hell auf.
- Über den Anschluss 9 wird geprüft, ob die Anhängersteckdose des Fahrzeuges mit Dauerstrom versorgt, also angeschlossen ist. Die Prüflampe leuchtet ohne Betätigen eines Schalters ständig auf.
- Nun wird die Zündung am Zugfahrzeug eingeschaltet.
- Der Lichtschalter wird jetzt vom Standlicht auf Abblendlicht geschaltet und die Nebelschlussleuchte dazu geschalten. Die Prüflampe muss nun am Anschluss 2 hell aufleuchten.
- Durch das Einlegen des Rückwärtsgangs muss die Prüflampe am Anschluss 8 aufleuchten.
- Als Nächstes wird durch einen zusätzlichen Kollegen die Bremse betätigt. Die Prüflampe leuchtet an dem Anschluss 6 bei Funktion auf.

3

ARBEITSPLANUNG							Datum 02.10.05
Autrags- Nr.		Zeichnungs- Nr. 2				Benennung Prüfen und Instandsetzen einer Anhängerbeleuchtung	Mitarbeiter
ARBEITSSCHRITT							
lfd. Nr.	Vorbe-reitung	Durch-führung	Fehlerhaftes Bauteil lokalisieren	Repa-ratur	Arbeitsschritt	Betriebsmittel Werkzeug Werkzeugmaschine	Bemerkungen Prüfmittel Einstellwerte
1	x				Starterbatterie vollständig laden	Batterieladegerät	Herstellervorschrift beachten
2	x				Messgerät vorbereiten	Spannungsprüfer	Messleitungsverlängerungen für Spannungsverlustprüfung vorbereiten
3	x				Werkzeuge für Leitungs-reparatur bereitlegen	Abisolierzange, Schrauben-dreher, Quetschzange für Flachstecker / Aderendhülsen / Schrumpfschlauch / Rundhülsen	
4		x			Anhängersteckdose am Zugfahrzeug prüfen	Prüflampe, Spannungsprüfer oder Prüfgerät	U = Batteriespannung
5		x			Sichtprüfung Anhänger-stecker	Schraubendreher	Oxidation, Scheuerstellen
6		x			Sichtprüfung Verteiler-kasten	Schraubendreher	Oxidation, Scheuerstellen
7		x			Sichtprüfung Leuchtein-heiten	Schraubendreher	Oxidation, Scheuerstellen
8			x		Verkabelung Anhänger prüfen		Scheuerstellen, Schnittstellen
9			x		Spannungsverlustprüfung durchführen	Spannungsprüfer	Messmethode 1 / 2 Ladegerät
10				x	Wenn Fehler bei Punkt 4 Sicherung prüfen	Sicherungen / Ohmmeter	Sichtprüfung / Durchgangs-prüfung
11				x	Wenn Fehler bei Punkt 5, 6,7 Endverbinder erneuern	Werkzeuge siehe Punkt 3	
12				x	Wenn Fehler bei Punkt 9 Leitung / Endverbinder instandsetzen	Werkzeug siehe Punkt 3	

1 Arbeitsplan

3

- Danach wird jeweils die Fahrtrichtungsanzeige links Anschluss 1 und die Fahrtrichtungsanzeige rechts Anschluss 4 am Fahrzeug betätigt. Die Prüflampe leuchtet im jeweiligen Rhythmus der Blinkanlage ebenfalls hell auf.
- Die angeschlossene Masse an der Anhängersteckdose kann ebenfalls geprüft werden, indem die Prüflampe vom Anschluss 9 gegen den Anschluss 3 und 13 angeschlossen wird.

In beiden Fällen muss die Prüflampe hell aufleuchten. Voraussetzung dafür ist, dass bei der vorangegangenen Prüfung (Prüflampe gegen Masse und Anschluss 9) die Prüflampe aufgeleuchtet hat.

Bei manchen Fahrzeugherstellern ist der Anschluss 9 nicht automatisch angeschlossen. Leuchtet die Prüflampe nicht auf, bedeutet das somit nicht unbedingt einen Defekt. Aufschluss hierüber bietet letztendlich der Schaltplan des Zugfahrzeugs.

Hinweis:
Die Prüflampe mit Glühlampeneinsatz niemals in der Elektronik des Bordnetzes verwenden.

Dies kann zu Beschädigungen, insbesondere der Steuergeräte, führen. Hierfür dürfen nur Prüflampen mit Diodenanzeige verwendet werden.

Prüfung mit einem Prüfgerät

Das Beobachten der Prüflampe bei den jeweiligen Prüfungen ist lediglich eine subjektive Prüfung, da das helle Aufleuchten von verschiedenen Personen unterschiedlich wahrgenommen werden kann. Deshalb können auch Prüfgeräte verwendet werden.

Prüfgeräte zum Prüfen der Anhängerbeleuchtung sind:
- Spannungsprüfer
- Stecker

3

Die Prüfung mit einem **Spannungsprüfer** (Multimeter) wird in der gleichen Reihenfolge vorgenommen wie bei der Prüfung mit Prüflampe. Hierbei kann zusätzlich die exakte Spannung an den jeweiligen Anschlüssen abgelesen werden. Die abgelesene Spannung sollte nicht wesentlich von der Batteriespannung bei stehendem Motor abweichen.

Lediglich bei den Anschlüssen 1 und 4 kann der Spannungswert nicht abgelesen werden, da ein übliches Multimeter das schnelle Wechseln zwischen EIN und AUS nicht anzeigen kann.

Ein weiteres Prüfgerät ist ein spezieller **Stecker**, der in die Steckdose gesteckt wird. Die Funktionen werden durch Leuchtdioden angezeigt. Eine verlässliche Aussage über die Qualität des Anschlusses (Spannungsfall) kann jedoch nicht getroffen werden.

3.3.4.3 Sichtprüfung des Anhängersteckers und der elektrischen Verbindungen am Anhänger

Bei der Auftragsannahme gab der Kunde an, dass der Anhänger sehr stark beansprucht und von verschiedenen Personen benutzt wurde. Deshalb ist es sinnvoll, vor der elektrischen Prüfung der Anhängerverkabelung, eine Sichtprüfung durchzuführen.

Sichtprüfung des Anhängersteckers

Der Anhängerstecker ist das wohl am meisten beanspruchte Bauteil in der Elektrik des Anhängers.

Beansprucht wird der Anhängerstecker durch:
- mechanische Kräfte
- Witterungseinflüsse

Hier wirken **mechanische Kräfte** ein auf die elektrische Verbindung durch das Ein- und Ausstecken, insbesondere dann, wenn die Nutzer den Stecker nicht an der dafür vorgesehenen Stelle anfassen, sondern an der Leitung den Stecker heraus ziehen. Dadurch wird zuerst das Kabel im Ganzen aus der Zugentlastung gelöst und später die einzelnen Leitungen aus ihren Anschlüssen gerissen.

Ob dies der Fall ist, kann durch einen Blick auf die Rückseite des Steckers schnell kontrolliert werden. Meist ist in einem solchen Fall schon durch Inaugenscheinnahme erkennbar, wenn das Kabel aus der Zugentlastung gelöst ist.

Ist dies der Fall muss der Stecker auf jeden Fall geöffnet und die einzelnen Anschlüsse kontrolliert werden. Selbst wenn durch Inaugenscheinnahme die Zugentlastung nicht gelöst ist, empfiehlt es sich immer den Stecker zu öffnen.

Witterungseinflüsse sind die zweithäufigste Ursache eines Defektes am Anhängerstecker. Dies bedeutet, dass der Anhängerstecker ständig der Feuchtigkeit durch Regen und Spritzwasser ausgesetzt ist. Obwohl der Stecker im Anschlussbereich des Kabels speziell abgedichtet ist, dringt im Laufe der Zeit Wasser ein und führt durch unterschiedliche Materialien zur Oxidation der einzelnen Leitung im Bereich der Verschraubung (elektrochemische Spannungsreihe). Dies führt zu einem Spannungsverlust an den Anschlussstellen.

Sichtprüfung der elektrischen Verbindungen

Es gibt feste und lösbare Verbindungen. Wie bereits erwähnt, vermittelt bereits eine sorgfältig durchgeführte Sichtprüfung einen Aufschluss über den Zustand der zu prüfenden Kontaktstelle. Die Kontaktstelle soll möglichst niederohmig sein. Im günstigsten Fall läge der Wert bei 0,0 Ohm. Der Widerstandswert erhöht sich jedoch mit den Einsatzbedingungen und der Kontaktqualität, mehr oder weniger schnell von diesem Idealwert von 0,0 Ohm weg.

Es bilden sich Übergangswiderstände. Diese führen im Laufe der Zeit zu Funktionsstörungen bis hin zum Totalausfall der Anlage. Nicht zu unterschätzen ist die hohe Erwärmung an der Kontaktstelle. Diese kann bis hin zu einem Kabelbrand führen.

3.3.4.4 Sichtprüfung des Verteilerkastens

Wurde so der gesamte Anhängerstecker überprüft, muss nun der Verteilerkasten einer Sichtprüfung unterzogen werden. Der Verteilerkasten verteilt den elektrischen Strom, der vom Zugfahrzeug über den Anhängerstecker eine Leitung für 54 (Bremse) kommt, auf die rechte und linke Seite des Anhängers.

Der Verteilerkasten befindet sich im Regelfall an der Unterseite des Anhängers und ist somit ebenfalls sehr stark den Witterungseinflüssen ausgesetzt.

Geprüft werden beim Verteilerkasten:
- der zumeist aus Kunststoff bestehende Kasten auf äußere Beschädigungen
- seine Abdichtungen
- die Leitungen an ihren Anschlüssen auf Oxidationseinflüsse, wie bereits am Stecker geschehen

3.3.4.5 Prüfung der Leuchteinheiten

Zuletzt werden die Abdeckungen der Leuchteinheiten am Anhänger entfernt.

Dann sind zu prüfen:
- die Glühlampen
- die Anschlüsse

Prüfen der Glühlampen

Die Glühlampe kann geprüft werden:
- durch Sichtprüfung
- mit einem Widerstandsmessgerät

Bei dem vom Kunden angesprochenen Mangel (Lampe leuchtet zu schwach) ist eine defekte Glühlampe eigentlich nicht möglich, aber auch nicht auszuschließen. Dazu wird die Glühlampe aus der Halterung genommen und geprüft.
Bei der **Sichtprüfung der Glühlampe** wird festgestellt, ob der Glühfaden noch intakt ist oder ob der Glaskörper geschwärzt ist.

Besser ist die **Prüfung der Glühlampe mit einem Widerstandsmessgerät**, da der Kaltwiderstand einer Glühwendel sehr niedrig ist. Hat die Glühlampe den Wert „unendlich“, liegt eine Unterbrechung vor.

Es kommt jedoch vor, dass eine durchgeschmolzene Glühwendel aufgrund ihrer Lage gerade noch Kontakt gibt. Deshalb sollte vor der Prüfung mit dem Widerstandsmessgerät die Lampe geschüttelt werden.

Sichtprüfung der Anschlüsse zur Leuchteinheit

Danach werden die Anschlüsse auf festen Sitz und Oxidation überprüft. Ein besonderes Augenmerk ist auf die Verlegung der einzelnen Leitung zu richten. Durch falsches Verlegen kann es zu Beschädigungen kommen, z. B. durch:
- scharfkantige Metallteile der einzelnen Kammern
- zu straffes Verlegen der Leitungen

3.3.4.6 Verkabelung am Anhänger prüfen

Die Sichtprüfung an den Bauteilen wie Anhängerstecker, Verteilerkasten und Leuchteinheiten auf Oxidation und Beschädigungen, gestaltet sich bei einer genauen Sichtkontrolle sehr einfach.

Wird bei der Sichtprüfung der oben genannten Bauteile jedoch kein offensichtlicher Fehler gefunden, kann der Defekt nur noch in den elektrischen Leitungen zu suchen sein.

Dies gestaltet sich in der Praxis sehr schwierig, da nun die Kabel und Leitungen sehr genau untersucht werden müssen.

Geprüft wird die Verkabelung auf:
- äußere Beschädigungen
- Spannungsfall

Zuerst wird das Kabel **auf äußere Beschädigungen geprüft** wie abgeknickte Stellen oder Scheuerstellen. Insbesondere auf kleine Einschnitte, die durch äußere Einwirkungen oder Fehler bei der Montage zurückzuführen sind, ist zu achten. Liegt ein solcher Einschnitt vor, gerät Feuchtigkeit an die elektrische Leitung und führt im Laufe der Zeit zur Oxidation und somit zu einem Spannungsfall. Dies würde den beschriebenen Fehler des Kunden erklären. In der Praxis ist ein solcher Fehler nur sehr schwer zu finden, da die Oxidation unter der Isolierung der Leitung stattfindet.

Die **Prüfung des Spannungsfalls** erfolgt, wenn ein Fehler in der elektrischen Leitung vermutet wird und dieser durch eine reine Sichtprüfung nicht bestätigt werden kann. Dann müssen die einzelnen Leitungen auf einen Spannungsfall kontrolliert werden. Diese Prüfung ist in ihrer Aussage über den Spannungsfall exakt und der Ort der Beschädigung kann durch systematisches Vorgehen schnell und zuverlässig eingekreist und somit behoben werden, vgl. Kap. 3.3.4.7.

3.3.4.7 Komponenten des elektrischen Stromkreises überprüfen

Die Fehler, die bei Spannungsquellen, Leitungen, Verbindungsstellen und Verbrauchern auftreten, wie zum Beispiel Übergangswiderstände, wiederholen sich immer wieder. So ist es in den Werkstätten nahe liegend, dass die Fehler mit universellen Prüfgeräten gesucht und eingegrenzt werden.

Diese bergen jedoch die große Gefahr von falschen Prüfergebnissen, da die Prüfgeräte meist nur mit einer geringen Spannung bzw. mit einer geringen Stromstärke arbeiten.

Beispiel:
In unserem Fall leuchtet am Anhänger die rechte Glühlampe für die Fahrtrichtungsanzeige nicht auf. Am Zugfahrzeug funktioniert die Fahrtrichtungsanzeige ordnungsgemäß. Eine Sichtkontrolle sämtlicher elektrischer Verbindungen zur Rückleuchte zeigt auch keinen augenscheinlichen Fehler. Die Glühlampe selbst ist ebenfalls in Ordnung. Die Masseverbindung der Rückleuchte ist ebenfalls in Ordnung.

Der Lehrling prüft nun mit einer Prüflampe (Diodenprüflampe), ob am Verbraucher tatsächlich Spannung anliegt. Diese leuchtet im Takt der Fahrtrichtungsanzeige auf. Nach den Prüfergebnissen müsste die Glühlampe auf jeden Fall aufleuchten.

Der Fehler liegt in der Auswahl des Prüfgerätes.

Prüfgeräte können nur eindeutige Fehler feststellen, wenn sie
- mit einer kleinen Batterie als Prüf-Spannungsquelle arbeiten oder
- schon bei sehr geringen Spannungen und Strömen per LED eine ordnungsgemäße Funktion scheinbar anzeigen.

Eindeutige Fehler sind zum Beispiel vollständige Unterbrechungen oder eindeutige Kurzschlüsse.

3

Dies bedeutet:
Entsprechen die Stromstärken und Spannungen der Prüfeinrichtung nicht genau den üblichen Betriebsbedingungen, die für das zu prüfende Bauteil gilt, können Fehldiagnosen gestellt werden.

In unserem Fall ist die Zuleitung zur Glühlampe der rechten Fahrtrichtungsanzeige abgequetscht worden.

Anstatt eines Kabelquerschnitts von 1,5 mm^2 sind lediglich noch eine geringe Anzahl von Litzen vorhanden. Diese reichen aus, um die Diode der Prüflampe aufleuchten zu lassen, aber nicht die eigentliche Glühlampe 12 V 21 W.

Eine Prüfung des Spannungsfalls hätte hier ein eindeutiges Prüfergebnis gebracht, da die elektrische Leitung unter realen Bedingungen gemessen wird.

3.3.5 Qualitätssicherung

3.3.5.1 Abnahme der Arbeiten

Zum Abschluss der Arbeiten muss bei der Abnahme geprüft werden, ob die erforderlich gewordenen Arbeiten ordnungsgemäß durchgeführt und dokumentiert wurden. Dazu wird folgendermaßen vorgegangen:
- Wurden alle Punkte gemäss des Arbeitsplans eingehalten und abgearbeitet?
- Wurden alle Prüfungsergebnisse ordnungsgemäß dokumentiert?
- Wurden alle Ersatzteile bzw. Betriebsmittel festgehalten?
- Sind die angefallenen Reststoffe ordnungsgemäß entsorgt?
- Welche Informationen müssen an den Kunden weitergegeben werden?
- Wurden weitere Mängel am Fahrzeug festgestellt?

3.3.5.2 Prüfergebnisse dokumentieren

Angelegt an den Arbeitsplan, müssen die Prüfpunkte, die Prüfergebnisse und die notwendigen Instandsetzungsschritte für den Nachweis zur Rechnungserstellung und für den Kunden dokumentiert werden, Bild ➔ **169.1**.

3.3.6 Fahrzeug an den Kunden übergeben

Bei der Übergabe des Fahrzeugs an den Kunden wird eine Durchschrift der Arbeitsdokumentation mit übergeben, vgl. Kap. 3.3.5.2. Anhand der Dokumentation und der Messergebnisse ist für den Kunden eindeutig zu erkennen, welche Arbeiten notwendig und durchgeführt wurden. Dies schafft Vertrauen beim Kunden und ist ein wesentlicher Bestandteil der Qualitätssicherung.

Weitere Informationen zur Qualitätssicherung finden Sie in Kap. 0.3.4.4.4.

Arbeitsdokumentation			**Datum:**
Autrags- Nr.:	**Auftrag:** Prüfen und Instandsetzen der Anhängerbeleuchtung		**Mitarbeiter:**
Nr.	**Arbeitsschritt**	**Zeit**	**Material/Bemerkungen**
1	Starterbatterie vollständig geladen		
2	Anhängersteckdose Zugfahrzeug geprüft		kein Mangel
3	Sichtprüfung Anhängerstecker durchgeführt		Zugentlastung sowie Anschluss 58R und 58L ausgerissen
4	Sichtprüfung Verteilerkasten durchgeführt		Flachsteckhülsen für Anschluss 54 oxidiert
5	Sichtprüfung Leuchteinheiten durchgeführt		Zuleitung zu Anschluss R beschädigt
6	Gesamte Verkabelung Anhänger geprüft		
7	Prüfung des Spannungsfalls Anhänger durchgeführt		Spannungsverlust = 2,8 V Anschluss 54
8	Komponenten des Stromkreises überprüfen		
Nr.	**Instandsetzungsschritte**		
zu 5	Elektrische Zuleitung zu Blinkleuchte rechts im Gehäuse instand gesetzt		
zu 3	Zugenlastung neu installiert / Anschluss 58 R und 58 L wieder angeschlossen, Ader-Endhülse erneuert		Ader-Endhülsen
zu 4	Flachstecker Anschluss 54 Verteilerkasten Ausgang erneuert		Flachstecker
zu 7	siehe zu 4.: Flachstecker erneuert		nach der Instandsetzung: Spannungsverlust = 0,2 V
Hinweise für den Kunden (weitere Mängel / Hauptuntersuchung Kundendienst)			
Unterschrift:		**Datum:**	

1 Arbeitsplan

3

Übungen

Kap. 3.1

1. Welche Spannungen haben elektrische Anlagen bei Kraftfahrzeugen?
2. Welche Aufgaben hat die Starterbatterie?
3. Weshalb werden bevorzugt Bleibatterien verwendet?
4. Welche Energieumwandlung spielt sich beim Ladevorgang ab?
5. Beschreiben Sie den Aufbau der Bleiplatten einer Starterbatterie?
6. Woraus besteht die aktive Masse einer entladenen Batterie?
7. Welche Eigenschaften sollen Separatoren haben?
8. Womit ist die Bleibatterie gefüllt?
9. Nennen Sie die wichtigsten Kennwerte einer Starterbatterie?
10. Was genau versteht man unter der Nennspannung einer Starterbatterie?
11. Was versteht man unter der Kapazität einer Starterbatterie?
12. Wovon ist die Kapazität einer Starterbatterie abhängig?
13. Erklären Sie den Begriff Nennkapazität einer Starterbatterie.
14. Erklären Sie den Begriff Kälteprüfstrom.
15. Was versteht man unter der Gasungsspannung einer Starterbatterie?
16. Nennen Sie die Unfallgefahren beim Laden einer Starterbatterie?
17. Mit welchen Geräten kann eine Starterbatterie auf ihre Ladung geprüft werden?
18. Welche Vorteile hat eine wartungsfreie Starterbatterie?
19. Welche Leitung ist beim Einbau zuerst anzuschließen?
20. Warum ist die Reigenfolge beim Anschließen unbedingt einzuhalten?

Kap. 3.2

1. Welche Aufgaben hat ein Drehstromgenerator im Kraftfahrzeug?
2. Welche Eigenschaften hat ein moderner Drehstromgenerator?
3. Welche Arten von Generatoren unterscheidet man grundsätzlich?
4. Aus welchen Bauteilen besteht ein Generator?
5. Nennen Sie die drei Stromkreise bei Drehstromgeneratoren?
6. Erklären Sie die Wirkungsweise des Drehstromgenerators?
7. Weshalb benötigt ein Drehstromgenerator einen Vorerregerstromkreis?
8. Wie wird der erzeugte Wechselstrom gleichgerichtet?
9. Welche Eigenschaften haben moderne Drehstromgeneratoren?
10. Von welchen Faktoren ist die erzeugte Spannung eines Drehstromgenerators abhängig?
11. m Drehstromgenerator ist ein Regler eingebaut. Welche Aufgaben hat dieser?
12. Welche Generator-Regler werden hauptsächlich verwendet?
13. Aus welchen Bauteilen besteht ein Drehstromgenerator?
14. Ab der gehobenen Mittelklasse können flüssigkeitsgekühlte Generatoren eingebaut sein. Welche Vorteile hat ein solcher Generator gegenüber dem luftgekühlten Generator?
15. Welchen Vorteil haben Compact-Generatoren gegenüber denen der Topfbauweise?

Kap. 3.3

1. Welche Aufgaben hat die Beleuchtungsanlage?
2. Welche Arten von Leuchtmittel sind zwingend vorgeschrieben bzw. zugelassen?
3. Nennen Sie die Aufgaben der Scheinwerfer?
4. Welche Arten von Scheinwerfer werden unterschieden?
5. Aus welchen Bauteilen setzt sich ein Scheinwerfer zusammen?
6. Welche Funktion hat der Reflektor?
7. Was ist unter der Hell-Dunkel-Grenze bei einem Scheinwerfer zu verstehen?
8. Erklären Sie den Begriff asymmetrisches Abblendlicht!
9. Mit welchem Gas sind normale Glühlampen gefüllt?
10. Was versteht man unter Halogen-Glühlampen?
11. Welche Eigenschaften haben Halogen-Glühlampen gegenüber der normalen Glühlampe?
12. Welche Bauarten von Halogen-Glühlampen unterscheidet man?
13. Erklären Sie den Aufbau einer Xenon-Gasentladungslampe.
14. Welche wesentlichen Vorteile hat eine Gasentladungslampe gegenüber der Halogenlampe?
15. Welche Aufgabe haben Leuchtweitenregler in den Fahrzeugen?
16. Welche Aufgaben haben Signalanlagen?
17. Nennen Sie die Arten der Signalanlagen.
18. Aus welchen Bauteilen besteht die Blinkanlage?
19. Woran erkennt der Fahrer den Ausfall einer Blinkleuchte?
20. Welche Vorschriften gibt es bezüglich der Parkleuchten?

4 Prüfen und Instandsetzen von Steuerungs- und Regelungssystemen

Ziele und Inhalte des Lernfeldes

Ziele:

- Prüfung und Instandsetzung von Steuerungs- und Regelungssystemen an Hand von Arbeitsaufträgen und Fehlerbeschreibungen planen
- Informationen und Unterlagen über betriebliche Systeme beschaffen
- Kenntnisse von Mitarbeitern und Vorgesetzten nutzen
- Steuerungen und Regelungen unterscheiden
- fahrzeugtypische Bauteile und Baugruppen pneumatischen, hydraulischen oder elektrisch/elektronischen Systemen zuordnen
- Funktionszusammenhänge untersuchen
- Signal-, Stoff- und Energieflüsse prüfen und messen
- Vorschriften und Regelwerke zur systematischen Fehlersuche verwenden
- Strategien zur Problemlösung entwickeln
- fremdsprachliche Fachbegriffe verwenden
- steuerungs- und regelungstechnische Bauteile montieren
- Funktion eines Steuerungs-/Regelungssystems kontrollieren und Prüf- und Messergebnisse dokumentieren
- Prüf- und Messergebnisse mit errechneten Größen sowie Herstellervorgaben vergleichen
- Normen und Richtlinien zur Sicherung der Produktqualität beachten

Inhalte:

- Reparaturleitfäden, Funktionsschemata, Fehlersuchpläne
- Steuerkette, Regelkreis
- Sensoren, Aktoren, EVA-Prinzip
- steuerungs- und regelungstechnische Größen
- Grundschaltungen der Steuerungs- und Regelungstechnik
- Symbole, logische Verknüpfungen
- Arbeitssicherheit und Unfallverhütung bei hohen Drücken
- Entsorgung von Betriebsstoffen

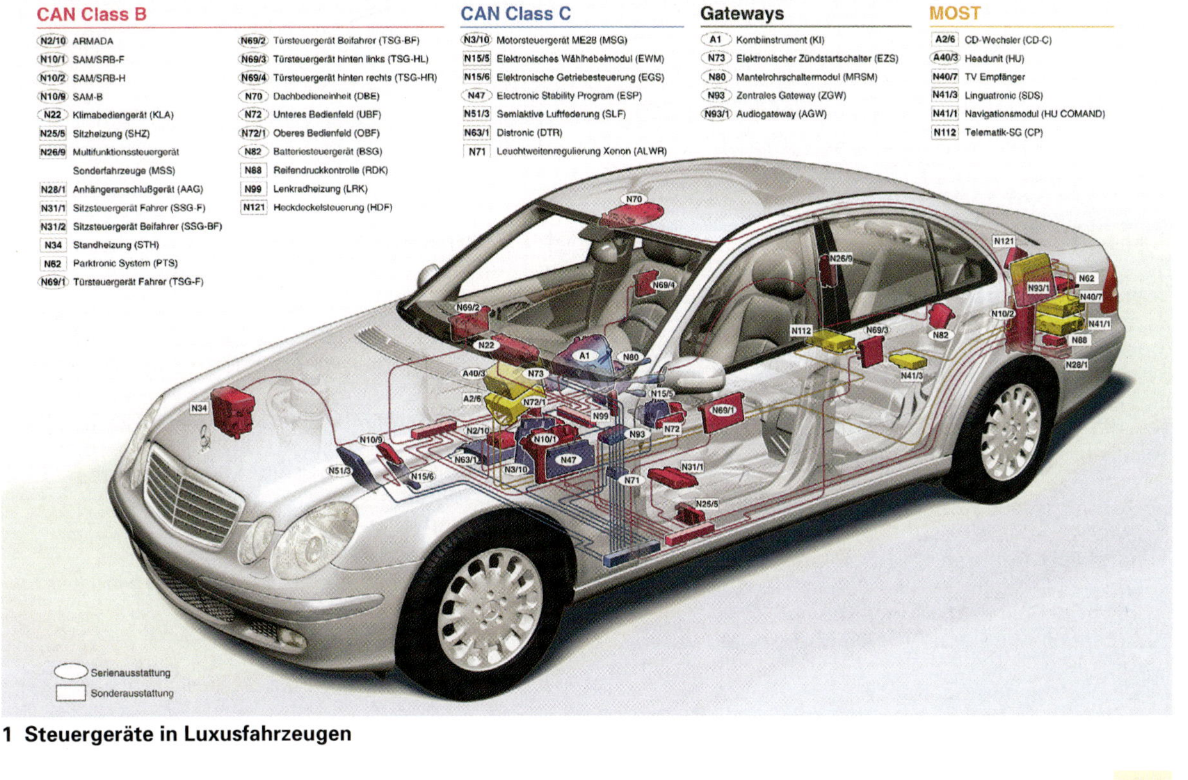

1 Steuergeräte in Luxusfahrzeugen

4

Der Anteil an gesteuerten und geregelten Funktionen wächst ständig.
Grund: technische und wirtschaftliche Vorteile von Steuerungen und Regelungen wie

- Verringerung des Schadstoffausstoßes (Lamda-Sonden-Regelung)
- verringerter Kraftstoffverbrauch
- Erhöhung der aktiven und passiven Fahrzeugsicherheit
- gesteigerter Komfort im Fahrzeug

Bereits heute werden in Luxuskraftfahrzeugen bis zu siebzig Steuergeräte eingebaut, ➔ **171.1.** Der Wertschöpfungsanteil von Regelungen und Steuerungen wird in den kommenden Jahren auf 75 % der Gesamtherstellungskosten steigen, 90 % aller Entwicklungen am und im Kfz entfallen auf die Bereiche Software, Elektrik und Elektronik.

Allerdings auch mit Nachteilen:
Speziell der zunehmende Einsatz elektrischer und elektronischer Bauteile in Kraftfahrzeugen führt zu Störungen im Gesamtsystem Kfz, vgl. Kap. 3.

Um die Fehlerquote dieser Bauteile von vornherein so gering als möglich zu halten, sind diese

- vor Inbetriebnahme zu prüfen,
- bei Beschädigungen oder Fehlfunktionen instand zu setzen,
- abschließend erneut auf ihre Funktion zu überprüfen.

Das Prüfen und Instandsetzen von Steuerungs- und Regelungssystemen wird an drei Beispielen erläutert:

- pneumatische Bustürsteuerung, Kap. 4.1
- hydraulischer Lkw-Ladekran, Kap. 4.2
- elektropneumatischen Ladehilfe für Rollstühle, Kap. 4.3

4.1 Pneumatische Bustürsteuerung prüfen und instand setzen

4.1.1 Lernsituation und Vorgehensweise

Ein Kraftomnibus mit einem Unfallschaden wird zur Reparatur in einen Karosseriebaubetrieb überstellt; der Kraftomnibus soll wieder instand gesetzt werden. Es müssen Richtarbeiten ausgeführt werden, aber es muss auch die Betätigungseinrichtung der vorderen Betriebstür instand gesetzt werden. Nach Montage und Anschluss aller Bauteile stellt sich heraus, dass sich die Tür weder durch die Fahrerbetätigung noch vom Fahrgastraum her öffnen lässt.

Aufgrund dieses Kundenauftrages ergibt sich folgende Vorgehensweise:

- Fahrzeugannahme und Schaden begutachten, Kap. 4.1.2
- Informationsbeschaffung, Kap. 4.1.3
- Arbeitsplanung und Arbeitsauftrag durchführen, Kap. 4.1.4
- Qualitätssicherung, Kap. 4.1.5
- Fahrzeug an den Kunden übergeben, Kap. 4.1.6

4.1.2 Fahrzeugannahme und Schaden begutachten

Der Unfallschaden am Kraftomnibus wird vom Meister begutachtet. Es wird ein Angebot erstellt über die Instandsetzung des Türeinstiegs und der Betätigungseinrichtung. Der Kunde ist mit dem Angebot einverstanden und erteilt den Arbeitsauftrag.

Weitere Informationen zur Fahrzeugannahme finden Sie in Kap. 0.3.2.2 und Kap. 0.3.2.3.

Der Schaden wird begutachtet durch:

- Sichtprüfung
- Vermessen
- Funktionsprüfung

Bei unserem Kraftomnibus ergab die Begutachtung des Unfallschadens:

- Die Tür ist so stark beschädigt, dass ein Austausch erforderlich ist.
- Durch den Unfall wurden die Türsäulen beschädigt, sie müssen gerichtet werden.
- Die Beschädigung der Türsäulen führte zur Beschädigung von Bauteilen der Türbetätigungseinrichtung; diese Bauteile müssen auf ihre Funktion überprüft und ggf. erneuert werden.
- Die Zuleitungen der Steuerungseinrichtung sind beschädigt und müssen erneuert werden.

Es müssen also repariert werden:

- Einstieg, ➔ **173.1a**
- Türbetätigungseinrichtung, ➔ **173.1b**

Danach erfolgt die Festlegung der erforderlichen Reparaturschritte. Die Reparatur des Einstiegs wird organisatorisch von der Reparatur der Türbetätigungseinrichtung getrennt. In diesem Teillernfeld wird die Reparatur der Türbetätigungseinrichtung beschrieben. Dafür sind Kenntnis über deren Gesamtfunktion erforderlich.

Weitere Informationen zur Fahrzeugannahme finden Sie im Kap. 0.3.1.2.

4.1.3 Informationsbeschaffung

Um den Auftrag ausführen und den Schaden beheben zu können, werden Informationen benötigt zu:

- Herstellerangaben und gesetzliche Vorschriften, Kap. 4.1.3.1
- Steuerung und Regelung, Kap. 4.1.3.2
- Beschreibung der Funktion, Kap 4.1.3.3
- Logikplan, Kap. 4.1.3.4
- Wirkmedien, Kap. 4.1.3.5
- Bauelemente in Pneumatikanlagen, Kap. 4.1.3.6
- Pneumatikplan, Kap. 4.1.3.7
- Weg-Schritt-Diagramm, Kap. 4.1.3.8
- Steuerdiagramm, Kap. 4.1.3.9
- schließkraftabhängigen Zylinderdurchmesser, Kap. 4.1.3.10

a) Einstieg

b) Türbetätigungseinrichtung

1 Bustür mit Türantrieb, teilweise instand gesetzt

4.1.3.1 Informationen zu Herstellerangaben und gesetzlichen Vorschriften

Gesetzliche Vorschriften befinden sich in:
- der StVZO § 35e, → 2
- EWG-Richtlinien (Richtlinien der Europäischen Gemeinschaften für Straßenfahrzeuge)
- ECE-Regelungen (Regelungen der Economic Commission for Europe für Kraftfahrzeuge und ihre Anhänger), besonders ECE-R 36.

Technische Informationen müssen nachgefragt werden beim:
- Hersteller des vorliegenden Kraftomnibusses
- Hersteller vergleichbarer anderer Kraftomnibusse
- Zubehörlieferanten, Beispiel siehe → 3
- Hersteller von Komponenten der Steuerungstechnik
- Zentralverband Karosserie- und Fahrzeugtechnik (ZKF)
- Zentralverband des Deutschen Kfz-Handwerks (ZDK)

Neben einer persönlichen Kontaktaufnahme empfiehlt sich stets auch die Suche im Internet anhand geeigneter Suchbegriffe und Suchmaschinen. Auf diese Weise kommt man auch zu Informationsquellen, an die man selbst zuvor nicht gleich gedacht hat.

Die Festlegung einer maximal erlaubten Ansprechkraft für Einrichtungen, die ein Einklemmen von Personen und Fahrgasttüren verhindern sollen, ist zzt. noch nicht möglich. Aufschlüsse hierzu werden von einem durch den berufsgenossenschaftlichen Fachausschuss „Verkehr" in Auftrag gegebenen Forschungsprojekt erwartet.
Einrichtungen, die ein nicht nur kurzzeitiges Einklemmen von Fahrgästen verhindern sollen, müssen bei einer Einklemmkraft von nicht mehr als 150 N eine Umkehr der Schließbewegung oder ein Aufheben der Schließkraft eingeleitet haben.

a) Richtlinie für fremdkraftbetätigte Fahrgasttüren in KOM

In KOM muss außer durch die betriebsübliche Türbetätigung auch ein Öffnen der Fahrgasttüren von Hand möglich sein.
Notbetätigungseinrichtungen (NBE) sind in unmittelbarer Nähe der zu betätigenden Fahrgasttür anzubringen, zu kennzeichnen und gegen missbräuchliche Benutzung zu schützen.
Sofern die Notbetätigungseinrichtung durch Drehen eines Hebels bzw. Knebels ausgelöst wird, muss dieser vorzugsweise in Uhrzeigerrichtung gedreht werden.
Die NBE muss in dem in nachstehender Skizze schraffiert dargestellten Bereich um die Fahrgasttür angebracht sein.
Die NBE muss auffällig gekennzeichnet sein (z. B. rote Farbe, gelb unterlegt).

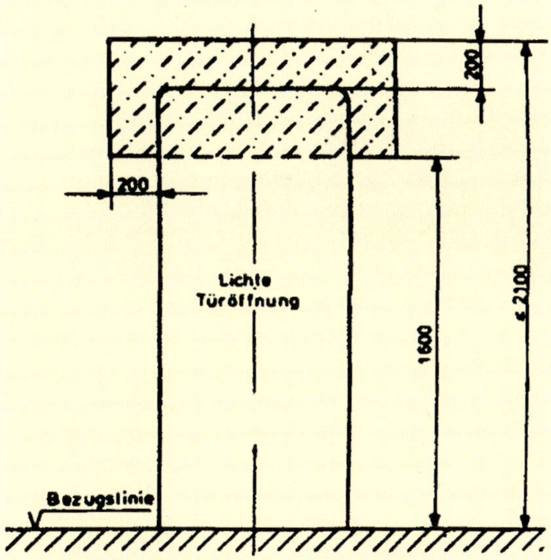

b) Vorschriften für das Öffnen von Fahrgasttüren in Notfällen

2 StVZO § 35e – Auszug

Die Türen bei Omnibussen werden pneumatisch mit doppelt wirkenden Arbeitszylindern betätigt. Die Kolbenbewegung wird auf den Türflügel übertragen. Durch wechselweises Be- und Entlüften der beiden Zylinderkammern öffnet und schließt die Tür.

Ein hartes Anschlagen des Türflügels in der Endlage ist beim Öffnen oder Schließen der Tür zu vermeiden. Dazu wird mithilfe druck- oder wegabhängiger Dämpfungseinrichtungen die Türgeschwindigkeit verringert, bevor eine solche Endlage erreicht wird. Die Wirkung dieser Endlagendämpfung ist mit einer Drosselschraube einstellbar.

3 Beschreibung einer Türbetätigung bei Omnibussen

4

4.1.3.2 Informationen zur Steuerung und zur Regelung

Steuerung

Bei einer Steuerung wird in einem offenen Wirkungsablauf eine gewünschte Ausgangsgröße (= Arbeiten, Befehlsausführung) durch eine geplante Eingangsgröße beeinflusst, ➔ **1**.

Beispiel:
Durch Handbetätigung eines Drehschalters wird eine Fahrzeugheizung aktiviert, ➔ **2**. Die gewünschte Ausgangsgröße stellt das Aufheizen des Fahrzeuginnenraumes dar. Es kann bei Steuerungen allerdings nicht der Erfolg beeinflusst werden, der abhängt von äußeren Störgrößen, wie geöffnetes Fenster bzw. Schiebedach, Sonneneinstrahlung oder Wind. Der Mensch entscheidet, ob die Erwärmung des Fahrzeuginnenraums ausreicht.

Da die Steuerung selbst nicht das Erreichen der gewünschten Ausgangsgröße erkennt, spricht man von einem **offenen Wirkungsablauf**.

Regelung

Bei einer Regelung wird in einem geschlossenen Wirkungsablauf eine gewünschte Ausgangsgröße mit der geplanten Eingangsgröße verglichen. Die Ausgangsgröße wird so lange schrittweise verändert, bis sie mit der Eingangsgröße übereinstimmt, Bild ➔ **3**.

Beispiel:
Durch Handbetätigung wird der Temperaturwahlschalter einer Fahrzeugheizung auf die Temperatur von 22 °C eingestellt, ➔ **4**. Das Thermostatventil öffnet den Durchfluss zum Wärmetauscher und überwacht laufend die Temperatur, bis der eingestellte Wert erreicht ist. Danach schließt das Ventil den Durchfluss so lange, bis die Temperatur abgesunken ist, um daraufhin erneut den Durchfluss zu öffnen.

Aufgrund dieses ständigen Soll-Ist-Vergleichs spricht man bei einer Regelung von einem **geschlossenen Wirkungsablauf**.

Bei Steuerungen und Regelungen werden die Wirkzusammenhänge beschrieben und dargestellt zwischen, ➔ **175.1**:
- Signal**E**ingabe
- Signal**V**erarbeitung
- Befehls**A**usführung

Diese Art der Darstellung wird **EVA-Prinzip** genannt.

Bei der Öffnungsvorrichtung einer Bustür geht es lediglich um die zwei Zustände:
- geschlossen
- geöffnet

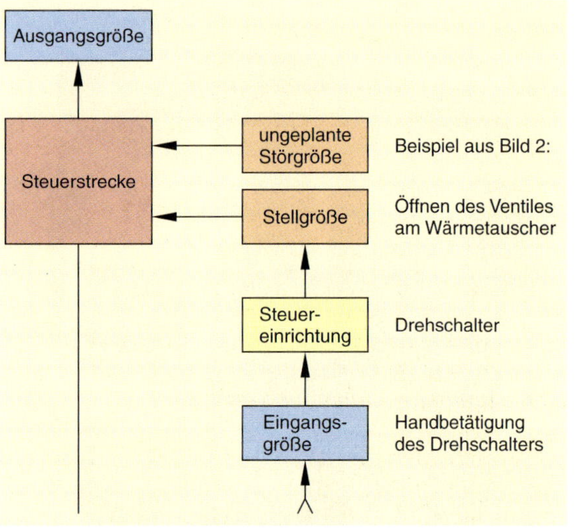

1 Wirkungsablauf einer Steuerung

2 Fahrzeugheizung – Steuerung

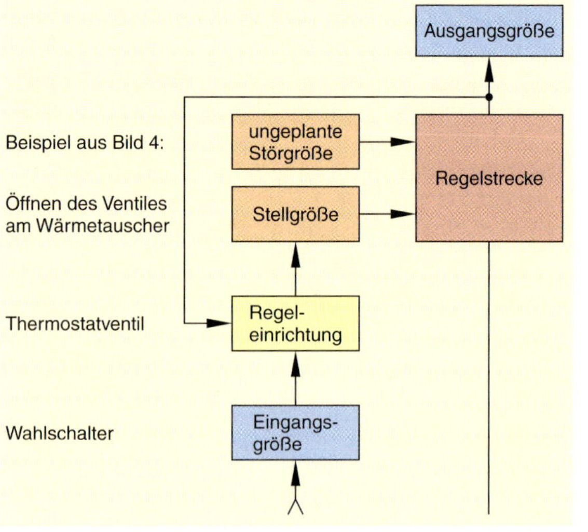

3 Wirkungsablauf einer Regelung

4 Fahrzeugheizung – Regelung

4

Deshalb kann auf einen kontinuierlichen Vergleich des jeweiligen Öffnungszustandes der Tür verzichtet werden.

Somit ist die Steuerung des Türantriebs mit ihrem offenen Ablauf zur Lösung dieser Aufgabe ausreichend.

4.1.3.3 Informationen zur Beschreibung der Funktion

Die Gesamtfunktion lässt sich durch das Zusammenwirken von Teilfunktionen beschreiben. Vergleichbar einer mathematischen Gleichung, kann die gewünschte Funktionsfolge beschrieben werden durch eine allgemeine Funktionsbeschreibung.

Zur Darstellung einer Gesamtfunktion gehören:
- Funktionsfolge
- Funktionsbeschreibung
- Wertetabelle
- Vereinfachung im KV-Diagramm

Funktionsfolge

In der Funktionsfolge wird das gewünschte Ergebnis (= Ausgangssignal A) von Steuerungs-/Regelungsbefehlen dargestellt.

Beispiel:
Öffnen und Schließen der Bustür
Bei Betätigen eines Schalters S1 soll sich die Bustür öffnen (A+), bei Betätigen eines Schalters S2 soll sich die Bustür wieder schließen (A-).

Die Funktionsfolge hierzu lautet:
A+ A-

A+ und A- sind die **Ausgangsgrößen**. Sie sind das Ergebnis von Steuerungs- oder Regelungsbefehlen.

Funktionsbeschreibung

In der Funktionsbeschreibung wird das Zusammenwirken aller Eingangssignale dargestellt, die dann zur gewünschten Funktionsfolge führen.

Beispiel:
Öffnen und Schließen der Bustür
Aus dem Beispiel oben ergibt sich der logische Zusammenhang:
- Öffnen der Bustür: A+
- Schließen der Bustür: A-
- Betätigen des Schalters S1 zum Öffnen: E_1
- Betätigen des Schalters S2 zum Schließen: E_2

So gilt für das Öffnen und Schließen der Bustür:
- Bustür öffnet (A+), wenn Schalter S1 betätigt wird (E_1)
  Also: $A+ = E_1$
- Bustür schließt (A-), wenn Schalter S2 betätigt wird (E_2)
  Also: $A- = E_2$

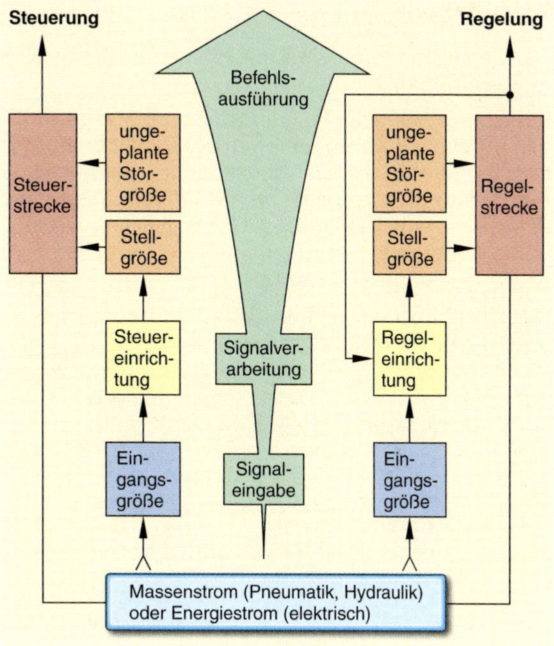

1 Wirkungsablauf von Steuerung und Regelung

E_1 und E_2 sind die Eingangsgrößen, weil durch die Schalterbetätigung ein Befehl eingegeben wird.

Die Gesamtfunktion ergibt sich aus der Folge der Teilfunktionen; sie heißt deshalb **Funktionsfolge**.

Zusammenfassung:
Funktionsfolge: A+ A-
Funktionsbeschreibung: $A+ = E_1$ (Tür öffnet bei Betätigung von S1)
$A- = E_2$ (Tür schließt bei Betätigung von S2)

Zusätzlich können Funktionen verknüpft sein.

Die Verknüpfungszeichen sind:
- $\wedge$: UND
- $\vee$: ODER

Beispiel:
Öffnen und Schließen der Bustür
Zusätzlich zu der bisherigen Funktion ist bei der Bustür eine Notbetätigungseinrichtung vorzusehen, sodass die Tür nach Umlegen eines Hebels S3 **UND** Betätigen eines Schalters S4 von Hand vom Fahrgastraum geöffnet werden kann.
Funktionsbeschreibung:
$A+ = E_1 \vee E_3 \wedge E_4$
$A- = E_2$

Erläuterung:

Die Tür öffnet,	A+
wenn	=
Schalter 1 betätigt wird	E_1
oder	$\vee$
wenn Hebel 3 umgelegt	E_3
und	$\wedge$
Schalter 4 betätigt wird	E_4

4

Wertetabelle

Die Gesamtfunktion wird mit Hilfe einer Wertetabelle beschrieben.

Zur Überprüfung der Funktionsbeschreibung können alle möglichen Kombinationen der Schaltstellungen von Schaltern in einer Wertetabelle zusammengefasst werden, indem jeweils eine „1" für betätigt und eine „0" für unbetätigt eingetragen wird. So können vorab eventuelle Fehlfunktionen und somit Störgrößen ausgeschlossen werden.

Die Anzahl an möglichen Schaltkombinationen ermittelt sich dabei aus der Beziehung

$K = 2^n$

K	Anzahl der Kombinationen der Schaltstellungen
n	Anzahl der Schalter

Beispiel:
Öffnen der Bustür: $A+ = E_1 \vee E_3 \wedge E_4$
Beim Öffnen der Bustür (A+) handelt es sich um die drei Schalter E_1, E_3 und E_4.
Mögliche Kombinationen: $K = 2^3 = 2 \cdot 2 \cdot 2 = 8$

Die Kombinationen können nun in einer Wertetabelle zusammengefasst werden.

Dabei wird bei A+ eingetragen:
- überall dort, wo ein Öffnen der Bustür erwünscht ist: eine „1"
- überall dort, wo das Öffnen ausgeschlossen werden soll: eine „0"

In der rechten Spalte wird die Logikgleichung für die Fälle formuliert, die ein Öffnen (A+) der Bustür vorsehen. Dabei gilt (am Beispiel von E_1):
$1 = E_1$,
$0 = E_1$

Beispiel:
Öffnen der Bustür:
$A+ = E_1 \vee E_3 \wedge E_4$
$A- = E_2$

E_1	E_3	E_4	A+	Logikgleichnung
0	0	0	0	
0	0	1	0	
0	1	0	0	
0	1	1	1	$A+ = \overline{E_1} \wedge E_3 \wedge E_4$
1	0	0	1	$A+ = E_1 \wedge \overline{E_3} \wedge \overline{E_4}$
1	0	1	1	$A+ = E_1 \wedge \overline{E_3} \wedge E_4$
1	1	0	1	$A+ = E_1 \wedge E_3 \wedge \overline{E_4}$
1	1	1	1	$A+ = E_1 \wedge E_3 \wedge E_4$

Funktionsbeschreibung durch die Logikgleichnung:
$A+ = E_1 \wedge E_3 \wedge E_4 \vee E_1 \wedge E_3 \wedge \overline{E_4} \vee E_1 \wedge \overline{E_3} \wedge E_4 \vee$
$E_1 \wedge \overline{E_3} \wedge \overline{E_4} \vee \overline{E_1} \wedge E_3 \wedge E_4$

Bei dieser Logikgleichung ist keine Kombinationsmöglichkeit außer Acht gelassen und die Funktion nicht dem Zufall überlassen. Problematisch für den späteren Schaltungsaufbau ist aber der Umfang. Deshalb wird die Logikgleichung vereinfacht.

Vereinfachung im KV-Diagramm

Eine Möglichkeit, Logikgleichungen zu vereinfachen, ist das KV-Diagramm (Karnaugh-Veitch-Diagramm). Grundlage sind die Rechenregeln der Schaltalgebra, Bild ➔ **1**.

In Abhängigkeit der Anzahl an Schaltern (= Variablen) werden Raster erstellt, ➔ **2**.

Gemäß der Rechenregeln der Schaltalgebra werden jeweils die Zustände berücksichtigt:
- $E_1 = 1$
- $E_1 = 0$

Ab der 5. Variablen wird eine räumliche Staffelung von Flächen erforderlich.

In dieses Diagramm werden dann zunächst mit einer „1" die Aussagen der Logikgleichung eingetragen, die mittels Wertetabelle erstellt wurde.

Anschließend gilt es durch Bildung möglichst weniger, großer Schleifen möglichst viele Aussagen zusammenzufassen, die, wie oben erwähnt, gemeinsam ‚0' ergeben. Mehrfacheinschleifungen sind dabei möglich.

$0 \wedge E_1 = E_1 \wedge 0 = 0$ $\qquad$ $0 \vee E_1 = E_1 \vee 0 = 0$
$1 \wedge E_1 = E_1 \wedge 1 = E_1$ $\qquad$ $1 \vee E_1 = E_1 \vee 1 = 1$
$E_1 \wedge E_1 \wedge E_1 \wedge \ldots = E_1$ $\qquad$ $E_1 \vee E_1 \vee E_1 \vee \ldots = E_1$
$E_1 \wedge \overline{E_1} = \overline{E_1} \wedge E_1 = 0$ $\qquad$ $E_1 \vee \overline{E_1} = \overline{E_1} \vee E_1 = 1$

$E_1 \vee (E_1 \wedge E_2) = E_1$
$E_1 \wedge (E_1 \vee E_2) = E_1$
$E_1 \wedge (\overline{E_1} \vee E_2) = E_1 \wedge E_2$
$E_1 \vee (\overline{E_1} \wedge E_2) = E_1 \vee E_2$
$(E_1 \vee E_2) \wedge (\overline{E_1} \vee E_3) = (E_1 \wedge E_3) \vee (\overline{E_1} \wedge E_2)$
$(E_1 \vee E_2) \wedge (\overline{E_1} \vee \overline{E_2}) = (E_1 \wedge \overline{E_2}) \vee (\overline{E_1} \wedge E_2)$

1 Rechenregeln der Schaltalgebra – Auszug

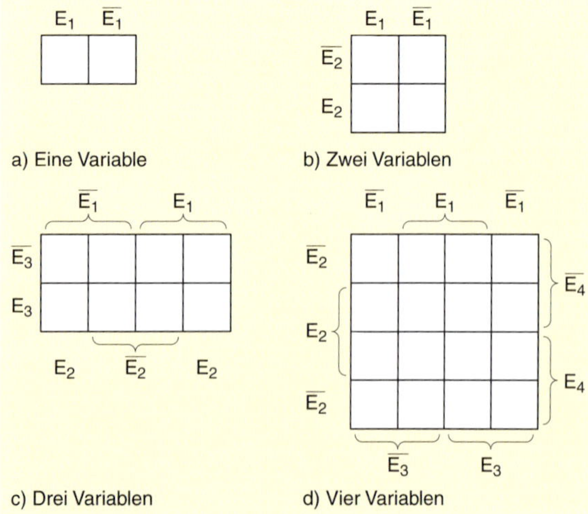

2 Aufbau von Karnaugh-Veitch-Diagrammen

Die Schleifengröße wird dabei nach der Beziehung 2^n gebildet, also Schleifengröße = 1, 2, 4 ... 2^n

Beispiel:
Öffnen der Bustür:
$A+ = E_1 \wedge E_3 \wedge E_4 \vee E_1 \wedge E_3 \wedge \overline{E_4} \vee E_1 \wedge \overline{E_3} \wedge E_4 \vee E_1 \wedge \overline{E_3} \wedge \overline{E_4} \vee \overline{E_1} \wedge E_3 \wedge E_4$

Man benötigt ein Diagramm für drei Variable, in welches dann die einzelnen Aussagen der Logikgleichung durch eine „1" eingetragen werden.

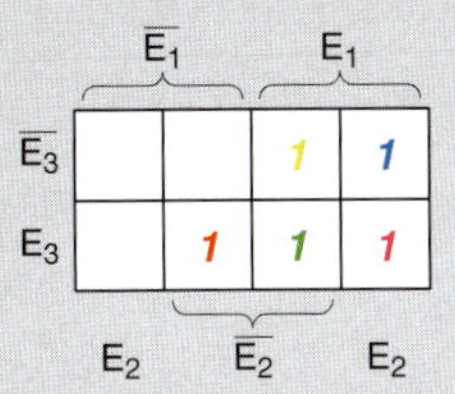

Im vorliegenden Fall empfiehlt sich die Bildung einer 4er-Schleife und einer 2er-Schleife

KV-Diagramm:

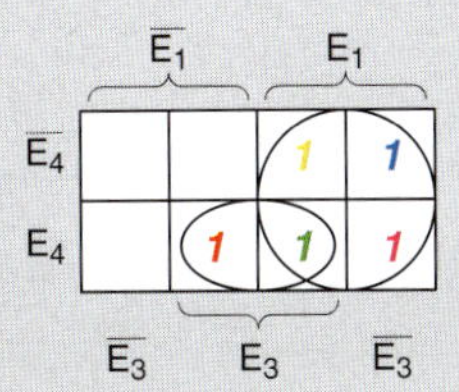

Inhalt der 4er-Schleife: $A+ = E_1$ oder
Inhalt der 2er-Schleife: $A+ = E_3 \wedge E_4$

Dadurch verringert sich die ursprüngliche Logikgleichung von fünf auf zwei ODER-Verknüpfungen:
$A+ = E_1 \vee E_3 \wedge E_4$

4.1.3.4 Informationen zum Logikplan

In einem Logikplan wird das Zusammenwirken von Eingangs- und Ausgangssignalen durch allgemeine Logikzeichen dargestellt, ➔ **1**. Diese Pläne können dann in Schaltpläne für entsprechende Wirkmedien umgesetzt werden.

Beispiel:
Öffnen der Bustür: $A+ = E_1 \vee E_3 \wedge E_4$

Logikplan:

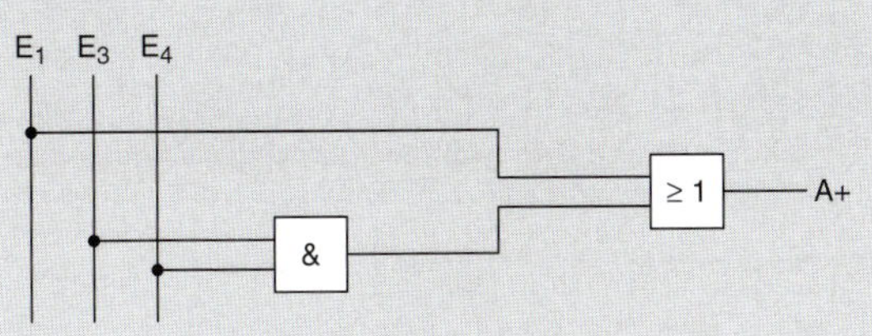

Logische Gleichung	Logikfunktion	Bildzeichen	Wahrheitstafel
$A_1 = E_1 \wedge E_2$	**UND** Konjunktion **(AND)**	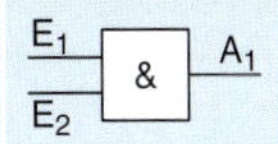	E_2 E_1 A_1 0 0 0 0 1 0 1 0 0 1 1 1
$A_1 = E_1 \vee E_2$	**ODER (OR)**	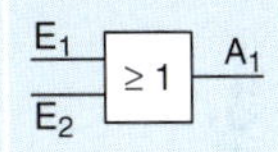	E_2 E_1 A_1 0 0 0 0 1 1 1 0 1 1 1 1
$A_1 = (\overline{E_1} \wedge E_2) \vee (E_1 \wedge \overline{E_2})$	**Exklusiv-ODER (XOR)**	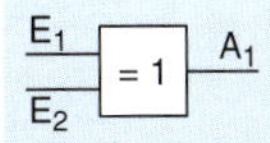	E_1 E_2 A_1 0 0 0 1 0 1 0 1 1 1 1 0
$A_1 = \overline{E_1}$	**Negation NICHT (NOT)**	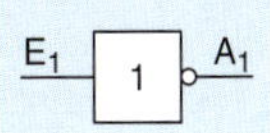	E_1 A_1 0 1 1 0
$A_1 = \overline{E_1 \wedge E_2}$ $A_1 = \overline{E_1} \vee \overline{E_2}$	**UND-NICHT (NAND)**	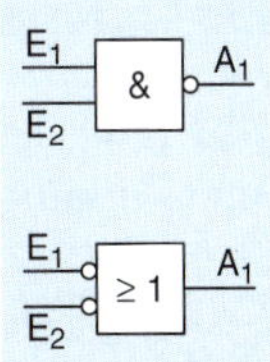	E_2 E_1 A_1 0 0 1 0 1 1 1 0 1 1 1 0
$A_1 = \overline{E_1 \vee E_2}$ $A_1 = \overline{E_1} \wedge \overline{E_2}$	**ODER-NICHT (NOR)**	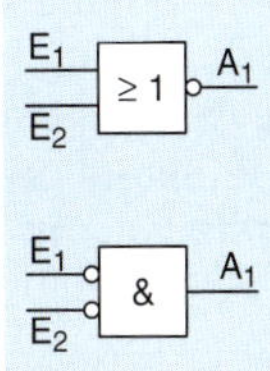	E_2 E_1 A_1 0 0 1 0 1 0 1 0 0 1 1 0

1 Bildzeichen für Logikpläne

4

4.1.3.5 Informationen zu Wirkmedien

Gegenstand jeglicher Steuerung und Regelung ist das Beeinflussen eines:
- Energiestroms
- Massestroms

Energiestrom:
Betätigung und Antrieb elektrischer und elektronischer Geräte.

Massestrom:
Betätigung und Antrieb Geräte der Fluidtechnik.

Energieträger der Steuerungs- und Regelungstechnik sind:
- Fluidtechnik
- Elektrik/Elektronik

Fluidtechnik[1] ist die Lehre von Medien wie Flüssigkeiten, Gasen und Dämpfen, die Drücke und/oder Strömungen übertragen.

Danach unterteilt sich die Fluidtechnik in:
- Aeromechanik
- Hydromechanik

Aeromechanik[2] ist die Lehre von dem Gleichgewicht und der Bewegung der Gase. Der alte Begriff ist Pneumatik, in der aufbereitete Druckluft das Medium ist.

Hydromechanik[3] ist die Lehre von der Mechanik der Flüssigkeiten, früher Hydraulik genannt. Sie unterteilt sich in die
- Hydrostatik, Lehre vom Gleichgewicht der Kräfte in ruhenden Flüssigkeiten
- Hydrodynamik, Lehre der Bewegungsgesetze strömender Flüssigkeiten

Elektrik und Elektronik ist die Lehre von den Erscheinungsformen und Wirkungen elektrischer Ladungen und Ströme sowie der von ihnen erzeugten elektrischen und magnetischen Felder. Zu Elektrik/Elektronik siehe Lernfeld 3.

In Bild ➔ **1** sind für diese Energieträger beispielhaft Beschreibungskriterien aufgeführt.

Hat der Anwender freie Hand bei der Wahl eines Wirkmediums, so kann er aus der Tabelle die für ihn interessanten Punkte einzelner Energieträger einander gegenüberstellen, um zu einer Entscheidung für ein Wirkmedium zu gelangen.

Beispiel:
Bustürsteuerung:
In Bild ➔ **2** sind die Wirkmedien für eine Bustürsteuerung gegenübergestellt.

Ergebnis:
Die Anzahl positiver Übereinstimmungen ergeben eine Entscheidung für die Steuerung mit pneumatischem Wirkmedium.

Kriterium	Wirkmedien		
	elektrisch/ elektronisch	aero-mechanisch	hydro-mechanisch
Linearbewegung	schwierig	sehr gut	sehr gut
Rotationsbewegung	sehr gut	sehr gut	sehr gut
Drehzahl	hoch	sehr hoch	gering
Hub	sehr groß	gering	begrenzt
Weggenauigkeit	groß	gering	groß
Energieverlust	sehr gering	hoch	gering
Kräfte	gering	gering	sehr groß
Überlastungsschutz	sehr aufwendig	einfach	aufwendig
Energiespeicherung	schlecht	sehr gut	schlecht
Leitungsschäden	problematisch	ohne Gefahr	Umweltgefahr
Entfernungen	sehr groß	gering	begrenzt
Einbaugröße	sehr klein	klein	groß
Bauteilmasse	sehr klein	klein	groß

1 Vergleich der Energieträger

Kriterium	Mechanik	Elektrik	Pneumatik	Hydraulik
Verwirklichung von... ...Linearbewegung	sehr gut		sehr gut	sehr gut
... Rotationsbewegung	sehr gut	sehr gut	sehr gut	sehr gut
Hub (Weg)			gering	begrenzt
Kräfte		gering	gering	
Überlastungsschutz	einfach		einfach	
Leitungsschäden	---		ohne Gefahr	
Explosionsgefahr	---		---	
überbrückbare Entfernungen	begrenzt		gering	begrenzt
Einbaugröße		sehr klein	klein	
Bauteilmasse		sehr klein	klein	
Geräuschentwicklung	gering	kaum vorhanden		
Summe der Übereinstimmungen	7	5	10	4

2 Zweckorientierte Gegenüberstellung der Wirkmedien

[1] fluid, fluere <latein.>: fließen, Strömungslehre
[2] aero... <griech.>: luft...
[3] hydr... <griech.>: wasser...

4.1.3.6 Informationen über Bauelemente in Pneumatikanlagen

Bauelemente von Pneumatikanlagen lassen sich unterteilen in:
- Verdichter
- Antrieb
- Wegeventile
- Sitzventile

Verdichter in Pneumatikanlagen

Verdichter liefern für Pneumatikanlagen das Wirkmedium – die Druckluft.

Beispiele für Bauarten von Verdichtern, ➔ **1**:
- Vielzellen-, Lammellen- oder Rotationsverdichter
- Schraubenverdichter
- Radialturbo oder Kreiselverdichter
- Axial-Turbo-Verdichter
- Drehkolben- oder Rootsverdichter
- Hubkolbenverdichter

Druckluft wird aus atmosphärischer Luft erzeugt und anschließend aufbereitet.

Schritte zum **Erzeugen der Druckluft**:
- Vorfiltern
- Verdichten
- Kühlen
- Nachfiltern
- Trocknen
- Speichern

Die atmosphärische Luft wird **vorgefiltert**, da sie 50 % bis 80 % Feuchtigkeit, Stäube und Schwebstoffe enthält.

Danach wird die Luft **verdichtet**. Dabei erfolgt die Energieanreicherung durch Druckaufladung, das geschieht in einem Verdichter. Je nach Verdichterbauart werden Drücke zwischen 0,4 MPa bis über 3,5 MPa erreicht.

Die Druckluft muss **gekühlt** werden, da sich die Luft während der Verdichtung erwärmt.

Beim **Nachfiltern** werden die restlichen Stäube aus der Luft filtriert.

Beim **Trocknen** wird der Druckluft Wasser und Wasserdampf in einer Trocknungsvorrichtung entzogen.

Dann wird die Druckluft **gespeichert**. Der Speicher stellt die so aufbereitete Luft zur Verfügung und gleicht eventuelle Druckschwankungen aus.

Bevor die Druckluft zu Steuer- oder Antriebszwecken verwendet werden kann, muss sie **aufbereitet** werden. Das geschieht in einer Druckluftaufbereitungseinheit.

Schritte zum **Aufbereiten der Druckluft**:
- Feinfiltrieren
- Leitungskondensat entfernen
- Arbeitsdruck einstellen
- Druckluft mit Ölnebel anreichern

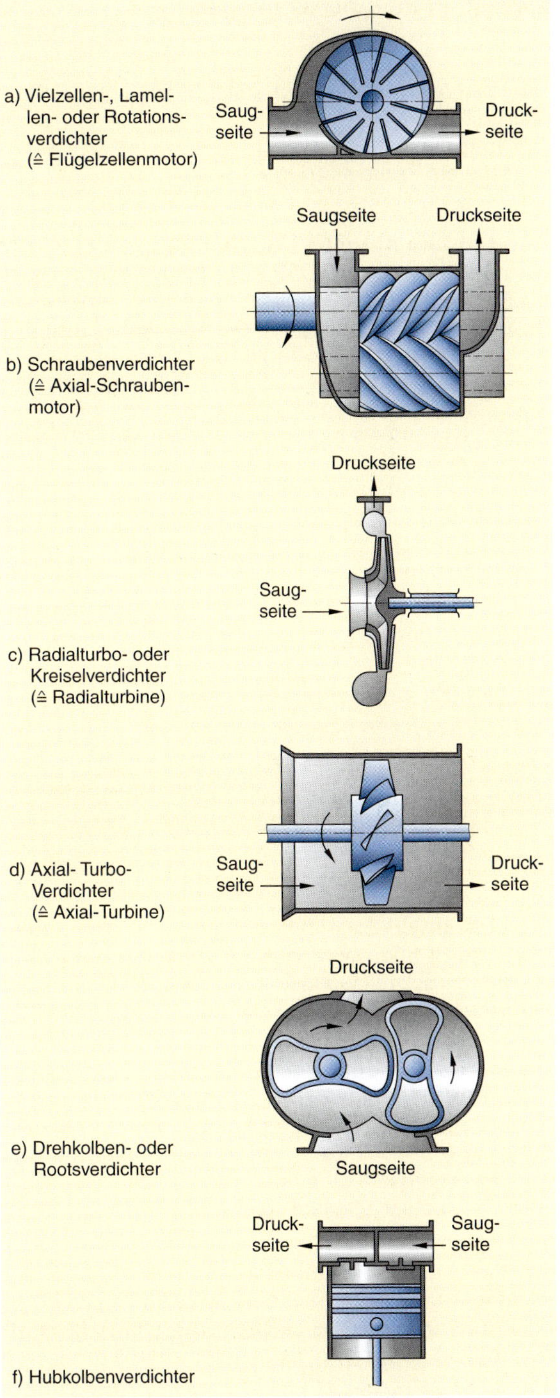

1 Pneumatikverdichter (Druckluftmotoren)

Die Druckluft wird ein letztes Mal in einem Feinfilter **feinfiltriert** und es wird **Leitungskondensat entfernt.**

Ist der **gewünschte Arbeitsdruck** eingestellt, kann die Druckluft letztlich über einen Öler **mit Ölnebel angereichert** werden. Der Ölnebel schmiert bewegliche metallische Teile der Anlage.

4

Antrieb in Pneumatikanlagen

Für den Antrieb in Pneumatikanlagen sind von Bedeutung:
- rotatorische Antriebe
- translatorische Antriebe

Rotatorische Antriebe sind Motoren. Sie bewirken eine Drehbewegung. Einige Verdichter können auch als Druckluftmotor eingesetzt werden, jedoch mit umgekehrter Wirkungsweise: Werden Verdichter nicht von einem Motor angetrieben, sondern auf der Druckseite (Ausgangsseite) mit Luft beaufschlagt, so sind diese als Druckluftmotoren zur Erzeugung von Drehbewegungen einsetzbar. In Bild ➔ **179.1** sind folgende Druckluftmotoren dargestellt:
- Flügelzellenmotor
- Axial-Schraubenmotor
- Radial-Turbine
- Axialturbine

Bild ➔ **1** zeigt das Symbol für Druckluftmotoren, wie es in Pneumatikplänen verwendet wird, vgl. Kap. 4.1.3.7.

Translatorische Antriebe sind Zylinder-Kolben-Systeme. Sie werden nach ➔ **2** eingeteilt.

Dabei werden unterschieden:
- einfachwirkende Zylinder
- doppeltwirkende Zylinder

Der **einfachwirkende Zylinder** hat nur einen Lufteinlass – der Kolben wird von der Druckluft nur ausgefahren, zurück fährt der Kolben durch die Kraft einer Feder. Einfachwirkende Zylinder gibt es auch als Teleskopzylinder.

Der **doppeltwirkende Zylinder** hat zwei Lufteinlässe. So wird der Kolben beim Einfahren und beim Ausfahren mit Druckluft angetrieben. Doppeltwirkende Zylinder gibt es mit einseitiger Kolbenstange und mit beidseitiger Kolbenstange, als Mehrstellungszylinder und als Teleskopzylinder.

Geschwindigkeitsbeeinflussung beim Antrieb pneumatischer Anlagen

Sollen Drehzahl oder Hubgeschwindigkeit der Arbeitsglieder beeinflusst werden, so muss die zugeführte Luftmenge verändert werden. Erreicht wird dies durch feste oder verstellbare Querschnittsverringerungen in den Luftleitungen, durch **Blenden** oder **Drosseln**, ➔ **3**.

In Bild ➔ **3** sind auch die Symbole für Blende und Drossel angegeben; sie werden in Pneumatikplänen verwendet, vgl. Kap. 4.1.3.7.

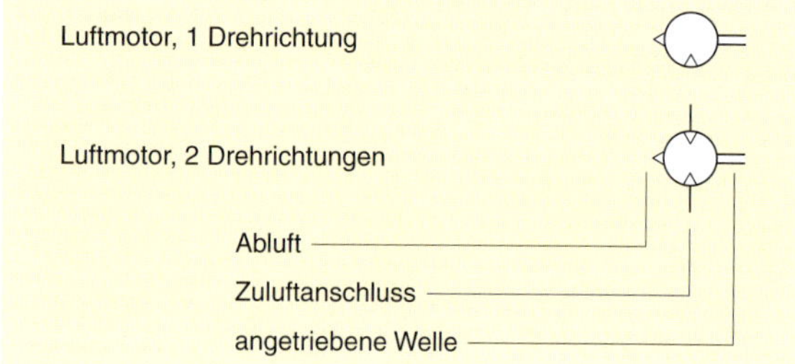

1 Symbol für Druckluftmotoren

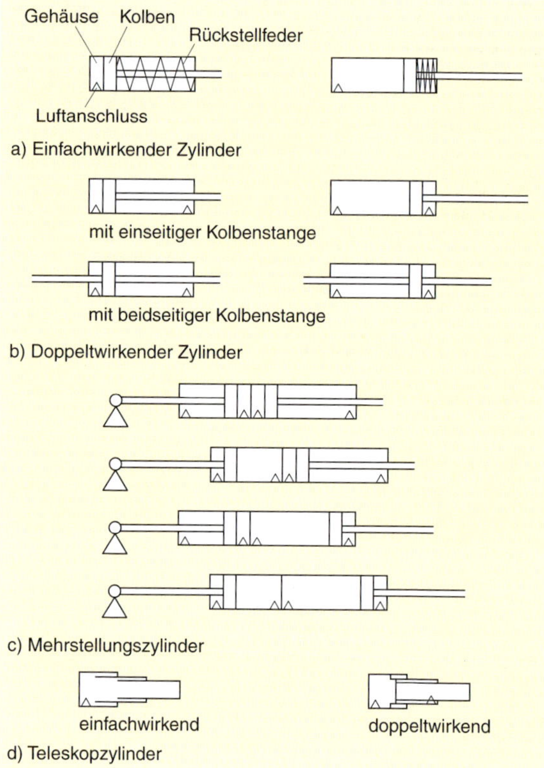

2 Zylinder-Kolben-Systeme

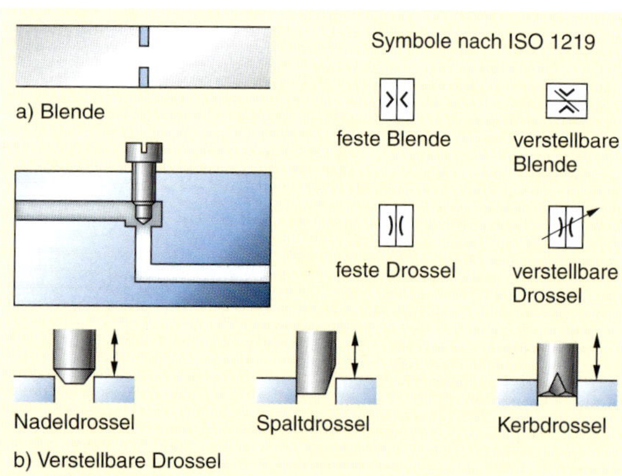

3 Blende und Drossel zur Geschwindigkeitsbeeinflussung von Arbeitsgliedern

4

Bei der Drosselung der Zuluft in Zylindern kann folgendes Problem auftreten:

- Der Kolben fährt nach allmählichem Druckaufbau aus, wodurch der Druck im Zylinder spontan abfällt, der Kolben stoppt.
- Nach erneutem Druckaufbau fährt der Kolben ein weiteres Stück aus, der Druck fällt abermals ab, der Kolben stoppt wieder.
- Das geht so lange, bis der Kolben seine Endlage erreicht hat.

Dieses Problem bei der Drosselung der Zuluft wird **Stick-Slip-Effekt** genannt, ➔ **1**.

Gegenmaßnahmen zum Stick-Slip-Effekt beim doppeltwirkenden Zylinder:

- Der Kolben wird beim Ausfahren mit voller Zuluft (= voller Arbeitsdruck) beaufschlagt, während die Abluft über eine Drossel entweicht. Allerdings tritt bei einer derartigen Anordnung der Stick-Slip-Effekt nun beim Einfahren des Kolbens auf.
- Die Abluft drosseln, aber die Zuluft ungehindert durchlassen. Dazu werden Drosselrückschlagventile verwendet, ➔ **2**.

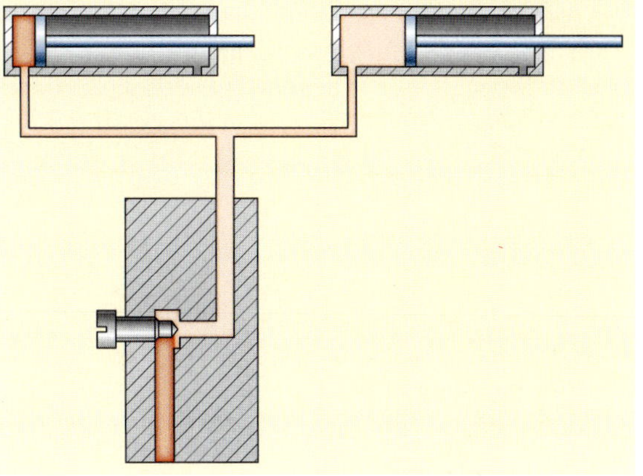

1 Stick-Slip-Effekt bei Drosselung der Zuluft

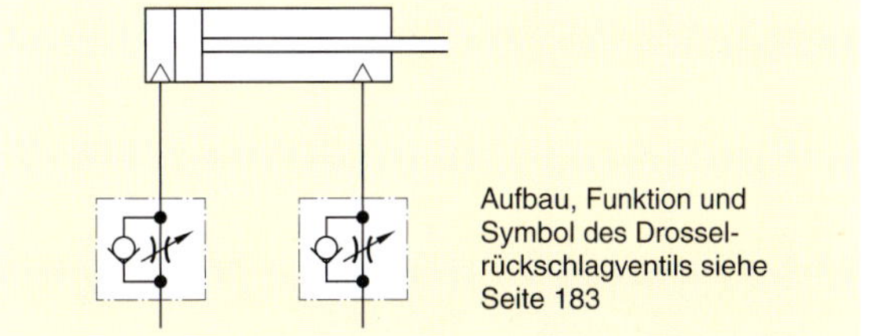

2 Drosselrückschlagventile gegen den Stick-Slip-Effekt

Wegeventile

Die Bezeichnung „Wegeventil" ergibt sich durch deren Funktion:
Ein Steuerkolben wird über einen Schaltweg in die nächste Schaltstellung bewegt, ➔ **3**.

Wegeventile dienen sowohl der Signalaufnahme, als auch der Signalverarbeitung, die letztlich entscheidet, ob z. B. der Kolben eines Zylinders aus- oder einfährt.

In der näheren Bezeichnung von Wegeventilen werden berücksichtigt:

- die Anzahl der Anschlüsse
- die Anzahl der Schaltstellungen

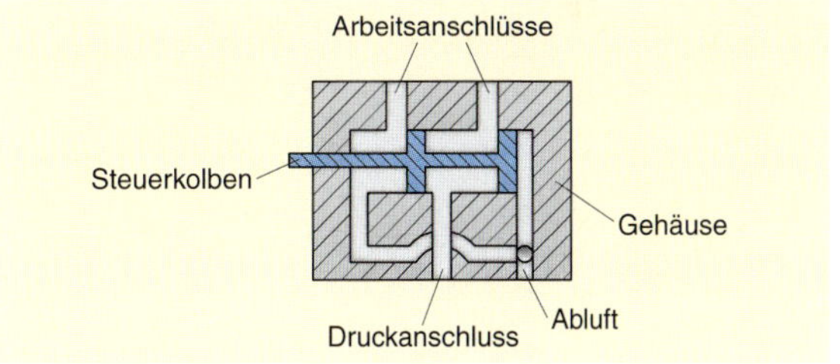

3 Schnittdarstellung eines 4/2-Wegeventils

Beispiel für die Bezeichnung: 4/2-Wegeventlil

Es bedeuten:
4: Anzahl der Anschlüsse
2: Anzahl der Schaltstellungen

Symbole werden im Pneumatikplan verwendet, vgl. Kap. 4.1.3.7. Bei den Symbolen werden stets alle Schaltungszustände eines Ventils nebeneinander dargestellt und die Anschlüsse zeichnet man an die Darstellung, welche die Ruhelage des Ventils zeigt, Bild ➔ **4**.

Die Benennung der Anschlüsse erfolgt nach ➔ **5**.

Anschluss	Zahlencode	Buchstabencode
Druckanschluss	1	P
Arbeitsanschlüsse	2, 4, ...	A, B, ...
Abluft	3, 5, ...	R, S, ...

5 Benennung der Anschlüsse an Wegeventilen

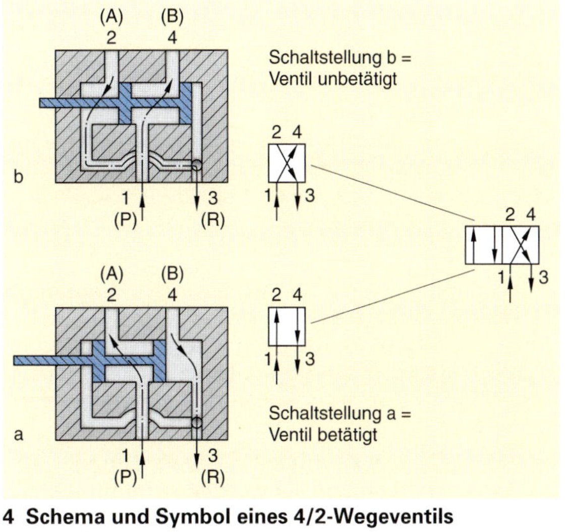

4 Schema und Symbol eines 4/2-Wegeventils

4

2, 4, 6, ... bzw. A, B, C, ...	= Arbeitsanschlüsse (alternative Benennung nach Zahlen oder Buchstaben)
1 bzw. P	= Druckanschluss
3, 5, 7, ... bzw. R, S, T, ...	= Rückleitungen
a	= bestätigte Schaltstellung
b	= unbetätigte Schaltstellung
T	= Sperrstellung

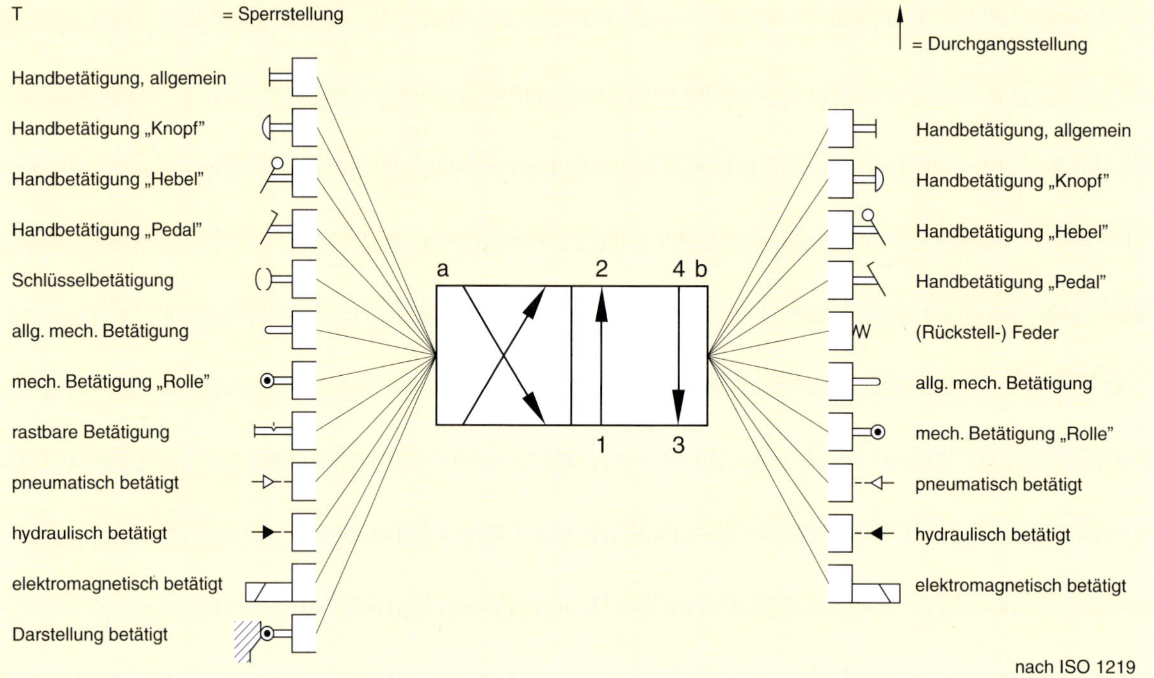

1 Wegeventil – Benennung und Betätigungsarten

Die Betätigungsarten von Wegeventilen sind in Bild ➔ **1** zusammengefasst.

Beispiel:
Rollenbetätigtes Wegeventil
Wenn ein Kolben eine Endlage erreicht, soll er einen Befehl geben. Dafür können rollenbetätigte Ventile verwendet werden. Bild ➔ **2** zeigt hierzu am Beispiel einer Ablaufsteuerung, in der sich der Kolben bei Erreichen seiner oberen Endlage selbsttätig über das Ventil 1S3 zurücksteuert. Darüber hinaus verfügt diese Schaltung über eine Startsicherung 1S2, die ein erneutes Starten erst dann zulässt, wenn der Kolben zuvor vollständig eingefahren war.

Mit Hilfe der Signal verarbeitenden Wegeventile wird die Bewegung des Kolbens gesteuert: Die Wegeventile steuern die Zylinder an. In den Bildern ➔ **183.1** bis **183.3** sind Beispiele zur Ansteuerung von Zylindern auf der Ebene der Signalverarbeitung dargestellt.

In diesen Bildern sind auch die Darstellungen mit Symbolen angegeben; sie werden in Pneumatikplänen verwendet, vgl. Kap. 4.1.3.7.

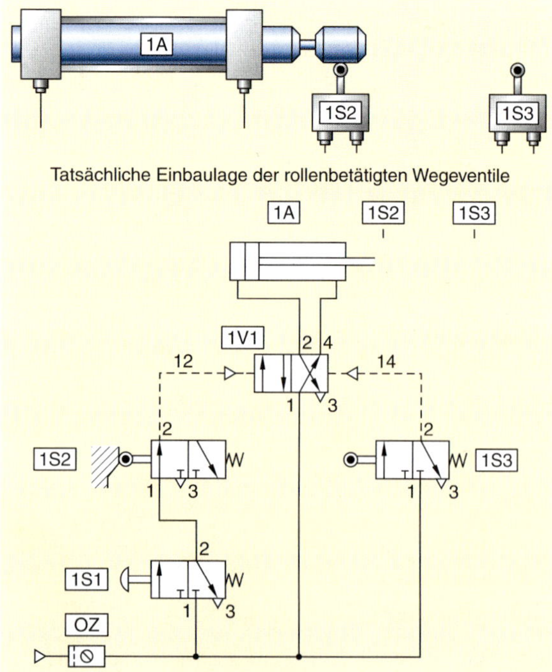

2 Rollenbetätigte Ventile – Darstellung und Einbaulage

Sitzventile

Bei einem Sitzventil wird eine Verschlusskugel in einen Ventilsitz gedrückt.

Sitzventile sind:
- Drosselrückschlagventil
- Zweidruckventil
- Wechselventil

Das **Drosselrückschlagventil** hat an seinen beiden Anschlüssen je nach Luftdurchströmrichtung zwei unterschiedliche Wirkungen:
- Luft ungehindert durchlassen, ➔ **4a**
- Luft drosseln, ➔ **4b**

Für die Steuerung eines Zylinders wird das Drosselrückschlagventil so verwendet, dass jeweils die Abluft gedrosselt wird und die Zuluft ungehindert durchfließen kann, vgl. Ausführungen zum Stick-Slip-Effekt, Seite 181.

In diesem Bild ist auch das Symbol angegeben; es wird in Pneumatikplänen verwendet, vgl. Kapitel 4.1.3.7.

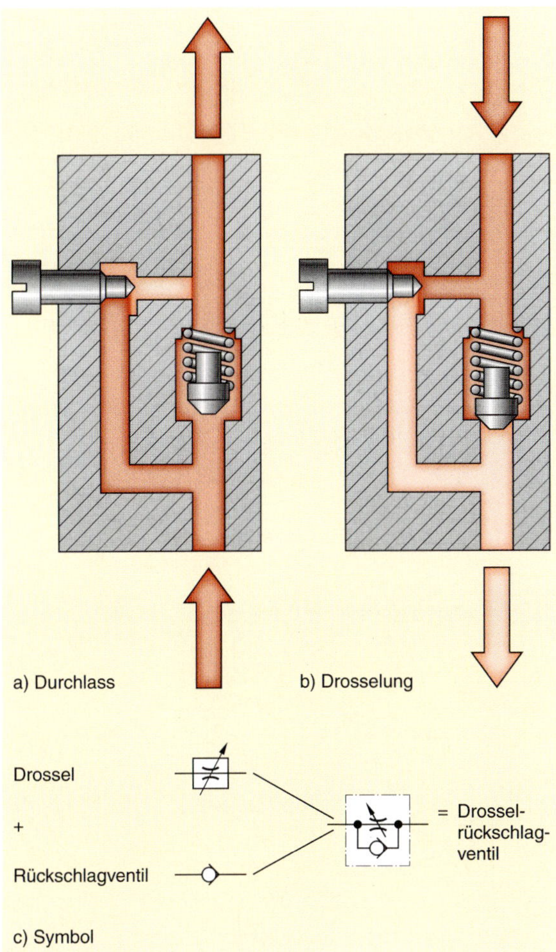

4 Drosselrückschlagventil

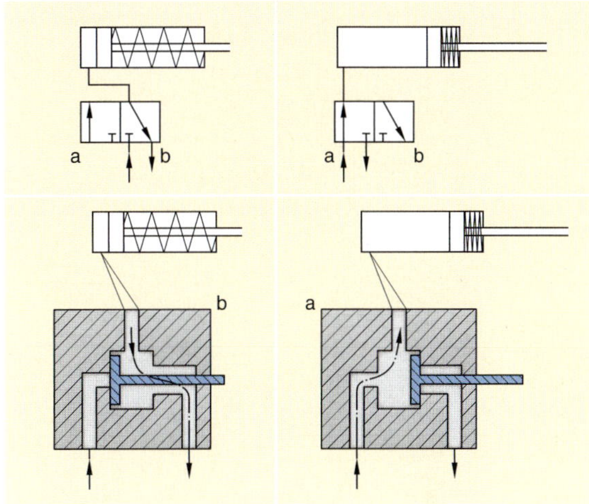

1 Ansteuerung eines einfachwirkenden Zylinders über ein 3/2-Wegeventil

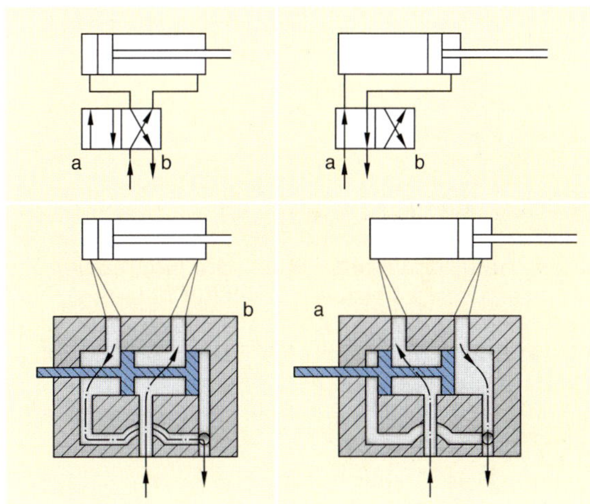

2 Ansteuerung eines doppeltwirkenden Zylinders über ein 4/2-Wegeventil

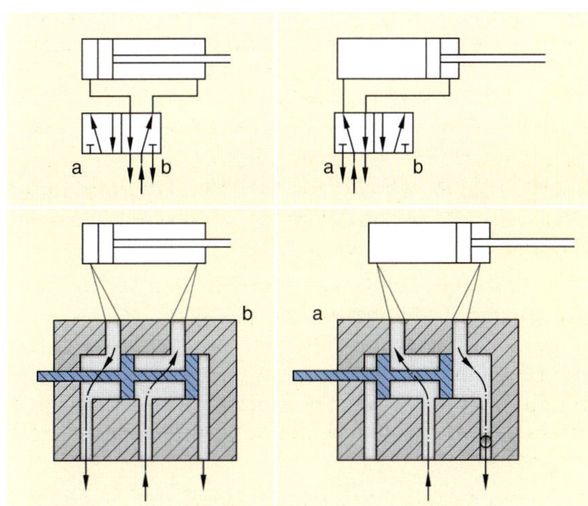

3 Ansteuerung eines doppeltwirkenden Zylinders über ein 5/2-Wegeventil

4

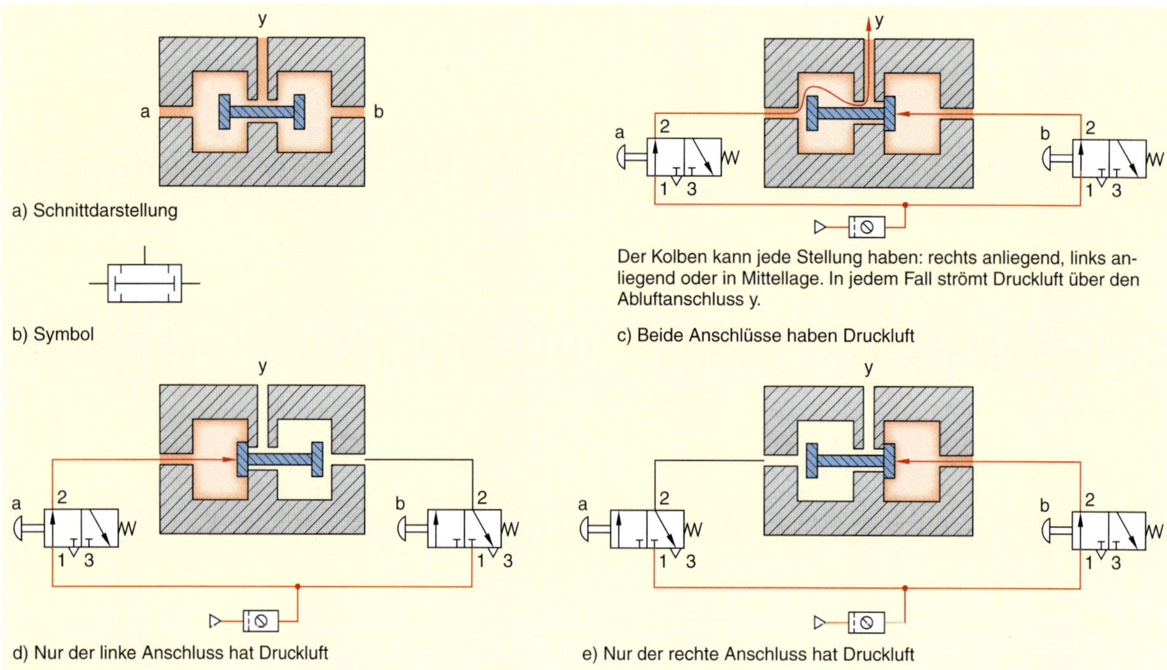

a) Schnittdarstellung

b) Symbol

Der Kolben kann jede Stellung haben: rechts anliegend, links anliegend oder in Mittellage. In jedem Fall strömt Druckluft über den Abluftanschluss y.

c) Beide Anschlüsse haben Druckluft

d) Nur der linke Anschluss hat Druckluft

e) Nur der rechte Anschluss hat Druckluft

1 Zweidruckventil

Das **Zweidruckventil** hat zwei Anschlüsse für die Zuluft (Zuluftanschluss) und einen Anschluss für die Abluft (Abluftanschluss), ➔ **1a**. Nur wenn beide Zuluftanschlüsse gleichzeitig Druckluft haben, strömt die Druckluft durch den Abluftanschluss, ➔ **1c**. Wird nur ein Zuluftanschluss mit Druckluft beaufschlagt, ist das Zweidruckventil geschlossen, ➔ **1d**, **1e**. Diese Funktion wird **UND-Funktion** genannt, siehe dazu auch Bild ➔ **186.2**.

Zweidruckventile werden für Sicherheitsschaltungen verwendet (**Zweihandbetätigung**).

In ➔ **2b** ist das Symbol angegeben; es wird in Pneumatikplänen verwendet, vgl. Kap. 4.1.3.7.

Das **Wechselventil** hat zwei Zuluftanschlüsse und einen Abluftanschluss, ➔ **2a**. Wenn ein Zuluftanschluss mit Druckluft beaufschlagt ist, strömt die Druckluft durch den Abluftanschluss, ➔ **2c**, ➔ **2d**. Diese Funktion wird **ODER-Funktion** genannt, siehe dazu auch Bild ➔ **186.2**.

Wechselventile werden für Schaltungen verwendet, bei denen von verschiedenen Orten die gleiche Betätigung ausgeführt werden soll.

In ➔ **2b** ist das Symbol angegeben; es wird in Pneumatikplänen verwendet, vgl. Kap. 4.1.3.7.

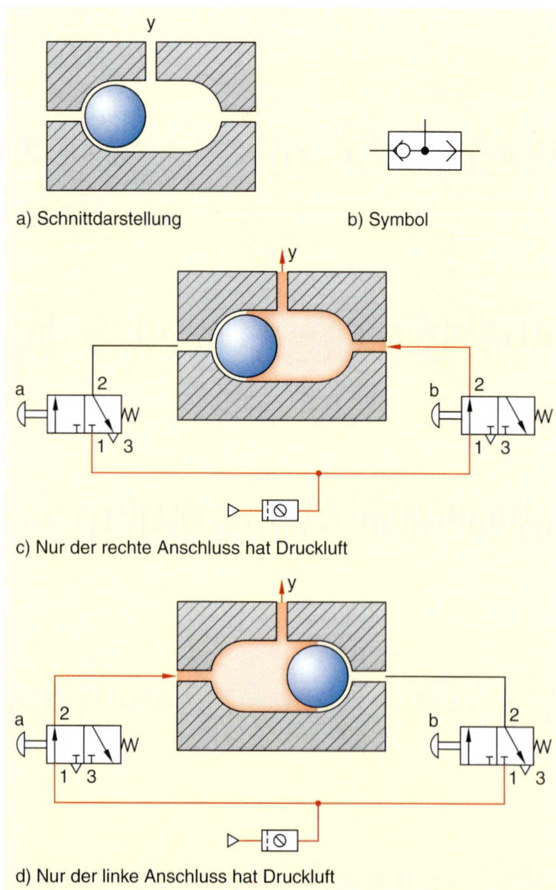

a) Schnittdarstellung

b) Symbol

c) Nur der rechte Anschluss hat Druckluft

d) Nur der linke Anschluss hat Druckluft

2 Wechselventil

4

4.1.3.7 Informationen zum Pneumatikplan

Der Pneumatikplan ist ein Schaltplan, in dem Druckluftanlagen dargestellt werden. Für die Bauteile verwendet man Symbole nach ISO 1219. Der Pneumatikplan kann aus einem oder mehreren Schaltkreisen bestehen; ein Schaltkreis ist die arbeitsfähige Verknüpfung von Bauelementen.

Alle Bauteile werden nach dem EVA-Prinzip angeordnet, ➔ **1**
- Signal**E**ingabe
- Signal**V**erarbeitung
- Befehls**A**usführung

Einige Symbole für Bauteile sind in Bild ➔ **1** angegeben, weitere Symbole finden Sie in den Bildern zu Kap. 4.1.3.6 oder im Tabellenbuch.

Die einzelnen Bauteile im Pneumatikplan werden gekennzeichnet durch eine Ziffer-Buchstabe-Ziffer-Kombination gemäß folgender Systematik:
- Befehlsausführung: M für Motor; P für Pumpe; A für translatorischen Antrieb
- Signalverarbeitung: V
- Signaleingabe: S
- Alle weiteren Bauteile, die keinem Arbeitsglied zugeordnet werden können, werden als **Z**usätzlich mit vorangestellter **0** (Null) gekennzeichnet. Bei mehreren zusätzlichen Bauteilen folgt dieser Benennung eine laufende Durchnummerierung. Beispiel: 0Z2.

Die Ziffer vor den Buchstaben ist die Nummer des Schaltkreises; alle Bauteile eines Schaltkreises beginnen mit dieser Ziffer.

Beispiel:
Der Pneumatikplan in Bild ➔ **2a** besteht aus einem Schaltkreis. Die Bezeichnung aller Bauteile beginnt deshalb mit der Ziffer 1.
Ausnahme:
Die Aufbereitungsanlage ist ein Zubehörteil und beginnt mit der Ziffer 0.

Alle Bauteile einer Schaltung werden in einem Bauelementeplan aufgelistet, ➔ **2b**.

Für Leitungen im Pneumatikplan gelten folgende Regeln, vgl. Lernfeld 3:
- Sie sind stets senkrecht oder waagerecht zu zeichnen.
- Leitende Verbindungsstellen tragen einen Punkt.
- Steuerleitungen werden gestrichelt vom letzten Signal eingebenden zum Signal verarbeitenden Ventil dargestellt.

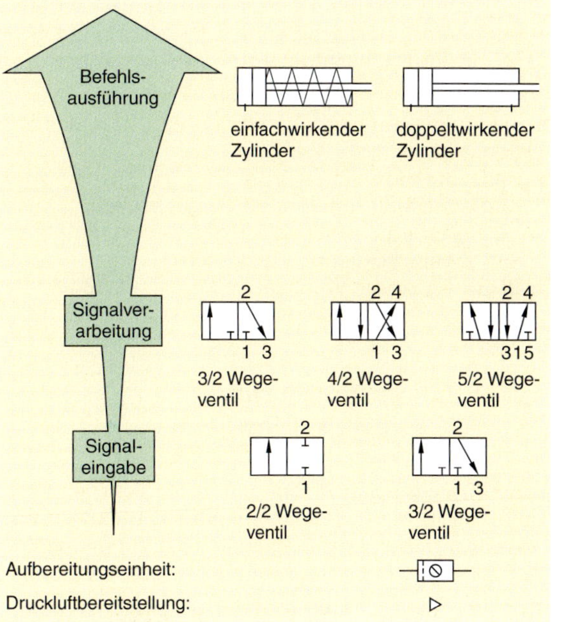

1 E-V-A-Prinzip im Pneumatikplan

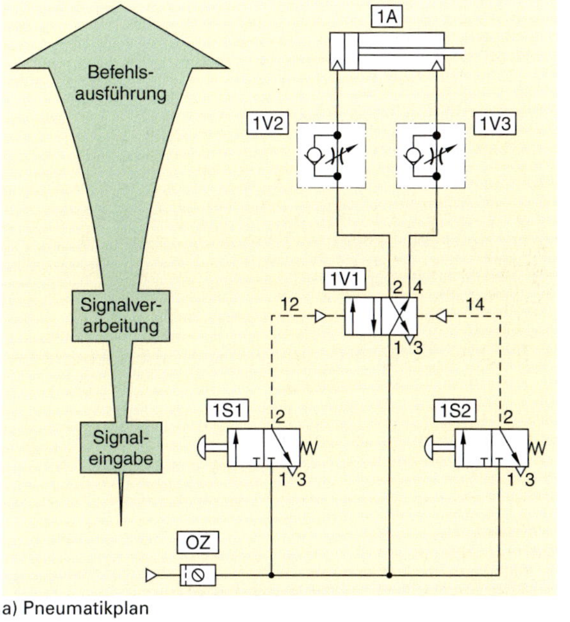

a) Pneumatikplan

Stück	Benennung	Elementziffer
1	doppeltwirkender Zylinder	1A
2	Drosselrückschlagventil	1V2, 1V3
1	4/2-Wegeventil, beidseitig druckluftbetätigt	1V1
2	3/2-Wegeventil, handbetätigt mit Knopf und Federrückstellung	1S1, 1S2
1	Aufbereitungseinheit	0Z

b) Bauelementeplan

2 Schaltplan und Bauelementeplan für die Ansteuerung eines doppeltwirkenden Zylinders

4

Die Steuerleitungsanschlüsse am Signal verarbeitenden Ventil beschreiben den jeweiligen Druckverlauf vom Druckanschluss 1 zum Ausgang 2 bzw. zum Ausgang 4, ➔ **1**.

Logikfunktionen werden im Pneumatikplan wie folgt umgesetzt, ➔ **2**:

- UND-Funktion:
  - Reihenschaltung von 3/2-Wegeventilen
  - Zusammenfassen der Ausgänge von Ventilen im Zweidruckventil, vgl. ➔ **184.1**
- ODER-Funktion: Wechselventil, vgl. ➔ **184.2**

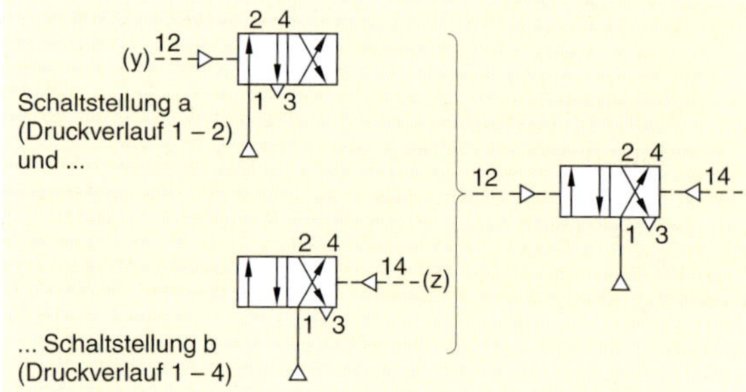

1 Steuerleitungsanschlüsse, Beispiel aus Bild 185.2a, Bauteil 1V1

Logikfunktion	Bildzeichen	Pneumatisches Schaltbild
UND Konjunktion **(AND)**	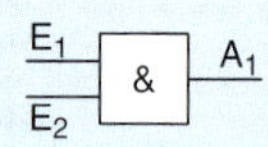	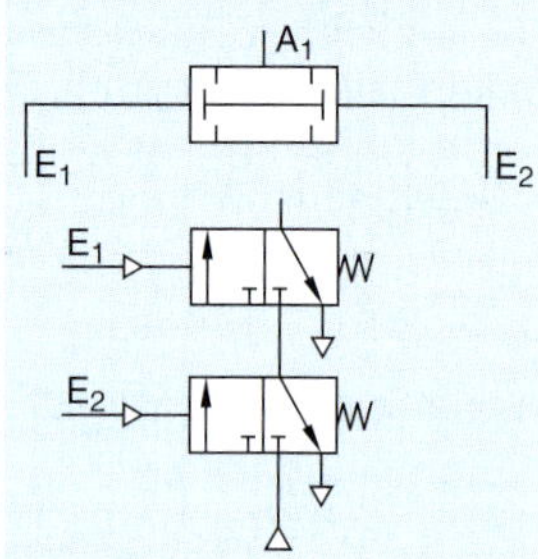
ODER (OR)	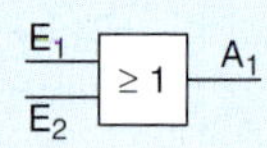	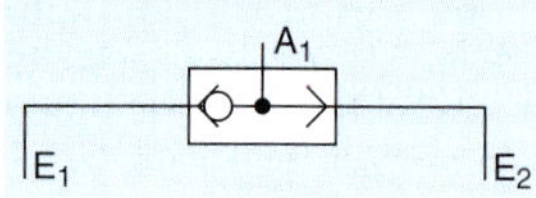

2 Umsetzung von Logikfunktionen in den Pneumatikplan

4.1.3.8 Informationen zum Weg-Schritt-Diagramm

Als hilfreicher Schritt bei der Umsetzung eines Logikplans in einen Pneumatikplan kann die Funktionsbeschreibung des Logikplanes zuvor in das Weg-Schritt- und Steuerdiagramm übersetzt werden.

Das Weg-Schritt-Diagramm beschreibt die Funktion eines Kolbens: das Ein- und Ausfahren. Jede Endlage ist ein „Zustand" der Steuerung, der Weg des Kolbens von Endlage zu Endlage ist ein Ablaufschritt.

Im Weg-Schritt-Diagramm werden
- Ablaufschritte gezeichnet,
- Zustände beschrieben,
- Funktion dargestellt.

Der Beginn jedes **einzelnen Ablaufschrittes** wird durch eine senkrechte Linie dargestellt, ➔ **3a**. Im letzten Ablaufschritt ist die Ausgangslage wieder hergestellt.

Es sind:
- Ablaufschritt 1: Ausgangslage, Kolben ist eingefahren
- Ablaufschritt 2: Kolben ist ausgefahren
- Ablaufschritt 3: Kolben ist eingefahren, entspricht der Ausgangslage

Die **Zustände** werden mit waagerechten Linien **beschrieben.**

Es gibt zwei Zustände, ➔ **3b**:
- Zustand 0: Kolben ist eingefahren
- Zustand 1: Kolben ist ausgefahren

Dann wird die **Funktion dargestellt**. In das Raster wird nun das Ein- und Ausfahren des Kolbens eingetragen, ➔ **3c**.
- Der Kolben fährt von Ablaufschritt 1 aus dem Zustand 0 (Ausgangslage) zum Ablaufschritt 2 und erreicht Zustand 1 (entspricht A+).
- Der Kolben fährt vom Ablaufschritt 2 aus dem Zustand 1 zum Ablaufschritt 3 und erreicht Zustand 0 (entspricht A-). Mit dem Zustand 0 ist die Ausgangslage erreicht.

Die Funktionsfolge ist A+ A-.

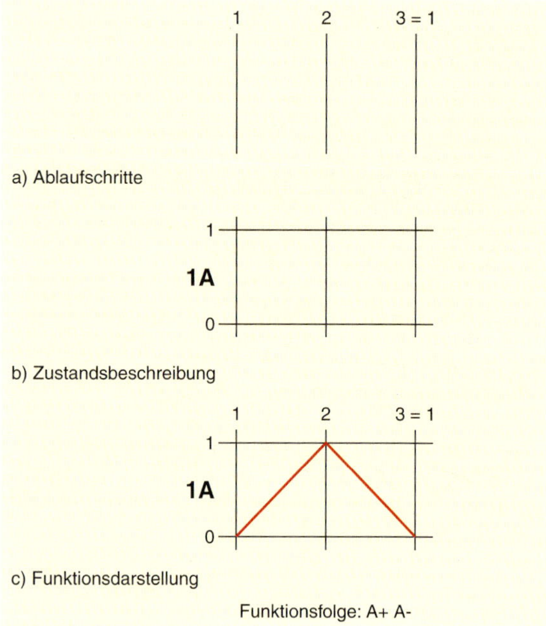

3 Weg-Schritt-Diagramm

4

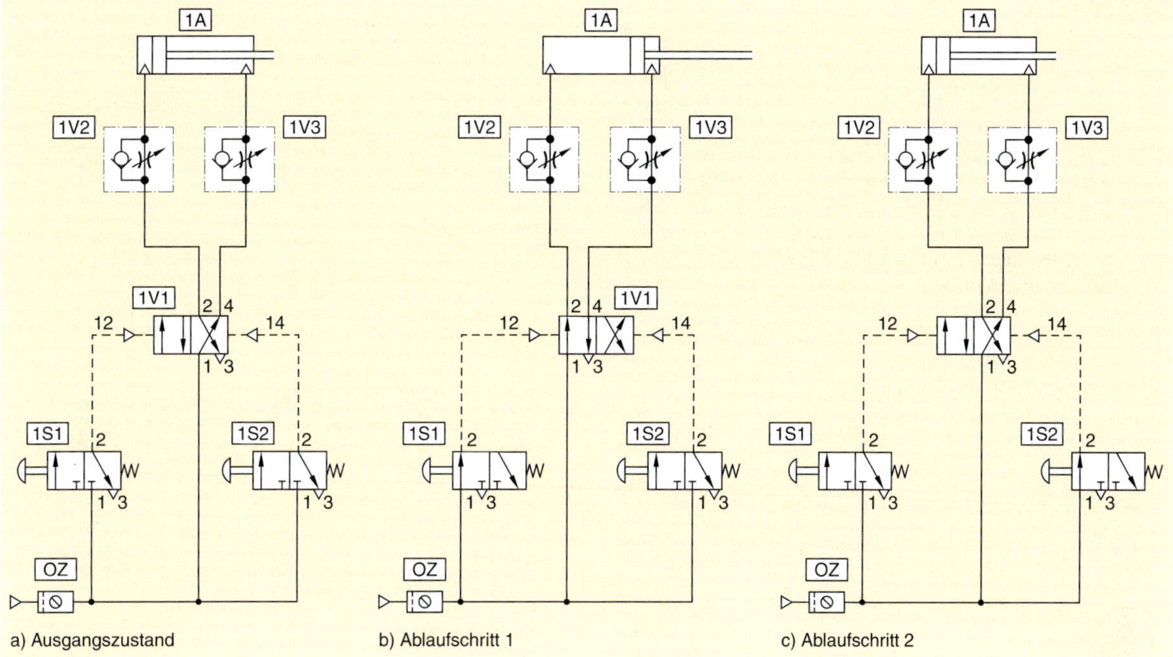

1 Ventilstellung für die Steuerung eines doppeltwirkenden Zylinders

4.1.3.9 Informationen zum Steuerdiagramm

Das Ein- oder Ausströmen der Druckluft in den Zylinder wird über Ventile gesteuert. Die Schaltstellung der Ventile wird im Steuerdiagramm dargestellt.

Beispiel:
Die Funktionsdarstellung in Bild ➔ **186.3c** erfolgt mit einem doppeltwirkenden Zylinder. So sind folgende Ventile erforderlich, ➔ **1**:
- ein 4/2-Wegeventil (1V1)
- zwei 3/2-Wegeventile (1S1, 1S2)

Beschreibung der Funktion:
- Ausgangszustand ➔ **1a**
  - 1S1,1S2 unbetätigt
  - Druckluft über 1V3 zum Kolben 1A
  - Kolben eingefahren
- Ablaufschritt 1, ➔ **1b**:
  - 1S1 wird betätigt (S1 = A+)
  - 1V1 schaltet um
  - Druckluft über1V2 zum Kolben 1A
  - Kolben ausgefahren.
- Ablaufschritt 2, ➔ **1c**
  - 1S2 wird betätigt (S2 = A-)
  - 1V1 Schaltet um
  - Druckluft über 1V3 zum Kolben 1A
  - Kolben eingefahren

  Dies entspricht dem Ausgangszustand

Bild ➔ **2** zeigt dazu die vollständige Funktionsbeschreibung, einschl. des Steuerdiagramms.

Der Aufbau des Rasters entspricht dem des Weg-Schritt-Diagramms, ➔ **2c**.

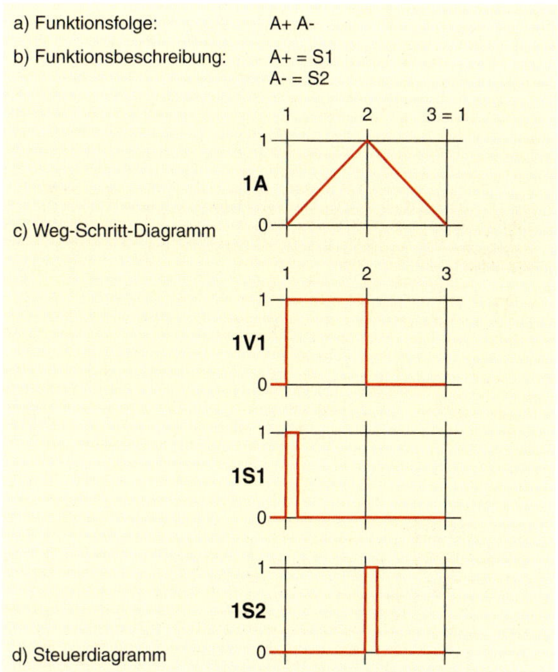

2 Vollständige Funktionsbeschreibung für das Ein- und Ausfahren eines doppeltwirkenden Zylinders

Für das Ventil bedeuten:
- 0: Ventil geschlossen
- 1: Ventil geöffnet

Für die Schalter bedeuten:
- 0: Schalter unbetätigt
- 1: Schalter betätigt

4

Signallinien

In einem Schaltkreis sind mehrere Zylinder vorhanden, die sich gegenseitig beeinflussen. Beispiel: Durch ein Eingabesignal fährt ein Zylinder aus und gibt in seiner Endlage ein Signal zum Ausfahren des nächsten Zylinders usw. Diese Signalverknüpfungen können durch Signallinien im Weg-Schritt- und Steuerdiagramm dargestellt werden. Bild ➔ **1** zeigt Eingabesignale, Signallinie und Signalverknüpfungen.

Beispiel: Öffnen und Schließen der Bustür eines Reisebusses

Die Tür eines Reisebusses soll:
- vor dem Öffnen: Absenken
- nach dem Schließen: Anheben

Deshalb gibt es zwei Schaltkreise, ➔ **2**:
- Schaltkreis 1 mit dem Zylinder zum Öffnen/Schließen
- Schaltkreis 2 mit dem Zylinder zum Heben/Absenken der Bustür

Bild ➔ **189.1** zeigt dazu das Weg-Schritt- und Steuerdiagramm.

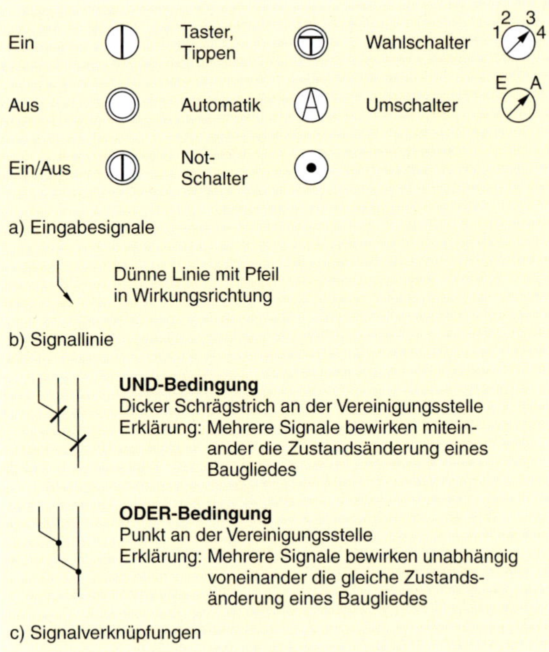

1 Eingabesignale, Signallinie und Signalverknüpfungen

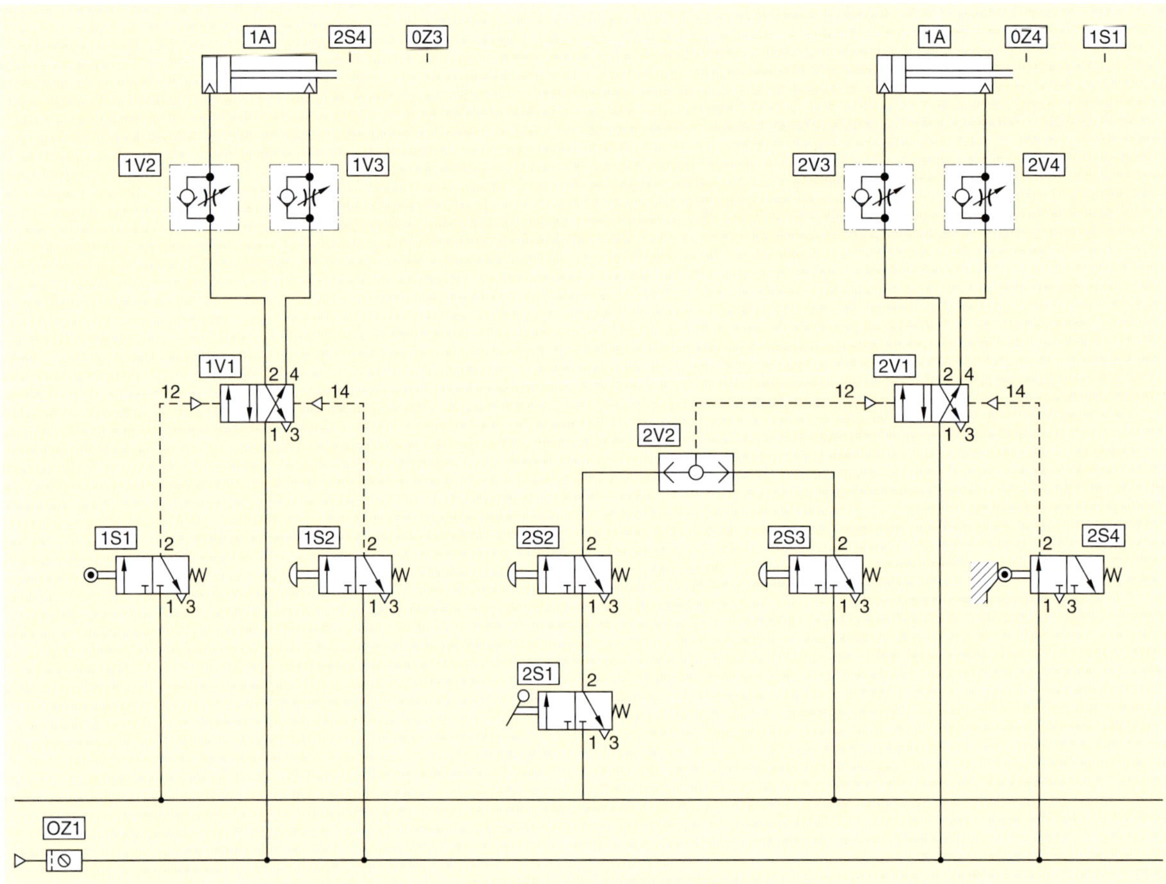

2 Pneumatikplan für die Türbetätigung eines Reisebusses

Beschreibung und Analyse des Steuerdiagramms:

Öffnen der Bustür:

- Betätigung der 3/2-Wegeventile 2S3 ODER 2S1 UND 2S2.
- Das Signal verarbeitende 4/2-Wegeventil 2V1 wird umgesteuert.
- Der Senk-Hebe-Zylinders 2A fährt aus und die Tür senkt ab.
- Im abgesenkten Zustand betätigt Zylinder 2A das 3/2-Wegeventil 1S1
- Das Signal verarbeitende 4/2-Wegeventil 1V1 wird betätigt
- Der Öffnen-Zylinder 1A fährt aus.

Schließen der Bustür:

- Ventil 1S2 wird betätigt.
- 1V1 steuert um.
- 1A fährt ein.
- In seiner unteren Endlage betätigt 1A den Schalter 2S4.
- Ventil 2V1 steuert um.
- Zylinder 2A hebt die Tür in ihren dichtenden Sitz.

Die ausführliche Darstellung des Diagramms in ➔ **1** lässt von vornherein mögliche Signalüberschneidungen erkennen, die in der Schaltung zu Störungen und Fehlfunktionen führen können.

Beispiel:
Bild ➔ **2** ist ein Ausschnitt aus Bild 1 und zeigt:

- Das Ausschalten mit dem Schalter 1S2 ist nicht möglich, da gleichzeitig der Startbefehl 1S1 anliegt. v
- Ebenso kann der Startbefehl 2S3 nicht umgesetzt werden, da zeitgleich das Signal 2S4 anliegt.

Um die Schaltung nach Bild ➔ **188.2** funktionsfähig zu machen, muss zusätzlich ein pneumatischer Speicher eingesetzt werden, der zwischen den Schaltstellungen EIN und AUS unterscheidet, ➔ **3**.

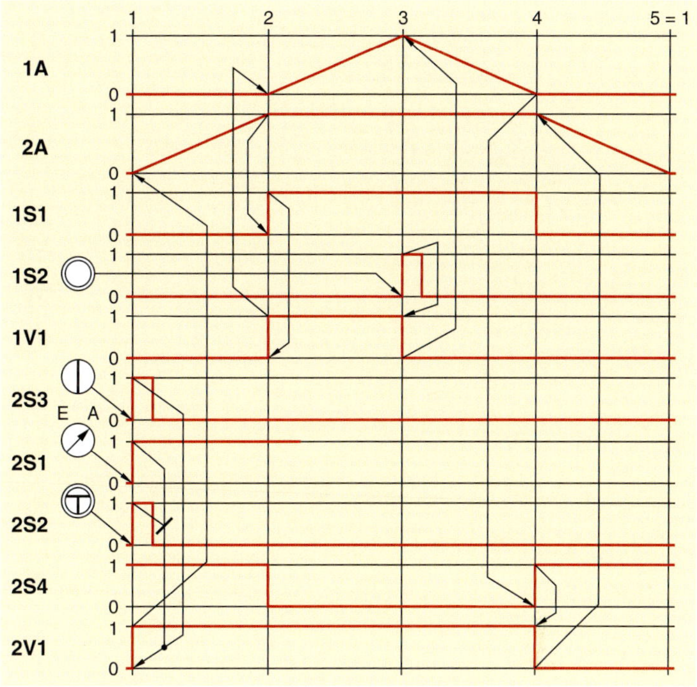

1 Weg-Schritt- und Steuerdiagramm zu Bild 188.2

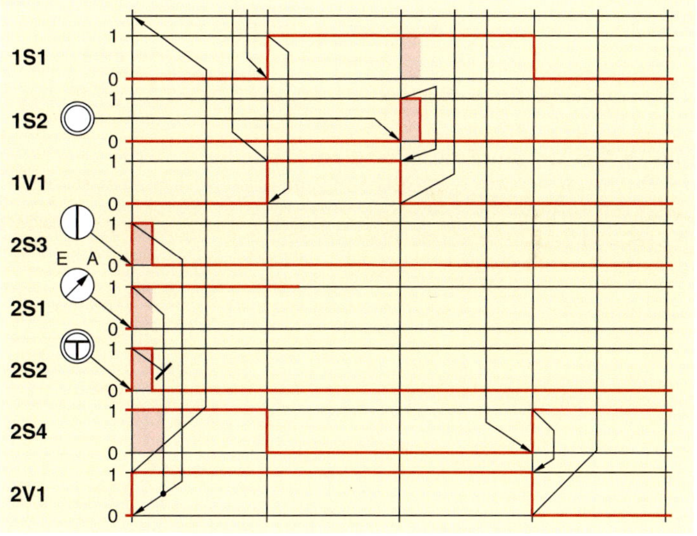

2 Signalüberschneidung, vgl. Bild 1

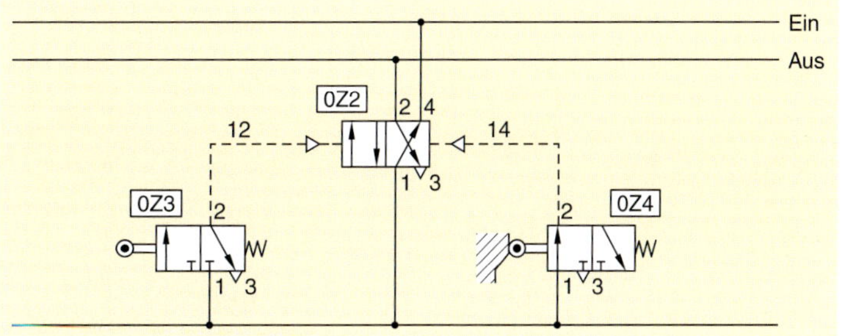

3 Pneumatischer Speicher

4

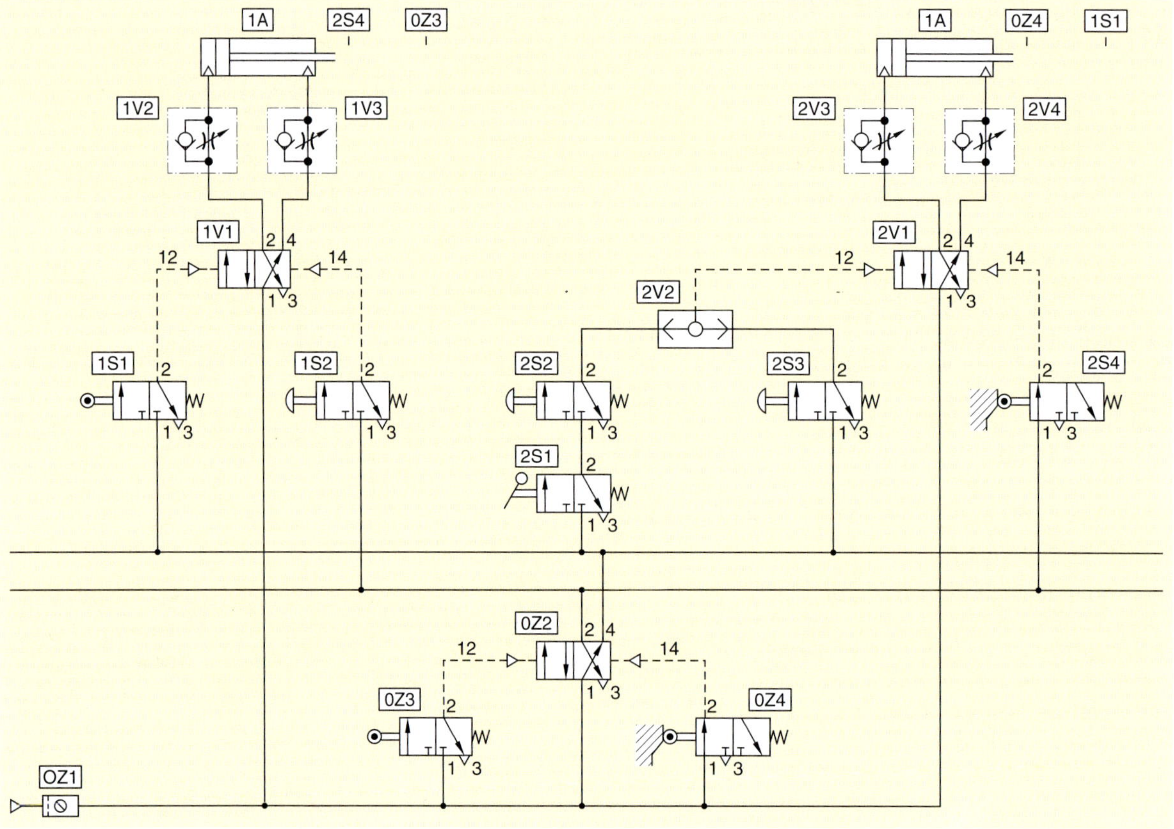

1 Pneumatikplan für die Bustürsteuerung aus Bild 188.2, ergänzt mit Informationsspeicher

Bild ➔ 1 zeigt den Pneumatikplan für die Bustürsteuerung aus Bild 188.2, ergänzt mit pneumatischem Speicher, in ➔ 2 ist dazu das erweiterte Weg-Schritt- und Steuerdiagramm dargestellt.

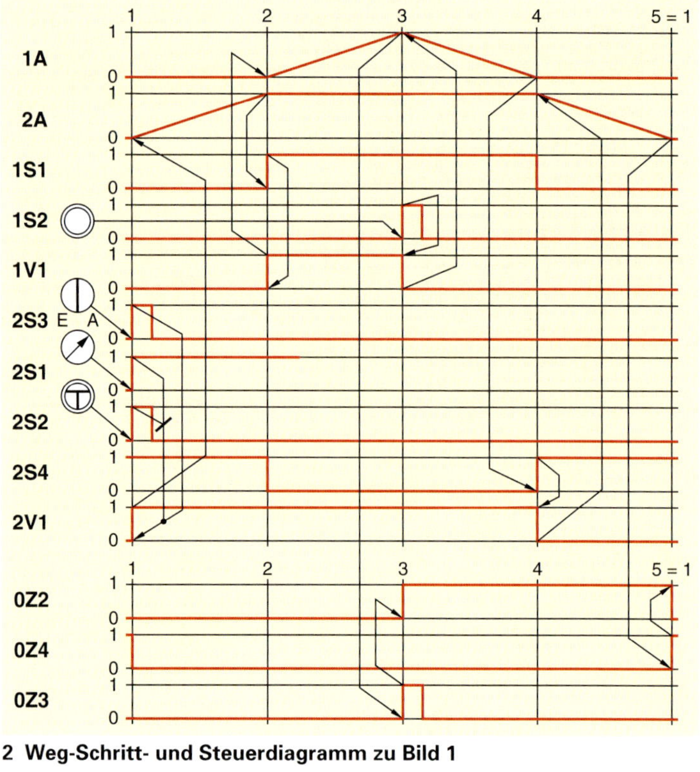

2 Weg-Schritt- und Steuerdiagramm zu Bild 1

4

4.1.3.10 Ermittlung des schließkraftabhängigen Zylinderdurchmessers

Der Paragraf § 35e der StVZO fordert, dass die Einklemmkraft die Größe von 150 N nicht überschreiten darf, vgl. Kap. 4.1.3.1. Dafür kann man die Größe des Zylinders bestimmen.

$$p = \frac{F}{A}$$

p Druck in Pa (Pascal)
F Kraft in N (Newton)
A Fläche in mm²

Achtung:
Die Einheit des Drucks ist Pa oder bar. Bei Berechnungen ist die Einheit umzurechnen:
1 MPa = 1 N/mm² = 10 bar
1 bar = 10 N/cm²

Bei einem doppeltwirkenden Zylinder sind zwei Flächen zu unterscheiden, ➔ **1**:
- A_d = Kreisfläche des Kolbens (Druckfläche, da in der Kolbenstange Druckspannung)
- A_Z = wirksame Kreisringfläche (Zugfläche, da in der Kolbenstange Zugspannung)

Wirksam für das Einklemmen ist das Schließen, also das Einfahren des Kolbens, bei dem der Druck auf die Kreisringfläche A_Z wirkt.

Beispiel:
Bei einem Betriebsdruck der Anlage von 0,4 MPa soll die maximal zulässige Kolbenfläche des Zylinder nach ➔ **1** ermittelt werden, d. h. die Einklemmkraft darf nicht überschritten werden. Die Kolbenstange hat einen Durchmesser von d = 10 mm.

Gegeben: $p = 0{,}4$ MPa
$F = 150$ N
$d = 10$ mm

Gesucht: D in mm

Umrechnung der Einheit:
0,4 MPa = 0,4 N/mm²

Lösung:

$$p = \frac{F}{A}$$
$$A = \frac{F}{p}$$
$$A = \frac{150\ \text{N}}{0{,}4\ \text{N/mm}^2}$$
$$\underline{\underline{A = 375\ \text{mm}^2}}$$

$$A = (D^2 - d^2) \cdot \frac{\pi}{4}$$
$$D^2 - d^2 = \frac{4A}{\pi}$$
$$D = \sqrt{d^2 + \frac{4A}{\pi}}$$
$$D = \sqrt{100\ \text{mm}^2 + \frac{4 \cdot 375\ \text{mm}^2}{\pi}}$$
$$D = \sqrt{100\ \text{mm}^2 + 477\ \text{mm}^2}$$
$$D = \sqrt{577\ \text{mm}^2}$$
$$\underline{\underline{D = 24\ \text{mm}}}$$

Der Außendurchmesser des Kolbens darf nicht größer sein als 24 mm.

Weitere Aufgaben zur Druckberechnung finden Sie im Kap. 4.2.3.4.

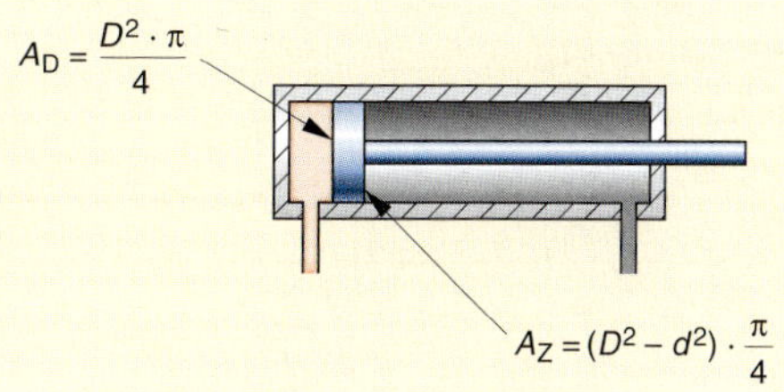

1 Flächen beim doppeltwirkenden Zylinder

4.1.4 Arbeitsplanung und Arbeitsauftrag durchführen

4.1.4.1 Arbeitsplanung

Da die Schaltung nicht funktioniert, soll sie in kleine, funktionsfähige Einheiten gegliedert werden, die dann schaltungstechnisch umgesetzt und jeweils geprüft werden. Dafür wird ein Arbeitsplan erstellt, z. B. ➔ **192.1**.

Nach dem Arbeitsplan werden folgende Arbeitsschritte zusammengefasst:
- Kontrolle der Bauteile, Kap. 4.1.4.2
- Anschließen der Bauteile für Teilschaltung, Kap. 4.1.4.3
- Funktionskontrolle der Teilschaltung, Kap. 4.1.4.4
- Erweiterung der Schaltung mit NBE, Kap. 4.1.4.5
- Funktionskontrolle der erweiterten Schaltung, Kap. 4.1.4.6

4.1.4.2 Kontrolle der Bauteile

Als Erstes werden alle Schläuche demontiert. Danach kontrolliert man alle Bauteile der Teilschaltung entsprechend dem Pneumatikplan auf richtige Funktion.

Folgende Bauteile gehören zur Teilschaltung, ➔ **192.2**:
- Zylinder 1A
- Drosselrückschlagventile 1V2, 1V3
- 4/2-Wegeventil 1V1
- 3/2-Wegeventile 1S1, 1S2

Der **Zylinder** wird mechanisch und mit Druckluft auf Gängigkeit kontrolliert.

Die **Drosselrückschlagventile** werden auf Durchflussrichtung mit Druckluft kontrolliert.

Das **4/2-Wegeventil** wird mit Druckluft auf Null-Schaltstellung kontrolliert. Hierbei muss Durchgang von 1 nach 4 und von 2 nach 3 sein.

Die **3/2-Wegeventile** werden auf Sperrnullstellung mit Druckluft kontrolliert. Hierbei muss Durchgang von 1 nach 2 gesperrt und der Durchfluss von 2 nach 3 möglich sein.

Arbeitsplanung

Lfd. Nr. Arbeitsschritt	Bauteil	Bemerkung	Bauelementekennziffer
1 Entfernen aller Schläuche		Sicherungsring runterdrücken	
2 Lesen des Schaltplans			
3 Kontrolle	Zylinder Drosselrückschlagventil 4/2-Wegeventil	doppeltwirkend Durchflussrichtung Null-Schaltstellung	1A 1V2, 1V3 1V1
4 Anschließen der Drosselrückschlagventile am Zylinder und dem 4/2-Wegeventil		Einführen der Schläuche über den Druckpunkt hinaus; hochziehen des Sicherungsringes	
5 Lesen des Schaltplans			
6 Kontrolle	3/2-Wegeventile	Sperrnullstellung	1S1, 1S2
7 Anschließen der Signal eingegebenden Ventile		Steuerleitungsanschlüsse 12 und 14 am Signal verarbeitenden Ventil, Einführen der Schläuche über den Druckpunkt hinaus, hochziehen des Sicherungsrings	1S1, 1S2
8 Herstellen der Druckversorgung			0Z
9 Funktionskontrolle			
10 Lesen des Schaltplans			
11 Lösen des Steuerleitungsanschluss 12		Runterdrücken des Sicherungsringes	
12 Kontrolle	Wechselventil, 3/2-Wegeventile	Sperrnullstellung	1V4 1S3, 1S4
13 Ansschließen der ODER-Schaltung	Wechselventil, 3/2-Wegeventile		1V4 1S3, 1S4
14 Funktionskontrolle			

1 Arbeitsplan

4.1.4.3 Anschließen der Bauteile der Teilschaltung für das Öffnen und Schließen der Bustür

Dann wird die Teilschaltung für einen gedämpft ausfahrenden, doppeltwirkenden Zylinder gemäß der Funktionsbeschreibung erstellt:

- Bustür öffnet (A+), wenn Schalter S1 betätigt wird (E_1)
  Also: $A+ = E_1$
- Bustür schließt (A-), wenn Schalter S2 betätigt wird (E_2)
  Also: $A- = E_2$

Funktionsfolge: A+ A-
Funktionsbeschreibung: A+ = S1
A- = S2
$A- = E_2$

Weg-Schritt-Diagramm:

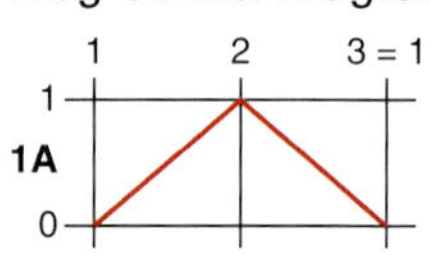

Steuerdiagramm:

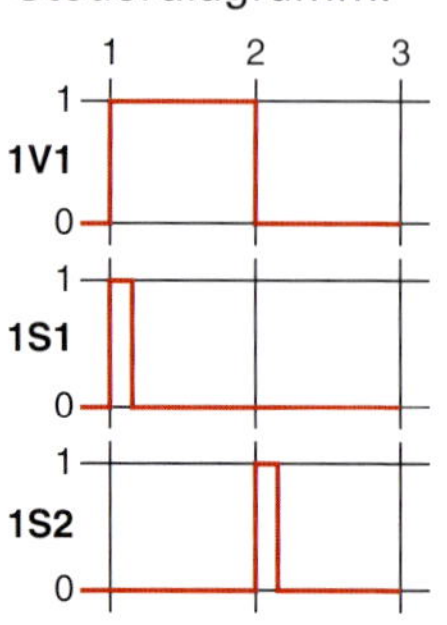

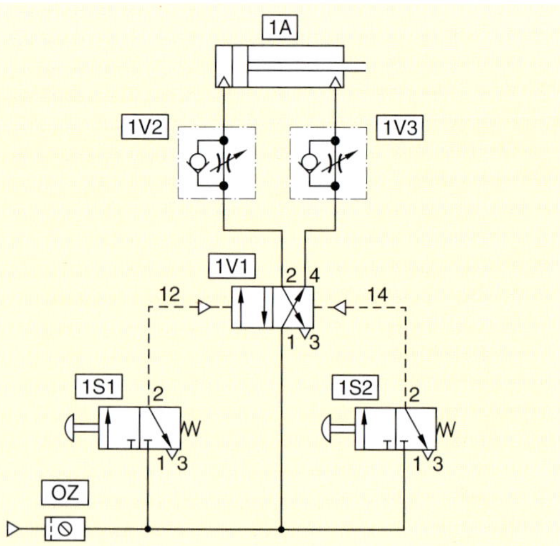

Stück	Benennung	Elementziffer
1	doppeltwirkender Zylinder	1A
2	Drosselrückschlagventil	1V2, 1V3
1	4/2-Wegeventil, beidseitig druckluftbetätigt	1V1
2	3/2-Wegeventil, handbetätigt mit Knopf und Federrückstellung	1S1, 1S2
1	Aufbereitungseinheit	0Z

2 Pneumatikplan mit Liste der Bauelemente für die Teilschaltung zum Öffnen und Schließen der Bustür

Beim Anschließen der Bauelemente für die Teilschaltung ist darauf zu achten, dass die Schläuche einwandfrei befestigt sind. Es ist besonders darauf zu achten, dass sich die Pneumatikschläuche nicht nur am richtigen Anschluss befinden, sondern auch dort bis zum Anschlag eingeführt wurden. Einige Anschlüsse sind über Rückschlagventile gesichert, gegen deren Widerstand der Schlauch eingeführt werden muss, um eine störungsfreie Druckversorgung zu gewährleisten.

4.1.4.4 Funktionskontrolle der Teilschaltung

Bei der Kontrolle der Schaltung ist besonders auf folgende Fehlerquellen zu achten:

- Kolben fährt bei Einschalten des Druckes spontan aus:
  Die Ausgänge 2 und 4 am 4/2-Wegeventil sind vertauscht.
- Kolben „ruckelt" beim Ausfahren:
  Die Durchflussrichtung des Drosselrückschlagventils wurde nicht beachtet.
- Es „pfeift" am 3/2-Wegeventil:
  Der Druckanschluss wurde an Anschluss 2 gelegt, der nun über 3 entlüftet.

Die Funktionskontrolle nach diesem Montageschritt ergab keine Beanstandung.

4.1.4.5 Erweiterung der Schaltung mit NBE

Die Funktionskontrolle der Teilschaltung hat ergeben, dass die Bauteile in Ordnung sind. Im nächsten Schritt erfolgt die Umsetzung für das Öffnen und Schließen der Tür alternativ durch den Fahrer, oder vom Fahrgastraum als Notbetätigung. Zum Not öffnen soll ein Hebel S3 umgelegt und ein Schalter S4 betätigt werden.

Funktionsfolge: A+ A-
Funktionsbeschreibung: A+ = S1 ∨ S3 ∧ S4
A- = S2

Logikplan:

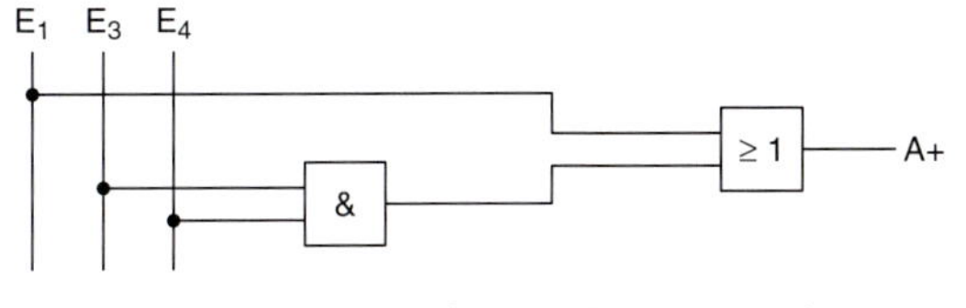

Das Weg-Schritt- und Steuerdiagramm kann aufgrund der ODER-Bedingung entfallen, da der Bewegungsablauf des Kolbens gleich ist, vgl. Kap. 4.1.4.3.

Der Pneumatikplan und die Bauelemente sind in ➔ **1** dargestellt.

4.1.4.6 Funktionskontrolle der erweiterten Schaltung

Bei der Funktionskontrolle ist besonders wieder auf die in Kap. 4.1.4.4 genannten Punkte zu achten, wie auch auf die Funktionsfähigkeit der UND- und ODER-Verknüpfung.

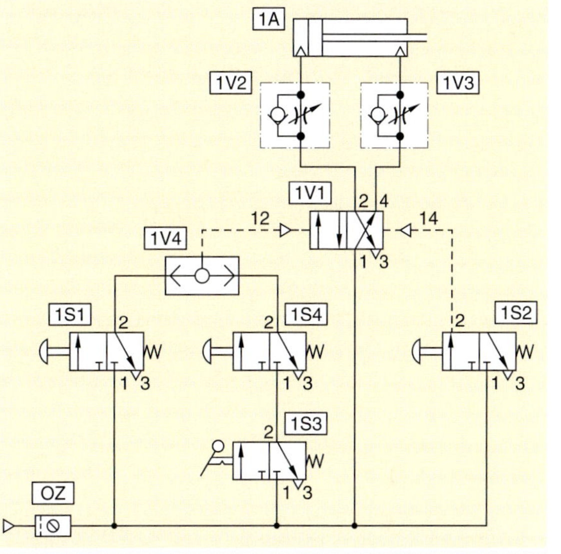

Stück	Benennung	Elementziffer
1	doppeltwirkender Zylinder	1A
2	Drosselrückschlagventil	1V2, 1V3
1	4/2-Wegeventil, beidseitig druckluftbetätigt	1V1
3	3/2-Wegeventil, handbetätigt mit Knopf und Federrückstellung	1S1, 1S2, 1S4
1	3/2-Wegeventil, handbetätigt mit Hebel, rastbar und Federrückstellung	1S3
1	Wechselventil	1V4
1	Aufbereitungseinheit	0Z

1 Pneumatikplan mit Liste der Bauelemente für die erweiterte Schaltung zum Öffnen und Schließen der Bustür

Als Fehlerursache für die Bustürsteuerung hat sich herausgestellt, dass statt des Wechselventils das äußerlich identisch aussehende Zweidruckventil eingebaut war. Nach dessen Austausch sowie kleineren Einstellarbeiten arbeitet die Steuerung fehlerfrei.

4.1.5 Qualitätssicherung

Bei der Qualitätssicherung sind folgende Punkte zu prüfen und das Ergebnis zu dokumentieren:

- Montage:
  - Sauberkeit der Umgebung, der Bauelemente sowie der Leitungsanschlüsse
  - Vollständigkeit und Richtigkeit der Bauteile
  - Achten auf Transportschäden
  - fachgerechter Einbau
- Vor Inbetriebnahme:
  - 4/2-Wegeventile in Nullstellung bringen
  - kurz einschalten und Ruhestellung aller Bauteile überprüfen
- Probelauf:
  - Druckeinstellung vornehmen bzw. überprüfen
  - auf Geräusche beim Probelauf achten
  - Richtigkeit des Bewegungsablaufs und der Verfahrgeschwindigkeit prüfen

Für die Bustürsteuerung wurde ein Prüfprotokoll erstellt, → **1**.

Weiteres zur Qualitätssicherung siehe Kap. 0.3.4.4.

4.1.6 Fahrzeug an den Kunden übergeben

Bei der Fahrzeugübergabe wird dem Kunden der Umfang der durchgeführten Reparaturmaßnahme vorgestellt.

Die Instandsetzung des Einstiegs und die Instandsetzung der Bustürsteuerung sind in diesem Betrieb in verschiedenen Abteilungen durchgeführt worden.

Die Übergabe des Fahrzeugs erfolgt in zwei Schritten. In diesem Teillernfeld wurde Reparatur der Bustürsteuerung beschrieben. Die Übergabe dieser Arbeitsergebnisse erfolgt durch eine Vorführung der Bustürsteuerung und zusätzlich wird dem Kunden der Prüfbericht ausgehändigt.

Im Prüfbericht wird der einwandfreie Zustand der Busbetätigungseinrichtung bescheinigt anhand der geprüften Bauteile und deren Funktionsfähigkeit.

Weitere Informationen zur Fahrzeugübergabe finden Sie in Kap. 0.3.2.3.

Bauelemente	i.O.	Nacharbeit	i.O.
• Schlauchführung			
- Befestigung	X		
- Verlegung	X		
• Zylinder			
- Dimensionierung	X		
- Dichtheit	X		
- Ausrichtung	X		
- Befestigung	X		
• 4/2 Wegeventil			
- Nullstellung	X		
- Steuerleitungsanschlüsse	X		
- Dichtheit	X		
- Befestigung	X		
- Funktion	X		
• Drosselrückschlagventile			
- Einbaulage	X		
- Drosselwirkung		Drosselwirkung verstärken	X
- Dichtheit			
- Befestigung	X		
• Wechselventil		Zweidruck- gegen Wechselventil tauschen	X
- Dichtheit	X		
- Befestigung	X		
• 3/2 Wegeventil, Drücken			
- Vollständigkeit	X		
- Ruhestellung	X		
- Dichtheit	X		
- Befestigung	X		
• 3/2 Wegeventil, Hebel			
- Ruhestellung	X		
- Dichtheit	X		
- Befestigung	X		
• Aufbereitungseinheit			
- Druckeinstellung		Druck erhöhen	X
- Ölerbefüllung	X		
- Ölerfunktion	X		
- Dichtheit	X		
- Befestigung	X		
• Probelauf	X		

1 Protokoll zur Instandsetzung und Prüfung der Bustürsteuerung

4

4.2 Hydraulischen Lkw-Ladekran prüfen und instand setzen

4.2.1 Lernsituation und Vorgehensweise

In ihrem Fahrzeugbaubetrieb wurde ein Lkw mit Pritschenaufbau mit einem Ladekran nachgerüstet.

Der Kunde reklamiert, dass der Kran unter Last langsam absinkt, statt die Position zu halten, und bittet um Nachbesserung.

Aufgrund dieses Kundenauftrages ergibt sich folgende Vorgehensweise:
- Fahrzeugannahme und Schaden begutachten, Kap. 4.2.2
- Informationsbeschaffung, Kap. 4.2.3
- Arbeitsplanung und Arbeitsauftrag durchführen, Kap. 4.2.4
- Qualitätssicherung, Kap. 4.2.5
- Fahrzeug an den Kunden übergeben, Kap. 4.2.6

4.2.2 Fahrzeugannahme und Schaden begutachten

Der Schaden kann durch eine Funktionsprüfung begutachtet werden. Dazu wird der Ladekran ausgefahren und belastet, ➔ **1**.

Im vorliegenden Fall wurde festgestellt:
- Der Ausleger sinkt langsam ab unter Last.
- Die einzelnen Hubzylinder sperren teilweise und können nicht beliebig betätigt werden.

Es erfolgt die Festlegung der erforderlichen Reparaturschritte. Für die Reparatur sind dabei die Kenntnis der Teilsysteme und des Gesamtsystems erforderlich.

4.2.3 Informationsbeschaffung

Um den Auftrag ausführen und den Schaden beheben zu können, werden folgende Informationen benötigt zu:
- Hydraulik, Kap. 4.2.3.1
- Wirkmedium Hydraulikflüssigkeit, Kap. 4.2.3.2
- Bauelemente von Hydraulikanlagen, Kap. 4.2.3.3
- Berechnungen hydrostatischer Systeme, Kap. 4.2.3.4
- Hydraulikplan, Kap. 4.2.3.5
- Steuerung und Regelung, Kap. 4.2.3.6
- Beschreibung der Funktion, Kap. 4.2.3.7
- Beachten von Herstellerangaben und gesetzlichen Vorschriften, Kap. 4.2.3.8

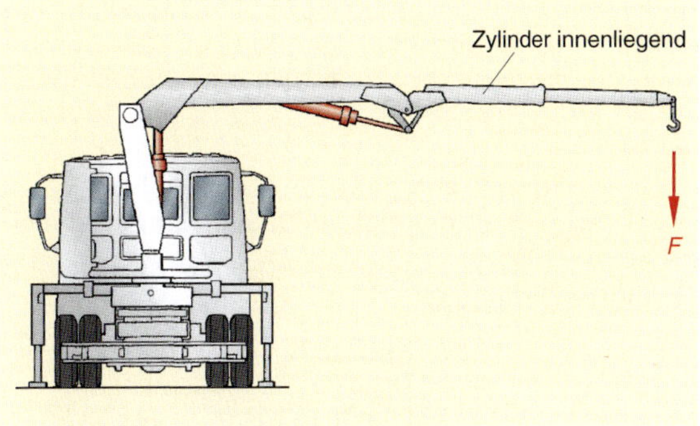

1 Lkw-Ladekran – Funktionsprüfung

4.2.3.1 Informationen über die Hydraulik

Der Begriff „Hydraulik" wird in unterschiedlichen Zusammenhängen verwendet.

Die ursprüngliche Bedeutung für Hydraulik ist: Lehre von Kraft und Bewegung durch Flüssigkeiten.

Der wesentliche Unterschied zwischen Hydraulik und Pneumatik besteht in seinen Wirkmedien:
- Pneumatik: Wirkmedium ist Luft
- Hydraulik: Wirkmedium ist Hydraulikflüssigkeit

Der Begriff „Hydraulik" wird aber auch für die Baugruppen verwendet, die mit Flüssigkeiten betrieben wird.

Beispiel:
Hydraulik im Lkw: Gemeint ist die hydraulische Anlage im Lkw, sie umfasst Bremsanlage, Kupplung, Niveauregulierung, Ladekran, evtl. Hub-Ladebordwand.

In der Hydraulik werden unterschieden:
- Hydrodynamik
- Hydrostatik

Hydrodynamik (auch **Hydrokinetik** genannt) ist Lehre der Bewegungsgesetze strömender Flüssigkeiten und den dabei wirkenden Kräften. Bei der Hydrodynamik wird Energie als Bewegungsenergie übertragen.

Beispiel:
In schweren Lkws wird die mechanische Kupplung mit einem hydrodynamischen Drehmomentwandler (Strömungswandler) kombiniert. Dabei wird das Motordrehmoment durch Strömungskräfte einer Flüssigkeit auf das Getriebe übertragen. Auftretende Drehzahldifferenz zwischen Motor und Triebstrang werden überbrückt, daher eignet sich der hydrodynamische Drehmomentwandler sehr gut als Anfahrhilfe.

Weitere Informationen zum hydrodynamischen Drehmomentwandler siehe Kap. 4.2.3.3.

4

Hydrostatik ist die Lehre vom Gleichgewicht der Kräfte in ruhenden Flüssigkeiten. Im Zusammenhang mit Bewegungs- und Strömungswiderständen gelten jedoch auch hier die Gesetze der Hydrodynamik.

In einer Hydraulikanlage wird über eine Pumpe ein Druck aufgebaut, der sich nach allen Seiten gleichmäßig fortsetzt.

Es gilt die Beziehung:

$$p = \frac{F}{A}$$

F	Kraft in N
p	Druck in Pa (Pascal)
A	Fläche in m^2

Ein Beispiel zur Berechnung an einem doppelt wirkenden Zylinder siehe Kap. 4.1.3.10.

Der Druck wird genutzt für Arbeiten wie Heben, Spannen, Pressen.

4.2.3.2 Informationen zum Wirkmedium Hydraulikflüssigkeit

Hydraulikflüssigkeiten haben Vorteile, aber auch Nachteile gegenüber Luft.

Vorteile der Hydraulikflüssigkeiten:
- Sie können große Druckkräfte übertragen.
- Sie sind inkompressibel.

Sollen mit einem translatorischen Antrieb **große Druckkräfte** übertragen werden, muss im Zylinder ein hoher Druck aufgebaut werden.

Es gilt, vgl. Kap. 4.2.3.1:

$$F = p \cdot A$$

F	Druckkraft in N
p	Druck in Pa (Pascal)
A	Fläche in m^2

Mit Hydraulikflüssigkeiten kann ein Druck über 50 MPa erzielt werden. Zum Vergleich: Luft kann mit einem Druck bis max. 3,5 MPa belastet werden.

Hydraulikflüssigkeiten sind **inkompressibel**, d. h. wie jede Flüssigkeit lässt sich auch Hydraulikflüssigkeit kaum komprimieren (verdichten). Nur bei sehr hohem Druck verkleinert sich das Volumen um 1 % bis 2 % je 10 MPa.

Achtung:
Bei Gasblasen in der Flüssigkeit kann sich die Kompressibilität erhöhen, dann lässt sich die Flüssigkeit unter Druck mehr verdichten.

Nachteile der Hydraulikflüssigkeiten:
- Sie müssen in einen Vorratsbehälter zurückgeführt werden.
- Das System muss dicht sein.

Hydraulikflüssigkeiten müssen in den Vorratsbehälter **zurückgeführt werden**. Für den Rückfluss müssen Rückleitungen installiert sein. Vergleich: Luft kann in die Umgebung abgeblasen werden.

Hydraulikanlagen **müssen dicht sein**, denn Hydraulikflüssigkeiten sind aggressiv und können andere Bauteile schädigen.

Anforderungen an Hydraulikflüssigkeiten:
- gute Schmiereigenschaften
- nicht aggressiv gegen Lager, Dichtungen, Farbe, Kunststoffe
- geringe Änderung der Viskosität (Zähflüssigkeit)
- Beständigkeit der Molekülketten gegen mechanische Abscherung
- temperaturstabil
- Beständigkeit gegen Oxidation
- geringe Kompressibilität
- geringe Temperaturausdehnung
- geringe Neigung zur Schaumbildung
- geringe Luftaufnahme bei gleichzeitig guter Luftabgabe
- hoher Siedepunkt
- hohe Dichte (zähflüssig)
- gutes Wärmeleitvermögen
- schwer entflammbar
- ungiftig
- nicht hygroskopisch
- preiswert

Anforderungen wie Beständigkeit gegen Oxidation, geringe Neigung zur Schaumbildung oder geringe Luftaufnahme müssen erfüllt sein, damit Gasblasen nicht die Eigenschaft der Hydraulikflüssigkeit grundlegend ändert.

Beispiel:
Ursache für das langsame Absinken des Kranauslegers könnte sein, dass sich Gasblasen in der Hydraulikflüssigkeit gebildet haben. Die Gasblasen werden zusammengedrückt, so ändert sich das Volumen der Hydraulikflüssigkeit.

Als Hydraulikflüssigkeiten gibt es:
- Wasser
- schwerentflammbare Druckflüssigkeiten
- Drucköle
- Druckflüssigkeiten auf Mineralölbasis
- umweltfreundliche Druckflüssigkeiten

Wasser als Hydraulikflüssigkeit

Wasser wird eingesetzt, wenn Brandsicherheit gefordert ist, z. B. im Theater zum Antrieb von Drehbühnen, in Kraftwerken, im Bergbau.

Aber Wasser ist problematisch:
- Änderung der Aggregatzustände innerhalb eines kleinen Temperaturbereichs.
- Korrosionsgefährdung der Anlage.
- Keine Schmiereigenschaft.
- Sehr dünnflüssig (hohe Viskosität), daher aufwendige Abdichtungen erforderlich.

Aufgrund dieser Probleme wird Wasser nur in Ausnahmefällen eingesetzt, dann nur mit Zusätzen, Beispiele siehe oben.

Schwerentflammbare Druckflüssigkeiten

Schwer entflammbare Druckflüssigkeiten sind Wasser-Öl-Gemische, unterteilt in:
- HFA-Öle
- HFB-Öle
- HFC-Öle
- HFD-Öle

HFA-Öle bestehen aus Öl (5 %) und Wasser (95 %). Wasser und Öl sind nicht mischbar, aber kleine Teile von Öl können im Wasser verteilt werden; das nennt man **Emulsion**.

Von den HFA-Ölen gibt es:
- HFA-E-Öle, E = Emulsion
- HFA-M-Öle, M = Mikro-Emulsion (= feinstverteilt)
- HFA-V-Öle, V = verdickt; 80 % Wasser und 20 % Öl

HFB-Öle bestehen aus Wasser (bis zu 40 %) und Öl als Emulsion.

HFC-Öle sind wässrige Lösungen mit 35 % bis 55 % Wasser und vorwiegend Glykolen.

HFD-Öle sind wasserfreie synthetische Flüssigkeiten auf Phosphorsäure-Ester-Basis.

Zu beachten:
- Für HFA- und HFB-Öle bestehen Anwendungsausschlüsse für Flügelzellen-, Radialkolben- und Zahnradpumpen!
- HFC- und HFD-Öle sind nur bedingt einsetzbar bei Flügelzellen-, Radialkolben- und Zahnradpumpen!

Drucköle

Von den Druckölen gibt es:
- HFD-Öle
- HLP-Öle
- HLP-D-Öle

Die **HFD-Öle** sind oben erklärt.

Bei den **HLP-Ölen** steht P für pressure (engl.) = Druck.

HLP-D-Öle sind HLP-Öle mit zusätzlichen Dispergier- und Detergier-Wirkstoffen. Dispergier-Wirkstoffe sorgen für eine gleichmäßige Feinstverteilung der Zusatzstoffe, Detergier-Wirkstoffe wirken reinigend.

Druckflüssigkeiten auf Mineralölbasis

Druckflüssigkeiten auf Mineralölbasis sind:
- H-Öle
- HL-Öle

H-Öle sind ohne zusätzliche Wirkstoffe und sind untereinander mischbar.

HL-Öle sind H-Öle mit Zusatzstoffen; L steht für: legiert. Die Zusatzstoffe verbessern den Korrosionsschutz, die Alterungsbeständigkeit und verringern die Schaumbildung.

Umweltfreundliche Druckflüssigkeiten

Die umweltfreundlichen Druckflüssigkeiten können unterteilt werden in:
- HETG-Öle
- HEPG-Öle
- HEE-Öle

Ein **HETG-Öl** ist z. B. Rapsöl. TG steht für Trigliceride.

Zu beachten:
Das Alterungsverhalten entspricht nicht den Mindestanforderungen von DIN 51 524-2 und -3.

Daher ist bei HETG-Ölen vorgeschrieben:
- mindestens jährlich wechseln
- erster Wechsel nach 500 Betriebsstunden
- zweiter Wechsel nach weiteren 1000 Betriebsstunden
- danach nach jeweils 300 Betriebsstunden überprüfen
- nach 2000 Betriebsstunden auf jeden Fall wechseln

HEPG-Öle sind synthetische Öle, PG steht für Polyglykole.

HEE-Öle sind ebenfalls synthetische Öle, aber E ist Ester.

Aufgrund der Vielzahl an Hydraulikflüssigkeiten und deren Eigenschaften ist eine Mischbarkeit unterschiedlicher Flüssigkeiten im Regelfall ausgeschlossen.

Sonst kommt es zu Störungen in der Hydraulikanlage.

Störungen in der Hydraulikanlage können ebenfalls auftreten, wenn sich die Hydraulikflüssigkeiten unterscheiden in:
- ihrer Art
- Alter
- eventueller unzulässiger Mischung
- eventuellem Ausschluss für die Hydropumpe

Weitere Informationen über Wirkmedien der Steuerungs- und Regelungstechnik siehe Kap. 4.1.3.5.

4.2.3.3 Informationen über Bauelemente von Hydraulikanlagen

Bauelemente von Hydraulikanlagen sind:
- Hydropumpe
- rotatorische Antriebe
- translatorische Antriebe
- Geschwindigkeitsbeeinflussung
- hydrodynamischer Drehmomentwandler
- Wegeventile
- Sitzventile

Hydropumpe

Es gibt viele unterschiedliche konstruktive Ausführungen von Hydropumpen, ➔ **1**.

Eine Gemeinsamkeit haben jedoch alle Pumpenkonstruktionen, sie arbeiten nach dem Verdränger-Prinzip.

Beispiel:
Das angesaugte Volumen einer Kolbenpumpe wird durch eine entgegengesetzte Bewegung wieder verdrängt. Bei der Abwärtsbewegung wird angesaugt, bei der Aufwärtsbewegung wird verdrängt.

Hydropumpen formen mechanische Leistung in hydraulische Leistung um. Dabei muss der Betriebsdruck beachtet werden.

Beim Betriebsdruck wird unterschieden:
- Dauerdruck
- Höchstdruck (Einschaltdauer beachten)
- Spitzendruck (nur kurzzeitig)

Bei Festlegung des Betriebsdruckes sind die Herstellerunterlagen (Katalogangaben) zu beachten. Bei einigen Herstellern ist der Dauerdruck = Höchstdruck.

Nach dem Einsatz der Hydropumpe muss entschieden werden, welche Pumpenkonstruktion gewählt wird. Hierbei sind die Auswahlkriterien für eine Hydropumpe eine Hilfe, ➔ **2**.

In der Tabelle sind die Betriebsdaten der Hydropumpen und der Preis bewertet.

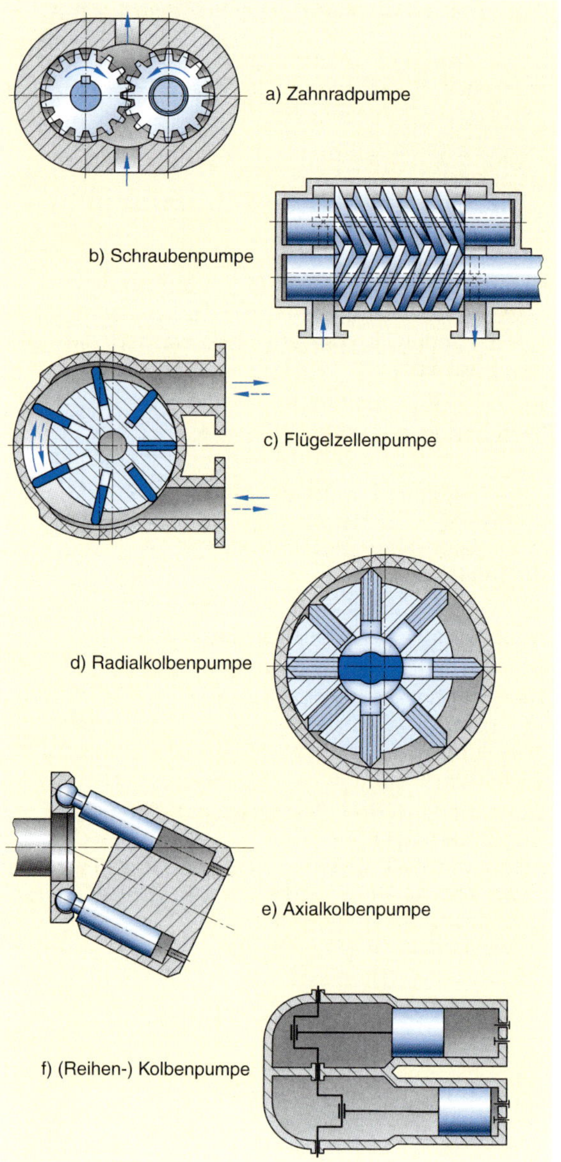

1 Hydropumpen

	Außenzahnradpumpe	Innenzahnradpumpe	Schraubenpumpe	Flügelzellenpumpe	Radialkolbenpumpe	Axialkolbenpumpe
Verdrängervolumen in cm^3	0,2 ... 200	3 ... 250	15 ... 3500	5 ... 100	0,5 ... 100	0,5 ... 100
Betriebsdruck in MPa	≤ 30	≤ 30	≤ 20	≤ 10	≤ 70	≤ 70
Drehzahlbereich in min^{-1}	500 ... 6000	500 ... 3000	1000 ... 3500	1000 ... 2000	1000 ... 3000	1000 ... 3000
Viskositätsbereich	++	+	++	o	++	++
Geräuschniveau	++	o	–	o	+	+
Lebensdauer	o	+	++	++	+	+
Preis	–	o	+	o	+	+

++ sehr groß + groß o mittel – gering

2 Auswahlkriterien für Hydropumpen

4

Als Beispiel sei hier eine **Axialkolbenpumpe** beschrieben. Die Axialkolbenpumpe ist eine hoch beanspruchte Hydropumpe und wird eingesetzt in Hydrokränen, Absetzkipper oder hydraulischen Winden mit längerer Einschaltdauer.

Die Axialkolbenpumpe besteht aus, ➔ **1a**:
- Schrägscheibe
- Pumpengehäuse mit mehreren Zylindern
- Kolben
- Saugventil
- Druckventil
- Druckfedern

Die Anzahl der Kolben je Pumpe ist unterschiedlich und kann bis neun Stück betragen.

Als Antrieb für Hydropumpen werden Elektro- oder Verbrennungsmotoren eingesetzt.

Die Kolben im Pumpengehäuse erfahren bei jeder Umdrehung der rotierenden Schrägscheibe einen
- Saughub und einen
- Druckhub

Beim **Saughub** fährt der Kolben aus dem Zylinder aus; im Zylinderraum entsteht Unterdruck, ➔ **1b**. Das Saugventil öffnet und Öl strömt in den Zylinderraum. Gleichzeitig wird durch Unterdruck und Federkraft das Druckventil im geschlossenen Zustand gehalten.

Beim Weiterdrehen der Schrägscheibe wird der Kolben in den Zylinder gepresst, es entsteht Druck im Zylinder, der **Druckhub**, ➔ **1c**. Dieser Druck und die Federkraft bewirken, dass das Saugventil schließt und das Druckventil gegen seine Federkraft öffnet. Öl wird in die Leitung gefördert.

Rotatorische, hydraulische Antriebe

Rotatorische Antriebe, die mit Hydraulik-Flüssigkeiten angetrieben werden, sind:
- Hydromotor
- Hydraulikgetriebe

Ein **Hydromotor** ist die Umkehr der Hydropumpe: Die Hydropumpe wird auf der Druckseite mit Öl gespeist, dann arbeitet die Hydropumpe als Hydromotor. Ähnliches ist im Kap. 4.1.3.6 Pneumatikverdichter beschrieben.

Beim **Hydraulikgetriebe** wird ein Axialkolbenmotor mit einer Axialkolbenpumpe gekoppelt.

Bild ➔ **200.1** zeigt die Arbeitsweise eines Hydraulikgetriebes mit stufenloser Drehzahlregelung und Drehrichtungsänderung.

Dieses Hydraulikgetriebe besteht aus:
- Axialkolbenpumpe in Schrägbauart
- Axialkolbenmotor in Schrägscheibenbauart

Die Axialkolbenpumpe wird angetrieben über einen Elektromotor oder einen Verbrennungsmotor.

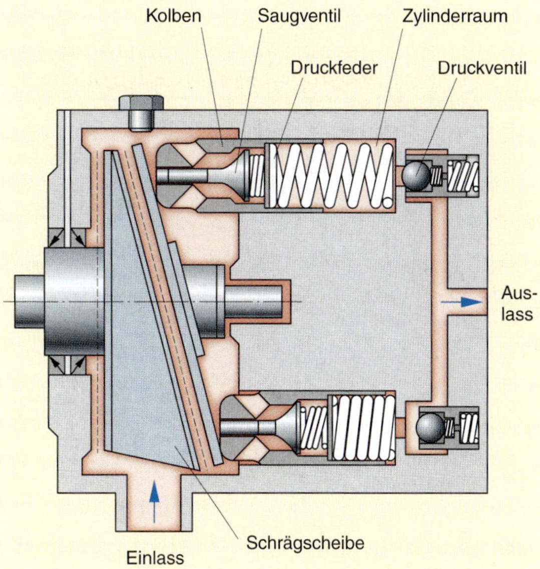

a) Schnittdarstellung

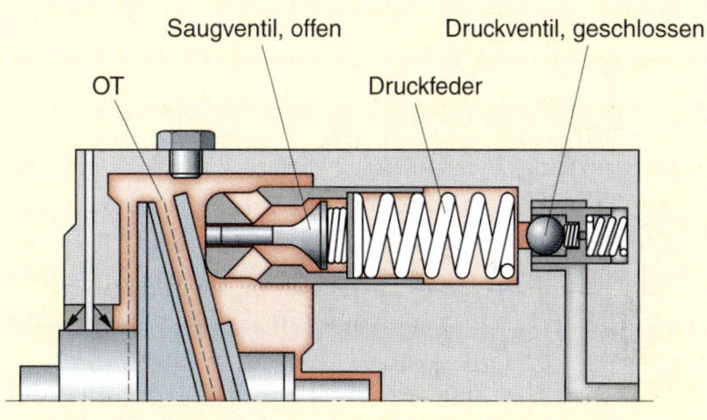

b) Saughub

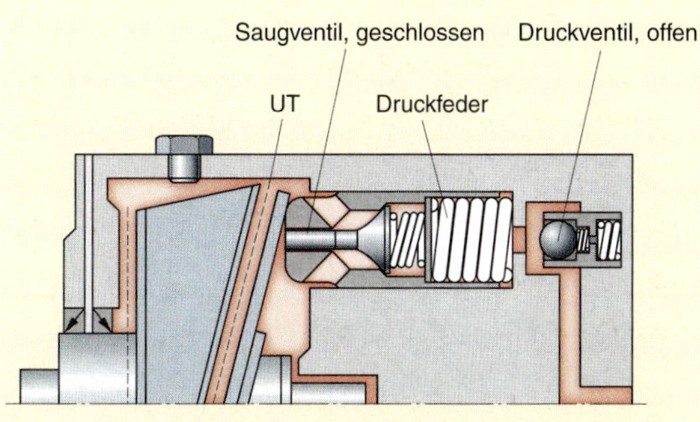

c) Druckhub

1 Axialkolbenpumpe – Aufbau und Wirkungsweise

4

Arbeitsweise:
- Die Axialkolbenpumpe fördert Hydraulikflüssigkeit in den Axialkolbenmotor, wodurch dieser angetrieben wird, ➔ **1a**.
- Wird der Neigungswinkel der Pumpe verringert, verringert sich auch kontinuierlich das Fördervolumen der Pumpe und damit die Motordrehzahl, bis hin zur Nullförderung und dem Stillstand des Motors, ➔ **1b**.
- Beim Schwenken der Pumpe in die entgegengesetzte Richtung läuft der Motor mit entgegengesetzter Drehrichtung wieder an, ➔ **1c**.

Beispiele für den Einsatz von Hydraulikgetrieben sind:
- Fahrgetriebe
- Radnabenmotor

Bei einem Hydraulikgetriebe ist alternativ die Hydropumpe oder der Hydromotor regelbar.
Fahrgetriebe finden Anwendung in Gleiskettenfahrzeugen, in Ausführungen für die Aufnahme der Gerätemasse oder als Kegelradvorstufe in Winkelausführung, z. B. für Großbagger, Raupenkran, Transportraupe, ➔ **2a**.
Antriebsdrehmoment: 5 kNm bis 3250 kNm
Übersetzung: 7:1 bis 750:1

Radnabenmotoren werden eingesetzt für Einzelradantrieb in mobilen Geräten, z. B. in Schwerlasttransportern, Flugfeldfahrzeugen, Pistenraupen, Gabelstaplern, ➔ **2b**.
Radlast: 20 kN bis 170 kN
Abtriebsdrehmoment: 1 kNm bis 50 kNm

Translatorische, hydraulische Antriebe

Translatorische Antriebe sind **Zylinder-Kolben-Systeme.** Die translatorischen Antriebe in hydraulischen Anlagen sind ähnlich wie in pneumatischen Anlagen, vgl. Kap. 4.1.3.6.

Darüber hinaus gibt es Hydrozylinder, die sich in Aufbau und Wirkungsweise von den Pneumatik-Zylindern unterscheiden. Diese sind als Sonderbauformen in ➔ **3** dargestellt.

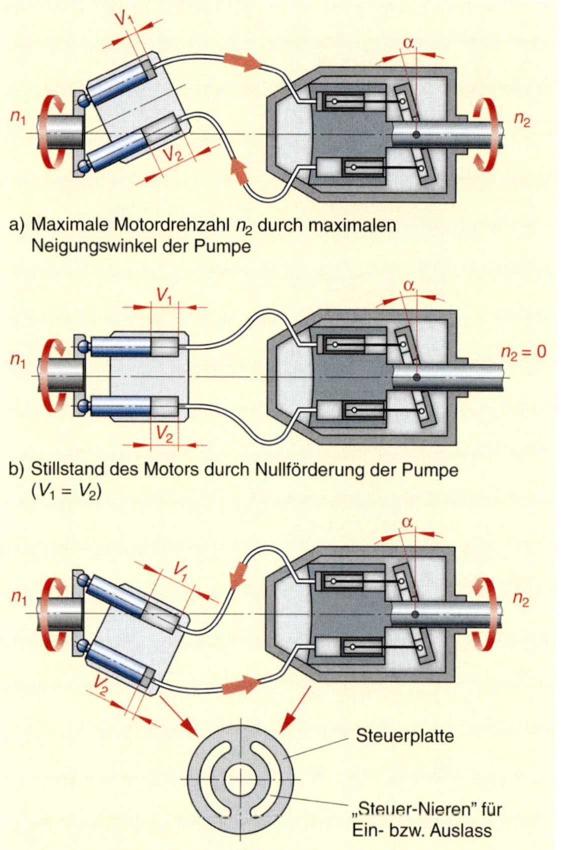

a) Maximale Motordrehzahl n_2 durch maximalen Neigungswinkel der Pumpe
b) Stillstand des Motors durch Nullförderung der Pumpe ($V_1 = V_2$)
c) Drehrichtungsumkehr des Motors durch Pumpenförderung auf der Auslassseite der Steuerplatte

1 Hydraulikgetriebe

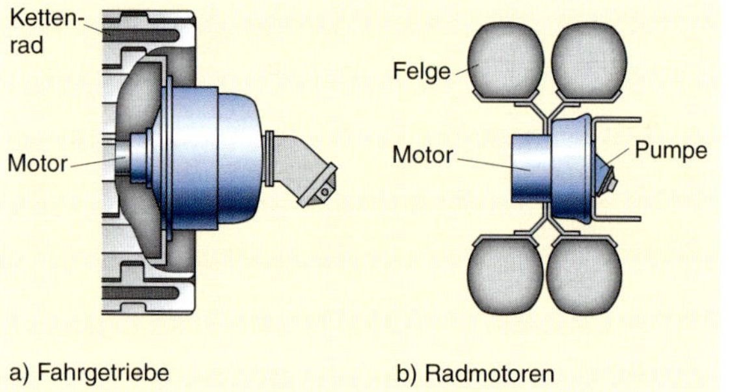

a) Fahrgetriebe
b) Radmotoren

2 Einsatzbeispiele hydraulischer Antriebe

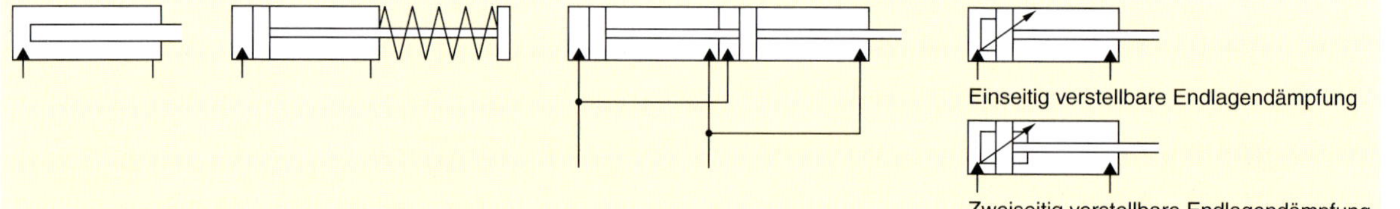

a) Tauchkolben- oder Plungerzylinder
b) Einfachwirkender Zylinder mit außen liegender Feder
c) Tandemzylinder mit zwei Kolben
d) Doppelt wirkender Differenzialzylinder

3 Sonderbauformen von Hydrozylindern

4

Bei großer Kolbengeschwindigkeit ($v > 0{,}1$ m/s) besteht die Gefahr, dass der Kolben gegen den Zylinderkopf bzw. Zylinderboden schlägt. Deshalb muss die Kolbengeschwindigkeit verringert werden, d. h. Bewegungsenergie wird abgebaut, bevor der Kolben die Endlage erreicht, man spricht von der **Endlagen-Dämpfung** des Kolbens.

In der Praxis wird die Endlagen-Dämpfung umgesetzt, indem sich der Querschnitt des Ablaufs verringert, bevor der Kolben die Endlage erreicht, ➔ **1**. So wird der Ablauf der Hydraulikflüssigkeit gedrosselt.

Der Hydrozylinder kann mit Schwenklager oder Gelenklager befestigt sein. In Bild ➔ **2** sind drei Möglichkeiten zur Befestigung dargestellt.

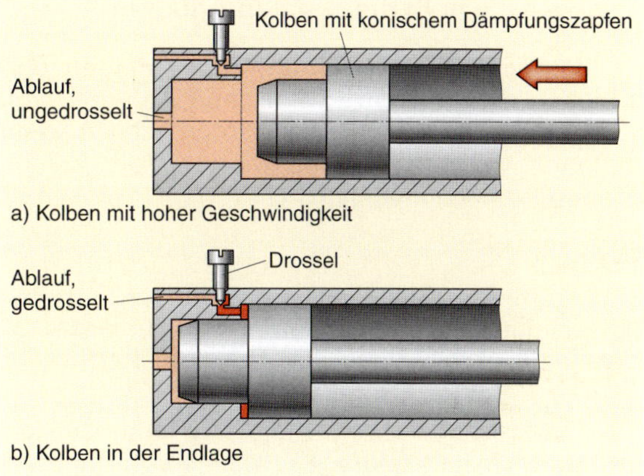

1 Endlagen-Dämpfung des Kolbens

Geschwindigkeitsbeeinflussung beim Antrieb hydraulischer Anlagen

Die Ein- und Ausfahrgeschwindigkeit von Kolben hydraulischer Anlagen wird über den Zulauf der Hydraulikflüssigkeit beeinflusst. In den Zulauf werden dazu Drosseln oder Blenden bzw. Drosselrückschlagventile geschaltet.

Vergleich:
In Pneumatik-Anlagen wird wegen des Stick-Slip-Effekts nicht die Zuluft, sondern die Abluft gedrosselt, vgl. Kap. 4.1.3.6.

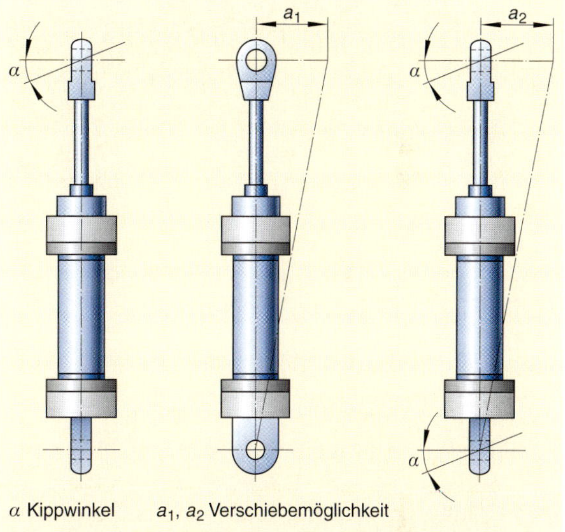

2 Befestigungsmöglichkeiten beweglicher Hydrozylinder

Hydrodynamischer Drehmomentwandler

Der hydrodynamische Drehmomentwandler besteht aus, ➔ **3**:
- Gehäuse
- Pumpenrad
- Turbinenrad
- Leitrad

Das **geschlossene Gehäuse** des hydrodynamischen Drehmomentwandlers ist an einen eigenen Hydraulikkreislauf mit Pumpe, Vorratsbehälter und Kühler angeschlossen.

Das **Pumpenrad** ist fest mit der Kurbelwelle des Antriebmotors und das Turbinenrad mit der Getriebeeingangswelle verbunden. Die mechanische Energie des Motors wird im Pumpenrad in Strömungsenergie einer Flüssigkeit umgewandelt.

Das mit dem Getriebeeingang verbundene **Turbinenrad** wandelt die Strömungsenergie in mechanische Energie zurück.

Das **Leitrad** zwischen Pumpenrad und Turbinenrad lenkt die strömende Flüssigkeit für den Wiedereintritt in das Pumpenrad um.

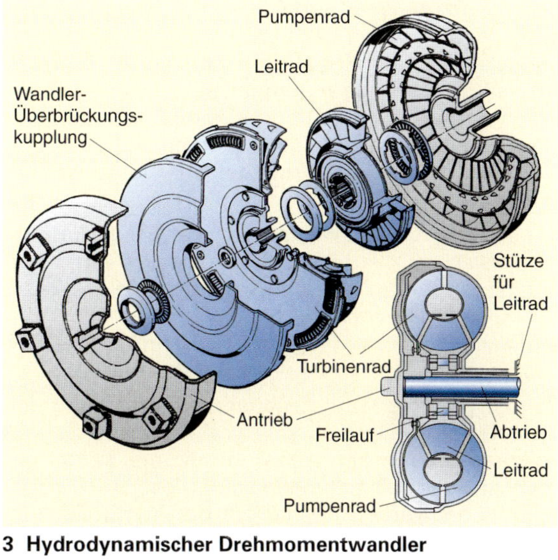

3 Hydrodynamischer Drehmomentwandler

4

Wegeventile in hydraulischen Anlagen

Die Wegeventile in hydraulischen Anlagen entsprechen denen in pneumatischen Anlagen, vgl. Kap. 4.1.3.6. Ergänzend dazu erfordern viele Anwendungen in der Hydraulik eine weitere, dritte Schaltstellung für die Ruhelage.

Beispiel:
In der dritten Schaltstellung wird bei einer konstant fördernden Hydropumpe das Öl im Umlauf aus dem Tank wieder in den Tank zurückgefördert.

Links und rechts dieser Ruhestellung befinden sich die beiden Schaltstellungen, wie sie von pneumatischen Ventilen her bekannt sind, Beispiele siehe ➔ **1**.

Ein spezielles 4/2-Wegeventil dient der Umsetzung einer Differentialschaltung, bei der an der Druck- und Zugseite eines Zylinders ein unterschiedlicher Druck herrscht, vgl. Kap. 4.2.3.4. Bei Betätigung des speziellen 4/2-Wegeventils wird das abfließende Öl der Zugseite dem zufließenden Öl der Druckseite im Umlauf zugeführt, ➔ **2**. Dadurch wird der Wirkungsgrad der Pumpe gesteigert, die sonst die gesamte erforderliche Ölmenge aus dem Tank fördern müsste.

Beim Umschalten eines Wegeventils kann der Steuerkolben unterschiedlich schnell den Durchfluss für die neue Schaltstellung freigeben.

Hierzu gibt es die drei Möglichkeiten:
- Null-Überdeckung der Steuerkanten
- positive Überdeckung der Steuerkanten
- negative Überdeckung der Steuerkanten

Bei der **Null-Überdeckung der Steuerkanten** wird im Moment der Trennung P zu T die Verbindung von P nach A unmittelbar geöffnet. Es ergeben sich keine Totzeiten, ➔ **3a**.

Bei der **positiven Überdeckung der Steuerkanten** ergibt sich während des Schaltvorgangs eine Übergangsposition, in der alle Anschlüsse (P, T, A, ...) kurzzeitig voneinander getrennt sind.
Wenn das Ventil bei laufender Pumpe schaltet, entsteht eine Druckspitze. Diese kann einen Druckstoß für nachfolgende Verbraucher zur Folge haben, ➔ **3b**.

Bei der **negativen Überdeckung der Steuerkanten** ergibt sich während des Schaltvorgangs eine Übergangsposition, in der alle Anschlüsse (P, T, A, ...) kurzzeitig miteinander verbunden sind.
In dieser Phase kann sich bei bestimmten Lastverhältnissen der Verbraucher bewegen, ➔ **3c**.

Bei der positiven und negativen Überdeckung der Steuerkanten ergeben sich während des Schaltvorganges Übergangspositionen, die keine tatsächlichen Schaltstellungen sind. Diese Übergangspositionen werden deshalb in der symbolischen Darstellung dünn und gestrichelt gezeichnet.

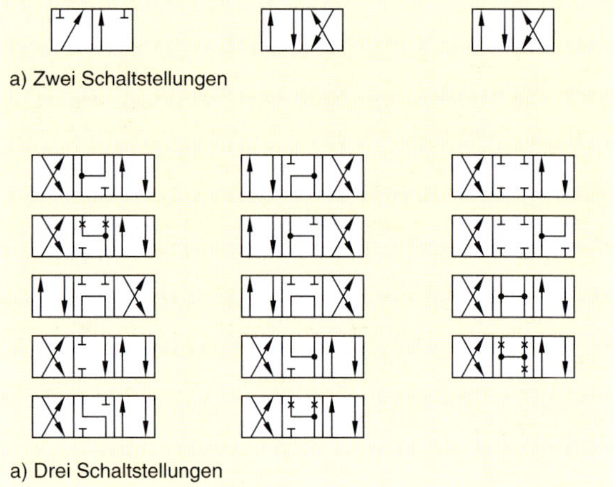

1 Hydraulische Wegeventile

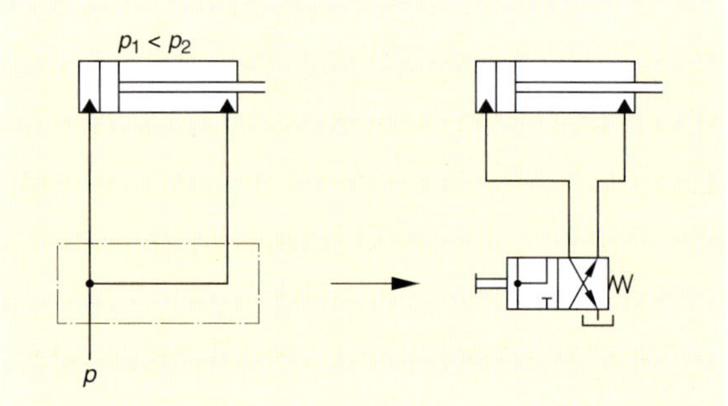

2 Differentialschaltung eines doppeltwirkenden Hydrozylinders

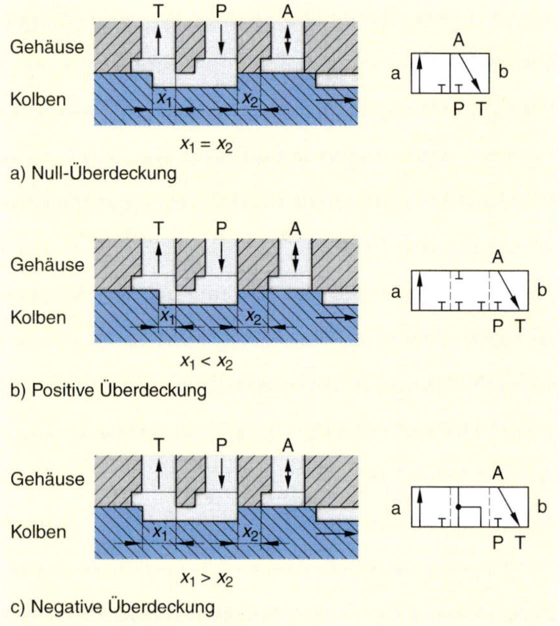

3 Überdeckung der Steuerkanten und Symbole am Beispiel eines 3/2-Wegeventils

4

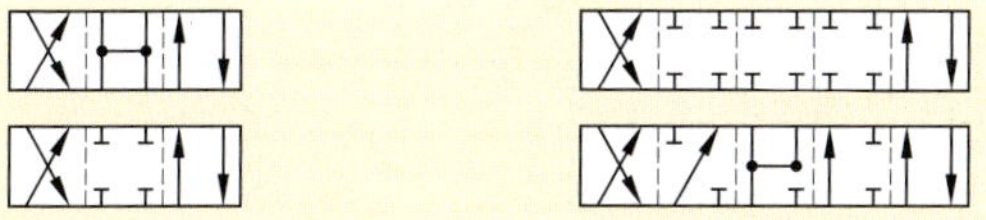

1 Wegeventile mit Überdeckung der Steuerkanten

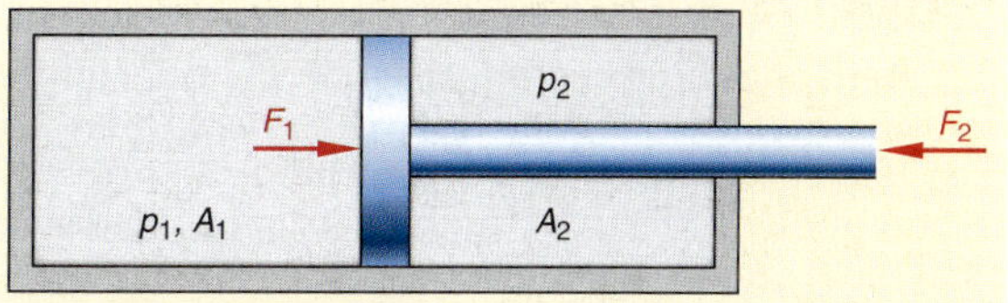

2 Druckübersetzung

In ➔ **1** sind als Beispiel 4/2-Wegeventile und 4/3-Wegeventile mit Überdeckung der Steuerkanten dargestellt.

Sitzventile

Die Sitzventile entsprechen denen der Pneumatik, vgl. Kap. 4.1.3.6.

4.2.3.4 Informationen zur Berechnung hydrostatischer Systeme

Hydrostatische Berechnungen

Bei Berechnungen hydraulischer Systeme gilt die Beziehung:

$$p = \frac{F}{A}$$

F	Kraft in N
p	Druck in Pa (Pascal)
A	Fläche in m^2

In der Hydrostatik gibt es zwei unterschiedliche Systeme:
- Druckübersetzung
- Kraftübersetzung

Druckübersetzung

In einem doppeltwirkenden Zylinder mit einseitiger Kolbenstange sind die wirksamen Kolbenflächen A_1 und A_2 unterschiedlich groß, ➔ **2.** Die Kräfte F_1 und F_2 sollen im Gleichgewicht stehen, sie sind also gleich groß.

Nach dem statischen Gleichgewicht ist:

$F_1 = F_2$

Nach Umstellung der Gleichung von oben ergibt sich:

$$F = p \cdot A$$

Dann ist:

$p_1 \cdot A_1 = p_2 \cdot A_2$

Nach Umstellung ergibt sich das hydraulische Übersetzungsverhältnis i:

$$\frac{p_1}{p_2} = \frac{A_2}{A_1} = i$$

Diese Gleichung besagt:
Die Drücke verhalten sich umgekehrt zu den Flächen, d. h. je kleiner die Fläche A_2 ist, desto größer ist der Druck p_2 oder kurz: **Druckübersetzung**.

Beispiel:
Doppeltwirkender Zylinder, ➔ **204.1**

Gegeben: $d_K = 200$ mm
$d_S = 160$ mm
$p_1 = 20$ MPa

Gesucht: p_2 in MPa

Lösung: $\Phi = \frac{A_1}{A_2}$ Φ = Flächenverhältnis

Hier:

$$\Phi = \frac{A_K}{A_R}$$

$$A_K = d_k^2 \cdot \frac{\pi}{4}$$

$$A_K = 200^2 \text{ mm}^2 \cdot \frac{\pi}{4}$$

$$\underline{A_K = 31416 \text{ mm}^2}$$

$$A_R = (d_k^2 - d_s^2) \cdot \frac{\pi}{4}$$

$$A_R = (200^2 \text{ mm}^2 - 160^2 \text{ mm}^2) \cdot \frac{\pi}{4}$$

$$\underline{A_R = 11309 \text{ mm}^2}$$

Daraus ergibt sich ein Flächenverhältnis von

$$\Phi = \frac{A_K}{A_R}$$

$$\Phi = \frac{31416 \text{ mm}^2}{11309 \text{ mm}^2}$$

$$\underline{\Phi = 2{,}8}$$

Mit diesem Flächenverhältnis, eingesetzt in die Gleichung für das hydraulische Übersetzungsverhältnis, kann nun der resultierende Druck p_2 berechnet werden.

$$i = \frac{p_1}{p_2} = \frac{A_2}{A_1} = \frac{1}{\Phi}$$

$$p_2 = p_1 \cdot \Phi$$

$$p_2 = 20 \text{ MPa} \cdot 2{,}8$$

$$\underline{\underline{p_2 = 56 \text{ MPa}}}$$

Bewertung des Ergebnisses:
Dieser Druckanstieg um das 2,8fache wird normalerweise nicht geschehen, da das Öl auf der Seite der Kreisringfläche beim Ausfahren des Kolbens drucklos abläuft über die Anschlüsse 4 und T des Signal verarbeitenden 4/2-Wegeventils, ➔ **204.1.** Im Störfall allerdings wird sich dieser plötzliche Druckanstieg einstellen, der zur Zerstörung von Bauteilen führen kann.

Kraftübersetzung

In einem Hydrauliksystem sind die Zylinderräume miteinander verbunden, ➔ **2**. Die wirksamen Kolbenflächen A_1 und A_2 sind unterschiedlich groß. Aufgrund der Druckfortpflanzung ist im geschlossenen Gefäß der Druck überall gleich.

Es gilt:

$p_1 = p_2$

Nach der Ausgangsgleichung ergibt sich:

$$\frac{F_1}{A_1} = \frac{F_2}{A_2}$$

Nach Umstellung ergibt sich das hydraulische Übersetzungsverhältnis i:

$$\boxed{\frac{F_1}{F_2} = \frac{A_1}{A_2} = i}$$

Diese Gleichung besagt:
Die Kräfte verhalten sich wie die Flächen, d. h. je größer die Fläche A_2 ist, umso größer ist die Kraft F_2 oder kurz: **Kraftübersetzung**.

Beispiel:
Eine hydraulische Presse hat einen Druckkolben von 16 mm und einen Arbeitskolben von 80 mm Durchmesser, ➔ **3**.

a) Welche Presskraft wirkt bei 180 N Arbeitskraft auf den Druckkolben?
b) Welcher Weg muss vom Druckkolben zurückgelegt werden, wenn der Arbeitskolben sich um 40 mm verschiebt?

Gegeben: d_1 = 16 mm, d_2 = 80 mm, F_1 = 180 N, s_2 = 40 mm

Gesucht: a) F_2 in N, b) s_1 in mm

Lösung:

a)
$$F_2 = \frac{d_2^2}{d_1^2} \cdot F_1$$

$$F_2 = \frac{80^2\ \text{mm}^2}{16^2\ \text{mm}^2} \cdot 180\ \text{N} = \underline{\underline{4500\ \text{N}}}$$

b) Ergänzend zur Berechnung des hydraulischen Übersetzungsverhältnisses

$$i = \frac{F_1}{F_2} = \frac{A_1}{A_2}$$

kann der allgemeine mechanische Ansatz verwendet werden:
Kraft F_1 mal Kraftweg s_1 = Last F_2 mal Lastweg s_2

$$\boxed{F_1 \cdot s_1 = F_2 \cdot s_2}$$

Nach Umstellen dieser Gleichung ergibt sich:

$$i = \frac{F_1}{F_2} = \frac{s_2}{s_1}$$

Somit ergibt sich für die Aufgabenstellung:

$$s_1 = \frac{F_2}{F_1} \cdot s_2$$

$$s_1 = \frac{4500\ \text{N}}{180\ \text{N}} \cdot 40\ \text{mm} = \underline{\underline{1000\ \text{mm}}}$$

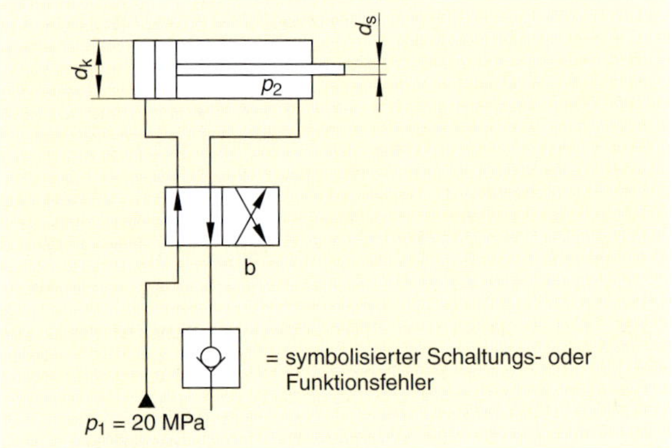

1 Druckübersetzung im hydraulischen System durch Funktions- oder Schaltungsfehler

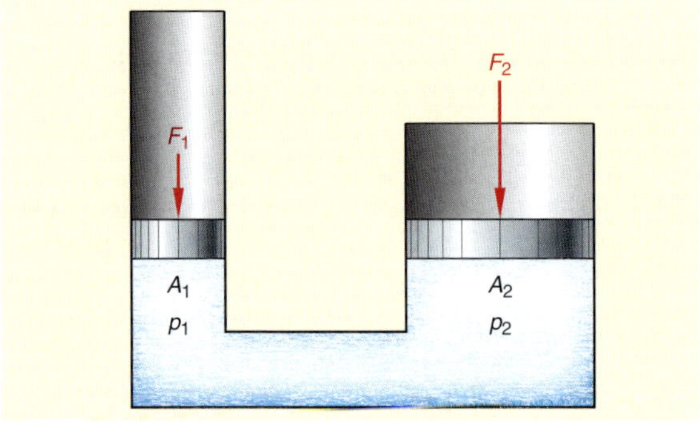

2 Kraftübersetzung

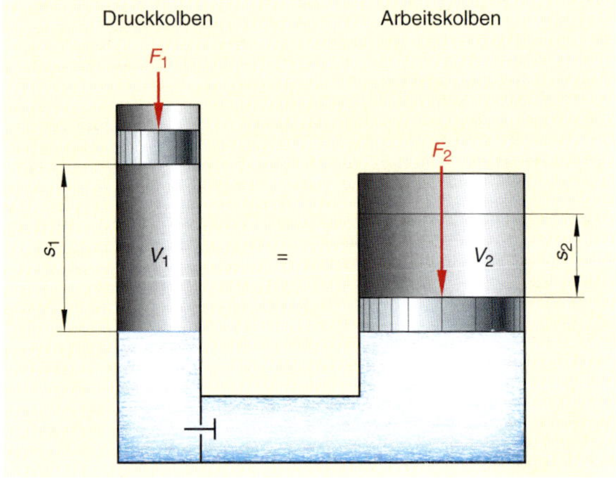

3 Hydraulische Presse

In der Bewertung dieses Ergebnisses erkennt man die „Goldene Regel der Mechanik“:
Was an Kraft gespart wird, muss an Weg zugegeben werden.

Bekannt ist diese Regel auch von
- dem Flaschenzug,
- dem Drehmoment,
- der schiefen Ebene.

4

4.2.3.5 Informationen zum Hydraulikplan

Bild ➔ **1** zeigt den prinzipiellen Aufbau eines Hydraulikplans.

Das Antriebsaggregat besteht aus einem Elektromotor oder Verbrennungsmotor, Hydropumpe und Druckbegrenzungsventil. Hier wird mechanische Leistung in hydraulische Leistung umgewandelt.

Das Wegeventil steuert die Strömungsrichtung.

Das Stromventil mit Rückschlagventil passt die hydraulische Leistung dem Verbraucher an.

Der Hydraulikzylinder wandelt die hydraulische Leistung in mechanische Leistung um.

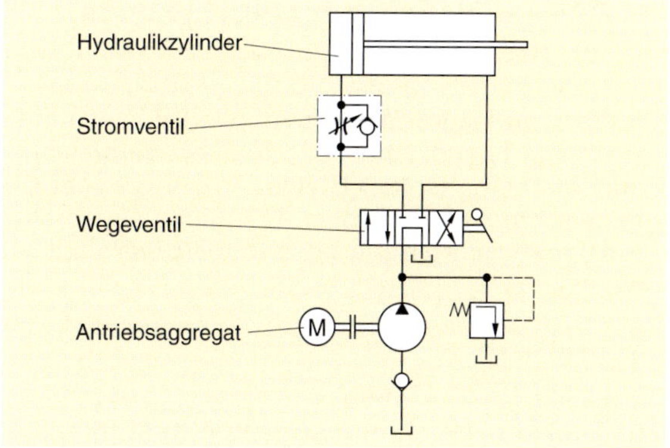

1 Aufbau eines Hydraulikplans

In der Hydraulik gibt es drei Kreisläufe:
- offener Steuerungskreislauf
- halb geschlossener Steuerungskreislauf
- geschlossener Steuerungskreislauf

Beim **offenen Steuerungskreislauf** ist der Behälter für die Hydraulikflüssigkeit offen, d. h. er steht unter atmosphärischem Druck. Die Hydraulikflüssigkeit wird aus dem Behälter gepumpt und wieder in diesen abgeführt, ➔ **2a**. Dadurch kann sich das Öl stets wieder abkühlen.

Im **halbgeschlossenen Steuerungskreislauf** muss beim Ausfahren des Differenzialzylinders ein Teil der Hydraulikflüssigkeit aus einem Behälter zugeführt werden, weil die Flüssigkeitsvolumina unterschiedlich groß sind. Die Flüssigkeit aus dem hinteren Zylinderraum wird durch die Druckübersetzung beim Ausfahren des Kolbens in den vorderen Zylinderraum gespeist, ➔ **2b**.

Im **geschlossenen Steuerungskreislauf** wird die Hydraulikflüssigkeit in einem geschlossenen System zwischen Hydropumpe und Hydromotor (oder Doppelkolbenstangen-Zylinder) ausgetauscht. Lediglich Leckverluste müssen aus einem Behälter ergänzt werden, ➔ **2c**.

4.2.3.6 Informationen zu Steuerung und Regelung

Da Ladekräne ausschließlich anwenderbezogen betätigt werden, kann nur eine Steuerung vorliegen, die den Haken nach Sichtkontrolle durch den Anwender dorthin dirigieren lässt, wo er hin soll. Die Betätigung von Ladekränen erfolgt von Hand an den eigentlichen Stellventilen (Signalverarbeitung), ohne dass eine separate Ebene für die Signalaufnahme vorliegt, deren Vorhandensein für eine Regelung unumgänglich wäre. Weitere Informationen zu Steuerung und Regelung siehe Kap. 4.1.3.2.

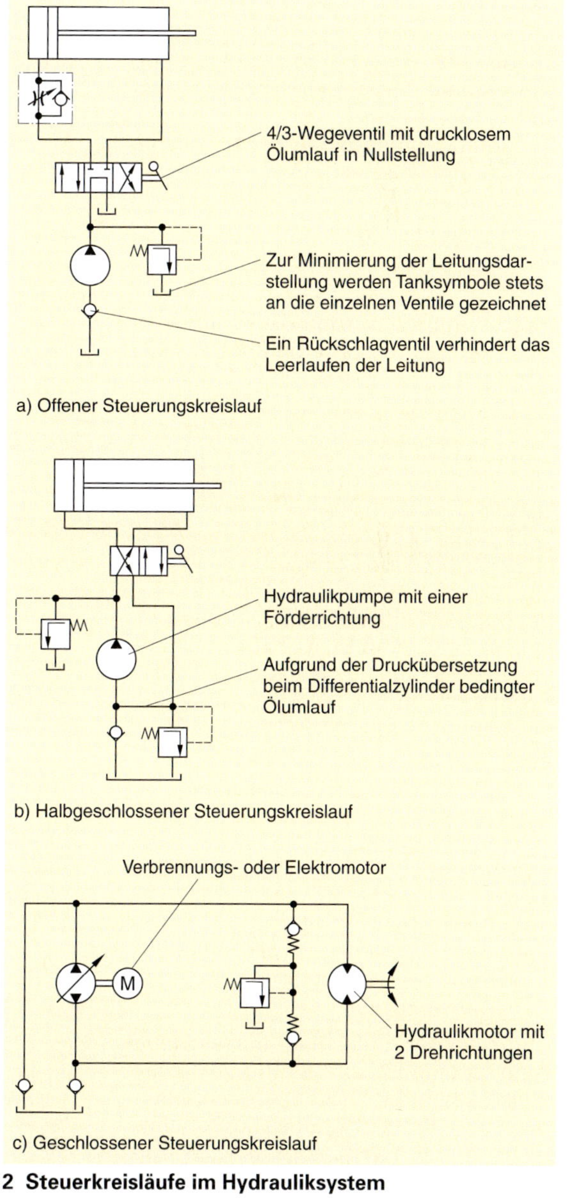

a) Offener Steuerungskreislauf

b) Halbgeschlossener Steuerungskreislauf

c) Geschlossener Steuerungskreislauf

2 Steuerkreisläufe im Hydrauliksystem

4

4.2.3.7 Informationen zur Beschreibung der Funktion

Die Gesamtfunktion lässt sich durch das Zusammenwirken von Teilfunktionen beschreiben. Vergleichbar einer mathematischen Gleichung kann dabei die gewünschte Funktionsfolge durch eine allgemeine Funktionsbeschreibung beschrieben werden, vgl. Kap. 4.1.3.3.

Zur Darstellung einer Gesamtfunktion gehören:
- Funktionsfolge
- Funktionsbeschreibung

Zur Funktionsbeschreibung ist die Kenntnis über die Bauteile des Ladekrans erforderlich. Der Ausleger besteht aus drei Teilen, die durch drei Zylinder einzeln betätigt werden können, vgl. Bild 195.1.

Es gilt:
Bei Betätigen eines Schalters S1 (= Eingangssignal E_1) soll der 1. Zylinder ausfahren (A+).
Bei Betätigen desselben Schalters soll er über ein weiteres Signal (E_2) wieder einfahren (A-).

Funktionsfolge: A+ A-
Funktionsbeschreibung: $A+ = E_1$
$A- = E_2$

Gleichermaßen werden die beiden weiteren Zylinder B und C betätigt, für die somit gilt:

Funktionsfolge: B+ B-
Funktionsbeschreibung: $B+ = E_3$
$B- = E_4$

sowie
Funktionsfolge: C+ C-
Funktionsbeschreibung: $C+ = E_5$
$C- = E_6$

Bei den jeweiligen Eingangsgrößen E_1, E_2 und E_3, E_4 und E_5, E_6 ist jeweils ein Schalter (S1 bis S3) gemeint, der zwei Schaltstellungen besitzt und seine Ruhestellung.

Also:
- Schalter S1 mit den Schaltstellungen:
  E_1, Ruhelage, E_2
- Schalter S2 mit den Schaltstellungen:
  E_3, Ruhelage, E_4
- Schalter S3 mit den Schaltstellungen:
  E_5, Ruhelage, E_6

Aufgrund der Einfachheit dieser Steuerung ist eine Überarbeitung der Logikgleichungen der Funktionsbeschreibungen sowie Erstellung eines Logikplanes nicht sinnvoll (vgl. Kap. 4.1.3.3 und 4.1.3.4).

4.2.3.8 Informationen zu Herstellerangaben und gesetzlichen Vorschriften

Zur Schadensbegutachtung und Instandsetzung mit nachfolgender Fahrzeugübergabe an den Kunden müssen vorab beschafft werden:
- gesetzliche Informationen (Vorschriften)
- technische Informationen

Gesetzliche Vorschriften

Gesetzliche Vorschriften befinden sich in der StVZO, §§ 19, 20, 21, 29,15, 30, u. a.
Bild → **1** zeigt einen Auszug aus der StVZO.

Prüfung von Ladekränen und Ladebordwänden, Anwendung von Unfallverhütungs-Recht. Gegenstand der Untersuchung nach § 29 ist die Einhaltung der verkehrsrechtlichen Vorschriften (besonders der StVZO). In diesem Rahmen sind auch Ladekräne sowie Ladebordwände in die Untersuchung nach § 29 einzubeziehen. Hingegen kann es nicht Aufgabe und Gegenstand der Untersuchung nach § 29 sein, zu überprüfen, ob typisches und ausschließliches Unfallverhütungs-Recht beachtet ist. (1974)
a) § 29, 15 StVZO „Untersuchung der Kraftfahrzeuge und Anhänger“, Auszug

		Betriebserlaubnis des Fahrzeugs erlischt	
		erlischt nicht	erlischt
		wenn Teilegenehmigung vorhanden **und** von der Änderungsabnahme abhängig gemacht **oder** Teilegutachten vorhanden	wenn keine Teilegenehmigung **oder** Teilegutachten vorhanden **oder** der Verwendungsbereich nicht eingehalten
Gruppe	Änderung	unverzügliche Änderungsabnahme erforderlich	Begutachtung nach § 19 (2) Satz 3/ § a21 StVZO hins. der Änderung erforderlich
1	2	5	6
noch **6 Fahrgestell und Aufbau**	6.29a Anhänge-Zugeinrichtungen (z.B. Kurzkuppelsysteme)	X	
	6.30 Nachträglicher Anbau Ladebordwand		X
	6.31 Nachträglicher Anbau Ladekran		X

b) § 19 StVZO „Erteilung und Wirksamkeit der Betriebserlaubnis“, Auszug

Erteilung einer BE nach § 21, Aufbauabnahme. Es ist üblich, für Fahrgestelle, die später durch einen Aufbau komplettiert werden sollen, eine ABE nach § 20 zu erteilen. In der ABE wird dann idR ausgeführt, dass das Typ-Gutachten nur für Fahrgestelle gilt und dass bei Aufbauabnahmen durch den aaS verschiedene (im Einzelnen aufgeführte) Punkte zu überprüfen sind.
c) § 21 StVZO „Zulassungsverfahren für Kraftfahrzeuge und ihre Anhänger“, Auszug

III. Bau-und Betriebsvorschriften

1. Allgemeine Vorschriften

§ 30

Beschaffenheit der Fahrzeuge

(1) Fahrzeuge müssen so gebaut und ausgerüstet sein, dass
1. ihr verkehrsüblicher Betrieb niemanden schädigtoder mehr als unvermeidbar gefährdet, behindert oder belästigt,
d) § 30 StVZO „Beschaffenheit der Fahrzeuge“, Auszüge

1 StVZO – Auszug

Im Paragraf 19 StVZO ist das Zulassungsverfahren u. a. für Ladekräne beschrieben, ➔ **208.1b**.

Speziell zum § 30 StVZO gibt es weitere Richtlinien der Europäischen Gemeinschaften für Straßenfahrzeuge (EWG-Richtlinien) und Regelungen der Economic Commission for Europe für Kraftfahrzeuge und ihre Anhänger (ECE-Regelungen) wie beispielsweise die Richtlinien 92/53/EWG, 70/156/EWG, 74/150/EWG.

Technische Informationen

Technische Informationen müssen nachgefragt werden beim:

- Hersteller des Ladekranes, Beispiel siehe ➔ **1**
- Hersteller vergleichbarer Ladekrane
- Hersteller von Komponenten der Steuerungstechnik
- Zentralverband Karosserie- und Fahrzeugtechnik (ZKF)
- Zentralverband des Deutschen Kfz-Handwerks (ZDK)

Neben dem Versuch einer persönlichen Kontaktaufnahme empfiehlt sich stets auch die Suche im Internet anhand geeigneter Suchbegriffe und Suchmaschinen. Auf diese Weise kommt man auch zu Informationsquellen, an die man selbst zuvor nicht gedacht hat. So findet man im Internet auch Beschreibungen von Betroffenen, die das gleiche bzw. ein ähnliches Problem mit ihrem Ladekran haben sowie Möglichkeiten der Problembehebung.

Für den vorliegenden Ladekran liegt vom Hersteller der Gesamtschaltplan vor, siehe ➔ **208.1**.

Weitere Angaben des Herstellers:

- Verwendet wird eine Axialkolbenpumpe mit einem Arbeitsruck von 15,5 MPa und einer Pumpenleistung von 4 l/min bis 8 l/min.
- Als Hydrauliköl kommt ein synthetisches Estheröl (Bioöl) HLP 32 – 40 zum Einsatz.

Ladekräne hinter dem Fahrerhaus

Bei der Montage des Ladekranes hinter dem Fahrerhaus ist der Montagerahmen in der Regel mit serienmäßigen Aufbaukonsolen oder durch Briden mit dem Fahrgestell zu verbinden (siehe Bild 3.26), damit die Verwindungsfähigkeit des Fahrzeugrahmens möglichst wenig eingeschränkt wird.

Abweichend von dieser Regel kann bei Fahrzeugen für den reinen Straßeneinsatz auch eine schubfeste Montagerahmenbefestigung vorgesehen werden (siehe Bild 3.27), wenn ein Montagerahmenprofil mit geringerer Höhe erforderlich ist (z. B. wegen Fahrzeuggesamthöhe). In diesem Fall ist das erforderliche Montagerahmenprofil nach Tabelle 3.9 zu wählen.

Es wird empfohlen, Profile zu verwenden, die über die gesamte Aufbaulänge einen konstanten Querschnitt haben.
Querschnittsverringerungen der Längsträger (immer nur allmählich) sind möglich, wenn das Biegemoment, das durch den Kran eingeleitet wird Werte annimmt, die in den Tabellen 3.8 und 3.9 mit dem Buchstaben „A" gekennzeichnet sind.

Falls für den Kran ein höheres Montagerahmenprofil als für den Aufbau vorgeschrieben ist, kann dieses wie aus Bild 3.26 ersichtlich zum Rahmenende hin in den Montagerahmen des Aufbaues übergehen. Der Abstand von Mitte Kransäule bis zum Beginn des Profilüberganges (Maß L_V) muss bei Frontlenkerfahrzeugen mindestens 35 % vom Radstand betragen. Das Montagerahmenprofil des Ladekranes darf jedoch nicht niedriger sein als das Montagerahmenprofil des Aufbaues.

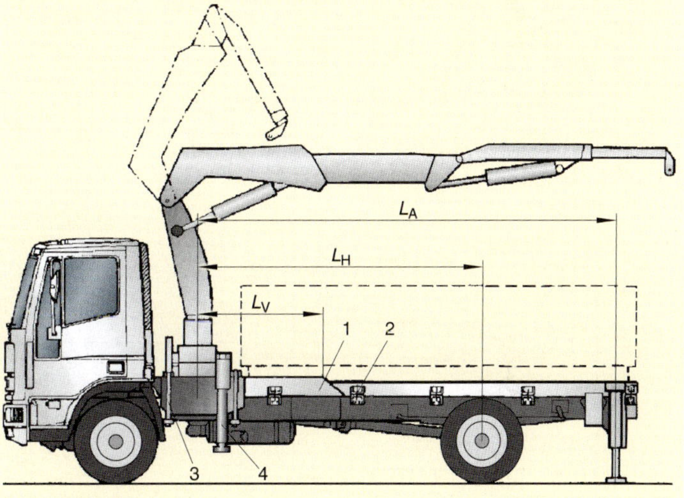

1 Montagerahmen
2 Befestigung (Konsolen)
3 Kranbefestigung
4 Kranabstützung (Stützbeine)

1 Technische Informationen eines Herstellers für Ladekrane – Auszug

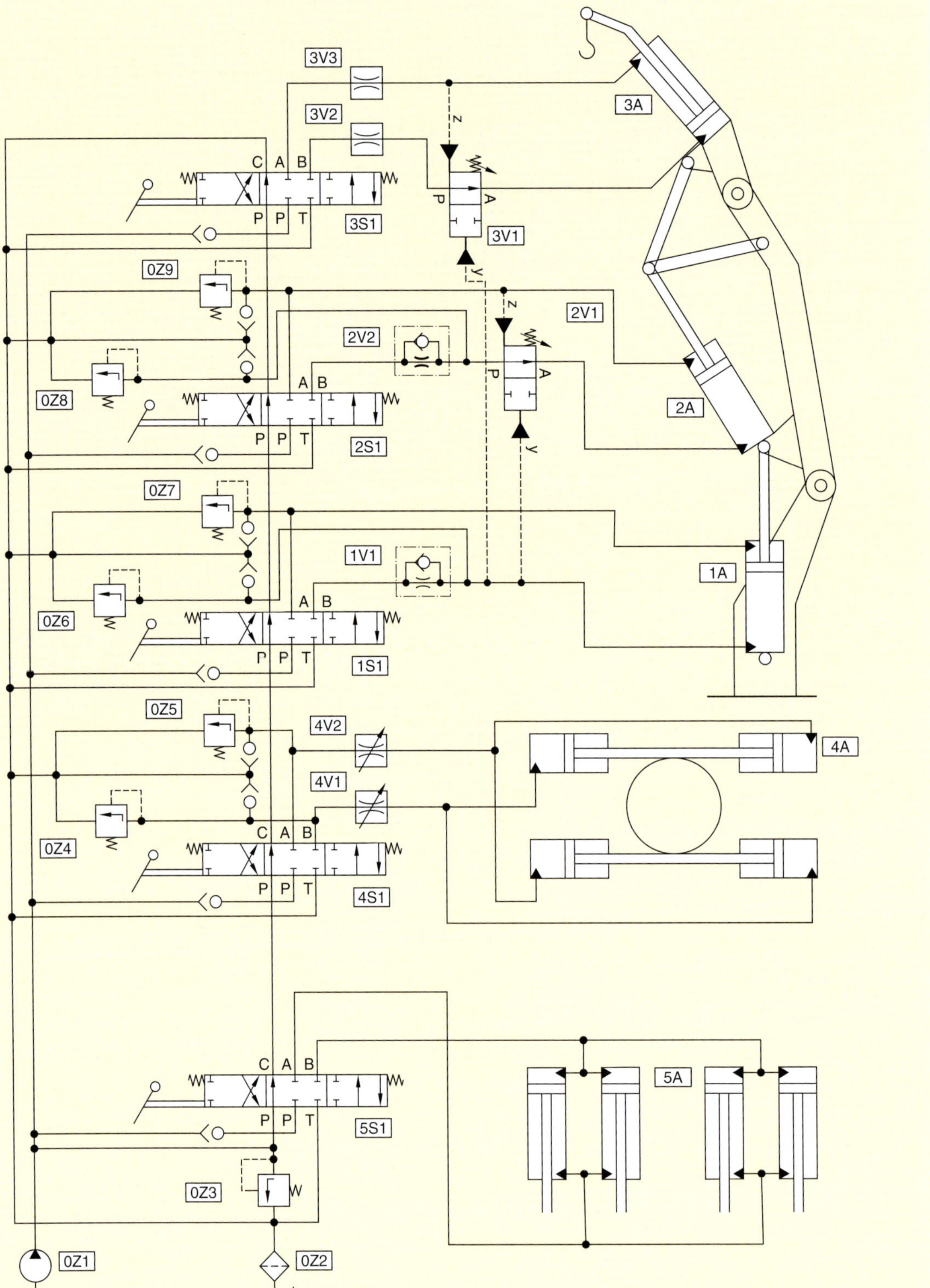

1 Gesamtschaltplan des hydraulischen Ladekrans

4.2.4 Arbeitsplanung und Arbeitsauftrag durchführen

4.2.4.1 Arbeitsplanung

Zur Ermittlung der Fehler und deren Beseitigung soll die Gesamtschaltung in kleine, funktionsfähige Einheiten (Abstützung, Schwenkantrieb, Ausleger) gegliedert werden. Diese Einheiten werden dann schaltungstechnisch umgesetzt und jeweils geprüft. Dabei ist besonders darauf zu achten, dass sich die Hydraulikschläuche/-leitungen nicht nur im richtigen Anschluss befinden, sondern auch dort fest verschraubt wurden.

Dafür wird ein Arbeitsplan erstellt, z. B. ➔ **1**.

Nach dem Arbeitsplan werden folgende Arbeitsschritte zusammengefasst:
- Verschließen von Ventilausgang C der Abstützung, Kap. 4.2.4.2
- Kontrolle der Funktion und Dichtigkeit der Abstützung, Kap. 4.2.4.3
- Verbinden der Stellventile und Verschließen von Ventilausgang C des Schwenkantriebs, Kap. 4.2.4.4
- Kontrolle der Funktion und Dichtigkeit des Schwenkantriebs, Kap. 4.2.4.5
- Verbinden der Stellventile am Ausleger, Kap. 4.2.4.6
- Kontrolle der Funktion und Dichtigkeit des Gesamtsystems, Kap. 4.2.4.7

Arbeitsplanung

lfd. Nr.	Arbeitsschritt	Bauteil	Bemerkung	Bauelementeziffer
1	Lesen des Schaltplanes		Abstützung	
2	Verschließen von Ausgang C	6/3-Wegeventil		5S1
3	Funktions- und Dichtigkeitskontrolle	Axialkolbenpumpe Filter, Druckbegrenzungsventil, 6/3-Wegeventil Stützbeinzylinder	Teilsystem entlüften und vollständig befüllen, Verschraubungen nachziehen	0Z1 0Z2, 0Z3 5S1 5A
4	Lesen des Schaltplanes		Schwenkantrieb	
5	Verbinden der Stellventile und Verschließen von Ausgang C	6/3-Wegeventil		5S1 und 4S1 4S1
6	Funktions- und Dichtigkeitskontrolle	Druckbegrenzungsventil Drossel, einstellbar 6/3-Wegeventil Schwenkzylinder	Teilsystem entlüften und vollständig befüllen, Verschraubungen nachziehen	0Z4, 0Z5 4V1, 4V2 4S1 4A
7	Lesen des Schaltplanes		Ausleger	
8	Verbinden der Stellventile	6/3-Wegeventil		4S1 und 1S1
9	Funktions- und Dichtigkeitskontrolle	Druckbegrenzungsventil Drosselrückschlagventil Drossel Sperrventil 6/3-Wegeventil Hubzylinder	Gesamtsystem entlüften und vollständig befüllen, Verschraubungen nachziehen	0Z4, 0Z5, 0Z6, 0Z7, 0Z8, 0Z9 1V1, 2V2 3V2, 3V3 2V1, 3V1 1S1, 2S1, 3S1 1A, 2A, 3A

1 Arbeitsplan

4.2.4.2 Verschließen von Ventilausgang C der Abstützung

Zunächst wird die Steuerung und Funktion der Stützbeine überprüft. Dazu wird am Signal verarbeitenden 6/3-Wegeventil der dritte Arbeitsanschluss C verschlossen, vgl. Kap. 4.2.3.8. Dadurch erhält das Ventil die Funktion eines 4/3-Wegeventils – die Standardansteuerung eines doppeltwirkenden Zylinders, ➔ **1**.

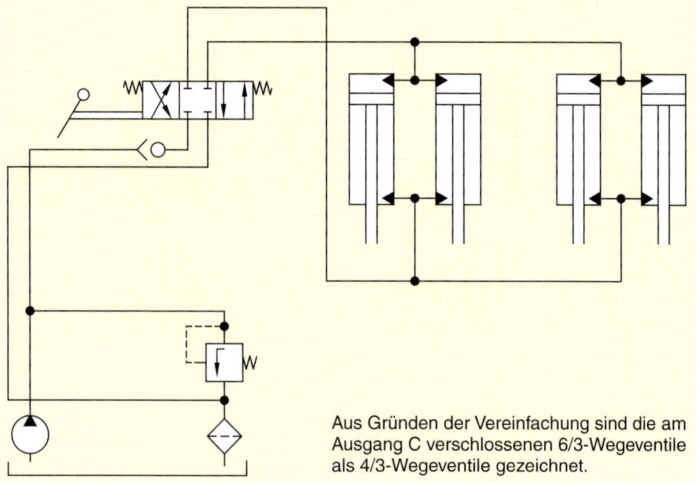

Aus Gründen der Vereinfachung sind die am Ausgang C verschlossenen 6/3-Wegeventile als 4/3-Wegeventile gezeichnet.

1 Ansteuerung der Stempel zur Fahrzeugabstützung

4.2.4.3 Kontrolle der Funktion und Dichtigkeit der Abstützung

Das Teilsystem Abstützung wird entlüftet und vollständig mit Hydrauliköl gefüllt. Alle Verschraubungen an Axialkolbenpumpe, Filter, Druckbegrenzungsventil, 6/3-Wegeventil und Stützbeinzylinder werden nachgezogen. Durch Betätigung des 6/3-Wegeventils kontrolliert man die Funktion der Fahrzeugabstützung. Danach werden alle Anschlüsse auf Dichtigkeit geprüft.

4.2.4.4 Verbinden der Stellventile und Verschließen von Ausgang C des Schwenkantriebs

Als Nächstes erfolgt die Montage für das Drehen des Ladekranes, ➔ **2**. Auch hierzu wird das Signal verarbeitende Ventil in seiner Funktion auf ein 4/3-Wegeventil durch Verschließen des Ausgangs C umgerüstet.

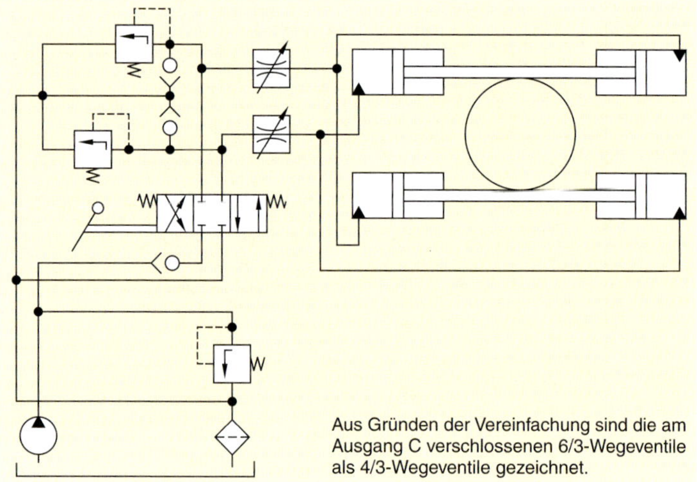

Aus Gründen der Vereinfachung sind die am Ausgang C verschlossenen 6/3-Wegeventile als 4/3-Wegeventile gezeichnet.

2 Drehantrieb für den Lkw-Ladekran

4.2.4.5 Kontrolle der Funktion und Dichtigkeit des Schwenkantriebs

Das Teilsystem Schwenkantrieb wird entlüftet und vollständig mit Hydrauliköl gefüllt. Alle Verschraubungen an Druckbegrenzungsventil, einstellbarem Drosselventil, 6/3-Wegeventil und Schwenkzylinder werden nachgezogen. Durch Betätigung des 6/3-Wegeventils kontrolliert man die Funktion des Schwenkantriebs. Danach werden alle Anschlüsse auf Dichtigkeit geprüft.

4

4.2.4.6 Verbinden der Stellventile am Ausleger

Abschließend wird der eigentliche Kran auf den Drehkranz angeschlossen. Hierzu werden die Anschlüsse an die Stellventile 4S1 und 1S1 hergestellt, → **1**.

4.2.4.7 Kontrolle der Funktion und Dichtigkeit des Gesamtsystems

Nach der schrittweisen Funktionskontrolle, dem Entlüften und Neubefüllen aller Leitungen und Bauteile verharrt der Ausleger stabil in ausgefahrener Position. Da diesbezüglich kein Fehler gefunden werden konnte, war die Anlage offensichtlich nicht vollständig entlüftet gewesen.
Bei der Ansteuerung der Hubzylinder stellt sich heraus, dass am Sperrventil 2V1 die Steuerleitungsanschlüsse z und y vertauscht waren. Hier wurden die Leitungen ummontiert.

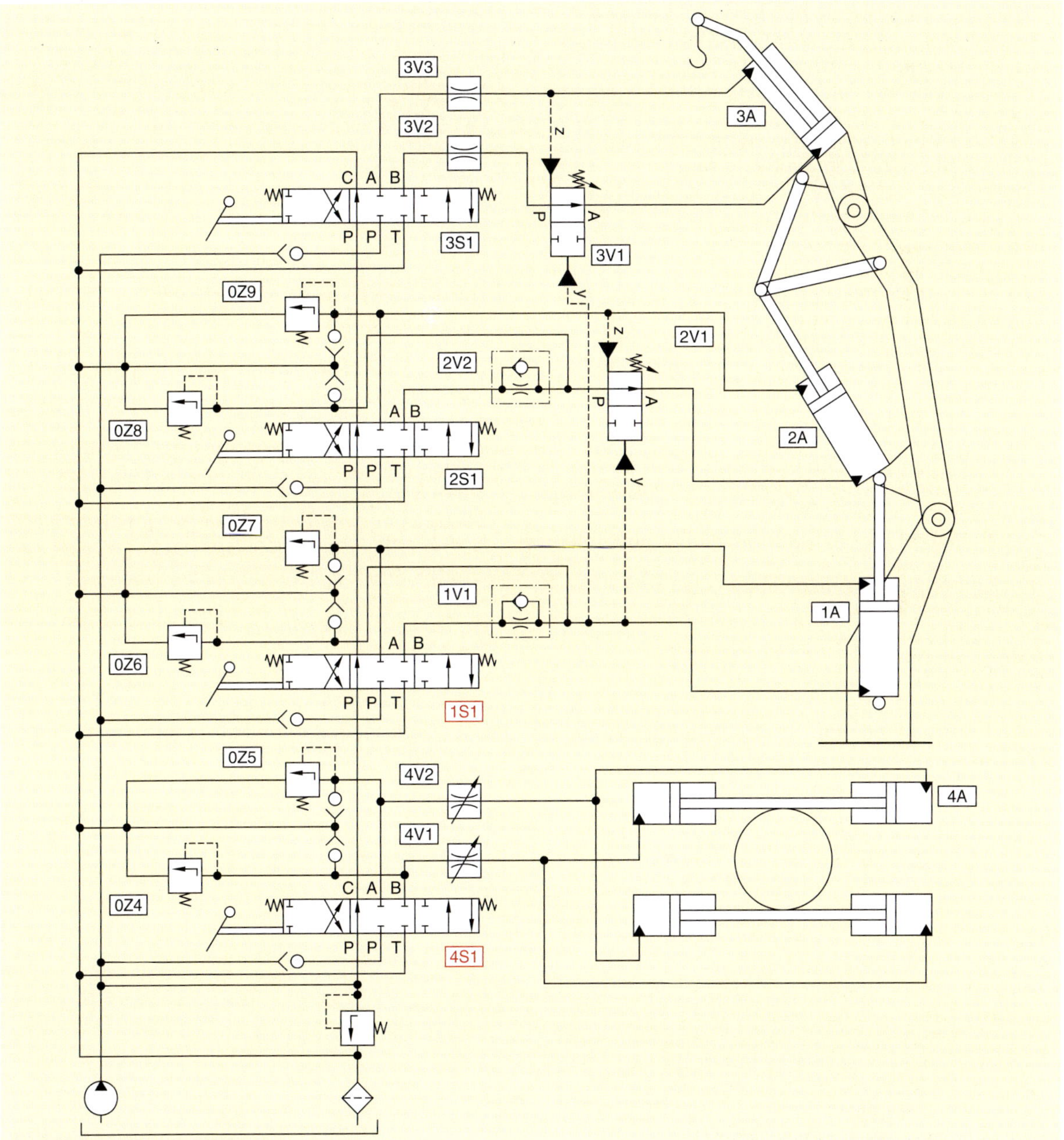

1 Hubzylindersteuerung des Lkw-Ladekrans

4.2.5 Qualitätssicherung

Bei der Montage des Gesamtsystems und dessen Kontrolle wurden folgende Punkte beachtet:

Montage:

- Sauberkeit
  - der Umgebung
  - Anschlüsse eventuell abbeizen, spülen, ölen
  - der Flüssigkeit, Einfüllen nur über Filter
  - der Bauelemente, ggf. fetten
- Vollständigkeit der Montageteile prüfen
- Transportschäden beachten
- Einbau
  - ohne Gewalt
  - Hanf und Kitt nicht als Dichtmittel verwenden
  - Verschraubungen mit elastischen Abdichtungen (z. B. O-Ringe)
  - richtige Lage von Schläuchen und Rohrleitungen beachten
  - Antriebsmotor mit Pumpenwelle ausrichten
  - Filter und Feinheit der Siebe prüfen
  - Hydro-Speicher auf den richtigen Wert befüllen
  - Ölstand im Behälter prüfen

Inbetriebnahme, Probelauf:

- Absperrventile öffnen
- kurz einschalten und Drehrichtung von Motor und Pumpe prüfen
- Wegeventile in Nullstellung bringen
- Saugventil der Pumpe öffnen, ggf. mit Öl befüllen
- Starten mit geringer Durchflussmenge
- auf Geräusche achten
- Ausschalten und Entlüften der Anlage
- Anlage spülen, bis die Filter sauber bleiben, Filter erneuern
- Anlage starten und auf Betriebstemperatur bringen
- Druck erhöhen und Anlage unter Last prüfen
- Temperatur kontrollieren
- Dichtigkeit kontrollieren
- Antrieb abschalten
- Verschraubungen nachziehen
- Ölstand kontrollieren
- Filter kontrollieren, ggf. erneut spülen und Filter erneuern

Nach der Montage erfolgen die Montageendkontrolle und deren Dokumentation für den Kunden sowie die Unterlagen des Betriebes.

Zu kontrollieren sind die folgenden Punkte:

- Art des verwendeten Hydrauliköls
- Ölstand
- Dichtheit der Hydraulik
- Entlüften der Zylinder
- Schraubenanzahl und Anzugsmomente
- Bolzensicherungen und Lagerschmierung
- Zylindereinstellung
- Zubehör
- Betriebsanleitung

Eine abschließend durchgeführte Funktionskontrolle gewährleistet den fehlerfreien Betrieb der Schaltung.

Weitere Informationen zur Qualitätssicherung finden Sie in Kap. 0.3.4.4.

4.2.6 Fahrzeug an den Kunden übergeben

Nach erfolgter Prüfung und Dokumentation der Prüfergebnisse kann dem Kunden das Fahrzeug übergeben werden. Bei der Übergabe werden ihm die gefundenen und beseitigten Mängel mitgeteilt, wie

- Ausleger sank unter Last langsam ab; daher Entlüften der Anlage.
- Sperren einzelner Hubzylinder aufgrund vertauschter Steuerleitungsanschlüsse am Sperrventil 2V1.

Weiterhin erhält der Kunde bei der Übergabe

- den Schaltplan
- die Betriebsanleitung
- die Zubehörliste
- die Kennkarte für das verwendete Hydrauliköl
- das Prüfprotokoll

Weitere Informationen zur Fahrzeugübergabe finden Sie in Kap. 0.3.2.3.

4.3 Prüfen und Instandsetzen einer elektropneumatischen Ladehilfe für Rollstühle

4.3.1 Lernsituationen und Vorgehensweise

Ein Pkw wird mit einer Ladehilfe für Rollstühle behindertengerecht ausgestattet, ähnlich ➔ **1**.

Dieser Auftrag wird in einem Karosserie-Instandhaltungsbetrieb durchgeführt. Neben dem Einbau der Ladehilfe für Rollstühle sind umfangreiche Arbeiten an der Karosserie und den Rücksitzen des Pkws erforderlich. So wird die linke hintere Tür durch eine Schwenktür ersetzt und statt der hinteren Sitzbank wird ein Einzelsitz montiert.

In diesem Teillernfeld wird aber nur die elektropneumatische Steuerung für die Ladehilfe behandelt.

Nach Fertigstellung der Umbauarbeiten stellt der Meister bei der Endabnahme fest, dass die Schaltung nicht auf das Startsignal reagiert. Vor Übergabe des Fahrzeugs an den Kunden ist der Fehler zu beheben.

Vorgehensweise:
- Fahrzeugannahme und Schaden begutachten, Kap. 4.3.2
- Informationsbeschaffung, Kap. 4.3.3
- Arbeitsplanung und Arbeitsauftrag durchführen, Kap. 4.3.4
- Qualitätssicherung, Kap. 4.3.5
- Fahrzeug an den Kunden übergeben, Kap. 4.3.6

4.3.2 Fahrzeugannahme und Schaden begutachten

Der Meister, der bei der Endabnahme den Funktionsfehler festgestellt hat, gibt das Fahrzeug innerhalb des Betriebes an die zuständige Abteilung zurück und beschreibt den Fehler. In dieser Abteilung wird der Schaden begutachtet und eingegrenzt. Dabei wird zunächst per Sichtkontrolle überprüft, ob die richtigen Bauteile verwendet wurden. Da das der Fall ist, liegt der Fehler in der elektropneumatischen Anlage für die Ladehilfe. Diese muss instand gesetzt werden.

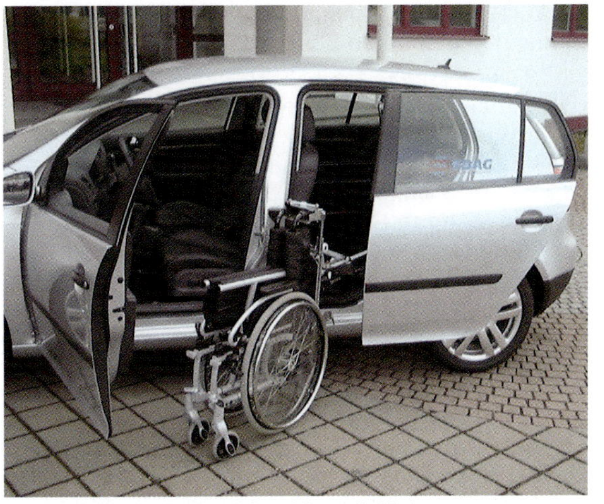

1 Ladehilfe für Rollstühle – hier mit Elektromotoren

4.3.3 Informationsbeschaffung

Um den Auftrag ausführen und den Schaden beheben zu können, werden folgende Informationen benötigt zu:
- Ladehilfen für Rollstühle, Kap. 4.3.3.1
- Bauelemente in elektropneumatischen Anlagen, Kap. 4.3.3.2
- Schaltplan einer elektropneumatischen Anlage, Kap. 4.3.3.3
- Steuerung und Regelung, Kap. 4.3.3.4
- Beschreibung der Funktion, Kap. 4.3.3.5
- gesetzliche Vorschriften und Herstellerangaben, Kap. 4.3.3.6

Weitere Informationen finden Sie zu:
- Pneumatikplan, Kap. 4.1.3.7
- Teil- und Gesamtfunktion, Kap 4.1.3.2
- Wirkmedien, Kap. 4.1.3.5 und Kap. 4.2.3.5

4.3.3.1 Informationen über Ladehilfen für Rollstühle

Ladehilfen für Rollstühle ermöglichen Menschen, die in ihrer Bewegung eingeschränkt sind, mobil zu sein. Es gibt unterschiedliche Ladesysteme, weil jeder Rollstuhl andere Maße hat, jedes Fahrzeug einen anderen Kofferraum und jeder Mensch andere Bewegungsabläufe.

4

Die Ladehilfe des Fahrzeugs unserer Lernsituation kann einen gefalteten Rollstuhl aufnehmen.

Sie funktioniert wie folgt:
- Bedienen des Wippschalters am Armaturenbrett, Bild ➔ **1**.
- Die hintere Tür wird elektrisch geöffnet, sie schwenkt nach hinten, ➔ **213.1**.
- Der Befestigungsrahmen mit dem Lift fährt aus, direkt in Griffweite des Fahrers, ➔ **213.1**.
- Der zusammengefaltete Rollstuhl wird vom Fahrersitz aus entnommen.
- Nach erneutem Bedienen des Wippschalters fährt der Befestigungsrahmen mit Lift ein.
- Tür schließt sich.

1 Bedienschalter für die Ladehilfe

4.3.3.2 Informationen über Bauelemente in elektropneumatischen Anlagen

Elektropneumatische Anlagen werden bei vollautomatischen Vorgängen eingesetzt. Dabei sind pneumatische Bauelemente verknüpft mit Bauelementen der Elektrik und Elektronik.

Deshalb bestehen elektropneumatische Anlagen aus den gleichen Bauelementen wie Pneumatikanlagen, vgl. Kap. 4.1.3.6.

Hinzu kommen elektrische Bauelemente wie:
- Schalter
- Kontakte
- Relais

Schalter

Schalter geben elektrische Signale über die Kontakte weiter.

Schalter gibt es als:
- Schließer
- Öffner
- Wechsler

Der **Schließer** gibt das elektrische Signal durch Schließen eines Stromkreises, ➔ **2a**.

Der **Öffner** gibt das elektrische Signal durch Öffnen eines Stromkreises, ➔ **2b**.

Der **Wechsler** ist gleichzeitig Schließer und Öffner, Bild ➔ **2c**.

Die zeichnerische Darstellung von Schaltern und Kontakten erfolgt so, dass durch die Schaltbewegung im Uhrzeigersinn die Funktion Schließen oder Öffnen erfüllt wird.

Schalter werden benannt mit dem Kennbuchstaben S, gefolgt von einer laufenden Nummerierung. Bild ➔ **3** zeigt mögliche Betätigungsarten.

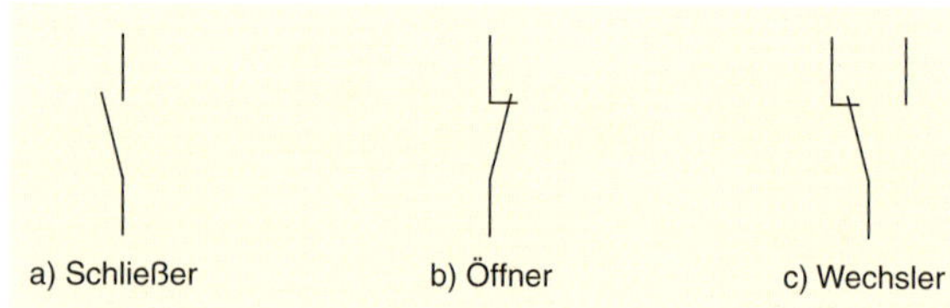

2 Schalter

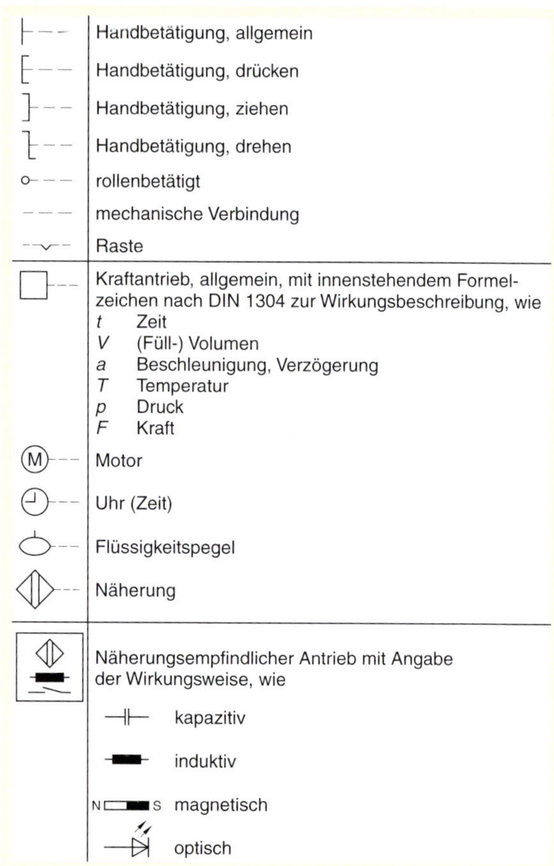

3 Symbole für die Bestätigung von Schaltern

Kontakte

Kontakte geben elektrische Signale von den Schaltern weiter.

Bei den Kontakten gibt es:
- Schließerkontakt
- Öffnerkontakt
- Wechslerkontakt
- Zwillingsschließerkontakt

Der **Schließerkontakt** gibt das elektrische Signal eines Schließers weiter, ➔ **1a**.

Der **Öffnerkontakt** gibt das elektrische Signal eines Öffners weiter, ➔ **1b**.

Der **Wechslerkontakt** gibt das elektrische Signal eines Wechslers weiter, ➔ **1c**.

Zwillingsschließerkontakt gibt das elektrische Signal zweier Schließer weiter, ➔ **1d**.

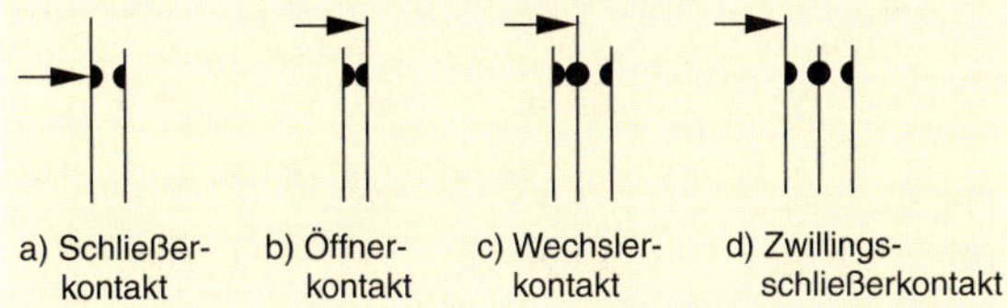

1 Kontakte

Relais

Relais sind elektromagnetisch betätigte Schalter. Sie werden in elektropneumatischen Schaltungen verwendet.

Relais bestehen aus zwei voneinander unabhängigen Stromkreisen, ➔ **2a**:
- Steuerstromkreis
- Arbeitsstromkreis

Im **Steuerstromkreis** werden über ein Relais elektrische Signale gegeben. Mit einem Relais mit mehreren Kontaktbahnen können gleichzeitig unterschiedliche elektrische Signale gegeben werden, ➔ **3**.

Im **Arbeitsstromkreis** erfolgt die elektromagnetische Betätigung des Relais.

Relais werden mit dem Kennbuchstaben **K** benannt, gefolgt von einer laufenden Nummerierung. Gezeichnet werden sie als Rechteck, ➔ **2b**.

In ➔ **3** ist ein Relais mit mehreren Kontaktbahnen dargestellt.

Wird ein Ventil elektromagnetisch von einem Relais betätigt, ist diese Betätigung mit dem Kennbuchstaben **Y** gekennzeichnet, gefolgt von einer laufenden Nummerierung sowie dem Ventilsymbol, ➔ **4**.

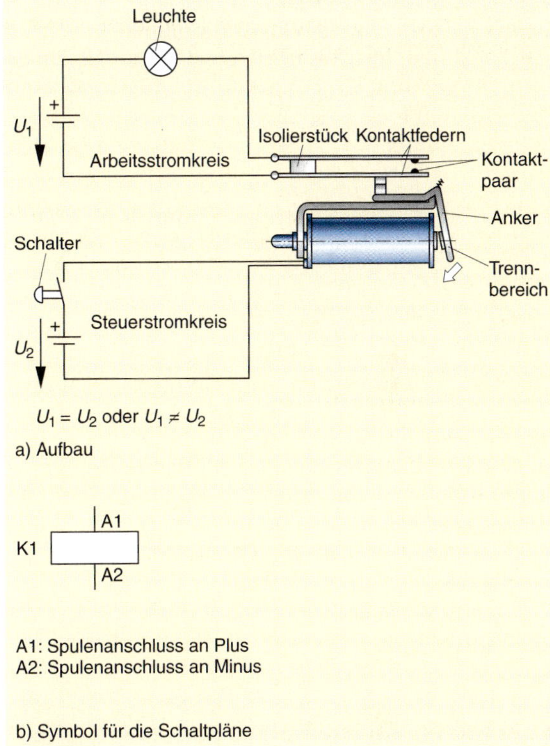

2 Relais

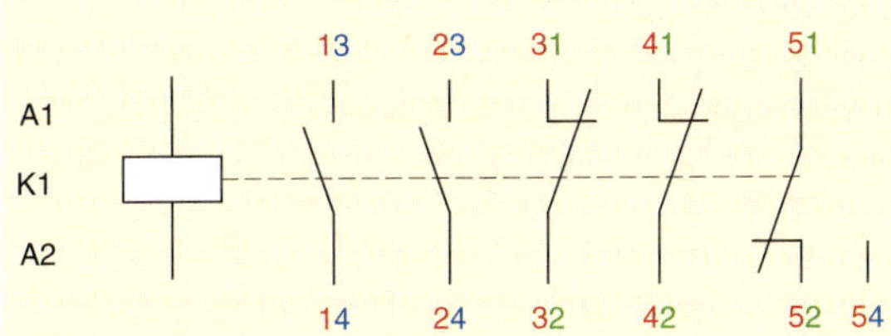

K1	Kennbuchstabe für ein Relais, gefolgt von laufender Durchnummerierung
A1	Spulenanschluss an Plus
A2	Spulenanschluss an Minus
1 ... 5	laufende Durchnummerierung der einzelnen Kontaktbahnen
1, 2	Öffnerkontakte, 1 = Anschluss an Plus, 2 = Anschluss an Minus
3, 4	Schließerkontakte, 3 = Anschluss an Plus, 4 = Anschluss an Minus

3 Benennungen an einem Relais mit fünf Kontaktbahnen

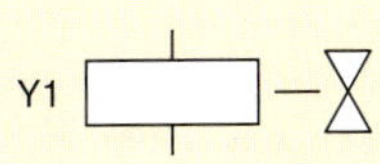

4 Elektromagnetische Betätigung eines Ventils

4

Eine spezielle **Schaltung** stellt die Selbsthaltung eines Relaisantriebes dar, die bei tastbaren Schaltern ein Dauersignal am Relais gewährleistet, ➔ **1**.

Die Selbsthaltung besteht aus den beiden Kontakten:
- Schließer zum Aufbau der Selbsthaltung
- Öffner zum Unterbrechen der Selbsthaltung

Der **Schließer der Selbsthaltung** (K2, 23; 24) schließt, wenn der tastbare Schalter S1 betätigt und dadurch Relais K2 erregt wird. Das Dauersignal am Relais wird jetzt über geschlossenen Schließer (K2, 23, 24) und Öffner (K4, 11, 12) gewährleistet. Es besteht Selbsthaltung.

Wird der **Öffner** (K4, 11, 12) über Relais K4 geöffnet, wird die Selbsthaltung unterbrochen.

Eine derartige Schaltung ist immer dann zu verwenden, wenn ein Signal an einem Wegeventil mit Federrückstellung gehalten werden soll, vgl. ➔ **3**.

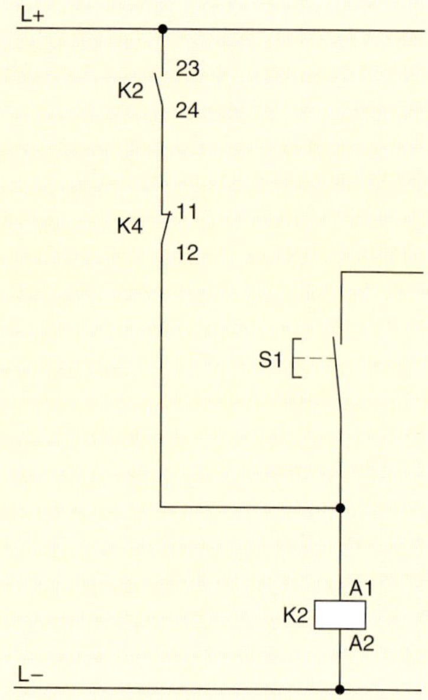

1 Selbsthaltung eines Releisantriebes

4.3.3.3 Informationen zum Schaltplan einer elektropneumatischen Anlage

Auch der Schaltplan von elektropneumatischen Anlagen unterscheidet zwischen Pneumatik und Elektrik/Elektronik.

So gibt es:
- Pneumatikplan
- Stromlaufplan

Pneumatikplan einer elektropneumatischen Schaltung

Der Pneumatikplan mit mechanisch oder/und pneumatisch betätigten Ventilen ist im Kap. 4.1.3.7 beschrieben.

Der Pneumatikplan einer elektropneumatischen Schaltung hat Ventile, die elektromagnetisch betätigt werden. In ➔ **2** ist der Pneumatikplan einer elektropneumatischen Schaltung mit einem 4/2-Wegeventil dargestellt. Die Signalverarbeitung erfolgt durch „Steuern" (= Elektrik) und „Arbeiten" (= Druckluft) über die elektromagnetische Betätigung des 4/2-Wegeventils. Nach dem Umschalten des 4/2-Wegeventils fährt der Kolben von 1A aus.

Das **Ventil** für die elektromagnetische Betätigung wird in Schaltplänen als Symbol dargestell; Bild ➔ **3** zeigt es am Beispiel eines elektromagnetisch betätigten Ventils.

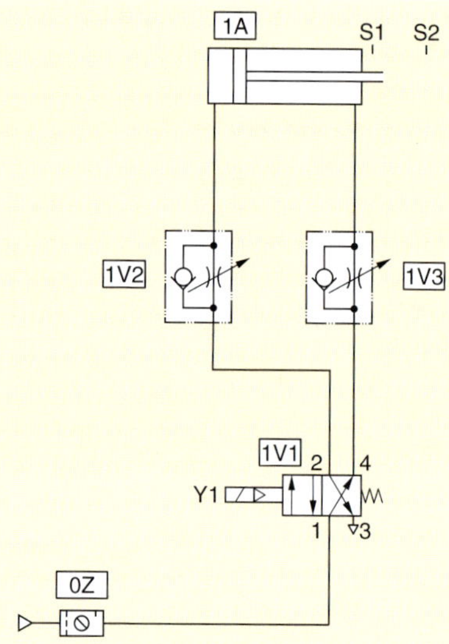

2 Pneumatikplan einer elektropneumatischen Schaltung

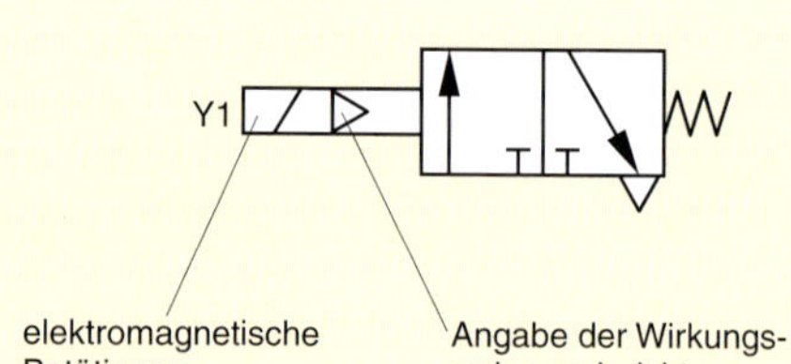

3 Elektromagnetisch betätigtes Ventil mit Federrückstellung – Symbol

4

Da häufig die Kraft eines Elektromagneten zum Umsteuern nicht ausreicht, muss dem Signal verarbeitenden Ventil ein Wegeventil vorgeschaltet werden, welches das eigentliche Umsteuern vornimmt, ➔ **1**.

Stromlaufplan einer elektropneumatischen Schaltung

Im Stromlaufplan erfolgt die eigentliche Funktionsdarstellung der Signal eingebenden Ebene.

Der Stromlaufplan ist unterteilt in:
- Steuerteil
- Leistungsteil

Im **Steuerteil des Stromlaufplans** sind die Signale nachzuvollziehen, die dem Ansteuern von Relais dienen. In ➔ **2** sind die Schalter S1 und S2 dargestellt, die jeweils ein Signal an das Relais K1 geben können.

Im **Leistungsteil des Stromlaufplans** sind die Bauelemente dargestellt, welche die elektromagnetische Betätigungen auslösen. In ➔ **2** wird durch den Schließerkontakt des Relais K1 das elektromagnetisch betätigte 3/2-Wegeventil betätigt und der Kolben des einfachwirkenden Zylinders fährt aus.

4.3.3.4 Informationen zu Steuerung und Regelungen

Bei Steuerungen und Regelungen werden die Wirkzusammenhänge beschrieben und dargestellt zwischen den Ebenen der
- Signal**E**ingabe
- Signal**V**erarbeitung
- Befehls**A**usführung

Das ist das so genannte EVA-Prinzip, vgl. Kap. 4.1.3.2.

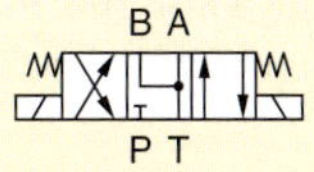

a) Elektromagnetisch betätigt mit Federzentrierung

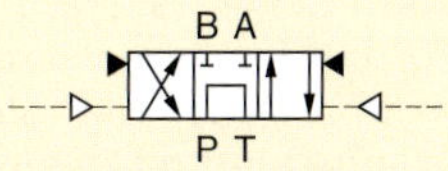

b) Pneumatisch betätigt mit Druckzentrierung

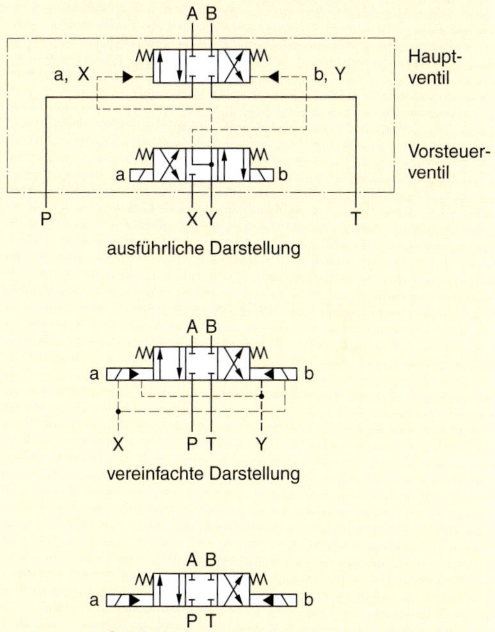

c) Elektrohydraulisch betätigt mit Federzentrierung

1 Betätigung eines hydraulischen 4/3-Wegeventils

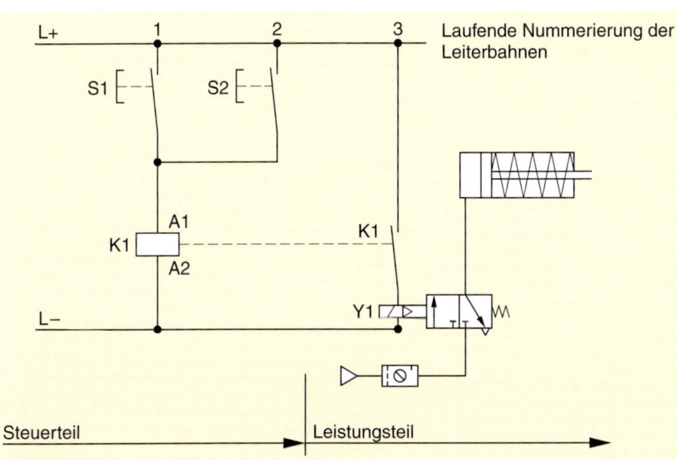

a) Zusammenwirken von Steuern und Arbeiten

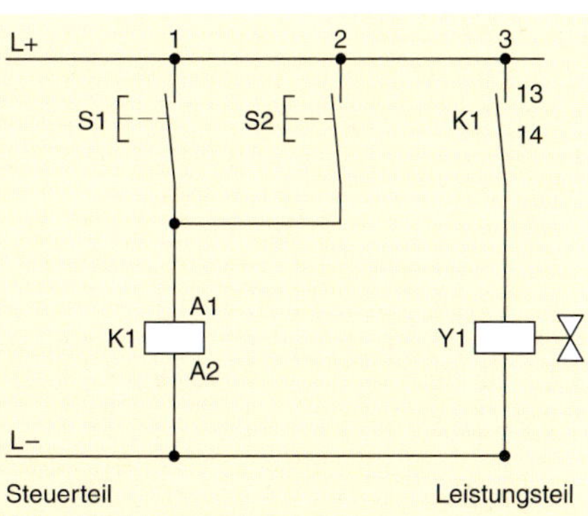

b) Stromlaufplan

2 Elektropneumatische ODER-Schaltung zur Ansteuerung eines einfachwirkenden Zylinders

Die Befehlsausführung kann alternativ durch die folgenden Wirkmedien erfolgen, → **1**:

- Mechanik
- Elektrik/Elektronik
- Pneumatik
- Hydraulik

Losgelöst von einem dieser Medien erfolgt der eigentliche Vorgang des Steuerns oder Regelns im Signalteil auf der Ebene der Signaleingabe, → **1**. Alle weiteren Vorgänge sind dann ein Ergebnis der eingegebenen Signale.

Beispiele pneumatischer und hydraulischer Steuerungen sind in den Kapiteln 4.1 und 4.2 dargestellt, ebenso deren zeichnerische Darstellung.

Bei der hier vorliegenden Schaltung gelten

- für den Arbeitsteil: die Grundlagen der Pneumatik, siehe Kap. 4.1
- im Signalteil: Grundlagen der elektrischen Steuerung

Weitere Informationen zu Steuerung und Regelung siehe Kap. 4.1.3.2 und Kap. 4.2.3.6.

4.3.3.5 Informationen zur Beschreibung der Funktion

Die Gesamtfunktion lässt sich durch das Zusammenwirken von Teilfunktionen beschreiben. Vergleichbar einer mathematischen Gleichung kann dabei die gewünschte Funktionsfolge durch eine allgemeine Funktionsbeschreibung beschrieben werden (vgl. Kap. 4.1.3.3).

Zur Darstellung einer Gesamtfunktion gehören:

- Funktionsfolge
- Funktionsbeschreibung

Die vorliegende Schaltung sieht vor, dass nach Betätigen eines Schalters S3 (Eingangssignal E_1) der Befestigungsrahmen für den Rollstuhl pneumatisch ausfährt. Nach Betätigen desselben Schalters S3 (Eingangssignal E_2) fährt der Befestigungsrahmen wieder ein, vgl. Kap. 4.3.3.1.

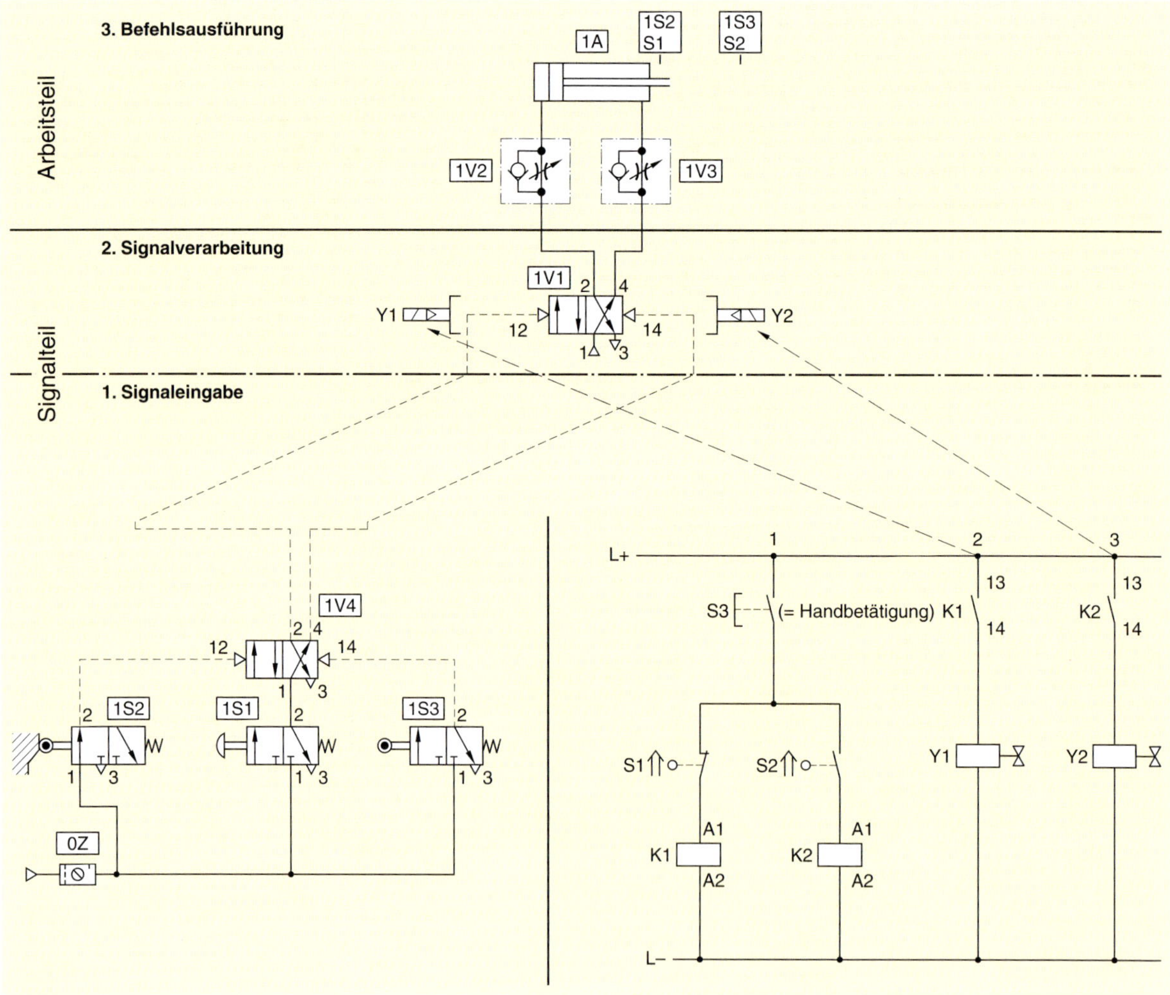

1 Systematik einer Steuerung

4.3.3.6 Gesetzliche Vorschriften und Herstellerangaben

Gesetzliche Vorschriften

Bei baulichen Veränderungen an Straßenfahrzeugen sind die gesetzlichen Vorgaben der StVZO zu beachten. Besonders wichtig ist der § 19, der die Erteilung, Wirksamkeit und das Erlöschen der Betriebserlaubnis behandelt, ➔ **1**.

Werden bei Teilen nach Nummer 1 oder 2 in der Betriebserlaubnis, der Bauartgenehmigung oder der Genehmigung aufgeführte Einschränkungen oder Einbauanweisungen nicht eingehalten, erlischt die Betriebserlaubnis des Fahrzeugs.

Herstellerangaben

Dem § 19 StVZO ist zu entnehmen, dass für den behindertengerechten Umbau eine Teilegenehmigung einer Typprüfstelle erforderlich ist, ➔ **220.1**.

Eine Begutachtung über die elektromagnetische Verträglichkeit gemäß der Richtlinie 72/245/EWG ist für die Ladehilfe nicht erforderlich, da diese während der Fahrt nicht betrieben werden kann. Der Pneumatik- und Stromlaufplan des Herstellers ist in ➔ **2** dargestellt.

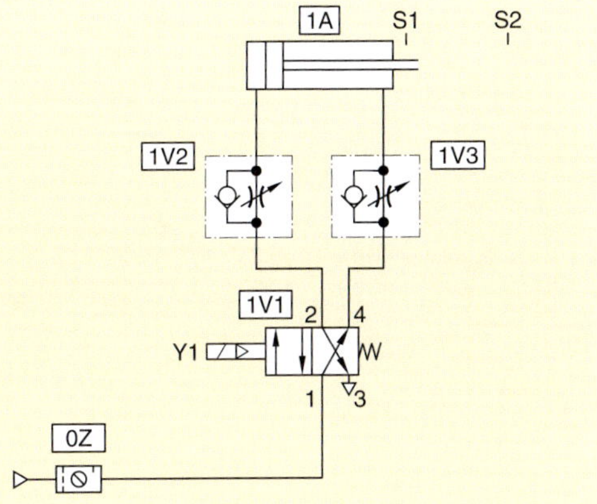

a) Pneumatikplan

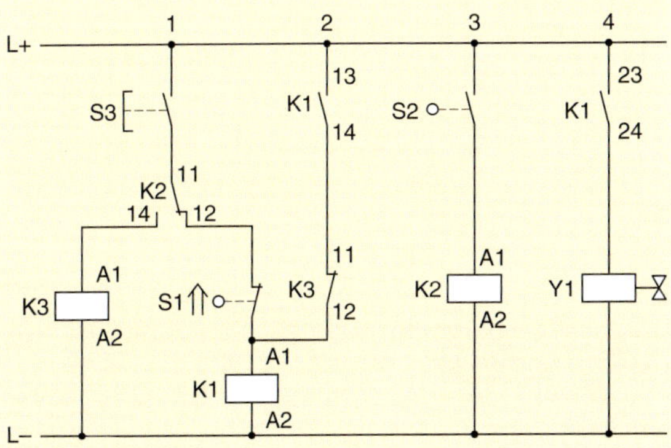

b) Stromlaufplan

2 Herstellerunterlagen – Auszug

§ 19 Zulassungsverfahren Kraftfahrzeuge und ihre Anhänger

(3) Abweichend von Absatz 2 Satz 2 erlischt die Betriebserlaubnis des Fahrzeugs jedoch nicht, wenn bei Änderungen durch Ein- oder Anbau von Teilen

1. für diese Teile

   a) eine Betriebserlaubnis nach § 22 oder eine Bauartgenehmigung nach § 22a erteilt worden ist oder

   b) der nachträgliche Ein- oder Anbau im Rahmen einer Betriebserlaubnis oder eines Nachtrags dazu für das Fahrzeug nach § 20 oder § 21 genehmigt worden ist und die Wirksamkeit der Betriebserlaubnis, der Bauartgenehmigung oder der Genehmigung nicht von der Abnahme des Ein- oder Anbaus abhängig gemacht worden ist oder

2. für diese Teile

   a) eine EWG-Betriebserlaubnis, eine EWG-Bauartgenehmigung oder eine EG-Typgenehmigung nach Europäischem Gemeinschaftsrecht oder

   b) eine Genehmigung nach Regelungen in der jeweiligen Fassung entsprechend dem Übereinkommen vom 20. März 1958 (BGB1. 1965 II S. 857) über die Annahme einheitlicher Bedingungen für die Genehmigung der Ausrüstungsgegenstände und Teile von Kraftfahrzeugen und über die gegenseitige Anerkennung der Genehmigung, soweit diese von der Bundesrepublik Deutschland angewendet werden, erteilt worden ist und eventuelle Einschränkungen oder Einbauanweisungen beachtet sind oder

3. die Wirksamkeit der Betriebserlaubnis, der Bauartgenehmigung oder der Genehmigung dieser Teile nach Nummer 1 Buchstabe a oder b von einer Abnahme des Ein- oder Anbaus abhängig gemacht ist und die Abnahme unverzüglich durchgeführt und nach §22 Abs. 1 Satz 5, auch in Verbindung mit 22a Abs. la bestätigt worden ist oder

4. für diese Teile

   a) die Identität mit einem Teil gegeben ist, für das ein Gutachten eines Technischen Dienstes nach Anlage XIX über die Vorschriftsmäßigkeit eines Fahrzeugs bei bestimmungsgemäßem Ein- oder Anbau dieser Teile (Teilegutachten) vorliegt,

   b) der im Gutachten angegebene Verwendungsbereich eingehalten wird und

   c) die Abnahme des Ein- oder Anbaus unverzüglich durch einen amtlich anerkannten Sachverständigen oder Prüfer für den Kraftfahrzeugverkehr oder durch einen Kraftfahrzeugsachverständigen oder Angestellten nach Nummer 4 der Anlage VIIIb durchgeführt und der ordnungsgemäße Ein- oder Anbau entsprechend § 22 Abs. 1 Satz 5 bestätigt worden ist; § 22 Abs. 1 Satz 2 und Absatz 2 Satz 3 gilt entsprechend.

1 StVZO – Auszug

Teilgutachten Nr. 1551996

über die Vorschriftsmäßigkeit eines Fahrzeugs bei bestimmungsgemäßem Ein- oder Anbau von Fahrzeugteilen gemäß § 19 Abs. 3 Nr. 4 StVZO

über das Teil: Ladehilfe für einen Rollstuhl

des Herstellers: Karosserie-Instandhaltungsbetrieb

0. Hinweise für den Fahrzeughalter

Unverzügliche Durchführung und Bestätigung der Anbauabnahme:
Durch die vorgenommene Änderung erlischt die Betriebserlaubnis des Fahrzeugs, wenn nicht unverzüglich die gemäß StVZO § 19 Abs. 3 vorgeschriebene Änderungsabnahme durchgeführt und bestätigt wird, oder festgelegte Auflagen nicht eingehalten werden. Nach der Durchführung der technischen Änderung ist das Fahrzeug unter Vorlage des vorliegenden Teilegutachtens unverzüglich einem amtlich anerkannten Sachverständigen oder Prüfer einer Technischen Prüfstelle oder einem Prüfingenieur einer amtlich anerkannten Überwachungsorganisation zur Durchführung und Bestätigung der vorgeschriebenen Änderungsabnahme vorzuführen.

Einhaltung von Hinweisen und Auflagen:
Die unter III. und IV. aufgeführten Hinweise und Auflagen sind dabei zu beachten.

Mitführen von Dokumenten:
Nach der durchgeführten Abnahme ist der Nachweis mit der Bestätigung über die Änderungsabnahme mit den Fahrzeugpapieren mitzuführen und zuständigen Personen auf Verlangen vorzuzeigen; dies entfällt nach erfolgter Berichtigung der Fahrzeugpapiere.

Berichtigung der Fahrzeugpapiere:
Die Berichtigung der Fahrzeugpapiere (Fahrzeugbrief und Fahrzeugschein, Betriebserlaubnis nach § 18 Abs. 5 StVZO oder Anhängerverzeichnis) durch die zuständige Zulassungsstelle ist durch den Fahrzeughalter entsprechend der Festlegung in der Bestätigung der ordnungsgemäßen Änderung zu beantragen.

Weitere Festlegungen sind der Bestätigung der ordnungsgemäßen Änderung zu entnehmen.

1 Teilgutachten für die Ladehilfe eines Rollstuhls

Arbeitsplanung

lfd. Nr.	Arbeitsschritt	Bauteil	Bemerkung	Bauelementeziffer
1	Lesen des Pneumatikplans			
2	Kontrolle	Zylinder Drosselrückschlagventil 4/2-Wegeventil	doppeltwirkend Durchflussrichtung Null-Schaltstellung	1A 1V2, 1V3 1V1
3	Lesen des Stromlaufplans			
4	Kontrolle	Endlagenschalter Relaisanschlüsse Relaiskontakte	Funktion „Öffner“ oder „Schließer“ Ein- und Ausgänge K2 als Wechsler K3 Als Öffner K1 2mal als Schließer	S1, S2 K1, K2, K3
5	Herstellung der Druckversorgung			0Z
6	Kotrolle		Ruhelage, Dichtheit	
7	Anschließen an die Bordspannung			
8	Funktionskontrolle			

2 Arbeitsplan

4

4.3.4 Arbeitsplanung und Arbeitsauftrag durchführen

4.3.4.1 Arbeitsplanung

Nachdem alle Informationen vorliegen, wird ein Arbeitsplan erstellt, ➔ **2**.

Aus dem Arbeitsplan werden die Arbeitsschritte zusammengefasst:

- Kontrolle der pneumatischen Bauteile, Kap. 4.3.4.2
- Kontrolle der elektrischen Bauteile, Kap. 4.3.4.3
- Funktionskontrolle, Kap. 4.3.4.4

4.3.4.2 Kontrolle der pneumatischen Bauteile

Grundlegende Kontrollen bei den pneumatischen Bauteilen können bereits ohne deren Ansteuerung vorgenommen werden.

So sind zu prüfen, ➔ **1**:
- Der richtige Anschluss der Drosselrückschlagventile 1V2 und 1V3 anhand der Durchflussrichtung durch das Rückschlagventil.
- Der Kolben muss bei Druckbeaufschlagung der Anlage im eingefahrenen Zustand verharren.
- Das Signal verarbeitende Wegeventil 1V1, ist es richtig angeschlossen?
- Danach ist die Lage und der Sitz der Endlagenschalter S1 und S2 zu überprüfen.

4.3.4.3 Kontrolle der elektrischen Bauteile

Dann werden die elektrischen Bauteile an Hand des Stromlaufplans geprüft. Die Prüfung erfolgt auf richtigen Anschluss der Bauteile und deren Funktion.

Hierbei ist es sinnvoll, Strompfad für Strompfad vorzugehen, ➔ **2**:
- Begonnen wird bei Pfad 1 mit PLUS, weiter über den Eingang des Handtasters S3 und dessen Ausgang zum Wechslereingang von K2, dann von dessen Öffnerausgang zum Eingang des Endlagenschalters S1, von dessen Ausgang zum Anschluss A1 von Relais K1 und letztlich von A2 an MINUS. Um den Pfad 1 zu beenden, wird nun der Schließerausgang von K2 mit A1 von K3 verbunden und letztlich der Anschluss von A2 an MINUS hergestellt.
- Pfad 2 beginnt wieder mit dem Anschluss an PLUS, Eingang in den Schließerkontakt auf der ersten Leiterbahn von K1, verbinden des Schließerausganges von K1 mit dem Öffnereingang von K3 und letztlich verbinden dessen Ausganges mit A1 von K1.
- Auch Pfad 3 der Steuerung beginnt wieder bei PLUS, über den Schließereingang des Endlagenschalters S2 und dessen Ausgang zum Relaiseingang A1 von K2 und letztlich Verbinden von A2 mit MINUS.
- Pfad 4 ist im Leistungsteil. Es wird wieder bei PLUS begonnen, verbinden mit dem Schließereingang auf der zweiten Kontaktbahn von K1 und Abgehen von dessen Schließerausgang in die Ansteuerung des 4/2-Wegeventils und verbinden dessen Ausgangs mit MINUS.

Typische Fehlerquellen stellen dabei die Endlagenschalter und deren Symbolik dar, ➔ **3**.

Obwohl der Endlagenschalter S1 im Stromlaufplan als Öffner dargestellt ist, muss dieser als Schließer angeschlossen werden. Dass er sich in Ruhelage im geschlossenen Zustand befindet, liegt daran, dass er in Ruhelage durch den Kolben betätigt wird.

Dieser Fehler ist bei der vorliegenden Steuerung aufgetreten.

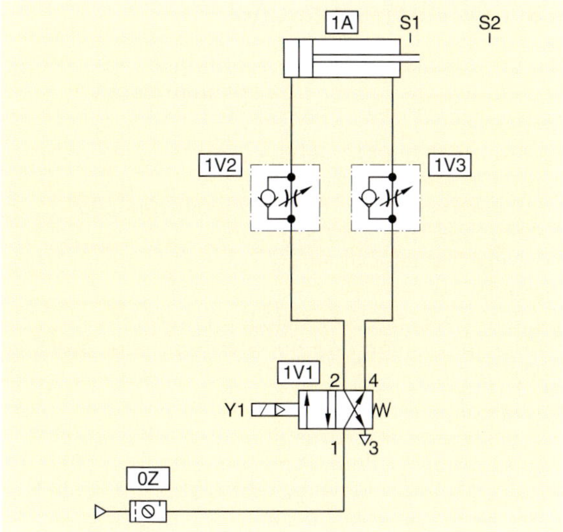

1 Pneumatikplan aus den Herstellerunterlagen, vgl. Bild 219.2a

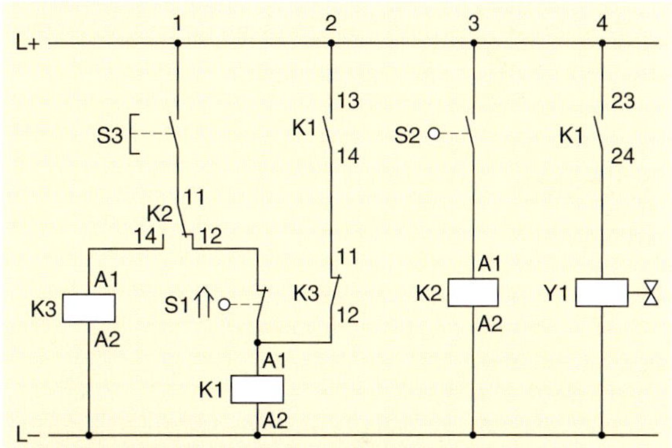

2 Stromlaufplan aus den Herstellerunterlagen, vgl. Bild 219.2b

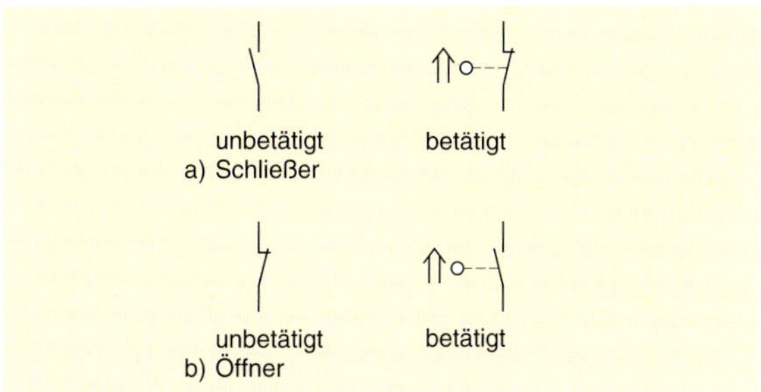

3 Darstellung von Endlagenschaltern

4.3.4.4 Funktionskontrolle

Nach dem Entfernen des elektrischen Leiters aus dem Anschluss 2 und Anschließen an den Anschluss 4 ist die gesamte Schaltung voll funktionsfähig. Die Bordspannung wird angeschlossen und es wird eine abschließende Funktionskontrolle durchgeführt.

4.3.5 Qualitätssicherung

Bei der Qualitätssicherung sind folgende Punkte zu prüfen und das Ergebnis zu dokumentieren.

Montage:
- Sauberkeit der Umgebung, der Bauelemente sowie der Leitungsanschlüsse.
- Vollständigkeit und Richtigkeit der Bauteile.
- Achten auf Transportschäden.
- Fachgerechter Einbau.

Vor Inbetriebnahme:
- 4/2 Wegeventile in Nullstellung bringen.
- Kurz einschalten und Ruhestellung aller Bauteile überprüfen.

Probelauf:
- Druckeinstellung vornehmen bzw. überprüfen.
- Auf Geräusche beim Probelauf achten.
- Richtigkeit des Bewegungsablaufs und der Verfahrgeschwindigkeit prüfen.

Abschließend ist der funktionsfähige Umbau durch eine Typprüfstelle abzunehmen. Die Änderungsabnahme ist vom Kunden mit den Fahrzeugpapieren mitzuführen.

Weitere Informationen zur Qualitätssicherung siehe Kap. 0.3.4.4.4.

4.3.6 Fahrzeug an den Kunden übergeben

Bei der Fahrzeugübergabe wird dem Kunden die Funktion der Ladehilfe erläutert und vorgeführt. Das Teilegutachten wird ihm ausgehändigt sowie die Gewährleistungsbedingungen über die 2-jährige Gewährleistung. Weiterhin muss er über das Mitführen des Teilegutachtens mit den Fahrzeugpapieren unterrichtet werden.

Als Service bietet man ihm an, die erforderliche Berichtigung von Fahrzeugbrief und Fahrzeugschein gemäß § 18 Abs. 5 StVZO in seinem Namen bei der zuständigen Zulassungsstelle zu veranlassen. Andernfalls müsste er selbst dies übernehmen.

Weitere Informationen zur Fahrzeugübergabe siehe Kap. 0.3.2.3.

Übungen

Kap. 4.1

1. Formulieren Sie die Logikgleichungen für das Ausgangssignal A aus den Karnaugh-Veitch-Diagrammen.
   Beachten Sie dabei,
   - möglichst wenige, große Schleifen zu bilden,
   - ganze Zeilen, Spalten oder Blöcke einzuschleifen, deren Umfang stets der Anforderung 2^n entspricht.

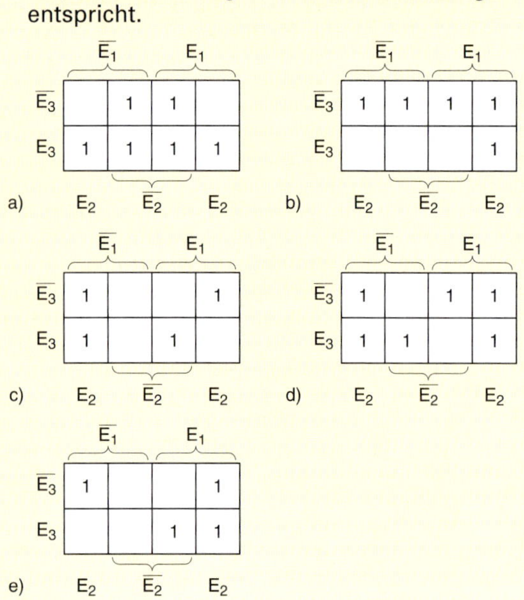

2. Wie groß sind die Kräfte F_d (Druck) und F_z (Zug) eines doppeltwirkenden Zylinders mit einem Durchmesser von D = 32 mm, wenn der Kolbenstangendurchmesser d = 12 mm beträgt und er mit einem Arbeitsdruck von p = 0,7 MPa betrieben wird?
3. Ein einfachwirkender Zylinder mit einem Kolbendurchmesser d = 63 mm soll eine Spannkraft von F = 1200 N aufbringen. Wie groß muss hierfür der Betriebsdruck der Anlage sein?
4. Erstellen Sie unter Verwendung von zwei rollenbetätigten Wegeventilen, die die Endlagen des Kolbens abfragen, einen Pneumatikplan für das Öffnen und Schließen einer Bustür. Sowohl das Öffnen als auch Schließen soll dabei über ein und dasselbe, handbetätigte 3/2-Wegeventil erfolgen. Um den Schaltungsaufwand gering zu halten, ist zuvor die Logikgleichung zu formulieren und ggf. zu vereinfachen.
5. Die Bustür wird zwecks besserer Abdichtung durch einen weiteren Antrieb vor dem Öffnen aus einem dichtenden Sitz abgesenkt und nach dem Schließen wieder in diesen angehoben. Erstellen Sie für diese Aufgabenstellung
   a) die Wertetabelle,
   b) die grafische Vereinfachung im KV-Diagramm,
   c) den Logikplan,
   d) das Weg-Schritt- und Steuerdiagramm,
   e) den Pneumatikplan,
   f) den Bauelementeplan.

6. In der StVZO, § 353, Punkt 2 heißt es:
(6.1) In KOM muss außer durch die betriebsübliche Türbetätigung ... auch ein Öffnen der Fahrgasttüren von Hand möglich sein.
(6.2) 6.1 gilt als erfüllt, wenn nach Bedienung einer Notbetätigungseinrichtung (NBE) die Fahrgasttür von innen und außen von Hand ohne großen Kraftaufwand und ohne Gefährdung geöffnet werden kann (z. B. Türbetätigungszylinder drucklos ...).
Ändern Sie den vorhandenen Pneumatikplan entsprechend dieser StVZO-Vorgabe, Bild 193.1. Beachten Sie dabei, dass alle Wegeventile in den Ausführungsvarianten nach den unten stehenden Bildern erhältlich sind:
- Ruhelage = Sperrstellung
- Ruhelage = Durchgangsstellung

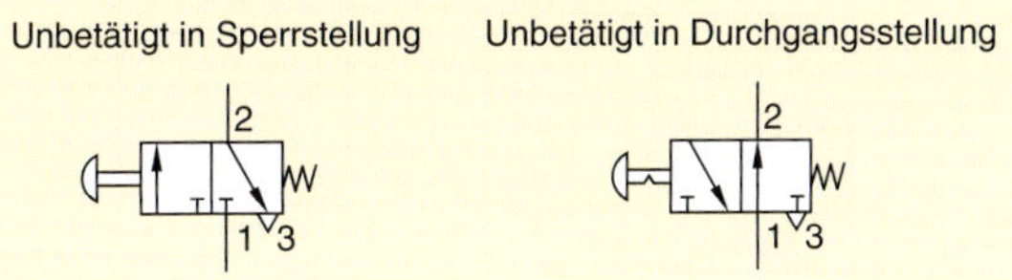

Kap. 4.2

1. Der Hydraulikzylinder wird an eine Druckölleitung von p = 40 bar angeschlossen. Wie groß sind die Kräfte F_1 und F_2?

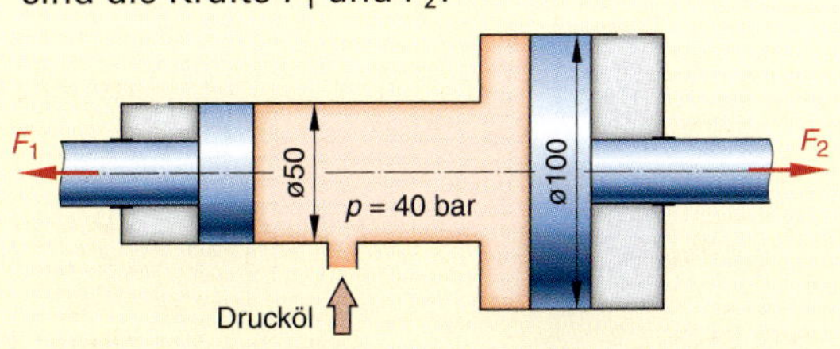

2. In einer hydraulischen Presse beträgt das hydraulische Übersetzungsverhältnis i = 1 : 5. Wie groß ist der Weg des Kolbens 1, wenn sich der Arbeitskolben 2 um 18 mm verschiebt?

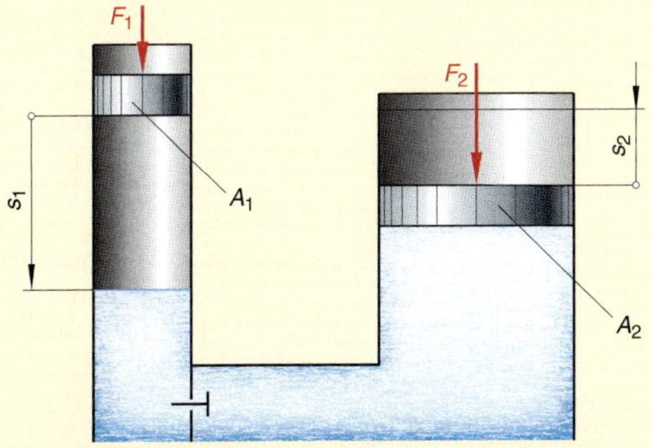

3. Im folgenden Bild ist die Ansteuerung der Stempel zur Fahrzeugabstützung und Fahrzeuganhebung dargestellt.
Die Darstellung soll wie folgt geändert werden:
- Das erste Drittel des Hubes fahren die Stempel mit voller Geschwindigkeit aus.
- Nach dem ersten Drittel des Hubes verringert sich die Geschwindigkeit und nach dem zweiten Drittel erneut, so dass sich die Stempel langsam auf die Fahrbahn absenken.
- Eine zusätzliche Endlagendämpfung sorgt danach für das ruckfreie Anheben des Fahrzeuges.

Erstellen Sie zu der geänderten Steuerungsanforderung den Hydraulikplan. Die vier gleichsinnig ausfahrenden Stempel sind dabei zu einem doppeltwirkenden Zylinder zusammenzufassen. Die Impulse zur Geschwindigkeitsverringerung sind über rollenbetätigte Wegeventile nachzubilden.

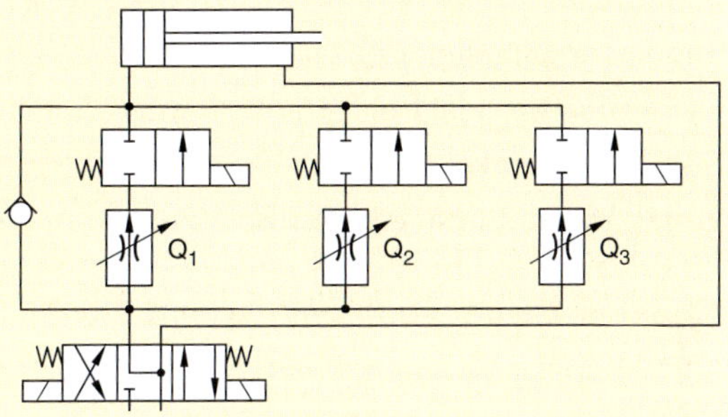

4. Erstellen Sie für den Drehantrieb eines Ladekrans einen Hydraulikplan, z. B. aus Bild 210.2. Die Wirkung des Drehantriebes ist dabei durch zwei gekoppelte, gegenläufig arbeitende doppeltwirkende Zylinder nachzubilden.
a) Versehen Sie alle Bauteile mit den dazugehörigen Bauelementeziffern und benennen Sie alle Anschlüsse.
b) Listen Sie alle benötigten Bauteile im Bauelementeplan auf.
c) Beschreiben Sie die Schaltungsart sowie die Funktion der kombinierten Überdruckventile und Rückschlagventile hinter dem Wegeventil.

5. Beschreiben Sie die Auswirkungen der Ventile 2V1 und 3V1 auf die Steuerung des Lkw-Ladekrans beim Heben einer Masse, siehe Bild 208.1.

Kap. 4.3

Für den Pneumatikplan in Bild 219.2a ist der Stromlaufplan derart zu ändern, dass über zwei tastbare Schalter S3 (Ausfahren) und S4 (Einfahren) zu jeder Zeit eine Richtungsumkehr der Kolbenbewegung möglich ist. Hierzu müssen die Endlagenschalter S1 und S2 als Wechsler angeschlossen werden, damit sie der Steuerung folgende Befehle geben können:
- S1 betätigt: Bei Betätigung von S3 soll der Kolben ausfahren.
- S1 unbetätigt: Bei Betätigung von S4 soll der Kolben einfahren.
- S2 betätigt: Bei Betätigung von S4 soll der Kolben einfahren.
- S2 unbetätigt: Bei Betätigung von S3 soll der Kolben ausfahren.

4

Bildquellen

Autoren und Verlag danken den genannten Firmen, Institutionen und Privatpersonen für die Überlassung von Abdruckgenehmigungen und Vorlagen folgender Bilder:

Berufsgenossenschaft Metall - Süd, Mainz: Bild 40.1

BESSEY Tool GmbH & Co. KG, Bietigheim-Bissingen: Bilder 109.2a, b

Bayerische Motorenwerke AG, München: Bilder 35.1, 35.2

CENIT AG Systemhaus, Stuttgart: Bild 32.1

CITROËN DEUTSCHLAND AG, Köln: Bilder 26.1, 26.2, 27.1, 28.1, 75.2, 99.1

Continental Aktiengesellschaft, Hannover: Bild 76.2

Dähn & Klein GmbH, Obermoschel: Bild 124.1

DaimlerChrysler AG, Stuttgart: Bilder 1. US unten links, 1. US unten rechts, 24.1, 33.1, 35.3, 36.1, 76.3, 77.1, 102.1, 102.2, 103.1d, e, 104.1, 104.4, 104.5, 129.1, 171.1, 207.1

Engineering+Design AG, Eisenach: Bilder 213.1, 214.1

Fachverlag Michael Kohl, Frankfurt/Main: Bild 84.2

Feindt und Kunkel Messtechnik GmbH, Aschaffenburg: Bilder 83.4, 85.4

Verlag Holland und Josenhans, Stuttgart: Bilder 131.1, 131.2, 132.1, 132.2, 133.1, 136.1, 143.1, 145.2, 146.1, 147.1 bis 147.3, 148.1, 148.2, 149.1, 150.1, 150.2, 151.1, 151.2, 156.1, 158.1, 158.2, 159.1, 164.1

Auto Horn GmbH Citroën VertragsHdl., Büdelsdorf: Bilder 1. US Mitte, 17.1, 18.1, 19.1, 19.2

Alfred Kärcher Vertriebs GmbH, Winnenden: Bilder 42.2, 44.1, 44.2, 48.1, 49.1, 50.1, 50.2, 55.1

Gerd Lausen, Jevenstedt: Bilder 1. US rechts oben, 7.1, 23.1, 73.1, 82.2, 101.1, 105.1, 105.3, 108.1, 118.1, 118.2, 119.1, 120.1, 120.2, 123.1, 126.1, 126.2

Metabowerke GmbH, Nürtingen: Bild 109.2c

Mitutoyo Messgeräte GmbH, Neuss: Bilder 82.1, 83.2

MMC Auto Deutschland GmbH, Trebur: Bilder 1. US links oben, Bild 37.1

Thomas Moosbauer, Stuttgart: Bild 130.1

Adam Opel AG, Rüsselsheim: Bild 201.3

Rennsteig Werkzeuge, Viernau: Bild 109.3

Ritter-Werkzeuge GmbH, Wermelskirchen: Bilder 87.4b, 88.3, 98.2

Scania Deutschland GmbH, Koblenz am Rhein: Bild 102.4

Springer Verlag, Berlin-Heidelberg-New York: 64.1, 64.2, 65.1

VOLKSWAGEN AKTIENGESELLSCHAFT, Wolfsburg: Bild 75.1

Volvo Car Germany GmbH, Köln: Bilder 60.1b bis 1d

Webasto AG, Stockdorf: Bild 34.1

WESTFALIA-AUTOMOTIVE GmbH & Co. KG, Rheda-Wiedenbrück: Bild 122.1

F. Weyhausen AG & Co. KG, Wildeshausen: Bilder 104.2, 104.3

Wilke Fahrzeugbau GmbH, Trittau: Bilder 12.1, 12.2, 13.1, 15.1, 15.2, 16.1 bis 16.4

Wolfgang Willnat, Belau: Bilder 1.1 bis 1.3, 2.1 bis 2.3, 3.1, 3.3, 4.1, 4.2, 5.1 bis 5.3, 6.1 bis 6.4, 7.2, 8.1 bis 8.3

Bernd Winkler, Immenhausen: Bilder 17.2, 41.1, 43.1, 43.2, 47.1 bis 47.3, 48.2, 50.3, 51.1, 53.2, 55.3, 56.2, 57.1, 60.1a, 61.1, 62.1, 63.2, 66.1, 68.1, 68.2, 69.1

Harro Wolter, Hamburg: Bilder 3.2, 100.1, 135.1, 173.1, 174.2, 174.4

ZOPF Biegemaschinen Handels-GmbH, Haldenwang: Bild 114.4a

Bilder aus Büchern unseres Verlages:
HT 721: Bilder 161.1 bis 161.3, 162.1
HT 3155: Bilder 94.1, 94.2, 134.1
HT 3200: Bilder 83.3, 84.3

Sachwortverzeichnis